〈ジャック・デリダ〉入門講義

Introductory Lectures on Jacques Derrida

仲正昌樹

作品社

［はじめに］——デリダの思想は、〝ポストモダン〟な難解さを喜ぶマニアックな読者のものか？

ポストモダン的な難解さの頂点に君臨していた思想家

かつての日本思想の哲学・思想界では、最先端の思想を表現する難解な文章を読めることが知識人の証であると見なす風潮があった。一九八〇年代前半くらいまでは、マルクス主義、実存主義、吉本隆明、廣松渉など、左の政治的な実践と結び付いた文章が難解さの象徴であったが、八〇年代半ばから、ポストモダンあるいは現代思想などと呼ばれる、フランス（＋アメリカ）発の知の潮流が優勢になった。

従来の左派的なテクストは、文体や用語は難しくても、批判の対象とゴールがはっきりしていたので、一定の国語力さえあれば何となく理解することができた。しかしポストモダン系のテクストは、そもそも何をテーマにしているのかさえ分からないことが少なくない。かなり専門的な予備知識と文体への慣れがないと、難解な用語を一つ一つ丹念に調べながら読んでいっても、どういう結論に導くために、どこに力点を置いた論証をしようとしているのか摑みきれず、空を摑むような感じになってしまう。文化人類学を専門とするレヴィ＝ストロース、精神分析を専門とするラカン、文芸批評家のバルト、「知」の歴史家であるフーコーなど、構造主義に分類される著作家は、どういうジャンルの議論かくらいは素人でも分かるが、プラトン以来西欧を支配してきた哲学的言説——そこには構造主義も含まれる——に内在する矛盾や対立を顕にすることをジャンル横断的に試みるポスト構造主義と呼ばれる潮流に属するとされる著者たちになると、本当に何が書かれているのか皆目検討が付かず、呪文を読まされているような感じになる。

そのポストモダン的な難解さの頂点に君臨していたのがデリダである。彼は、脱構築、差延、代補、現前の形而上学、エクリチュール／パロール、痕跡、パルマコン、コーラ、パレルゴン、憑在論……といった簡単には定義できない独自の用語が飛び交う、哲学的な細かさと文学的レトリックが多重に絡み合った奇妙な文体を駆使する。ヘーゲルのテクストを、それを受けて書かれたバタイユやハイデガー等のテクストと並行して脱構築的に——簡単にパラフレーズすると、そこに内在する矛盾が自ずから浮上してくるような仕方で——読解し、その意味が自明視されてきた概念の揺らぎを示そうとするので、哲学や文芸批評の専門家でも、どこが議論の本筋か見極めにくい。時として、参照関係が三重四重になったり、それぞれのレベルの他の思想家や文学者のテクストと対比したりするので、かなり複雑な話の流れになる。しかもデリダは、普通の哲学研究者や批評家だと、そのテクストの周辺的な部分と見なしてほぼ無視してしまう箇所を重視して、中心／周辺を転倒したような読解をするので、常識的な知識人は振り回される。文章を書き終わった後の「署名」とか「余白」に拘ったりする。「正義」とか「責任」といった普通のキーワードを中心に議論が進んでいくので少しほっとしていたら、全然普通ではない意味が込められていたことが分かって、ますます混乱させられる、ということもある。

かなり厄介な著者であるが、その分、部分的にでも理解できるようになると、かなりの達成感がある。現代思想関係の研究者や批評家になりたい人、人文系の知的スノビズムを楽しみたい人にとっては、デリダは最も攻略したい対象だった。平凡な譬えになってしまうが、登山家にとってのエベレストのようなものかもしれない。デリダを読みこなせてこそ、本当の知識人と思っていた人も少なくなかったろう。見栄を張って、デリダを真に理解しているのは自分だけというような態度を取る研究者の卵たちがいた。しかし、そういう雰囲気は長くは続かなかった。

九〇年代に入って、フランス現代思想を牽引していたガタリ、ドゥルーズ、リオタール、ブルデューなどが相次いで亡くなっていくが、新たなスターはフランスからはなかなか現れてこなかった。二〇〇四年にデリダが亡くなると、フランス現代思想の衰退が顕著になった。代わって、文学的レトリックによる曖昧さや、間テクスト的な読解に伴うややこしさを排除して、単線的で明快な論理に徹する英米の分析哲学が、哲学業界を席捲するようになった。ヨーロッパでは、デリダやドゥルーズに比べるとかなり分かりやすい文章を書く、エーコ、ヴァッティモ、ネグリ、アガンベン、カッチャーリなどのイタリアの思想家たちが注目されるようになり、哲学と文学、芸術、政治を結び付ける役割を、フランスの論客たちに代わって担うようになった。

加えて、それまでかなり背伸びしてアルチュセール、フーコー、ドゥルーズ、ガタリ、デリダなどを政治的実践に応用しようとしていたポストモダン左派とでも形容すべき論客たちが、難しすぎてあまり〝プロパガンダ〟に向かないデリダたちのテクストを深く読解することに興味を示さなくなった――面倒くさくなっただけかもしれない。デリダ自身が九〇年代に入って新自由主義・グローバリズム批判を始めたこともあって、初期・中期のデリダの典型的に難しいテクストを理解しなくても、差異とか脱構築、応答可能性といった何となくデリダっぽい用語を使って左翼的な発言をしさえすれば、デリダを応用した実践だと言い張れるような安直な雰囲気が（少なくとも日本では）生まれてきた。その逆に、デリダに代表されるようなポストモダンの難解さを、政治的消極性と見なして糾弾することで、自分たちの真のラディカルさをアピールする人たちも出て来た――いずれも知的堕落である。

ソーカル事件とデリダ

更には、九四年に、アメリカの物理学者アラン・ソーカルが、ポストモダンっぽい用語を散りばめたインチキ物理学論文を、ポストモダン系と見られていた雑誌に投稿し、うまく掲載させ、後になってそれがインチキだったと暴露する、というソーカル事件が起こった。ソーカルは、ポストモダン系の論者たちが適当に数学や物理学の用語を使っていることを明らかにするためにインチキ論文を書いたと主張し、ポストモダン批判の方向へと話を誘導した。すると、ポストモダン系の難解なテクストが知のメインストリームになっていることに不満を持っていた人たちが、ソーカルの議論を拡大解釈して、デリダを含むポストモダン系とされる著者たちの文章が難しいのは、中身がないのにインチキ科学用語をこけおどしで使っているせいだと決め付けるようになった。中には、ラカン、クリステヴァ、デリダのテクストを読んだこともないのに、ソーカルの言い分を孫引きで仕入れてきて、ポストモダン＝偽科学論を主張したがる横着者もいる――ソーカル事件についての私の見解は、明月堂書店のＨＰ上の連載コラム「極北」の中で述べている。興味があれば、そちらをご覧頂きたい。

そうしたいくつもの要素が相まって、現在の日本の思想系論壇では、デリダをはじめとするポストモダン系の思想家たちの影響力はかなり低下し、専門的な研究者以外はあまり引き合いに出さなくなっている。かといって、分析哲学とかイタリア系の思想、あるいはカルチュラル・スタディーズやメディア・スタディーズ、マルクス主義など、他の系統の理論が思想論壇の牽引車になっているというわけでもない。中心が不在のまま、プロ研究者たちは自分の得意な領域に引きこもり、領域横断的・他流試合的な議論は回避するようになり、ごく少数のイタイ人たちが、ジャーナリズムのニーズに合わせて〝何でも哲学者〟的な役割を演じている――ポストモダン化した社会の兆候とされる「大きな物語の終焉」のパロディのような状況である。評論家や研究者の卵、自称哲学ファンたちは、ひたすら難しいものを回避するようになった。

たまたま難しいテクストに出くわしてしまうと、「この著者は文章が下手だ」「明晰な表現ができないので読むに値しない」「中身がない！」、などという捨て台詞と共にすぐに拒絶する。自分の理解力が足りないからだとは認めない。哲学・思想史系の院生やオーバードクター、自称評論家などのブログやツイートには、その手の恥知らずな台詞があふれかえっている。

そういうご時世だからこそ、デリダのような難しいテクストを――孫引き、ひ孫引きで分かったつもりになることなく――きちんと読むという姿勢が必要である。既に述べたように、デリダの文章は、慣れてない読者には、何が主題なのかさえ分かりにくいが、デリダが脱構築の対象として言及している元のテクストに直接当たって、デリダが拘っている語句や表現をよくよく吟味していくと、徐々にデリダの問題意識が見えてくる。元のテクストというのがプラトン、ヘーゲル、フッサール、フロイト、バタイユ、ハイデガー、アルトー、レヴィナスなど、それ自体が結構難解で、他の思想家のテクストと間テクスト的に複雑に繋がっているので、予備作業にかなりの労力が必要だが、その分、分かってくると爽快感がある。デリダが奇妙な文体を駆使するのは、単に、難解さを演出してマニアックな読者を惹きつけるためではなく、哲学的にきちんとした理由があることが見えてくる。

本書の元になった連続講義では、そうした〝地味な〟デリダ読解を試みた。限られた時間の中での講義なので、不本意ながら省略した箇所や、間テクスト的繋がりを最後まで追求し切れていない箇所もあるので、真面目な読者はそうした欠落は自分で適宜補ってほしい。また、きちんと読んでもらえれば、それができる構成になっている。

デリダは、際限のない解釈の連鎖へと誘う著者である。因みに、自称デリダ専門家の中には、上記のような大ざっぱなイントロを読んで、「デリダをポストモダニズムに分類するのは誤りだ。仲正は分かっていない」などと、訳知り顔でツブヤキたがる輩がいるが、そういうのは、現代思想をつまらなくするだけの不毛な〝拘り〟であることにぜひ気付いてほしい。

目次

【2014年11月8日の講義風景】

本書は、連合設計社市谷建築事務所で行われた全7回の連続講義（2014年11月8日～2015年5月9日）に、適宜見出しで区切り、文章化するにあたり正確を期するべく大幅に手を入れた。なお講義の雰囲気を再現するため話し言葉のままとした。また講義内容に即した会場からの質問も、編集のうえ収録した。

主に、デリダの著作、邦訳は、『新版　精神について——ハイデッガーと問い』（平凡社ライブラリー、2010年）と『死を与える』（ちくま学芸文庫、2004年）、『声と現象』（ちくま学芸文庫、2005年）を参照し、適宜変更した。

本書は、テクストの精読を受講生と一緒に進めながら、読解し、その内容について考えていくという趣旨で編集しています。決して“答え”が書いてあるわけではありません。きちんと原書並びに邦訳のテクストをご自分で手に取られ、自分自身で考えるための“道具”になるよう切に願っております。

最後に、来場していただいたみなさま並びにご協力いただいた連合設計社市谷建築事務所スタッフの方々、心より御礼申し上げます。【編集部】

rengoDMS

本書は、連合設計社市谷建築事務所で行われた、著者が主催する勉強会の講義を収録し編集・制作しました。

［講義］第一回

括弧付の「精神 Geist」——『精神について』1（第Ⅰ～第Ⅳ節）

デリダの思想とは？

この講義では、デリダ（一九三〇－二〇〇四）の代表的なテクストを読むことを通して、彼の思想・文体の特徴を把握することを目指します。

最初に読むのは、中期から後期への転換に位置する『精神について』（一九八七）です。初期は、現象学批判と文学人類学批判、フーコー批判を起点にして独自の概念や方法を生み出した時期、中期は、まるで前衛的な文学テクストのような奇抜で実験的な文体を駆使した時期、後期は、政治的・倫理的なテーマを扱うようになる時期、という感じで区分されることが多いです。タイトル自体からは分かりにくいですが、ハイデガー（一八八九－一九七六）をどう評価すべきかがテーマになっていること自体ははっきりしているので、七〇年代・八〇年代の他のテクストに比べると、分かりやすいと言えますが、ハイデガーについてかなり知っていないと、デリダはいろんなところでパロディや換骨奪胎のようなことをやっているので、彼がハイデガーの哲学的言説をどう扱いたいのか分からないでしょうし、ハイデガーの議論の再現か、デリダによるひねりなのかさえ分からないでしょう。

デリダの文体は独特なので有名ですが、ハイデガーはハイデガーでかなりくせのある文体を使います。

分かりにくさが相乗化されます。無論、ハイデガーにしてもデリダにしても、分かりにくい用語や文体を使うことにそれなりの理由があるのですが、それは追々お話しすることになるでしょう。両者の関係が分かりにくいところに、他の主要な哲学者や文学者の言説も入ってくるので、ますます分かりにくくなっています。

哲学・思想史を専門にやっている人でも、ハイデガーとデリダの思想と文体に慣れていないと、この本を予備知識なしに読み始めてすんなりに理解することはできないでしょう。

マルティン・ハイデガー

分析哲学の本とか、一般的な哲学入門書の書き方とは違って、デリダは、自分はこういう背景からこの問題に関心を持ち、その問題に関して○○の観点から重要な△△のこのテクストについて論じる、ということはほとんど語らずに、いきなりある思想家の必ずしもそれほど知られているわけではないテクストのひねった解釈を始めるので、何を言っているのか分からないことが多いのですが、この著作に関しては、そんなに懇切丁寧ではないですが、自分がハイデガーのどこに関心を持っているのか、それなりに順を追って説明しています。ハイデガーのことをよく知っていると、結構分かりやすいかもしれません。しかしハイデガー自体を知らない人にとっては、先ほど言ったように、何を問題にしているのか分からないでしょう。

本文の前に、簡単な背景説明がありますね。

――これは、国際哲学研究院がパリで開催したコロローク「ハイデッガー――開かれた問いの数々」の折、一九八七年三月十四日に読み上げた講演である。当然のことながら、注は後から加えたものである。

これだけだとあまり参考になりませんが、このコロローク（討論会）が開催された一九八七年に、ハイデガーのナチス関与問題に関して極めて批判的な本がフランスで刊行され、大きな話題になります。コロークク自体は出版の数か月前に行われていますが、これが本として刊行されたのは、九〇年なので、その本の反響の後の一連の論争の文脈で受容されることになりました。読んでいけば分かるように、デリダは最初から政治的に断罪するのではなく、かといって庇うのでもなく、ハイデガーの哲学的テクストの中で、何が政治的に問題になり得るか、デリダ自身のそれまでの立場からじっくり検討するというスタンスで臨んでいます。

こうした論争が行われる背景として、ハイデガーが戦後のフランスの哲学に大きな影響を与え続けているということがあります。戦後フランスの指導的な哲学者でハイデガーの影響が極めてはっきりしているのは、実存主義の旗手で、日本の新左翼運動にも影響を与えたサルトル（一九〇五－八〇）と、身体や知覚の現象学の研究をリードしたメルロ＝ポンティ（一九〇八－八一）の二人でしょう。二人は、フッサール（一八五九－一九三八）に始まる現象学を勉強する過程で、一時期、フッサールの継承者と目されたハイデガーの哲学も学びました。それから「他者の顔」をめぐる議論で知られるエマニュエル・レヴィナス（一九〇六－九五）もフライブルク大学でフッサールとハイデガーの下で学んでいます。彼の他者の倫理学は、他者との関係性についての考慮が薄いとされるハイデガーの存在論に対するオルターナティヴと見ることができます。構造主義とポスト構造主義の狭間に位置するフーコー（一九二六－八四）や、文化資本やディスタンクシオン（卓越化＝階層的差異）の理論で知られる社会学者のブルデュー（一九三〇－二〇〇二）も、ハイデガーと批判的に取り組んだことが知られています。ブルデューはハイデガーの存在論に関する本も出しています。デリダも当然ですし、デリダの弟子筋に当たるフィリップ・ラクー＝ラバルト（一九四〇－二〇〇七）やジャン・リュック・ナンシー（一九四〇－二〇二一）などが挙げられます。ネガティヴであれポジティヴであれ、戦後フランスの主要な哲学者でハイデガーの影響を受けていない人の方が少ないでしょう。

それだけ影響があるということもあって、フランスでは何度かハイデガーをどのように捉えるべきか、やや政治的なニュアンスを帯びた論争、いわゆる「ハイデガー論争」が三回ありました。ハイデガーの評価をめぐっては、当然、ドイツ自体でも何度もいろんなレベルでの論争があり、双方での論争がお互いに影響を与え合います。アメリカなど、その他の国の研究者が参戦してきて、論争の輪が更に広がることもあり、見方によっては、今日に至るまで延々と、西欧の主要諸国の哲学者たちによるハイデガー論争が続いているとも言えます。

フランスでの第一次論争は、大戦末期から一九四七年にかけて起こりました。きっかけはサルトルによるハイデガー受容です。サルトルは、三〇年代にドイツに留学していた時から、ハイデガーの影響を強く受けていましたが、四三年に刊行された『存在と無』でハイデガーの概念や基本的枠組みをかなり取り込んでいます。当時、フランスはドイツに占領されていました。占領中サルトルは、レジスタンス活動で共産党に協力していましたが、四四年八月にパリが解放された頃から、サルトルの実存主義が、マルクス主義の唯物論・階級闘争史観とは相いれないことを、共産党系の批評家が問題視し、サルトル批判を始めます。その中で、ナチス政権下でフライブルク大学の総長に就任し、悪名高い学長就任講演をはじめ、親ナチス的な言動をしていたことが知られていたハイデガーの影響をサルトルが強く受けていることも問題視されました――ナチス政権との折り合いが悪くなって、学長の職はすぐに辞任することになりましたが。サルトルは、それに対して、ハイデガーがナチスに追随したことと、彼の哲学は別であると反論しました。そして終戦直後の四五年一〇月に「実存主義はヒューマニズムか」という講演を行い、実存主義をヒューマニズムとして擁護したうえで、ハイデガーを自分と同じ無神論的実存主義者として位置付けます。翌四六年に、この講演が『実存主義はヒューマニズムである』というタイトルで刊行されます。高校の倫理の教科書とか哲学入門書で、ごく簡単に紹介されているサルトルの思想は、この本に基づいています――『存在と無』は、大著であるうえ、ハイデガーの著作以上に難解なので、ちゃんと紹介されることはあまりありません。この講演、本を機に実存主義が、戦後のフランスで影響力を増していく中で、その源泉であるハイデガーも重視されるようになります。

サルトルは、ハイデガーの思想を実存主義に数えたうえで、実存主義をヒューマニズムと見なしたわけですから、ハイデガーを「ヒューマニスト」として扱ったわけです。これは、ナチスの御用学者として評判が悪くなり、戦後、大学から追放されていたハイデガーにとって、政治的には好都合だったかもしれません。しかし、実存主義者でヒューマニストであると見なされるのは不本意だったようです。

『存在と時間』 (1927)

主として、自己自身の存在を問う特別な存在者である「現存在 Dasein」=人間の「実存」について論じている。

この著作以降は、ハイデガーは現存在分析から遠ざかって、「存在」そのものをめぐる問いに、主として詩やソクラテス以前の古代の哲学者の言説を経由する形で取り組む。

※現在では、彼を、実存主義者として位置付けるのはおかしいというのが研究者の間の定説。

ハイデガーは、主著の『存在と時間』(一九二七)では、主として、自己自身の存在を問う特別な存在者である「現存在 Dasein」、つまり人間の「実存」について論じていますが、この著作以降は、現存在分析から遠ざかって、「存在」そのものをめぐる問いに、主として詩やソクラテス以前の古代の哲学者の言説を経由する形で取り組むようになります。そのため現在では、彼を、実存主義者として位置付けるのはおかしいというのが研究者の間の定説のようになっています。

サルトルは、ハイデガーの忠実な弟子ではなく、『存在と無』でも随所でハイデガー批判をしていますが、当時のフランスにはハイデガーの熱心な弟子というか信者のような人たちもいたようです。その中の代表格が、ジャン・ボフレ(一九〇七―八二)という哲学者です。ドイツ哲学に強い関心を持ち、ハイデガーと交流していたボフレは、四六年の一一月にハイデガーに、ヒューマニズムをめぐるサルトルの主張についてどう思うかと質問する手紙を出します。

その質問にハイデガーが答える形で執筆したのが、『ヒューマニズム書簡 Brief über den 'Humanismus'』（一九四七）という論文です。この論文で、ハイデガーがサルトルと自分の違いを示しただけでなく、主体としての人間を中心に展開する近代哲学と、自分のそれとの違いを明らかにしています。また、ハイデガーは一九三〇年代半ば以降、思索の方向性が転換したとされていますが、その「転回 Kehre」について自ら語っています。また、言語についての彼の見方も呈示されています。この後期ハイデガーの出発点となった重要なテクストがフランスで翻訳・刊行されることを通じて、ハイデガーの影響が戦後フランスで広がることになります。ドイツでも、フランスでの評価が跳ね返ってくるような形で、ハイデガーの重要性が再認識され、彼の復権が進むことになります。このサルトルとハイデガーの関係をめぐって展開した論争が、第一次論争です。

次の第二次論争は、ジャン＝ピエール・ファイユ（一九二五－　）という哲学者が一九六一年に、先ほどお話しした学長就任講演など、ハイデガーがナチスに対して好意的な発言をしているテクストをまとめて翻訳し、ハイデガーとナチスの近さを実証しようとしたことに始まります。次の年にはシュネーベルガーというスイス在住の研究者が、それと同種の資料集を出し、更にその翌々年には、フランクフルト学派のアドルノ（一九〇三－六九）が、ハイデガーの言語の神秘主義的曖昧さを告発する『本来性という隠語』（一九六四）を出します。それらに対して、ボフレの弟子に当たるフランソワ・フェディエ（一九三五－二〇二一）という人が、六〇年代半ばからハイデガーを擁護する議論を展開します。

第三次論争は、一九八七年にヴィクトル・ファリアス（一九四〇－　）というチリ出身の哲学者が、史料に基づいてハイデガーとナチスの関係を詳細に検討した『ハイデガーとナチズム』という本をフランスで刊行し、それが国際的な反響を呼びました。それに対してリュック・フェリー（一九五一－　）とアラ

・第一次論争：サルトルとハイデガーの関係をめぐって展開した論争
ヒューマニズムをめぐるサルトルの主張についてどう思うかという質問に答える形で、ハイデガーが答えた⇒後期ハイデガーの出発点となった重要なテクスト『ヒューマニズム書簡 Brief über den 'Humanismus'』（1947）。
※ハイデガーがサルトルと自分の違いを示し、主体としての人間を中心に展開する近代哲学と自分の違いを明らかにしている。1930年代半ば以降、思索の方向性が転換＝「転回 Kehre」。言語と存在の関係をめぐる考察。
※フランスで翻訳・刊行されることを通じて、ドイツでもフランスでの評価が跳ね返ってくるような形で、ハイデガーの重要性が再認識。

・第二次論争：ナチとハイデガーをめぐって
ジャン＝ピエール・ファイユ、1961年に、学長就任講演など、ハイデガーがナチスに対して好意的な発言をしているテクストを出版。ハイデガーとナチスの近さを実証しようとしたことに始まる。次の年にはシュネーベルガーというスイス在住の研究者が、それと同種の資料集、更にその翌々年には、フランクフルト学派のアドルノが、ハイデガーの言語の神秘主義的曖昧さを告発する『本来性という隠語』（1964）を刊行。フランソワ・フェディエが、60年代半ばからハイデガーを擁護する議論を展開。

・第三次論争：ハイデガーの伝記的問題から始まったが、ハイデガーとナチスの思想的関係が、哲学の本質に関わる問題として論じられるきっかけに。
1987年にヴィクトル・ファリアスが、史料に基づいてハイデガーとナチスの関係を詳細に検討した『ハイデガーとナチズム』をフランスで刊行。

↕

リュック・フェリー（1951－　）とアラン・ルノー（1948－　）はファリアスの批判は表面的な出来事をなぞっているだけであり、ハイデガーの思想の本質に、ナチズムの反近代主義に通じるものがあるのかを論じるべきだと主張。

ン・ルノー（一九四八－　）の二人をはじめとするフランスのハイデガー主義者たちは、ファリアスの批判は表面的な出来事をなぞっているだけであり、ハイデガーの思想の本質に、ナチズムの反近代主義に通じるものがあるのかを論じるべきだと主張し、議論の方向を変えようとします。そうした流れの中でデリダのこのテクストが刊行されたので、ハイデガー論争と関連付けて読まれることが多いです。実際、中身を見れば、ハイデガーとナチスの思想的関係を深く掘り下げて、哲学の本質に関わる問題として論じようとしていることが分かります。

第二次論争と第三次論争は間が空いていますが、この間、一九七六年にハイデガーが亡くなっています。本人が亡くなったことで、彼について自由に論議しやすくなったということがあるかと思います。あと、念頭に置いておくべきこととして、ファリアスの本の一年後にドイツ人のフーゴー・オット（一九三一－二〇二二）という歴史家が、様々な史料を駆使して、『マルティン・ハイデガー　伝記への途上』（一九八八）というハイデガーの伝記を出しています。若い頃の彼がカトリックの修道士や神学者になろうとしていたことや、カトリック教会と距離を置くようになった経緯、教授職に就くための葛藤などが詳しく述べられています。ハイデガーがフランスの哲学に与えた影響については、トム・ロックモア（一九四二－　）というアメリカの哲学者の『ハイデガーとフランス哲学』（一九九五）という本があります。この本の翻訳は、私と亡くなった北川東子さん（一九五二－二〇一一）の共監訳で法政大学出版局から刊行されています。フランスでハイデガーが広く受容されるに至った下地としてのフランスの現代哲学史とか、ドイツとフランスの哲学文化の違い、サルトルやデリダのハイデガー理解の特徴、ハイデガー論争の経緯などが詳しく紹介されています。

『精神について』の本文を読み始める前に、訳者による「平凡社ライブラリー版　あとがき」を見ておきましょう。二七八頁に、原書の裏表紙にある、簡潔な「紹介文」が訳されていますね。デリダ自身によるものだということですね。デリダ本人のものにしては、かなり親切でコンパクトにまとまっています。

『精神について』をデリダ自身が紹介する

＊精神について＊

「私は亡霊と炎と灰についてお話ししようと思う。」

これは、ハイデッガーについて行なった最初の言葉である。この講演は新たな航行を試みている。それは「内的な」注釈でも、「外的」資料に基づいた論告でもない。たとえこの両者が、それぞれの限界内で、どれほど必要なものであり続けるにせよ。

「精神 esprit」と「亡霊 revenant」の繋がりに注意して下さい。フランス語の〈esprit〉は英語の〈spirit〉と同じように、「精神」の他、「聖霊」とか「亡霊」といった意味でも使われます。この本では、この〈esprit〉とドイツ語の〈Geist〉の対応関係を軸に議論が展開していきます。両者は完全に一致しておらず、微妙にズレているので、それぞれの言語・文化の中で異なった形で、他の語に言い換えられたり、関連付けられたりします。例えば、〈Geist〉にも「亡霊」という意味があり、同じく「亡霊」という意味で使われる〈Gespenst〉という言葉で言い換えることが可能ですが、〈Gespenst〉と言うと、哲学・思想史に詳しい人なら、『共産党宣言』（一八四八）の冒頭の「ヨーロッパに妖怪が出る――共産主義という名の妖怪が」というフレーズの〈Ein Gespenst geht um in Europa – das Gespenst des Kommunismus〉の〈Gespenst〉を思い出すでしょう。デリダの後期の著作『マルクスの亡霊たち』（一九九三）では、この〈Gespenst〉の意味するところが、英語、フランス語、ドイツ語の様々なジャンルのテクストを渉猟しながら探究されていきます――探究というより、戯れというべきかもしれません。

この「亡霊＝精神（＝妖怪）」と、「炎と灰 la flamme et des cendres」の繋がりが重要です。ハイデガー

「亡霊＝精神（＝妖怪）」

「精神 esprit」と「亡霊 revenant」の繋がりに注意。

フランス語の〈esprit〉は英語の〈spirit〉と同じように、「精神」の他、「聖霊」とか「亡霊」といった意味。

「炎と灰 la flamme et des cendres」の繋がりが重要。
⇒ハイデガーのナチス加担がテーマだと考えると、戦争による「炎と灰」、あるいは、ホロコーストの犠牲者の死体を収容所で燃やして処理する時の「炎と灰」という意味に取れる。
※「炎」は、聖書などでは「燔祭＝ホロコースト holocaust」や「神の霊」による浄化という意味での「炎と灰」のイメージに結び付いていている。

のナチス加担がテーマだと考えると、戦争による「炎と灰」、あるいは、ホロコーストの犠牲者の死体を収容所で燃やして処理する時の「炎と灰」という意味に取れるでしょう。それだけだと、反戦・人道主義的な比喩だということでしかありませんが、〈esprit〉や〈Geist〉が「聖霊」とか「神の霊」といった意味で使われることもあることを念頭に置くと、もっと別の意味連関が見えてきます。キリスト教文化に通じている人なら、「炎」は、聖書の中に、神が燃える柴の中から語りかけるとか、モーセとイスラエルの民を火の柱と雲の柱で導いたとか、イエスの言葉が火に譬えられるとか、「炎」と神の「霊」は深く結び付きます。旧約聖書、特にモーセ五書の神は、何度か不信心者を焼き殺すことで罪の穢れを浄化します。あと、祭壇の上で供え物を全て焼き尽くす燔祭という形式があります。この連続講義で『精神について』の次に読む予定の『死を与える』（一九九九）ではアブラハムのイサク燔祭がメインテーマになりますが、アブラハムが神から命じられていた献祭の形態は、燔祭です。燃やせば、当然、灰が出ます。旧約聖書には、悔い改めのために灰を撒いたという記述がありますし、キリスト教でも、復活祭の前の四旬節の始まりを「灰の水曜日」といい、この日に、灰に関連した儀式が行われます。このように、「神の霊」による浄化を象徴する「炎と灰」を念頭に置くと、ホロコーストの「炎と灰」をナチスという特殊な悪だけのせいにすることに疑問が生じますね。むしろ、キリスト教の神、炎のような神の言葉が、多くの「炎と灰」をもたらしてきた歴史が思い出されてきます。「ホロコースト holocaust」というのは、燔祭という意味のギリシア語〈holocauston〉から来た言葉です。語の作りとしては、〈holos（全て）〉を「焼き尽くすこと」というのが原義です。

この言葉を、ナチスによるユダヤ人虐殺の意味で使うことには、ユダヤ人の燔祭の炎が、ユダヤ人を焼き尽くす炎に反転する、というような皮肉な意味合いがあるようにも思えますね。そのことを、アルジェリア系ユダヤ人であるデリダが示唆しているのですから意味深です。デリダはこういう風に、言葉のチョイスによって意味が変容し、文脈が分岐していくことを、自らのエクリチュール（書く行為）によって示そうとします。それで、彼の文章は分かりにくくなるのですが、この説明文はかなり分かりやすいですね。

「『内的な』注釈 un commentaire《interne》」というのは、恐らくハイデガーの言っていることを彼自身の言い分に即して忠実に解釈しようとするボフレやフェディエ等のアプローチ、「『外的』史料に基づく論告 un réquisitoire sur documents《externes》」というのは、客観的資料に基づいてハイデガーの罪を暴き出そうとする、ファイユ、ファリアス、オットのアプローチのことでしょう。自分は、そのどちらでもない、と立場性を表明しているわけです。

問題はいぜんナチズムだ――ナチズム一般、そしてハイデッガーのナチズムから、いまだに考えるべく残っているものである。しかし、「精神の政治」群、「精神の危機」と「精神の自由」についての宣言の数々でもある。「精神の自由」、それは当時ひとが主張していたものであり、まだ今日でも非人間的なるもの（ナチズム、ファシズム、全体主義、唯物論、ニヒリズム等）に対立させようとしているものだ。ところで、ハイデッガーが精神の讃歌を歌い上げるのは『総長就任演説』（一九三三年）に始まる。六年前に彼は、この語を「避ける」ことに決め、そしてこの語の回りに引用符をめぐらしたのだった。何が起こったのか？　なぜそれは一度も気づかれなかったのか？　今日と同じように、精神の祈願はヨーロッパの運命への省察たらんと意志していた。かくしてヨーロッパの偉大な「精神［の持ち主］」たちの雄弁が響き渡る。ヴァレリーの、フッサールその他の雄弁が――だが彼らの「政治」は、しばしばそう思われているほどには無垢なものではない。

ハイデガーとナチズムの関係を論じることに変わりはないけれど、「精神＝霊 esprit」という言葉からアプローチするつもりだと予告しているわけですね。デリダが例として挙げているように、西欧人は知的な言説の中で「精神」という言葉を使いたがります。日本語で「精神」と言っても、単なる言い回しでしかありませんが、ヨーロッパの知識人の中には「精神」と呼ぶべき実体があると本気で信じているような感じの人がいます。当然、それが危機に瀕したら、防衛しないといけない。

「精神の危機 crise de l'esprit」というのは、少し後に名前が出て来るポール・ヴァレリー（一八七一－一九四五）の著作のタイトルです。一九一九年、第一次大戦が終わった翌年に刊行された著作です。ヴァレリーは、フランスの小説家、詩人、評論家で、徹底して合理主義的精神を追求した人というイメージが強いです。『精神の危機』では、タイトル通り、ヨーロッパの「精神」、具体的にはヨーロッパの文明を支えてきた知性の伝統が存亡の危機に瀕しているということが論じられています。「精神」という言葉は、しばしば、ヨーロッパの伝統的な知の在り方という意味合いで使われます。「思想・信条の自由」ではなくて、「精神の自由」という時の「精神」も、知的伝統という意味だと考えていいでしょう。

ドイツ語で「人文科学」のことを〈Geisteswissenschaft〉と言います。字義的には、「精神科学」です。一八世紀の終わり頃から使われていた呼称ですが、解釈学の創始者であるディルタイ（一八三三－一九一一）が『精神科学序説』（一八八三）で、自然科学と精神科学の方法論の違いを明確に定式化して以降、はっきりと性格付けられるようになりました。

ヨーロッパの知識人は、その「精神」の名において、ナチスとかファシズム、唯物論、ニヒリズムなどの「野蛮」に対抗しようとしてきたわけですが、それに対してデリダは、その「精神」というのは、実は、「炎と灰」をもたらす「神の霊」、ユダヤ人を燔祭の犠牲として要求した「霊」、ヨーロッパに取り憑き、祓ったはずなのに何度も何度も戻ってくる「亡霊」と同じものではないか、と示唆しているわけです――

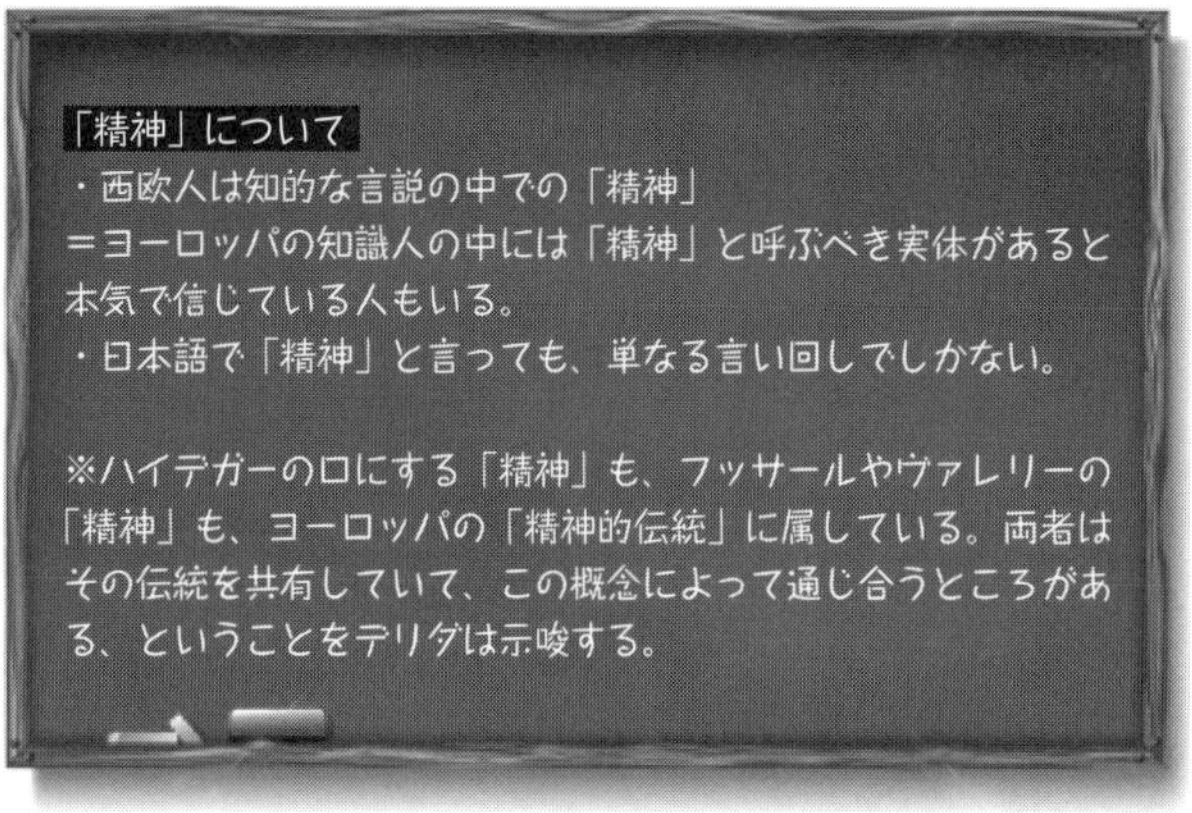

「精神」について
・西欧人は知的な言説の中での「精神」
＝ヨーロッパの知識人の中には「精神」と呼ぶべき実体があると本気で信じている人もいる。
・日本語で「精神」と言っても、単なる言い回しでしかない。
※ハイデガーの口にする「精神」も、フッサールやヴァレリーの「精神」も、ヨーロッパの「精神的伝統」に属している。両者はその伝統を共有していて、この概念によって通じ合うところがある、ということをデリダは示唆する。

〈revenant〉の文字通りの意味は、「再び来るもの」です。日本人からしてみれば、それは単なる言葉の上での繋がりにすぎないのではないかという感じがしますし、普通のヨーロッパ人はそう思うでしょうが、デリダは、知的伝統という意味での〈esprit〉と、ヨーロッパに亡霊のように取り憑いている神の霊という意味での〈esprit〉の間に、無視しえない連関があると見ているわけです。

そうした問題関心を持つデリダは、ハイデガーが学長就任講演で、「精神」という言葉を使っていることに注意を向けているわけです。「六年前」というのは『存在と時間』を刊行した時のことです。「この語を『避ける』ことに決め、そしてこの語の回りに引用符をめぐらしたのだった」というのは、文字通りの意味です。精神と物質、主体と客体の二項対立を解体して、「実存」を起点とする新たな存在論を立ち上げようとしていたハイデガーは、「精神」という言葉を避けています。「精神」が出て来るのは、ヘーゲル（一七七〇－一八三一）に言及する際です。引用符付きでの言及です。しかし、『学長就任講演』では、「精神」の括弧が取れる。つまり、「精神」という言葉を自分の言葉として積極的に使うようになったわけです。普通の人なら、学長就任講演は、プロパガンダだから、レトリックとして人口に膾炙した言葉を使っただけだろ、と思うところでしょうが、デリダは、そこに、ハイデガー自身の意図を超えた、意味の呪縛のようなものが働いているのではないか、と見ているわけです。

ヴァレリーと並んでフッサールの名前が挙がっていますが、それは、彼がハイデガーの師であることと、ユダヤ系であったこと、及び、晩年の著作『ヨーロッパ諸学の危機と超越論的現象学』（一九三六）が念頭にあったからでしょう。ウィーンとプラハで行った講演の内容をまとめたものです。フッサール専門家の間で『危機書』と呼ばれています。「危機」意識が、『精神の危機』と繋がっているような感じがしますね。フッサールの現象学は用語が難しいので有名ですが、現象学は何を目指していたのか、その学問的動機付けを知りたいのであれば、この本を読めばいいでしょう。簡単に言うと、近代において発達した諸学問が数学、物理学、化学、生物学、心理学などに専門分化し、相互に独立するようになるにつれ、自分たちが元々どのような前提から出発し、何を目指していたのかを見失い、彷徨するようになっているという前提の下で、その共通の根源を確認しようということです。フッサール自身元々数理論理学の研究から出発し、論理学の基礎付けのために現象学を構想するようになりました。その当時、一九世紀末から二〇世紀初めにかけて、数学の基礎付けをめぐる大論争があり、数学の危機と呼ばれる事態が生じていました。その論争に、分析哲学の元祖の一人であるラッセル（一八七二－一九七〇）も参加しました。物理学でも、相対性理論や量子力学の誕生の元になる基礎付け論議がありました。この著作でフッサールは「精神」という言葉をキーワードとして前面に出しているわけではありませんが、やはり随所で「精神」という言い方をしていますし、「ヨーロッパ的人間性の危機」という言い方をしています。

フッサールはハイデガーの前任者でもあるのですが、ハイデガーは学長になってからフッサールを含むユダヤ系の学者の大学への出入りを禁じました。一般的イメージとしては、ナチスに迎合した不純なハイデガーと、純粋に学問を愛したフッサールという風に見られがちですが、デリダは、そのフッサールとかヴァレリーのような姿勢を「精神の政治 politiques de l'esprit」と呼んでいるわけです。この言い方だと、ピンと来ないかもしれないので、「『精神』のポリティクス」と言い換えてみましょう。現代思想などで、「〜のポリティクス」という表現が使われる時は、その言葉、概念、表象、理論などを、浸透させていく戦略あるいは、政治的動向のような意味合いが含まれていますね。彼らは、その「精神」のポリティクスによって「精神の自由」を守ろうとしたわけですが、ハイデガーはハイデガーで、彼の意味での「精神」のポリティクスを仕掛けている。二つの〝精神〟が対立するかっこうになっているわけですが、両者は本当に違う〝精神〟なのか？　デリダは、言葉遊びを通して、そういう問題提起をしているわけです。

> ヨーロッパの哲学、道徳、そして宗教がその伝統の懐で、彼らの言説を分有している。それらがこの言説を、ハイデッガーが精神を名指す時、彼の言説と交換するのだ。この分有とこの交換をどうしたらよいのか？　それを断ち切ることはできるのか？　そうしなくてはならぬのか？　賭かっているのは〈善〉と〈悪〉、〈光明＝啓蒙〉と〈炎〉であり、火の言語における精神である――Geist は炎なり、とハイデッガーは言う。

言い回しは少し難しいですが、ハイデガーの口にする「精神」も、フッサールやヴァレリーの「精神」も、ヨーロッパの「精神的伝統」に属していて、両者はその伝統を共有していて、この概念によって通じ合うところがある、ということを指摘しているのは分かりますね。「分有 partage」と「交換 l'échange」を強調しているのは、キリスト教の信者共同体が聖霊を分有し、霊において交わっているというイメージを出すためなのではないかと思います。この繋がりを論理的に断ち切れないと、「精神の自由」を守ろうとする「ポリティクス」は、「善」の側に立ち切ることはできません。「善 Bien」と「悪 Mal」の対の後、「光＝啓蒙 des Lumières」と「炎 la Flamme」の対を出しているのは意味深ですね。「善」と「悪」だと真っ向から対立している感じがしますが、人々を啓蒙する理性の「光」と、罪なき人をも焼き尽くす「炎」の間には類縁関係があるような感じがします。実際、聖書の中では、炎は神の象徴です。「Geist は炎なり」というのは、戦後のハイデガーの詩論に出て来るフレーズです。本文を読んでいけば、出てきます。

> この本には二つの炉源がある。一九三三年、ハイデッガーが、その語をそれまでは「避け」ようとしていた精神を称讃するのだとすれば、この第一の屈折は注解者たちを魅惑する「転回」（Kehre）の形

をなしてはいない。とはいえ、それが決定的であることに変わりはない。後年、第二の屈折が、それまで「思惟の敬虔」だとみなされていた問いの特権を転位させる。問いの問いは、それに先立たなくてはならぬ同意の担保入れにかかっており、そこに繋がれて〔＝義務をもって〕いる。Oui、深淵を迎える担保入れ（gage）、約－束（engagement）あるいは賭け（gageure）。それが「倫理」あるいは「政治」になる時、何が起こるのか？　ひとは何に、誰にouiを言うのか？

「炉源」というのは変わった表現ですが、これは原語の〈foyer〉に「暖炉」という意味と、「焦点」とか「源」という意味があることを示す訳語です。デリダは、わざと「炎」に関係する言葉をチョイスしているわけです。「転回 tournant＝Kehre」を、「屈折 inflexion」と言い換えているのも、〈foyer〉に、光学的な意味での「焦点」、つまり、虫眼鏡などで、光を屈折させて一方向に集中させた時に出来る「焦点」という意味があるので、それにかけているのでしょう。

「転回」というのは、ハイデガーの探究の方向性の「転回」のことで、『ヒューマニズム書簡』でハイデガー自身が使っている表現です。簡単に言うと、それまで「現存在」分析を通して「存在」へアプローチしていたハイデガーが、「存在」そのものの生起の仕方に関心の方向を転換し、その手掛かりとして、ヘルダリン（一七七〇－一八四三）の詩や、ソクラテス以前の哲学者の言説を分析するようになったことを指します。その時期は、大体、学長就任講演の時期と重なります。デリダが示唆しているのは、もし、「転回」というのが、それまでヘーゲルの引用という形で括弧付きでしか語っていなかった「精神」の括弧を解除するということを意味しているとしたら、ハイデガーの「第一の屈折」は、ハイデガー信奉者の人たちが、「転回」という用語で通常理解しているのとは大分違うだろう、ということです。確かに、「存在」それ自体という不可思議なものではなく、「精神＝霊」が問題なのだとしたら、イメージが大分違ってきます。

1、ハイデガーの探究の方向性の「転回」

第一の転回＝「第一の屈折」

『ヒューマニズム書簡』でハイデガー自身が使っている表現。

それまで「現存在」分析を通して「存在」へアプローチしていた⇒「存在」そのものの生起の仕方に関心の方向を転換し、その手掛かりとして、ヘルダリン（1770 − 1843）の詩や、ソクラテス以前の哲学者の言説を分析するようになった。

★大体、学長就任講演の時期と重なる。

第二回の転回＝「第二の屈折」★戦後のハイデガー

トラークルの作品の解釈。「精神」に関連した言葉を別の形で使うようになったことを指す。思考がものの根源を問う。「存在それ自体」は分からないので、思考している者は謙虚にならざるを得ない。

形而上学的前提に囚われずに、素朴に「思考する」ことを通して、「存在」に対して謙虚になり、「存在」から送られてくるメッセージを素直に受けとめる姿勢。

「思考することは感謝することだ」、[思惟の敬虔 die Frömmigkeit des Denkens」。

「第二の屈折」というのは、この文章からだけでは分かりにくいですが、本文の流れからいくと、戦後のハイデガーが、トラークル（一八八七―一九一四）というオーストリア詩人の作品の解釈で、「精神」に関連した言葉を別の形で使うようになったことを指しているのでしょう。ここで「思惟」と言われているのは、事物の根源を問う本質的な思考のことです。ハイデガーの場合「思惟」が問うのは「存在それ自体」ですが、「存在それ自体」は把握ないので、思惟する者＝哲学者は謙虚にならざるを得ない。この時期のハイデガーは、一般的に「思惟（思考）の敬虔 la piété de la pensée」を重視するようになったとされています。形而上学的前提に囚われずに、素朴に「思考する」ことを通して、「存在」に対して謙虚になり、「存在」から送られてくるメッセージを素直に受けとめる姿勢です。ドイツ語で「思考する」を〈denken〉、「感謝する」を〈danken〉と言いますが、ハイデガーはこの二つをかけた、「思考することは感謝することだ」というフレーズを使うようになります。これは、ハイデガーのオリジナルではなく、プロテスタントの敬虔派で使われていたフレーズのようです。そうした「思考の敬虔」へのコミットメントが、本質的に、

トラークル

「精神」の解放とか復活に関わる問題だとすると、ここでも話が大分違ってきます。

「問いの問い」というのが分かりにくいですが、これは、ハイデガーがどうしてそうしたデリダが言っているような「精神＝霊」をめぐる問いに拘ったのかという、このテクストにおける私たちの問いということでしょう。「同意の担保入れ gage d'un acquiescement」というのは、予め同意がないと、その「問いの問い」を先に進められないということでしょうが、何に対する「同意」か？　話の流れからすると、ヨーロッパ人にとって「精神＝霊」をめぐる一連の問題系が存在し、ハイデガーの問題もその一部である、ということを認める、というようなことでしょう。何故、それにわざわざ断りを入れる必要があるのかというと、そういう問題系の存在を認めることは、ハイデガーや、彼の反対の立場から、「精神のポリティクス」を展開した人と同じような、思考の呪縛にはまり込んでいく危険があるからです。その覚悟があるのか、と読者に挑発的に問いかけているわけです。日本人の職業哲学者でない人には、大袈裟すぎると感じられるでしょうが、デリダはそれが、少なくとも一部のヨーロッパ人には深刻な問題であると考えているわけです。

［〈gage〉―〈engagement〉―〈gageur〉］は、通常のフランス語で全く違った意味で使われている言葉が、語源的に繋がっていることを示唆しているわけですが、軸になるのは真ん中の〈engagement〉でしょう。通常のフランス語では、「約束」とか「誓約」、あるいはお金や軍隊の「投入」、「開始」といった意味ですが、サルトルは、知識人の「実践」という意味で使いました。綴りから分かるように、英語の〈engagement〉と同系列の言葉です。何かの理想にコミットして、「アンガジュマン」すると言うと、かっこいいですが、それは、何かを「担保」にした「賭け」でもある。「ハイデガーとナチズム」というような問題に関わって、「倫理」や「政治」を語ることには、自分自身が、自分が告発しようとしている問題に呪縛さ

れていく危うさが伴うわけです。これは、デリダ自身が「政治」や「倫理」について直接的に語り始める移行期の著作であるだけに、意味深です。

本文に入りましょう。結構、前提についてお話ししたので、少なくとも、最初の方は分かりやすいと思います。

亡霊と炎と灰

> 私は、亡霊〔＝帰り来るもの（revenant）〕と炎と灰についてお話ししようと思う。
> そして避ける〔éviter〕が、ハイデッガーにとって、何を言わんとするかについて。
> 避ける、とは何か？ ハイデッガーは vermeiden という日常的な語を何度か使っている。避ける〔éviter〕、逃れる〔fuir〕、かわす〔esquiver〕。「精神」〔esprit〕が、あるいは「精神的なもの」〔le spirituel〕が問題になるとき、この語は何を意味しえたことになるのか？ ただちに、はっきりさせておこう。問題は esprit や le spirituel ではなく、Geist, geistig, geistlich である。こう言うのは、右の問いが一貫して言語《ラング》の問いだからだ。これらドイツ語は翻訳されるがままになるだろうか？ もう一つ別の意味では——これらの語は避けうるものだろうか？

最初の文は先ほど出て来たのでいいですね。第二の文で、いきなり「避ける」と出て来たので、面食らいますが、この後の段落から分かるように、「精神」のことです。〈vermeiden〉というドイツ語に拘っている感じですが、これはそれほど難しい話ではなく、「避ける」という言葉は日常的によく使われるけど、ハイデガーはどういうニュアンスで使っているのか、という疑問を、それに対応しそうなフランス語を複数挙げることで提起しているわけです。「逃れる」と、「かわす」では微妙にニュアンスが違いますね。ハイデガーは日常語的なドイツ語をひねって特殊な哲学用語にするので有名ですが、ハイデガーのテクスト

を普通に読む限り、〈vermeiden〉はその手の用語ではありません。本当に普通のドイツ語です。でも、ハイデガーが意図していないニュアンスが込められているかもしれない、とデリダは示唆しているわけです。

デリダはこれから、フランス語で〈esprit〉あるいは〈le spirituel〉と訳される言葉について検討するわけですが、当然のことながら、同じヨーロッパ語とはいえ、ゲルマン系の言葉である〈Geist〉と、ラテン系の言葉である〈spirit〉では、ニュアンスは違いますし、それぞれの国語の伝統があります。しかもハイデガーは、言語と存在を密接に結び付けて考える人で、ドイツ語の表現を捻ります。フランス語に訳し切れません。実際、〈geistig〉と〈geistlich〉をフランス語で区別するのは困難です。通常のドイツ語では、〈geistig〉の方は「精神的な」という意味で使われ、〈geistlich〉は「聖職者の」とか「教会の」といった意味に使われます。前者が〈Geist〉の「精神」という意味、後者が「聖霊」という意味に対応していると考えればよさそうですが、ハイデガーは〈geistlich〉に特別の意味を込めているので、簡単に訳せそうにありません。それで訳注［1］にあるように、この訳書では、しばらくこれらの言葉を日本語に訳さず、ドイツ語のままにしておくことにする、というわけです。

『存在と時間』（一九二七年）。当時ハイデッガーは何と言っているのか？　彼は予告し、あらかじめ命じる。彼は警告する――いくつかの用語をこれからは避ける（vermeiden）べきである、と。その用語のなかに精神（Geist）がある。それから二十五年の後、単にありふれた四半世紀ではなかった時を経て、一九五三年トラークルに捧げた偉大なテクストのなかでハイデッガーは、geistigという語をトラークルは常に注意深く避けた（vermeidenだ、再び）と書きとめている。そして明らかにハイデッガーは、彼がそうしているのを讃え、彼とともに思惟するのだ。ただし今回、避けるべきはもうGeistでもgeistlichでもなく、geistigである。

『存在と時間』で「精神」を「避ける」べきだったのは、精神と身体、主体と客体の二元論のような、従来の哲学の思考パターンにはまってしまうからです。『存在と時間』の第一〇節で、「精神」は意識、人格、生、人間などと共に「避ける」べき言葉とされています。トラークルに関するテクストとは、「詩における言葉 Die Sprache im Gedicht」というタイトルの、もともと文芸批評系の雑誌に載った論文です。『言葉への途上 Unterwegs zur Sprache』(一九五九)という論文集に入っています。このテクストでハイデガーは、トラークルが〈geistig〉という言葉を「避けて」、〈geistlich〉を使っていることに注意を向けているわけですが、この二つの形容詞の元になっている「精神」という言葉を「避ける」べきと言っていた「警告」は、ハイデガー自身が既に解除している。

ごく普通に考えたら、『存在と時間』のような体系的な哲学書で、自分の立場として〈Geist〉という言葉を「避ける」べきというのと、評論の対象にした詩人の語彙に関して、〈geistig〉という言葉が「避けられている」というのでは、全然次元が違うので、両者に共通する「避ける」の意味を考えてみようなどとは思い付かないし、指摘されても、そんなのはこじつけだとしか思えないでしょうが、敢えてそこに拘るのがデリダです。

「避ける」の言わんとするものは何か、とりわけハイデッガーにおいては? それは必ずしも回避〔évitement〕や否認〔dénégation〕ではない。これらのカテゴリーは、習慣的にそれを働かせる言説が、たとえば精神分析の言説が vermeiden の経済《エコノミー》を、それが存在の問いに晒される彼《か》の場所場所で計算に入れない限りにおいて、不充分なものである。この計算に入れること〔prise en compte〕——これは言いうる最小のことだが——われわれは、そこから程遠いところにいる。そして私が今日やってみたいと思うことは、そこに接近することだけだ。とりわけ私の考えているのは、帰するところ、言わずに言う、書かずに書く、語を使わずにその語を使うことになる——引用符の間で、十字形をした否定ではない抹消記号〔kreuzweise Durchstreichung〕の下で、あるいはまた、「時折そういう気に駆られる

ように、私がこれからまだ一つの神学を書こうとしたら、そこには〝存在〟という語は現われてはならない」などのようなタイプの命題において等々――「避ける」のあのすべての様相のことである。

「回避」と訳すと、「避ける」との違いが曖昧になりますが、ここで〈évitement〉と呼ばれているのは、「否認」と同様に、心理学、精神病理学の用語です。デリダは、そういう話をしているわけではないと言っているので、無視してもいいのですが、「vermeiden の経済」という言い方が気になりますね。この場合の「経済」は、現代思想で、「○○のエコノミー」という言い方をする時の「エコノミー」と同じ意味合いで、エネルギーとか力とかが循環サイクルを形成して、一定の均衡状態のようなものが保たれているというようなことです。「存在の問い la question de l'être」というのは、直接的には、「避けるという行為の存在」とか「避けられているものの存在」に関する「問い」ということでしょうが、間接的に、ハイデガー哲学のテーマである「存在への問い」を暗示しているのでしょう。

デリダは、そういうエコノミーを算出するとか、ハイデガーの意図を斟酌するのではなく、「避ける」という行為によって「書かずに書かれているもの」つまり、書かれていないがゆえに、かえってその不在(=ここではないところに存在していること)がクローズアップされるものにアプローチしようとしているです。精神分析っぽいですが、精神分析そのものではなくて、それを哲学言説史的にやろうとしているわけですね。「十字形をした否定でない抹消記号」というのは、ハイデガーが、「存在の問いへ Zur Seinsfrage」(一九五五)という論文で、「存在」を意味する〈Sein〉は言語で表現できないので、×点を付けて表記したことから来ています。この論文は、『道標 Wegmarken』(一九六七)という論文集に収められています。それが、「精神」に適用されるべきではないか、とデリダは言っているわけです。「十字形をした kreuzweise」という表現は、ナチスの鉤十字を連想しますね。デリダ自身もハイデガーに倣って、この抹消記号を使っています。「時折そういう気に駈られるように、……」という引用部分は、原注に出ているように、あるセミナーでの学生への回答です。

> この講演のために私に自らを強要してきたタイトルは、あなたがたのうち何人かを不意打ちし、またはショックを与えたかもしれない。その方々がこのタイトルのなかに、スキャンダルを起こした一冊の本、始めは匿名であったが、それから焚書にされた〔火に捧げられた（voué au feu）〕本からの——今度はパロディなしの——引用を認めたかどうかは別にして。

原注を見ると、この本というのは、エルヴェシウス（一七一五―七一）の『精神論 De l'esprit』（一七五八）という本のことだと分かります。この本と全く同じタイトルですね。エルヴェシウスは、ルソー（一七一二―七八）と同時代人のフランスの啓蒙主義の哲学者で、人間を感性によって支配される機械と見なす唯物論的な立場を取ります。功利主義の先駆者の一人とも見なされています。フランスの思想史では比較的よく知られた本です。この本は、「パリ高等法院の判決により、一七五九年二月一〇日、裁判所大階段の下で焼かれた」、ということですね。これは、焚書の話で、本当に燃やされたわけですが、この注の最初に、「〔今日の〕この言説全体がやがて火に囲まれるのであるから、……」、と述べられていますね。この場合の「火に囲まれる cerné par le feu」というのは、集中砲火を受けるということ、日本のネット用語で言うところの「炎上」ということです。「精神」について語ることは、かつてだと焚書騒動を生じさせるほどの危険があるということです。

エルヴェシウス

「今度はパロディなしの」というのは、「精神」の実在性を否定したいエルヴェシウスがある別の本のパロディとして、このタイトルを選んだのだけど、自分（デリダ）はこの本で、ある意味真剣に「精神」について語るつもりだ、ということを示唆しているわけです。

> このタイトルは今日、その文法と語彙系において時代錯誤《アナクロニック》であるように

見える。まるでそれがDe spiritu（『精神について』）のキケロのスタイルをもったラテン語の構成モデルにのっとって体系的な数々の論説が書かれていた時代へと、十八世紀フランス唯物論と呼ばれるもの、またそれに続く世紀のフランス唯心論《スピリチュアリスム》と呼ばれるものが、われわれの学校修辞法《レトリック》の最も見事な模範《カノン》をこのモデルの上に築き上げたあの時へとわれわれを連れ戻すかのようにである。このDe l'esprit（『精神について』）の時代錯誤の形式、さらには挑発的な「遡及《レトロ》」は、このコロークの風景のなかでは一層唐突なものに見える。スタイル上の理由（そこにはハイデッガー的な手法を想わせるものは何もない）からも、こう言ってよければ意味論上の理由からでもある。つまり精神、少なくともそれが外観だ、それはハイデッガーの主要語ではない。それは彼のテーマではない。彼はまさしく、それを避けるすべを知っていただろうに。そして誰があえて彼のうちに、あの形而上学――唯物論のであれ唯心論のであれ――フランスの伝統の麗わしき日々と盛時を作りあげたあの形而上学が、われわれの哲学制度にかくも永続的な刻印を残した他ならぬあの形而上学があるのでは、などと疑ってみるであろうか？

紛らわしいのですが、キケロ（前一〇六－四三）に《De spiritu（精神について）》というタイトルの著作があるわけではありません。キケロには、《De re publica（国家論）》《De legibus（法律）》《De officiis（義務について）》といった、《De～》形のタイトルの著作があり、エルヴェシウスの著作が書かれた一八世紀のフランスや西欧諸国では、そのキケロの文章法修辞法の教育が行われていたわけです。そうした意味で、キケロは、「精神」の原型の一人であり、彼の文体で「精神について de spiritu」書かれた文章は多くあったわけです。そういうことを示唆しているのだと思います。西欧哲学の古典で、《De spiritu》の名称で知られているものとして、アリストテレス（前三八四－三二二）の著作《Peri pneumatos（気息について）》のラテン語訳があります。恐らく、それも念頭にあるのでしょうが、これはアリストテレスの著作

としてそれほど知られていません。「唯物論」との対比で「唯心論 spritualisme」を引き合いに出しているのは、当然、［spiritus―esprit］のことを念頭に置いているのでしょう。

日本語にしてしまうと、全くピンと来ないですが、結局、《De～》というタイトルの付け方、「～について」というタイトルの付け方が、やや古めの印象があるようですね。現代のフランス語の本でも、《De～》というタイトルのものは少なくありませんが、〈de〉という前置詞がラテン語とフランス語に共通しているので、古い感じが出るようです。どちらの言葉でも、大体同じ意味です。フランス語では、英語の〈about〉あるいは〈on〉に相当する〈sur〉という前置詞を使って、《Sur～》とするか、あるいはその前に「論文」という意味の〈essai〉を付けて、《Essai sur～》とするパターンもあります。《De～》で始まるタイトルは、キケロに限らず、アウグスティヌス（三五四―四三〇）とか、先ほどのようなアリストテレスの著作の翻訳とか、トマス・アクウィナス（一二二五―七四）など、古典的なテクストでよく使われます。それに更に、〈esprit〉と続くと、いかにも古典的な感じがするということをデリダはわざわざ強調しているわけです。

それは実際、自分たちが古代の哲学からずっと引き継いできたテーマかもしれない、というのがデリダの示唆したいことでしょう。「精神」の問題は、それを「避けて」きたハイデガーにとっての問題であると同時に、ドイツ以上に「精神」をめぐる哲学的・文学的伝統を持っているフランスの問題かもしれないわけですね。ここで「形而上学」と言っているのは、「精神」あるいは「精神／物質」の対立をめぐる形而上学ということです。

　このテーマ、精神、それがこの思惟の道の内で主要かつ明白な位置を占めていることを後ほど私は明らかにしようと思うが、このテーマが遺産相続から排除された［forclos］ということは注目に値するのではなかろうか？　正統においても異端においても、ネオ・ハイデッガー派にあっても傍系ハイ

デッガー派にあっても、弟子のうちでも専門家のうちでも、ハイデッガー派の家族全体のなかでは誰一人このテーマを受け入れようとはしない。誰一人ハイデッガーにおける精神については決して語りはしない。そればかりではない。反ハイデッガーの専門家たちさえ、それを告発するためにであれ、精神のこのテーマ系に関心を示さない。なぜか？　何が起こっているのか？　こうしてひとは何を避けているのか？

〈forclos〉というのは、〈forcloire〉という「時効で権利を失わせる」という意味の動詞の過去分詞形で、「権利を喪失した」という意味ですが、この元の動詞から派生した〈forclusion〉は、精神分析で「排除」という意味で使われます。そういう意味合いを込めて使っているのでしょう。ハイデガー派の人たちは、ハイデガー本人の意向に合わせて議論しようとするので、「精神を避ける」のは別に不思議ではありませんが、反ハイデガー派の人たちも、「精神」に言及しないのは、何かあるのではないか、彼らも「避けている」のではないか、とデリダは示唆しているわけです。

　フランス的次元を、フランス－ドイツ年誌を、これについて論じる意図はないので、開いたままにしておきながらも際立たせるためには、古典的アカデミスムの数々の危険を冒さなくてはならなかったのかもしれない。この年誌のなかに、このコロークを通じてわれわれはハイデッガーの場所を定める〔situer〕わけだが、このコロークもまた、問いを「開かれた問いの数々」のままにしつつこの場所をめざしたErörterung〔論究＝場所究明〕であった。

　思わせぶりな言い方ですが、要は、「ハイデガーとナチズム」に関連して、独仏共通の思想史を前提にし、見方によっては、フランスの方がより強くコミットしているかもしれない、「精神」という側面を前面に出せば、恐らく——フランス的「精神」を信じる人たちから——顰蹙を買うことになろう、ということです。

「論究」を意味する〈Erörterung〉というドイツ語の注釈がピンと来にくいですが、要は、この単語が「場所」という意味の〈Ort〉から派生しており、「場所」という意味合いを含んでいるということです。この〈Ort〉には、「隅っこ」「端」という意味もあります。〈er-〉という接頭辞は、目的（地）に達した状態を意味します。つまり、〈Erörterung〉は、語の作りからすると、「隅々にまで達する」というような意味で、それが「論究すること」になるわけです。それが通常の語源学的な考察ですが、〈Ort〉の「場所」という意味を強調して、［論究すること＝位置付けること］、と解釈できないこともない。なんでそんな話をしているのかというと、先ほどお話ししたトラークル論である「詩における言葉」の副題が「トラークルの詩の一つの論究 Eine Erörterung von Georg Trakls Gedicht」で、しかもその冒頭で、ハイデガーが自分がこれからやろうとしている〈Erörterung〉という行為について注釈を加えているからでしょう。最初に、「論究する erörtern」とは、「場所を指示することだ in den Ort weisen」と述べて、それを起点に、「場所」と「詩」の関係を結構長々と論じています。デリダは、それを想起させているわけです。

こういう風にデリダは、語源的、意味的な繋がりがいろんな方向に拡がっていることを示唆すべく、パロディ的な表現を多用するわけですが、多方面にどんどん拡がりすぎて、本当に重要なことを言っているのかどうか分からなくなります。それがデリダの狙いかもしれません。

De l'esprit、これは大いにフランス語的なタイトルだ。Geist の le geistige や le geistliche〔精神的なもの〕を聴き理解できるようにするには、あまりにもフランス語的にすぎる。しかしだからこそ、ひとはおそらく、それをドイツ語としてもっとよく聴き取ることになるだろう。

禅問答っぽいですが、ポイントは単純です。ドイツ人がドイツ語だけで考えている限り、気付きにくいことが、フランス語の視点から見ることで、明らかになるのではないか、ということです。一五頁で、ドイツ語と、ラテン語、ギリシア語の間の差異に言及されていますね。ギリシア語の「精神」に当たる言葉は〈pneuma〉ですが、これの元の意味は「息」です。ラテン語の〈spiritus〉も「息」が原義です。ドイツ語の〈Geist〉は、英語の〈ghost〉と同系統で、これらも「息」という意味合いを持っていますが、デリダは、これら三つの間に緊張関係があると見ているようです。

デリダの思想史的問題意識と四つの糸

第Ⅰ節のこの後の箇所は、少しごちゃごちゃしていますが、第Ⅱ節以降の議論の背景になっているデリダの思想史的問題意識が述べられています。追々分かって来る内容なので、第Ⅱ節に入りましょう。最初はこの問題に関心を持つに至るまでのデリダの問題意識の発展が述べられていて、二一頁の半ばで、デリダの結論らしきものが予め示されています。このコロークの前年、エセックス大学やイエール大学でも、ハイデガーをめぐるコロークを行い、その中で、ハイデガーについて考えるうえで四つの導きの糸を呈示した、と述べられていますね。その四本が相互に絡まり合っているとしたうえで、以下のように述べています。

> Geist は、ハイデッガーにとってはそれが、われわれが後に検証するように〈一〉〔l'Un〕の、Versammlung〔集摂〕の別名、採集と集約のさまざまな名前の〈一つ〉である限りにおいて、あの絡み合いを集約する以外にはないのである。

〈一〉というのは、神学系の議論で「一者」と訳されているもののことです。精神と物質の対立も、時間空間の制約も超えた、万物の根源のようなものです。〈Geist〉が〈Versammlung〉だというのは、ハイデガーが「ロゴス」の動詞形の〈legein〉が、物事を集めることである、と指摘し、それに基づくロゴス論を展開していることを念頭に置てのことでしょう。この二つを合わせた、全てを「一つ」へと「集積」するような働きが、「精神」として現れてくるのではないか、と示唆しているわけです。この言い方には、

Geist=l'Un〈一〉の〈Versammlung〉〔集積〕の別名
※l'Un〈一〉＝神学系の議論で「一者」と訳されている。
精神と物質の対立も、時間空間の制約も超えた、万物の根源。
※〈Versammlung〔集摂〕〉：ハイデガーは「ロゴス」の動詞形の〈legein〉が、物事を集めることである、と指摘。
全てを「一つ」へと「集積」するような働きが⇒「精神」として現れてくる、と示唆。
⇒「精神」が実際にそういう働きをするものとして想定されていることと、言説的にそういう役割を担っていることと、二重の意味がある。
「言説的」の意味で、四つの糸⇒「精神」という一点へと集約し、絡み合う。

「精神」が実際にそういう働きをするものとして想定されていることと、言説的にそういう役割を担っていること、という二重の意味が込められていると思います。後者の意味で、四つの糸が、「精神」という一点へと集約し、絡み合うわけです。

その第一の糸について、少しごちゃごちゃ述べられていますが、大事なところだけ見ておきましょう。

> 四本の糸の第一が至るところは、まさしく問い、問いの問い、「Fragen〔問うこと〕がもっている見たところ絶対的で久しく問われることのなかった特権、最終審級においては、思惟の、ないし思惟の道の、本質上問いを発する形式と本質と尊厳がもっている特権である。（…）しかし、ほとんど一度も彼は、そう私には思えるが、思惟の最高のもの、かつ最良のものを、問いの決断や、問いの呼びかけやその保持と、思惟のあの「敬虔」と同一視するのを止めたことがない。この決断、この呼びかけ、この保持はすでに問いなのであろうか？　それはまだ問いなのであろうか？

抽象的すぎて分かりにくいですが、ここでデリダが問題にしているのは、ハイデガーにおける「問い Fragen」と「思惟 Denken」の結び付きです。当然、両方とも特別の意味です。ハイデガーは、論文の冒頭で、どういう風に「問い」を立てるかが重要であると強調したうえで、問題の本質へと迫っていける正しい「問い」を指定する、ということをよくやります。その問いに導かれることによって、最良の「思惟」へと到達できるわけです。それは、「存在」についての「思惟」です。「思惟の敬虔 die Frömmigkeit des Denkens」というのは、先ほども出てきましたが、「思惟」が自らの根源である神的なもの、存在それ自体に対する敬虔とか感謝の念を持っているということです。後期のハイデガーは、「思惟」と「存在」の一体不可分性を強調します。「問い」は、そうした、「思惟」と「存在」が一体不可分の関係にある本来の状態へと通じているわけです。

つまり、ハイデガーは、正しく問えば、思惟と存在の正しい関係へと至ることができると示唆しているわけですが、何だか、悟りへの正しい道がある、という宗教の修業の話をしているような感じがしますね。あるいは、そういう風に「問い」を導く何かがハイデガーの〝思惟〟=言説の中で想定されているのではないか。まるで、「思惟=存在」が、「問い」を召喚しているかのように。デリダは、「問い」と「思惟」の特別の関係の中に、それ自体としては「思惟され-ざるもの l'im-pensé」が暗黙のうちに前提されており、それが「精神」ではないかと示唆しているわけです。〈im〉と〈pensé〉の間に、ハイフンを入れているのは、原注(5)にあるように、ハイデガーが、「思惟とは何の謂いか Was heißt denken?」(一九五四)という論文で、思惟されざるものは、思惟されたものに単純に付着しているわけではなく、実は、「思惟されないもの」として、「思惟されている」のだということを、ハイフンを入れることによって表現していることを暗示するためです。分かりやすく言うと、思惟の表面からは排除されているものも、それを排除するという形で、実は思惟されている、ということです。「避ける」をめぐるデリダの議論と、同じような構造があるわけです。

> ―― Geist〔精神〕とはおそらく、他のあらゆる名前を超えたところで、問いの問われていないこの可能性にハイデッガーが与える名前なのだ。

第二の糸として、技術の問題が挙げられています。技術による汚染の必然性から「思惟」を守ることが可能か、という問題です。技術によって人間らしさや人間の尊厳が汚染されていく、というタイプのベタな話です。ハイデガーの技術論は、「技術 technē」の語源学的説明が意味深な感じがしますが、最終的に言いたいことは結構ベタです（笑）。

こうした必然性がもたらす諸帰結が制限できないものだということは想像に難くない。ところが、後に示唆しようと努めるが、Geist は、ハイデッガーがあらゆる脱〔権〕力化（Entmachtung）から救出したがるものを名指してもいるのだ。おそらくそれは、救出しなくてはならぬものを超えて、救う〔retter〕方のものそのものでさえあるだろう。しかるに救うものはこの汚染から救出されるがままにはなるまい。ここに至って事は Geistigkeit〔精神性〕と、ハイデッガーが、自ら〈悪〉（das Böse）は精神的（geistlich）だと認める一方で、その純粋性を、精神に内在するある純粋性を救出したがっている Geist の（非キリスト教的な）Geistlichkeit〔精神性〕との間の差異の内で起こることになる。

〈Geist〉は単に、技術化から救われるべきというだけでなく、あらゆる種類の無力化を受けないよう救われるべきものであると同時に、救いの力を与えてくれるものだということですね。「救うものはこの汚染から救出されるがままにはなるまい」、というのが分かりにくい言い方ですが、これは、救いをもたらすもの自身は必ずしもまっさらではなく、それ自体が汚染されているかもしれず、救いの過程で自らどんどん汚染されていくかもしれない、ということです。ヒーロー物のホラー映画やアニメで、主人公が悪の力を利用して戦っているうちに自分も汚染されていくという系統の話がありますが、そういうイメージで理解すればいいでしょう。そこで〈Geistigkeit〉と、〈Geistlichkeit〉の対立が出て来るというわけですが、前者の方は、伝統的に形成された知というような意味での「精神性」を指していると思います。ヨーロッパの知識人がよく口にするものです。後者の方は、通常はキリスト教的な言葉ですが、この場合は非キリスト教的な意味で、そこから「悪」が生まれて来る可能性もあるというわけですね。まだ、はっきりしませんが、神秘主義思想などに出て来る、善悪双方の源泉としての、根源的霊性のようなものを指している

・三分類：石が無世界的（weltlos）、動物は世界に関して貧困で（weltarm）、人間は世界形成的（weltbildend）。

●第四の糸：画時代性〔＝エポケー性（épochalité）〕。
※ハイデガーの「存在史 Seinsgeschichte」の文脈で出て来る〈Epoche〉。
存在についての形而上学的な見方の歴史。ハイデガーはそれによってその時々の西欧人の思考や生き方、世界観が規定されてきたと主張。
いくつかの「エポック」の切れ目がある。「存在」というのは完全に現れることなく、自らの現れを一部留保（epokhē）した状態に留まっており、その留保の仕方によって、切れ目＝画時代性が生じて来る（ハイデガー）。
⇒デリダは、そうしたハイデガーの存在史のエポックの切り方に、何らかの目的論か物語の秩序のようなもの、あるいはヘーゲルの絶対精神の自己展開の図式のようなものが予め想定されているのではないか、と示唆。

〈geistig〉なもの：「精神」の理性的で秩序形成的な側面（西欧の歴史を支配してきた「プラトン－キリスト教、形而上学的ないし存在－神学的な規定」に対応する）、〈geistlich〉：「精神」の火によって焼き尽くすような側面（トラークルの詩に見られる）
⇒内部対立し、闘争が起こることによって、エポックが画されていく。「精神」の内部の二つの力の弁証法的対立が、ハイデガーの「存在史」の転換・発展の原動力になっている。

のではないか、と想像できますね。

第三の糸として、動物性の問題が出てきます。後期のデリダは「動物」の問題に関心を持っていたことが知られています。最近、デリダの動物論のテクストが相次いで刊行されています。『動物を追う、ゆえに私は〈動物で〉ある L'animal que donc je suis』（二〇〇六）と、『獣と主権者』（二〇〇八、一〇）です。また、ここでデリダが指摘しているように、ハイデガーが、現存在と世界の関わりを論じるに当たって、動物と世界の関係を論じていたことも知られています。石が無世界的（weltlos）、動物は世界に関して貧困で（weltarm）、人間は世界形成的（weltbildend）だという三分類はよく知られています。「動物」と「人間」を対比すれば、当然、「精神」という問題が浮上してきます。

最後に第四の糸は、画時代性〔＝エポケー性（épo-qualité）〕の思惟を通して、その思惟自体において、かつその適用によって、次のもの、すなわち私がいささか挑発的なやり方で隠れた目的論または物語の秩序（ordre narratif）と呼ぶことにするものへと導く。（…）しかしそこでもまた、われわれは、時代《エポカル》の区分が精神

四つの糸

●第一の糸：ハイデガーにおける「問い Fragen」と「思惟 Denken」の結び付き。
どういう風に「問い」を立てるかが重要⇒問題の本質へと迫っていける正しい「問い」を指定する。「思惟の敬虔 die Frömmigkeit des Denkens」
※後期のハイデガーは、「思惟」と「存在」の一体不可分性を強調。
ハイデガーは、正しく問えば、思惟と存在の正しい関係へと至ることができると示唆。

デリダは、「問い」と「思惟」の特別の関係の中に、それ自体としては「思惟されーざるもの l'im-pensé」が暗黙のうちに前提されており、それが「精神」ではないかと示唆。

●第二の糸：技術；汚染の必然性から「思惟」を守ることが可能か、技術によって人間らしさや人間の尊厳が汚染されていく、というタイプのベタな話。
〈Geist〉は単に、技術化から救われるべきというだけでなく、あらゆる種類の無力化を受けないよう救われるべきものであると同時に、救いの力を与えてくれるもの。
※しかし、救いをもたらすもの自身は必ずしもまっさらではなく、それ自体が汚染されているかもしれず、救いの過程で自らの汚染されていくかもしれない。
〈Geistigkeit〉：伝統的に形成された知というような意味での「精神性」。

〈Geistlichkeit〉：通常はキリスト教的な言葉；この場合は非キリスト教的な意味。そこから「悪」が生まれて来る可能性。善悪双方の源泉としての、根源的霊性のようなものを指している？

●第三の糸：動物性の問題。後期デリダの興味。『動物を追う、ゆえに私は〈動物で〉ある L'animal que donc je suis』（2006）『獣と主権者』（2008、10）など。※ハイデガー；現存在と世界の関わりと動物と世界の関係の違い。

的なもの（geistig）のプラトン－キリスト教的、形而上学的ないし存在－神学的な規定と、たとえば、トラークルとの Gespräch〔対話〕のなかで言い出されているような、精神的なもののもう一つ別の思惟との間の――内－精神的なと呼ぼう――差異の回りに整序されうるということを見るであろう。

この第四が一番分かりにくいですが、要は、画時代（エポック）性です。訳では、〈époqualité〉という綴りになっていますが、原文では〈epochalité〉という変則的な綴りです。「エポック」というフランス語は〈époque〉という綴りです。ドイツ語の〈Epoche〉もしくはギリシア語の〈epokhé〉から来ている形なのでしょう。フッサールの現象学で現象学的還元の前提になる「判断停止」のことを「エポケー」と言いますが、この場合はそれとは関係なくて、ハイデガーの「存在史 Seinsgeschichte」の文脈で出て来る〈Epoche〉です。「存在史」というのは、存在についての形而上学的な見方の歴史ということで、ハイデガーはそれによ

ってその時々の西欧人の思考や生き方、世界観が規定されてきたと主張します。その「存在史」には、いくつかの「エポック」があって、その間には切れ目があるということです。フランス語や英語の「エポック」と近い意味ですね。そのエポックの切れ目がどうしてできるかというと、「存在」というのは完全に現れることとなく、自らの現れを一部留保（epokhē）した状態に留まっている、その留保の仕方によって、切れ目＝画時代性が生じて来る、とハイデガーは主張します。それに対してデリダは、そうしたハイデガーの存在史のエポックの切り方に、何らかの目的論か物語の秩序のようなもの、ヘーゲルの絶対精神の自己展開の図式のようなものが予め想定されているのではないか、と示唆しているわけです。

デリダの視点からハイデガーの存在史を見直すと、西欧の歴史を支配してきた「プラトン－キリスト教、形而上学的ないし存在－神学的な規定」に対応する、〈geistig〉なもの、つまり「精神」の理性的で秩序形成的な側面と、トラークルの詩に見られる〈geistlich〉なもの、つまり、「精神」の火によって焼き尽くすような側面とが、内部対立し、闘争が起こることによって、エポックが画される、そういう図式が見えてくるわけです。こういうとややこしそうに聞こえますが、簡単にまとめると、デリダは、「精神」の内部の二つの力の弁証法的対立が、ハイデガーの「存在史」の転換・発展の原動力になっている、と見ているわけです。

ハイデガーの「存在史」とデリダ

では第Ⅲ節に入りましょう。ハイデガーが「精神」について語らなかったのは何故か、『存在と時間』の枠組みに即して検討されています。

私の知る限り、ハイデッガーは一度もこう自問しなかった――「精神とは何か？」と。少なくとも、彼が次のような問いに与える様態で、形式で、数々の転開を加えた形で自問したことは一度もない

――「なぜ無ではなく何ものかが在るのか?」、「存在とは何であるか?」、「技術とは何であるか?」、「思惟とは何の謂いか〔=何が思惟を呼び命じるのか〕?」など。いわんや彼は精神を、『形而上学入門』がその正当性を認めないような一種の存在の限定(Beschränkung)の内で、形而上学なら存在に対立させたであろうような彼《か》の大きな極の一つにしたこともない――存在と生成、存在と仮象、存在と思惟、存在と当為または存在と価値。まして彼は、形而上学の最強かつ最も永続的な要請に従って、弁証法的にであれ、精神を自然に対立させたこともない。

「 」で示されている問いは、ハイデガーが取り組んだ重要な問いです。『形而上学入門』は、一九三五年にハイデガーが行った講義を、戦後の一九五三年になって出版したものです。最後の方にナチスを賛美するかのような台詞が書かれており、出版に際してその部分に多少手を加えたものの、削除はしなかったため、大きな騒ぎになりました。「存在と生成」とか「存在と思惟」というのは、『形而上学入門』で、「存在」と対抗する概念として検討されているもののことです。ハイデガーは西欧の「形而上学」が「存在」それ自体を隠蔽してきた歴史を明らかにすべく、「形而上学」の重要概念を検討しているのに、「精神」という重要概念だけスルーしているのはヘンじゃないか、とデリダは示唆しているわけです。ヘーゲルの弁証法や、〔精神 vs. 自然〕という基本的な対立図式で、極めて重要な役割を担っている「精神」を「避ける」ようにしているのは、確かにヘンですね。

何が自らを精神と呼ぶのか? 精神は何を呼ぶのか? したがって Was heisst der Geist?〔精神とは何の謂いか=何が精神を呼び命じるのか〕これが、ハイデッガーの書かなかった本のタイトルだ。ハイデッガーの言表は、それが精神に関するものである時、本質定義の形はめったに取らない。めったにない、つまり例外的にある。そしてわれわれはそれらの例外に、互いにもともと大きく異なる、さらには互いに対立しさえする例外に関心を払うことになるであろう。たいていハイデッガーは、名詞

> (Geist) または形容詞 (geistig, geistlich) を、あるいは脱構築しうる存在論に属する概念や哲学素の連鎖のなかに、しかもたいていデカルトからヘーゲルにいたるシークエンスのなかに、あるいは、ここでもあえて公理的《アクシオマティック》、価値論的《アクシオロジック》、価値－制作的《アクシオ－ポエティック》と呼ぼうと思う諸命題のなかに書き込んだことになっているであろう――この場合、精神論的なもの〔le spritual〕はもはや形而上学的ないし存在－神学的な彼《か》の意味作用の一部ではなくなる。つまり、一つの価値であることを超えて精神は、一つの脱構築の彼方で、あらゆる脱構築の源の力そのものを、あらゆる価値評価の可能性を指すように思われるのである。

《Was heisst der Geist?》は、先ほどの「思惟とは何の謂いか」のもじりです。〈heißen〉という動詞は、「あなたのお名前は Wie heißen Sie?」という文で使われるので、大学のドイツ語の授業で真っ先に習います。この場合は「○○と呼ばれている」という意味ですが、「～を意味する」という意味でも使われます。〈Was heißt das（これはどういうことですか）？〉というような文で使われます。この他、めったに使われませんが、雅語として「呼び出す」という意味もあります。［ ］の中は、そういう意味が込められていると見ての訳でしょう。

繰り返し述べられているように、ハイデガーは「精神」について例外的にしか語っておらず、その少数の例外的な用法が相互に対立しているように見える箇所もあるけれど、デリダは敢えてそれらの箇所に拘り、何かを読み取ろうとしているわけです。ハイデガーが「精神」系の語彙を、「脱構築しうる存在論に属する概念や哲学素の連鎖のなかに」、「あるいは、ここでもあえて公理的、価値論的、価値制作的と呼ぼうと思う諸命題のなかに書き込んだ（ことになっているであろう）」というのが、難しそうですが、実はシンプルです。「脱構築しうる存在論」というのは、ハイデガーがこれから解体しようとしている既存の存在論のことです。「公理的、価値論的、価値制作的と呼ぼうと思う諸命題」というのは、それらの存在論の核にある諸命題ということです。「公理系」の原語が〈axiomatique〉で、「価値論」の原語が〈axiologique〉で、双方とも、「価値があると認められているもの」という意味のギリシア語〈axioma〉から派生した言葉です。そこを意識して並べたのでしょうが、要は、既存の哲学の体系において中心的な位置を占める諸命題ということです。ハイデガーが、自分がこれから脱構築しようとしている存在論や哲学の重要命題の中に「精神的なもの」を書き込んだとすれば、そのことによって結果的に、「精神的なもの」は一応、形而上学的あるいは「存在ー神学」的なステータスを剥奪される形になります。通常のハイデガー解釈ではそういうことになっています。しかし、デリダはそれによってかえって、「精神」が、脱構築を超え、脱構築を引き起こすものであるかのような様相を呈することになったのではないかと指摘しているわけです。ハイデガーが「存在ｰ神学」の〝脱構築〟の後も、「精神」という言葉を使い続けたからこの言葉に形而上学を越えた特別な意味があるかのような印象を与えるわけです。

『存在と時間』において、それはまず、その意味作用が一種の存在論的な闇に沈み込んだままになっている一つの語である。ハイデッガーはそのことを喚起し、その点に関して最大級の警戒を要求する。この語はある共通の特徴線〔trait〕をもつ一連の意味作用へと送り返す。共通の特徴線——物に、物質の形而上学的規定に、そして何よりも主体の物化、デカルト的仮定〔＝下ー定位（supposition）〕における主体の主体性の物化に対立すること。一連の意味作用、それは魂、意識、精神、人格からなる列である。精神は物ではない。精神は身体ではない。もちろん精神のこうした主体的〔subjective〕規定は、ある境界づけ（Abgrenzung）によって現存在《ダーザイン》の実存論的分析論がそこから救出され、こう言ってもいいが、解放されなくてはならぬ当のものに他ならない。

少しややこしい言い方になっていますが、要は、『存在と時間』でハイデガーが「精神」を「避けた」のは、「精神」という言葉が、従来の哲学において、特定の意味作用を帯びるような形で使われてきたのデカルトが「精神」を、まるで物質のように物化したものとしてイメージしたことを、ハイデガーは問題視。
※二項対立思考は、一方の項をはっきり実体的に規定することによって、他方の項も実体化。
ハイデガーによる「現存在」分析は、そうした「精神」や「主体」の実体化を避けるための試み。

で、それと一線を画そうとした、ということです。「精神」は、「物質」に対して対立するものとして形而上学的に規定されてきました。「主体の物化 la choisification du sujet」というのは、文字通り、主体がまるで物質のように凝固したものとして扱われることですが、分かりにくいのは、それの詳しい言い換えである「デカルト的仮定における主体の主体性の物化 la choisification de la subjectivité du sujet dans sa supposition cartésienne」という表現です。まず、英語でも同じ綴りで使われる〈sup-position〉は、［　］内で注的に訳されているように、「下に sub ＋置く（定立する）こと positio」という意味のラテン語〈suppositio〉から派生した言葉です。これと、「主体」という意味の〈sujet〉も語源的に同じような意味だったことが示唆されているわけです。〈sujet〉や〈subejct〉の語源であるラテン語の〈subjectum〉は、「下に sub ＋投げ出されていること jectum」＝「根底にあるもの」というのが元々の意味です。このラテン語は、アリストテレスの〈hypokeimenon（根底にあるもの）〉という概念の訳語として、使われるようになりました。当初は、本当にそういう意味でしかなかったのですが、ライプニッツ（一六四六－一七一六）やカント（一七二四－一八〇四）が「根底にあるもの」として人間の魂とか精神を想定し、その前提でこの言葉を使うようになったことから、日本語で「主体」と訳されるような意味が生まれました。ところが、そうした純哲学用語としての〈subjectum〉は別に、この言葉は、「下に置かれているもの」ということから、「従属者」「臣下」という意味でも使われていました。英語の〈be subject to ～（～に従っている）〉という表現はその名残です。ホッブズ（一五八八－一六七九）の『リヴァイアサン』（一六五一）やルソーの『社会契約論』（一七六二）では、〈subejct〉あるいは〈sujet〉が「臣民」の意味で使われています。そのため、見かけ上、「臣下」が「主体」になるという逆転

「現存在」と訳される〈Dasein〉⇒ハイデガーは、「そこ」という場に自己があることを意識し、そのことに関する問いを発する特別な存在者としての人間という意味で、この言葉を使うようになる。
・「実存 Existenz」というのは、中世の哲学における「本質存在 essentia ／事実存在 existentia」の対立に由来する言葉。
・「本質存在」：神の内でのその事物の概念的規定。
・「事実存在」：「本質存在」が現に具体的な形を持って有ること。私たちが通常、「存在」と呼んでいるもの。
※ハイデガーやサルトルは、人間というのは、既定の「本質存在」のままにあるわけではなく、「事実存在」のレベルで自己の在り方を決定する存在者だと主張。
この人間特有の意味での〈Existenz〉が、日本の哲学用語としての「実存」と訳される。

現象が生じました。〈la choisification de la subjectivité du sujet〉の〈subjectivité〉には、「基体性」とか「従属性」という意味も含まれているかもしれませんが、そこまで含めると、訳がかなり膨れ上がるので、訳者の判断で省略したのでしょう。

それは字面的な話ですが、中身的には、デカルト（一五九六－一六五〇）の「精神」が、まるで物質のように物化したものとしてイメージされていたことを、ハイデガーは問題にしたわけです。一番分かりやすいところから行くと、デカルトは「精神」を「考える物 res cogitans」、「物質」を「延長する物 res extensa」と定義しました。言葉だけを問題にすると、揚げ足を取るような感じになりますが、ハイデガーは『存在と時間』で、デカルトは「精神」の方も物質と同じように、「もの」として実体化して捉えていることを指摘して、批判しています。デリダに言わせれば、「精神」は「物」ではない、「身体」ではないというように二項対立的に捉えること自体が、「精神」を、物質のように固定化することに繋がるわけです。二項対立思考は、一方の項をはっきり実体的に規定することによって、他方の項も実体化してしまいます。

ハイデガーによる「現存在」分析は、そうした「精神」や「主体」の実体化を避けるための試みです。ここで用語説明しておきますと、「現存在」と訳される〈Dasein〉というドイツ語は、日常会話的には、単に「在ること」あるいは「そこ（da）に在ること」という意味でしかありませんが、ハイデガーは、「そこ」という場に自己があることを意識し、そのことに関する問いを発する特別な存在者としての人間という意味で、この言葉を使うようになります。「実存 Existenz」というのは、中世の哲学における「本質存在 essentia／事実存在 existentia」の対立に由来する言葉です。「本質存在」というのは、簡単に言うと、神の内にあるその事物の概念的規定で、「事実存在」はそれが現に具体的な形を持って有ることです。私たちが通常、「存在」と言っているのは、後者です。ハイデガーやサルトルは、人間というのは、既定の「本質存在」のままにあるわけではなく、「事実存在」のレベルで自己の在り方を決定する存在者だと主張しました。この人間特有の意味での〈Existenz〉が、日本の哲学用語として「実存」と訳されているわけです。

三〇頁の真ん中の短い段落でデリダは、ハイデガーの「実存論的分析論」は二つの試み、二つの誘惑に抵抗しないといけないと述べています。この二つというのは何なのか説明がないので、分かりにくいですが、文脈から推測すると、一つは、現存在（に相当するもの）を単純に物化する傾向、恐らく心理学とか生物学の知見に基づいて物質的な機能のようなものと見なす傾向、もう一つはその逆――少なくとも、表面的には逆に見える――の精神的実体と見なす傾向でしょう。

> 一方で、デカルトの cogito〔われ惟う〕を実存論的分析論への道を拓く歴史上の好例だと、範例的な先駆だと考えるようなことがあれば、ひとは道に迷うことになろう――それは迷い誤らせるもの (irreführend) であろう――。デカルトであれば全面的に問いの外または場所の外に (völlig unerörtert) 残したであろう sum〔われ在り〕について、実在論的分析論は存在論的な問いを立てる。sum の存在を規定して次にコギトの cogitationes〔思惟作用〕を定義するのでなくてはならなかったであろう。デカルトならそうしたであろうように直接に与えられるある ego〔われ〕と主体から出発したのでは、現存在《ダーザイン》の現象性をとり逃してしまうのだ。こうした告発は精神の現象学をも、さらに沈黙のう

ちに超越論的現象学とフッサールのcogitoをも標的にしている。主体という理念は、それを存在論的解明に服させなかった限り、あるsubjectum〔基体〕ないしhypokeimenon〔実体＝下に横たわるもの〕の、したがって何らかの実体〔substance〕ないし基盤〔substrat〕の設定（Ansatz）の性質をおびつづけているのである。

ややこしい言い方をしていますが、ポイントは、《Cogito, ergo sum》をどう理解するかです。デカルトは、「思うcogito」という作用の主体としての「私ego」を起点にして、その「私」が「あるsum」ということを導き出したのですが、（デリダの想定する）ハイデガーに言わせれば、まず「ある」というのがどういうことか規定し、次にそれと関連付ける規定で、「思惟作用」を定義すべき。「思う」も「ある」も抽象的な言葉なので、どっちが先でもいいではないかと思うかもしれませんが、そこに拘るのが哲学です。どうして「思う」が先だといけないのかというと、「思う」という作用を明確に規定したうえで、「私は思っている」という現象について考えようとする時、「私」の〝存在〟が既に前提にされていて、「存在」とは何かについて掘り下げて考えることの必要性が認識されなくなるからです。ハイデガーは、デカルトをはじめとする、近代の認識論哲学者たちは、「ある」ということの意味について掘り下げて考えず、「私」を全ての〝存在〟の源泉にしてしまったことを問題視します。ラテン語の《Cogito, ergo sum》という定式では、〈cogito〉の主語である〈ego〉は省略されていますが、実は、〈Cogito〉という言葉に、〈ego〉の〝存在〟が既に自明の理として前提されているわけです。精神の現象学というのは、当然ヘーゲルのことで、「超越論的現象学」は、フッサールが

ポイント
《Cogito, ergo sum》をどう理解するか。

ハイデガー＝デリダは、「精神」とは、「非ー物」として性格付けることのできる一連の“もの”の名称と見ている。ただ、そうは言っても、否定されている「物」の存在論的なステータスが解明されないうちは、「精神」の方も一体何なのか分からない。ハイデガーにとって、デカルトからフッサールに至るまでの近代の哲学者たちは、「物」を存在論的に位置付けるという基礎的作業を怠ってきて、結果として、「精神」側の項も曖昧にしてきた。

確立しようとした究極の哲学の呼称です。後期のフッサールは、「純粋自我」の問題に拘るようになります。「自我」というのが、思考される全ての存在（者）の根底にあるかのように前提されること、先ほどお話しした「主体」の語源である〈subjectum〉や〈hypokeimennon〉の元の意味で想定され続けることを、ハイデガーにとっては、デカルトのように自我を特権化するやり方も、ある意味で、精神≒現存在を物化してしまうことであったわけです。

かくしてGeist〔精神〕はその時、非–物からなる、ひとが一般に物に対立させると称するものからなる系列の一部である。いかにしても物化されるがままにはならぬものである。しかし、物といって理解されるものの存在が存在論的に解明されていない限りは——そしてこれはデカルトによってもフッサールによっても、また主体、魂、意識、精神、人格を物化しないようにとの勧告をしているであろうどんな人によってもなされはしないであろう——、これら〔主体等の〕概念は問うに値する《プロブレマティック》、または独断的なものにとどまる。少なくとも現存在《ダーザイン》の実存的分析論の視点からはそうであり続ける。

ここは比較的分かりやすいですね。ハイデガー＝デリダは、「精神」とは、「非–物」として性格付けることのできる一連の〝もの〟の名称と見ていたわけです。ただ、そうは言っても、否定されている「物」の存在論的なステータスが解明されないうちは、「精神」の方も一体何なのか分からない。ハイデガーにとって、デカルトからフッサールに至るまでの近代の哲学者たちは、「物」を存在論的に位置付けるという基礎的作業を怠ってきて、結果として、「精神」側の項も曖昧にしてきたわけです。

三三頁からこの節の終わりにかけて、そうしたハイデガーの問題意識が要約されています。最初に、ハイデガー業界で有名な「問いの構造 Struktur der Frage」の話が紹介されています。『存在と時間』の第二節でハイデガーは、「探究 Suchen」としての「問い Fragen」において三つのことが問題になると指摘しています。「問われているもの das Gefragte」「問いかけられているもの das Befragte」「問い求められている

「問いの構造 Struktur der Frage」（『存在と時間』の第二節）
「探究 Suchen」としての「問い Fragen」において三つのことが問題。
・「問われているもの das Gefragte」
〈A nach B fragen（AにBのことを尋ねる）〉と言う時のBに当たるもの。具体的には、「道」とか「値段」とかを教えてほしいと言っている。
・「問いかけられているもの das Befragte」
〈das Befragte〉は、〈A befragen（Aに問い合わせる、照会する）〉と言う時のAに当たるもので、具体的には、辞書とか資料とか当局とか。照会先あるいは参照先。
・「問い求められているもの das Erfragte」
〈A erfragen（問い合わせることでAについての情報を得る、確かめる）〉と言う時のAに当たるもの。
※ハイデガーは、「問われているもの」は「存在」で、「問い求められているもの」は「存在の意味」、「問いかけられているもの」は「現存在」だとしている。人間を、「精神」のような実体としてではなく、「問いを発しているもの」であり、かつ「問いかけられているもの」としての「現存在」として扱うという態度を一貫して取り続ける。⇒「精神」という言葉は避ける。デリダが、「精神」への「無関心」と言っているのはそのこと。

もの das Erfragte」の三つです。日本語にすると、どう違うのか分かりませんし、ドイツ語の普通のネイティヴでも、いきなりこんな話をされたら、何のことか分からないでしょう。日本のハイデガー研究者たちは、これがスゴイと言いたがります。先ず、〈das Gefragte〉はハイデガーによると、〈A nach B fragen（AにBのことを尋ねる）〉と言う時のBに当たるものです。具体的には、「道」とか「値段」とかを教えてほしいと言っているわけです。〈das Befragte〉は、〈A befragen（Aに問い合わせる、照会する）〉と言う時のAに当たるもので、具体的には、辞書とか資料とか当局とかです。照会先あるいは参照先です。〈das Erfragte〉は、〈A erfragen（問い合わせることでAについての情報を得る、確かめる）〉と言う時のAに当たるものです。〈fragen〉の場合は、直接的な目的語ではなくて、問われているものを示すのに前置詞〈nach〉が必要で、〈erfragen〉の場合は直接的な目的語になるので、動詞として使う時の文法構造上の違いは明らかなのですが、対象になっている〈das Gefragte〉と〈das Erfragte〉がどう違うのか、かなり微妙です。〈erfragen〉の目的語になるのは、詳細な情報とかデータとか数値とかなので、「問われているもの das Gefragte」について、これこれの情報が得られたら答えを得たことになると想定されている本質的部分が、〈das Erfragte〉だと考えればいいのではないかと思います。例えば、「道」を尋ねる場合、「ここから真っ直ぐ行って、三番目の通りを左に曲がって、そこから突きあたりまで進んで……から◯◯メートルくらい進んだところに▽▽はあります」、というような答えを得られて初めて、求めていた答えを得たことになるでしょう。「あまり遠くないですよ」とか「左の方だと思いますよ」とかだと、答えが得られたとは思わないですね。どうしてそんな文法っぽい話を冒頭にするのかというと、「存在」という抽象的な問題は、議論をしているうちに、そもそも何を問うているのか分からなくなりがちなので、何を手掛かりに探究を進め、どういう情報を得ようとしているのかをはっきりさせる必要があるからです。

ハイデガーは、「問われているもの」は「存在」で、「問い求められているもの」は「存在の意味」、「問いかけられているもの」は「現存在」だとしています。彼は、人間を、「精神」のような実体としてではなく、「問いを発しているもの」であり、かつ「問いかけられているもの」としての「現存在」として扱うという態度を一貫して取り続けます。「精神」という言葉は避けます。三六頁でデリダが、「精神」への「無関心」と言っているのはそのことです。

三六頁から三八頁にかけて「無関心＝無差別 Indifferenz」という言葉をめぐってかなり錯綜した感じの文章が続きますが、これは、ハイデガーの現存在分析が、現存在の日常的な関心の向かっているものに即して進められていくわけですが、その関心の埒外に置かれているものは何かを、デリダが引き算的に明らかにしようとしているからです。〈Vorhandensein（手前存在）〉という言葉がたくさん出てきますが、これは、ハイデガーが〈Zuhandensein（手元存在）〉と対比して使っている言葉です。日常的なドイツ語では〈vorhanden〉も〈zuhanden〉もほぼ同じですが、ハイデガーは、〈zuhanden〉を、手元にあって、現存在が現にそれと関わっている状態、〈vorhanden〉を、文字通り、（現存在の）手前にあって、客観的に存在している状態という意味に使い分けます。近代認識論は、〈vorhanden〉、つまりある事物が主体の前に現前していることが、〈zuhanden〉、つまり道具などとして利用していることに先行しているという前提で議論をスタートさせるが、実は、道具などとして利用し、それと無自覚的に関わることの方が先行し、それをベースにして、距離を置いて、客観視する状態が生じるのだ、とハイデガーは主張します。日本語の「手元」と「手前」だとその違いがはっきりしないので、日本の研究者は、「道具的存在」と「事物的存在」という風に意訳する人が多いです。〈vorhanden〉に、つまり客観的に事物として実在しているとして想定されているもの、例えば、石は自己の存在に対して絶対的に無関心です。というより、石が関心を持っている持っていないと言うこと自体が無意味で、石に自他の区別はありません。それは当然のことですが、彼はハイデガーの現存在分析には、あと二つの「無関心」が想定されていると主張します。一つは、現存在自身が事物存在のようになってしまうこと。つまり、他のものに対して無関心であると共に、お互いの間の個性がなくても誰でも同じ（＝無差別）になってしまうこと。もう一つは、存在それ自体に対して問うことへの無関心。この三番目の無関心のおかげで、「われわれは、精神、魂、意識、人格の概念のような数々の概念で満足することになる」わけです。それで、先ほど見たように、そうした「非－物＝精神」も「物」も、存在論的に問われないままになってしまうわけです。

三九頁の終わりから節の最後にかけて、〈Gemüt（心情）〉という言葉のフランス語訳をめぐる問題が指摘されています。ハイデガーは、『存在と時間』の第六節で、デカルトの存在論的な考察は、創造されたものと創造するもの（＝神）の区別をしただけで満足してしまった中世の存在論と変わらないとしたうえで、〈Gemüt〉の存在論的分析をやり損ねたとしています。ただし、その箇所で、〈Gemüt〉は括弧《 》に入っています。括弧に入っているのは、精神とか意識とか魂とか主体性とか言われてきたものを、〈Gemüt〉というあまり哲学では使われない日常用語に置きかえているからでしょう。日本語で言うと、

「心根」が一番近いでしょう。ハイデガーは、近代哲学の大前提を掘り返すのに、日常性に訴えるという手法を得意とします。『存在と時間』全体が、そういう手法でできあがっていると言えます。問題はこの〈Gemüt〉にぴったり対応するフランス語がないことです。〈esprit〉には、カタカナ語で「エスプリが効いている」と言う場合のように、「機知」という意味がありますし、「性質」とか「性向」といった意味もありますが、これを使ってしまうと、ハイデガーがわざわざ、哲学用語としてよく使われる〈Geist〉を「避けた」意図に反することになる。「魂 âme」とか「心 cœur」も、フランス語として特定のニュアンスを帯びているのでうまくない。そこで『存在と時間』の訳者であるルドルフ・ベーム（一九二七－二〇〇九）とアルフォンス・ド・ヴァーレンス（一九一一－一八一）は苦肉の策で、英語の〈mentality〉の語源である〈mens〉というラテン語を採用している。その判断が賢明だったと言っているわけです。

こういう風に、言葉遊びと結構厳密な文献学的考証の間を行ったり来たりするのが、デリダの文章の特徴です。そのせいで読者は付いていくのが大変です。

精神の回帰

第Ⅳ節に入りましょう。この節では、〈Gemüt〉という言葉を使うことによって「避けた」はずの「精神」が「回帰」してくる、という話です。しかも『存在と時間』の中で、空間と時間についての規定で、「精神」という言葉が使われているということですね。四三頁から四四頁にかけて記述されている第一段階では、空間に関して「精神」が回帰している、ということですね。これは第一二節で、ある世界の内に内存在することは精神的な特性（eine geistige Eigenschaft）であって、空間性は単に身体を特徴付けるだけで、二次的なものだなどという見方を前提にすることは、存在論的な見地からは正当化できない、と述べられているという話です。否定的な形でさりげなく使われているわけですね。

> しかし第二段階＝時においては、この同じ論理が今度は、引用符を援用するのを強いる。語「精神」が回帰し、それはもはや拒絶されず、避けられることなく、その脱構築された意味において使用されるのである。精神に似た何ものかを、精神がそれの形而上学的亡霊であるかのような何ものかを、もう一つ別の精神《エスプリ》の亡霊《エスプリ》を指し示すために。引用符の間で、引用符の格子を通してひとは、精神の分身（double）が自らの到来を告げるのを見る。

細かいことですが、「第二段階＝時においては」という箇所が強調されているのは、基本的には「時間」という意味である〈temps〉が「段階」という意味で使われているからです。「時間」は『存在と時間』の主要なテーマです。回りくどい文学的な言い方をしていますが、要は、「精神」が括弧付きで使われている、ということです。ハイデガーの記述を素直に取れば、単なる引用的な使い方ですが、デリダはその括弧の向こうに、「精神」の「亡霊」もしくは「分身」が垣間見える、と示唆しているわけです。四五頁から四六頁にかけて、『存在と時間』からの直接の引用がありますね。第七〇節からです。現存在に適合する「空間性」に属する「時間性」について論じている節です

> 現存在《ダーザイン》の空間性はまた、宿命的な「精神の身体への結合」に基づいて実存に付着している不完全性として解釈されてもならない。それどころか現存在《ダーザイン》は、それが「精神的」であるが故に、しかもその故にのみ（und nur deshalb）、延長せる物体的な物には本質的に不可能なあり方で、空間的でありうるのだ。

ここも先ほどと同じ使い方ですね。この後、第八二節、最後から二つ目の節では、時間との関連でやはり括弧付きの「精神」が使われているけれど、

> 論の展開は今や精神の真のテーマ系に、より精確には精神と時間との間にある諸関係のヘーゲルの解釈というテーマ系に属するものとなる（八二節）。もし、ヘーゲルが言うように、「歴史は本質的に精

> 神の歴史であるが、それは〝時間の内で〟展開する」のであれば、もし、したがって「歴史の発展は時間の内に落ちる（fällt）」のであれば、いかにして精神は、このように時間の内に、この純粋感性的なもの、この「非感性的なる感性的なもの」（das unsinnliche Sinnliche）の内に落下することができるのか？

この節では、世界史を「（絶対）精神」の自己展開と見る、ヘーゲルの歴史哲学が批判的に検討されています。具体的には『歴史哲学講義』（一八二二―三一）の序論部分の検討です。この節は『存在と時間』の中で特異な位置を占めています。ハイデガーはそれまでの節で、実存論的な時間性論を展開しています。その後で、ヘーゲルの歴史哲学における「精神」と「時間」の関係を論じる節を置いているわけです。しかも、ヘーゲルのどこが間違っているかをはっきり指摘して、克服しようとしているようには見えない。第八一節でハイデガーは「世界時間」という観念がどのように生成するか述べていて、その生成の様子を、ヘーゲルの記述から読み取ることができるという前提で、第八二節でヘーゲル論を展開します。また、この節では、「精神」は全て括弧に入れられているわけではありません。少し後で述べられているように、実際に括弧が付けられているのは二か所だけです。その他の箇所もヘーゲルからの引用・参照であることは分かるように書いているけれど、《 》が付いていないので、全力で「回避」しているわけではないように見える。デリダはそこに拘っているわけです。

> それ自身が否定の否定として規定されている時間の内に精神が「落ちる」のであれば、精神は自らも否定の否定として現われるのでなければならない。精神の本質は概念である。すなわち、思惟がそれ自身を思惟するときの思惟の形式、非―我の把捉として（*als Erfassen* des Nicht-Ich）、言いかえればこの差異《ディフェランス》〔＝区別〕の把捉として自己を概念的に把捉すること（das *sich* Begreifen）〔＝自己を孕むこと（le *se*-concevoir）〕である。精神の本質たる純粋概念にはしたがって、差異の差異〔＝区別の区

別」（ein Unterscheiden des Unterschiedes）がある。このことがまさしく、精神の本質に、必要とされていた形式的・命題的な規定を、否定の否定という規定を与える。

捻った文体なので分かりにくいですが、要は、ヘーゲルの精神は「否定の否定」を通して、「正↓反↓合」という形で発展していくというお馴染みの話です。時間の内に「精神」が「落ちる」というのは、普遍的な理性を本質とするはずの「精神」が時間的プロセスの中で、変容していく、ということでしょう。そこにデリダがひねりを加えています。「精神」が自己自身との間に差異を生み出して発展していく、デリダ用語で言えば、「差延 différance」の運動をするとすれば、「精神」という言葉が、ヘーゲル以外の著者のテクストの中でオリジナルな自己を否定した形で現れ、その否定形を更に否定する形で、言い換えれば、差異を差異化する形で、変容し続けるということも含意されているのではないか、と示唆しているわけです。恐らくヘーゲル自身は、そんな間テクスト論的なことは念頭に置いていなかったでしょうが、デリダはやや強引に、エクリチュール（書く行為＝書かれたもの）をめぐる自分の議論に引き付けて解釈しているわけです。〈sich begreifen〉というのは、「自己を把握する（摑む）」という意味のドイツ語ですが、〈begreifen〉の名詞形〈Begriff〉は「概念」という意味です。ドイツ語圏の哲学者、特にヘーゲルは、「概念」とは「摑むこと」だと強調します。それをフランス語訳して、〈se concevoir〉とすると、「自己を孕む」という意味にも取れます。再帰動詞としての〈se concevoir〉は普通は、「理解される」とか「把握される」という受動的な意味で、「孕む」という意味の時は、単純な他動詞になりますが、そこは言葉遊びです。この言葉遊びで、「精神」という言葉が、自らの分身を孕んで放出する形で拡散している、という散種的なイメージを出そうとしているのでしょう。デリダには、『散種 La dissémination』（一九七二）という著作があります。

五〇頁から五一頁にかけて、先ほど引用した二か所の括弧付きの「精神」について検討されています。

> 「精神」はまず時間の内に落ちるのではなく、それは時間性の根源的な時熟（Zeitigung、強調されている）として実存する（existiert、強調されている）。時間性が世界時間を、それを地平として「歴史」〔これも引用符つき。私はこのことを強調する――J. D.〕が内時間的生起として「現われ」うる世界時間を時熟させる。

「時熟」というのはハイデガー用語で、「実存」としての現存在が生きる「時間性」が、将来、現在、既在（過去）の三つの様態で現れてくるということです。三つの様態には、それぞれ本来的な在り方と、非本来的な在り方があるわけですが、ここでは拘らなくていいでしょう。「時熟」の意味については、木田元さん（一九二八―二〇一三）が詳しく解説してくれているので、木田さんの『ハイデガー「存在と時間」の構築』（二〇〇〇）とかをご覧になればいいと思います。木田さんは、別に時間が熟すというような話ではないので、単純に「時間化」と訳すべきだという立場を取っています。

ハイデガーは、「精神」をここでは、わざと「現存在」的な意味に理解したうえで、精神≒現存在が、「時間」という実体の中に入り込むということではなくて、むしろ、精神≒現存在は「実存」する限り、自己を時間化した形で現すのである、と示唆しているわけです。現存在が、過去の自己に関わるところから既在という時間性が、将来の自己に関わるところから将来という時間性が、現在の自己に関わるところから現在の時間性が生じます。そうした「時間性」を基盤として、この歴史的に実在する世界全体の共通時間である「世界時間」が生じるわけです。

この引用の後の段落でデリダはややこしいことを言っていますが、次の引用を見れば、意外にあっさりとデリダの言わんとしていることが大よそ分かると思います。

> 「精神」（Der《Geist》）が時間の内に落ちるのではない。事実的実存（die faktische Existenz）が頽落する実存として（als verfallende）、根源的、固有の《プロプル》（本来的）時間性（ursprüngliche, eigentliche, Zeitlich-

keit）から（ないし外へ、aus――強調されている）「落ちる」（《fällt》）のである。しかしこの「落ちる」こと自体も、その実存論的可能性を、時間性に属する時間性の時熟にもっている。

ここでハイデガーは、ヘーゲルとは違う文脈に属する意味で、「落ちる」という言葉を使っています。『存在と時間』でハイデガーは、現存在は通常、日常生活の中で、自らに固有の実存可能性を見失い、個性をなくして、世間に同調して生きる「ひと das Man」へと「頽落 verfallen」しているという議論を展開しています。その意味で「落ちる」と言っているわけです。

で、「ひと」とは何か？ ドイツ語には、「人」という意味の〈Mensch〉、及び、「男」という意味の〈Mann〉とは別に、一般人称の〈man〉があります。これは元々、〈Mann〉と同じ言葉だったのが、機能的に分化したのでしょう。発音は同じです。一般人称の〈man〉は、英語の〈one〉にほぼ相当します。例えば、〈One is not allowed to smoke here.〉と言う時の〈one〉です。若干違うのは、英語だと口頭で言うときは、〈one〉が〈you〉とか〈they〉に置き換えられる傾向が強いのに対し、ドイツ語ではそのまま〈man〉と言います。「それをドイツ語でどう言いますか？」は、〈Wie sagt man das auf Deutsch?〉です。「ここで煙草を吸ってはいけません？」は、〈Man darf hier nicht rauchen.〉です。「アメリカでは英語が話されています」は、〈Man spricht Englisch in den U.S.A.〉となります。日本語に訳すと、大抵、主語なし文か、動作主体に言及しない受動文になります。「他人」という意味での「ひと」に近い使い方もあります。例えば、「ひとから～と聞いた」に相当する言い方として、〈Man hat mir gesagt, dass ～.〉という表現があります。ハイデガーは、「人」が完全に個性をなくして、他の人と区別できなくなり、〈man〉としか呼びようがない存在（者）になった時、そういう在り方を〈das Man〉という造語で表現します。通常小文字で表記する〈man〉を大文字にし、中性名詞化したものです。〈das〉は、中性名詞に付く定冠詞です。代名詞である〈man〉に定冠詞は付きません。男性名詞に付く定冠詞は〈der〉なので、「男性（一般）」

デリダ：ハイデガーの「精神」の意味が、「時熟（時間化）」へとシフトしていると指摘。
「『精神』が時熟（時間化）として実存する」
⇒本来的な時間化としての「精神」と非本来的な時間化としての「精神」がある。
※本来的な時間化は、ハイデガーの記述によると、周囲に動かされて同調するのではない、自己自身を根拠とする自発的な運動のはず。→後の〈Geistlichkeit（霊火性）〉に通じているのではないか？
　※「時熟」：「実存」としての現存在が生きる「時間性」が、将来、現在、既在（過去）の三つの様態で現れてくる。

のことを〈der Mann〉と言います。〈das Man〉は、それを変形したようにも聞こえるので、いかにも性別さえも失うほど匿名化してしまった「ひと」という感じがでます。元の言葉である〈man〉に「世間」というような意味が込められているので、「世人」と訳されることが多いです。「ひと」が非本来的な在り方へと「頽落」し、非本来的な時間性と共に生きているのに対し、「死に対する先駆的決意性」によって、存在に対して自己を開いた、アニメ用語で言えば、覚醒した現存在は、本来的な時間性の中で生きます。

　ハイデガーのそれまでの議論に即して読解すれば、ハイデガーはヘーゲルの時間論を自分の現存在分析に引き寄せて理解しようとしているということになるでしょう。これに対してデリダは煩雑なコメントをしていますが、要は、「精神」の意味が、「時熟（時間化）」へとシフトしているのではないか、と言っているわけです。先ほどの第一の引用の「『精神』はまず時間の内に落ちるのではなく、それは時間性の根源的な時熟として実存する」という箇所の「精神」は、普通に文脈に即して読めば、先ほど私が言ったように、「現存在」とほぼ同じ意味に取れますが、文字通りに読むと、「『精神』が時熟（時間化）として実存する」ということになります。時間が「精神」として実体化するような感じですね。そうすると、本来的な時間化としての「精神」と、非本来的な時間化としての「精神」があるということになります。本来的な時間化は、ハイデガーの記述によると、周囲に動かされて同調するのではない、自己自身を根拠とする自発的な運動のはずです。そういう、本来的な時間化の運動としての「精神」の発現がここで含意されているとすれば、何か不穏な感じがしますね。本来的な「精神」と非本来的な「精神」の闘争、前者の勝利による新しい「時間性」の開示、それに伴う私たちの実存のラディカルな変化……。終末論的な感じのイメージが浮かんできますね。五二頁で、そうした「本来的な精神」観が後の〈Geistlichkeit（霊火性）〉に通じているのではないか、と言っているわけです。

無論、これはかなり強引な読解です。ハイデガーのはっきりした意図が働いていたと考えるのは無理でしょう。四半世紀後の話ですし。デリダはハイデガーの意図ではなくて、彼のテクストに現れている、「精神」という言葉の、著者自身も気づいていないかもしれない意味の変容、精神分析的な次元で分析せざるを得ない意味のズレを問題にしているわけです。『存在と時間』の、普通研究者たちからもあまり重視されない箇所に、「精神」という言葉が変容していく端緒を見ているわけです。

最後の方で、この問題にアプローチするための耳慣れない手法に言及していますね。

> この状況を描くために、しばらく便宜的に、暫定的に、使用〔usage〕と言及〔mention〕との間にスピーチ・アクト理論が提供する区別を援用してみよう。それはハイデッガーの趣味には合わぬであろうが、けれども同様に、おそらくこのことは、このような区別が抱えている諸々の限界を検証にかけることにもなるだろう。

言語行為論（speech act theory）というのは、言語哲学の一つの流派で、言語を命題としてのみ見るのではなく、他者に対して働きかける行為と見ます。そうすると、文脈によって、ある人が口にした文に、その文が直接言明しているのではない内容が含意されていると認めることができます。例えば、みなさんが、私の目の前で、「あなたの話はつまらない」と言ったら、客観的な評価を語っている以上の〝意味〟を持っていますね（笑）。七〇年代に、デリダとジョン・R・サール（一九三二―　）という言語行為論の代表的哲学者の間で有名な論争がありました。その論争をデリダ側からまとめたテクストが、『有限責任会社』（一九九〇）です。言語行為論の直接の論敵はデリダですが、ハイデガーは、分析哲学のように物事を無理に割り切ってしまう議論がきらいだし、分析哲学の元祖に当たる論理実証主義の哲学者から、ハイデガーのやっていることは無意味だと批判されたりしているのは確かなので、ハイデガーと言語行為論も相性が悪そうだというのは十分想像がつくことです。

デリダ＝サール論争でも、「使用」と「言及」の違いが話題になります。ただ、これは言語行為論だけでなく、分析哲学全般で論じられているテーマのようです。サールは、「使用」と「言及」を峻別し、両者を混同するのは有害だと主張しましたが、デリダはそんなにはっきり区別できるのかと示唆しました。「使用」と「言及」がどう違うかというと、例えば、「日本は四七の都道府県から構成される」と言う時の「日本」と、「『日本』は二つの漢字から成る」と言う時の「日本」は、使い方の次元が違うように思えますね。前者の文は、「日本」という実体を指示するために この単語を「使用」していると言えるけれど、後者の文は、自分自身を指示するという以外にこの単語を使っておらず、単に「言及」しているだけ、ということになります。当たり前の話のようですが、ある人の発言内容のある部分が、単なる引用・参照なのか、その引用・参照されている対象や事態を直接指示しているのかと考え出すと、結構ややこしい話になってきます。

分析哲学者は何とか頑張って両者を区別しようとしているけれど、デリダはその努力は空しいのではないか、という態度を取っているわけです。ハイデガーに即して言うと、彼は「精神」に言及しているだけなのか、それとも「使用」したのか？　本人の意図としては、少なくとも、今回見た『存在と時間』に限定して考えれば、当然前者でしょうが、デリダがやっているように、西欧の「精神」史的な伝統や、その後のハイデガーの言説における「精神」の変容を考えると、後者でもあるように見える。そもそも、「精神」のように、社会的に受容され、肉付けされている実体があるのか、単に言葉のうえでのみ存在するのかはっきりしないものについて、「使用／言及」を明確に区別するのは難しい。本人が思っていなかったような効果を、その言葉がもたらすかもしれない。それは、分析哲学者の中でも、言語行為論という立場を取るサールには無視できない問題のはずです。このハイデガーの「精神」の例は、サールに対する効果的な応答にもなっているわけです。

■質疑応答

Q　デカルトの「コギト・エルゴ・スム」は、私のイメージの中では、あくまでも個体としての人間に附属するものでした。今回読んだところに出て来た〈Seele（魂）〉や〈Bewußsein（意識）〉〈Person（人格）〉等も、「基体」かつ「主体」という意味での〈Subject〉に結び付いているように思えます。それに対して、〈Geist〉は、「聖霊」のように霊的な実体を指したり、「ヨーロッパの精神」のような抽象的な意味で使われたりする。しかし、デリダのハイデガー読解が進むにつれて、両者の意味がだんだん接近してくるような感じがします。それで混沌とした感じを受けます。

A　デリダは実際、混乱させたいのでしょう。デカルトは、「コギト」も「スム」も一人の「エゴ」にだけに属すものと見なして議論を出発させましたが、純粋に一人の「エゴ」にだけ属するのだとすれば、私たちは、相互に意志疎通することはできません。意志疎通しているように見えて、分かっているふりをしているだけかもしれません。同じものを見、聞いて、同じ認識を抱いているように見えて、実はバラバラかもしれない。更に言えば、エゴの「理性」に普遍性があり、それは万人に共有されているという前提がないと、いかなる学問も成り立たない。

そこを説明するために、ヘーゲルは「絶対精神」の自己展開という形而上学的想定を持ち出してきたわけです。「精神」は、表面的には個人の占有物でありながら、その根底においてはみんなのものでないといけない。ヘーゲルのような歴史哲学を信奉しない人でも、「時代精神」とか「ヨーロッパの精神」などと言う時、暗黙のうちに、個人と全体を深いところで繋ぐ実体を想定しているのかもしれない。ヘーゲルの「絶対精神」とか、キリスト教の「聖霊」とか非科学的だと思っていても、無自覚的にそうした言葉、概念に頼って思考している。ヨーロッパの諸科学の危機を解決しようとしたフッサールでさえ。デリダは、ハイデガーの内の、「精神」をめぐるヨーロッパ人の混乱と迷走を見ていたわけです。だから、西欧の科学や啓蒙主義の洗礼を受けてしまった人は、混乱してもらわないといけない。いや、自分の中の混乱を自覚してもらわないといけない。

Q2　最後の方の「時間」の話ですが、キリスト教神学には、一定の方向に規則的に流れていく時間としての「クロノス」と、瞬間の中に永遠が凝縮するように体験される「カイロス」の区分がありますが、それと関係しているのでしょうか？

A2　ハイデガーは直接的にはその違いを論じていませんが、彼が本来的時間性と呼んでいるものにカイロス的な時間観が反映されているのではないか、ということは多くの人が指摘しています。彼自身元々、神学者もしくは聖職者志望でしたし、キルケゴール（一八一三―五五）やヤスパース（一八八三―一九六九）のカイロス的な時間体験の概念を取り入れたことは本人が認めています。先ほどお話ししたように、デリダは、『存在と時間』の末尾で、「精神」が、カイロス的、本来的な時間における絶対者、あるいは聖霊の顕現というイメージと結び付いているのではないかと示唆しているわけです。その霊が火を吐く霊であれば、終末論的なイメージとも繋がってきます。

［講義］第二回　精神と火の隠された関係——『精神について』2（第Ⅴ～第Ⅷ節）

前回は、ハイデガーが『存在と時間』の中で「精神」という言葉をどのように扱っているかという問題についての話でした。『存在と時間』の中で、ハイデガー自身の用語として積極的に「精神」を使っているわけではないが、ヘーゲルの精神論を引用する形で語っている、ということを見ました。括弧付きの「精神 Geist」について語っていたわけです。自分固有の議論として精神論を展開するには〝未だ〟至っていなかった。

デリダによる「精神」について

本日は第Ⅴ節から読んでいきます。

それは引用符の法だ。二つずつ引用符は歩哨に立つ——国境に、あるいは門の前に、いずれにせよ閾で任に当たる。そうした場所は、いつでも劇的である。その仕掛は演劇化に、そしてまた一舞台とその装置との幻覚化に適している——二対のピンセットが一種の幔幕を、ヴェールもしくは緞帳を宙吊りにしているのだ。幕は閉じていないで軽く半開きになっている。この宙吊り状態の時間が、六年が、観客の不安＝期待《サスペンス》が、そしてクレジット・タイトル〔un générique〕に続く緊張がある。

冒頭から分かりにくい比喩的な表現が続いていますが、要は、「精神」という言葉を引用符に入れて使っていることに劇的な効果がある、ということです。「歩哨」というのは、フランス語の引用符として使われるギュメ、《　》のことです。これは、ドイツ語でも使われます。「国境」や「閾」の比喩は、ハイデガー固有の議論の文脈との境目ということです。その次に、「ピンセット」と、「幔幕」という比喩が出てきますが、「ピンセット」の方は訳として適切か疑問です。「二対のピンセット」の原語は、〈deux paires de pinces〉で、〈pince〉というのは、ペンチとかくぎ抜きとかピンセットとか、物を挟み込む道具のことです。ピンセットの場合、〝小さい〈pince〉〟という意味の〈pincette〉という単語もあります。「幔幕」とか「緞帳」との組み合わせで考えると、ペンチとか梃子だと考えた方がいいような気がします。《　》で左右からぎゅっと押し付けて、幕が下りてこないようにしているイメージではないかと思います。あと、「宙吊り」の原語は〈suspension〉ですが、これは当然、「不安＝期待」と訳され、「サスペンス」とルビが振られている〈suspens〉と語源的に繋がっています。フランス語の〈suspens〉自体には「サスペンス」の意味はありませんが、英語の〈suspense〉は当然、同じラテン語の語源から来た言葉です。フランス系の現代思想では、ある問題、テーマ、対象が、どういう位置にあるのか、不確定な状態にあるのか曖昧な状態に留まっていることを、「宙吊り」という比喩で現すことが多いです。「クレジット・タイトル〔un générique〕」というのは、映画やドラマで最初に大写しになるメイン・タイトルのことなので、「サスペンス」が始まる前の緊張感を象徴しているのでしょう。あと、この〈générique〉という言葉には、「ジャンル」とか「総称」という意味もあるので、前回見た、「精神」がいろんな「非－物」の総称である、という話とも対応しているのではないかと思います。いろんな比喩を組み合わせているわけですね。

「宙吊り状態の時間が、六年」とは、『存在と時間』が刊行されたのが一九二七年で、その六年後の一九三三年に学長就任講演がなされたということです。それまでに幕の背後にぼんやりと浮かんでいた「精

「ドイツ大学の自己主張 die Selbstbehauptung der deutschen Universität」
（学長就任講演のタイトル（1933年5月））

この演説で引用符なしの「精神」が登場し、「燃え上がる」。
ドイツの大学は、「民族の精神」に仕え、一体化する。政治的話に推移。
※ヒトラー（1889－1945）が首相に就任し、立法府から行政府に権限を移す全権委任法が成立。ラインラントに進駐したのは36年、オーストリアやチェコを併合して、領土を拡張し始めるのは38年。33年時点での「自己主張」は、英米仏に抑えつけられているドイツの精一杯の精神的な抵抗の表明と取れなくもない。
→デリダの読みでは、ハイデガーは、ドイツ民族の精神とか大学（学問）の精神のようなものがあると実体的に想定したうえで、それから自己主張が発してくる、というようなイメージで語っている。

神」という言葉が、ハイデガーの言説の表舞台に踊り出たというイメージです。

> 精神は舞台裏で出番を待っていた。今や登場する時だ。それは現われる〔=自己紹介する（se présenter)〕。精神そのものが、その内容と形式を備えた〔=その精神とその文字における（dans son esprit et dans sa lettre)〕精神が、Geist が引用符なしに自己主張〔=自己肯定（s'affirmer)〕する。ドイツ大学の自己主張を通して自己を主張=肯定するのだ。精神の主張=肯定は燃え上がる。はっきり私は燃え上がる〔=自ら燃やす（s'enflamme)〕と言う。

ポイントは、「自己主張」です。五六頁に出ているように、学長就任講演のタイトルが「ドイツ大学の自己主張 die Selbstbehauptung der deutschen Universität」です。この演説で引用符なしの「精神」が登場し、「燃え上がる」わけです。前回もお話ししたように、ユダヤ=キリスト教の伝統で、「精神」という言葉は「炎」とか、焼き尽くすといった隠喩と結びついています。今でもドイツのまともな知識人は、〈Selbstbehauptung〉という言葉を聞くとちょっとビクッとするようです。ハイデガーがどういうつもりでこのタイトルを付けたかは想像できますね。英仏などの、西欧諸国に対抗して、ドイツ民族の精神性に適った、大学、知の在り方を模索すべきだということです。ギリシアにおける知の始まりとか、近代の学問の専門的分化といったありがちな話から始まって、中盤から、ドイツの大学は、「民族の精神」に仕え、一体化しなければならないというような政治的話に推移していきます。
　この学長就任講演が行われたのは、一九三三年五月であることに注目して下さい。ヒトラー（一八八九－一九四五）が首相に就任し、立法府から行政府に権限を移す全権委任法は成立していましたが、ドイツはまだ第一次大戦の敗戦の影響で、ライン地方はまだ非武装地帯になっていて、軍備はかなり制限されていて、フランスと比べて圧倒的に不利でした。ラインラントに進駐したのは三六年、オーストリアやチェコを併合して、領土を拡張し始めるのは三八年です。三三年時点での「自己主張」は、英米仏に抑えつけられているドイツの精一杯の精神的な抵抗の表明と取れなくもありません。

ヒトラー

　タイトルをなす各々の語 die Selbstbehauptung der deutschen Universität〔ドイツの大学の自己主張〕は、精神によって貫かれ、浸透され、光を当てられ、定められる（bestimmt）。私は、定義されると同時に命運を受ける〔destiné〕、呼び覚まされる〔appelé〕と言いたい。まず自己主張は、もしそれが精神からの命令による〔de l'ordre〕のでなければ、精神の命令そのものでなければ不可能であろうし、聴き取られない〔＝理解されない（s'entendre）〕であろうし、自らそうある所のものではなくなるであろう。フランス語の《ordre》なら、指令、索引ないし指導〔commandement, duction ou conduction〕、すなわちFührung〔指導〕の価値をも、また使命〔mission〕――つまり派遣〔envoi〕、与えられた命令――という価値をも示す。自己主張は、Führungを通じて精神の主張＝肯定たらんと意志する〔*veut être*〕（この意志する〔vouloir〕を強調しなくてはならない）。

タイトルをなす各々の語というのは、「自己主張 Selbstbehauptung」「ドイツ deutsch」「大学 Universität」の三つです。「ドイツの精神」とか「大学の精神」というのは、イメージ的に分かりますね。それに加えて、「精神」には「自己主張する」ものとしての属性があるということでしょう。一応、「定められている」と訳されている、〈bestimmt〉というドイツ語は、日常的には、「～と決まっている」とか「特定の～」といった意味で使用されますが、「運命付けられている」という強い意味合いでも使われます。『存在と時間』では、現存在の在り方を規定している「気分 Stimmung」について論じられていますが、〈bestimmt〉と〈Stimmung〉は、綴りから分かるように、「声」という意味の〈Stimme〉から派生します。これの動詞形の〈stimmen〉に、「声を合わせる」とか、「調律する」「同意する」といった意味があって、いろんな方向に意味が広がっていきます。ハイデガーは、ヘルダリン講義などで、この系列の言葉を使った言葉遊びをやっています。大体、想像つきますね。現存在は、「声 Stimme」によって自らの運命へと定められ（bestimmt）、その定められていることによって、彼の実存の「根本的気分 Grundstimmung」が形成される、という感じです。

「自己主張は、もしそれが精神からの命令によるのでなければ、精神の命令そのものでなければ不可能であろう～」、というのはハイデガーの演説の骨子のデリダなりの要約ですが、デリダの読みでは、ハイデガーは、ドイツ民族の精神とか大学（学問）の精神のようなものがあると実体的に想定したうえで、それから自己主張が発してくる、というようなイメージで語っている、ということなのでしょう。精神から、「声」が発しているわけですね。日本で、誰の声か特定せずに、「声が聴こえる」という言い方をすると、それは通常「天の声」のことですが、それが本気で聞こえるとすると、病気と見なされますね（笑）。西欧だと、それが「神」とか「聖霊」、「絶対精神」などの声と解釈されます。当然、現代の西欧人の多くは、本気で声を聴く人を病気と見なします。ただ、「精神」を動物には見られない、人間特有の意識活動、本能に縛られることなく、自らの目的を設定して、その実現を目指して進んで行く人間の自発性の源泉だとすると、「精神」と「言葉」、特に自己の存在を主張する言葉が不可分の関係にあるのは、ある意味、当たり前のことです。デリダは、ハイデガーの「精神」論への批判という次元を超えて、「精神」の主体としての人間を特別視する、人間中心主義をも俎上に載せようとしているのかもしれません。

フランス語の〈entendre〉という動詞には「聞く」という意味と「理解する」という意味がありますが、それを再帰動詞の〈s'entendre〉にすると、「聞く」の方が、「聞こえる」「自分の声を聴く」「互いの声を聴く」という三つの意味に分岐し、「理解する」の方も「理解される」「自分を理解する」「理解し合う」の三つに分岐します。デリダは、『声と現象』（一九六七）で、〈s'entendre parler〉、つまり「自分自身の声を聴く」あるいは、それを理解することが、「主体」の成立にとって決定的な意味を持つことを示唆しています。

「命令」を意味するフランス語の〈ordre〉に「導く」という意味があることを強調していますが、これは、ヒトラーの称号で通常、「総統」と訳されている〈Führer〉の本来の意味が、「指導者」「導き手」であることを示唆するためです。「総統」という訳は、大統領と首相を兼ねていることや、中国の国家元首が「総統」と呼ばれていたことなどから来たのでしょう。「導き手」というのは、普通に考えれば、ナチスが恰好いいと思って付けた大袈裟な呼称にすぎませんが、先ほどからデリダがパロディ的に再現している、ハイデガーの「精神の自己主張」をめぐる言説を念頭に置くと、意味深に聞こえますね。「意志」を強調しているのは、ニーチェ（一八四四―一九〇〇）の遺稿で、ナチスによって利用されることになった『力への意志』（一九〇一）とか、レニ・リーフェンシュタール（一九〇二―二〇〇三）によるナチスの党大会の記録映画『意志の勝利』（一九三五）とかを連想させるためでしょう。ここで問題になっている「精神」は、静かな精神ではなく、自己実現への強い意志を持った精神のようです。

――指導はもちろん精神的な指導であるが、Führer〔指導者、統率者、総統〕、指導者〔guide〕――ここでは総長――は、彼自身がある命令の不屈さ、ある使命（Auftrag）の厳格さ、さらにはその指導上の堅固さによって導かれていなければ、他を導くこともできないのだと言う。この使命もまた、すでに精神的である。それゆえ、指導から指導へと導かれてドイツ大学の自己主張は、自分自身が導かれつつ他を導く者たち、この精神的使命の主張＝肯定によって指導される指導者たちを通じてしか可能にはならない。われわれは後に、この主張＝肯定と、ある一定の同意の思惟との、または返答形をした約束の、責任をもった承諾の、応諾ないし信任（Zusage）の、一種のお返しに与えられる言葉の思惟との間に移行があることを看て取らなければならない。

最近あまり聞かなくなりましたが、北朝鮮の「主体思想」と比較するといいかと思います。究極の主体である首領と同化することによって、各自が主体性を発揮するという思想です。ストレートにそういう言い方をされると、「何を言っているのか」という感じですが、よく考えると、それほどおかしな理屈ではありません。「主体性」を身に付けるにはどうすればいいのか？　私たちが日々の生活において「主体性」を発揮している状態からほど遠いのだとしたら、どのように努力したら、主体性を獲得できるのか？　ゆとり教育が推奨されていた時、「主体的に判断し、行動し、よりよく問題を解決する資質や能力」を身に付けさせることが重要だと言われていましたが、普通の子供は、先生から「主体的にやりなさい」、と言われても、どうしたらいいのか分からない。「主体的であること」を手っ取り早く教えるには、そのお手本を見せるしかない。先生自身か、世の中の偉い人か、あるいは、クラスの誰かを具体的なモデルにして、「こういうのが主体性です」、と示すしかない。つまり、「主体性」のモデルに同化させるわけです。こういう風に言うと、パロディのようですが、よく考えてみると、私たちがこれこそが「主体性」だと思っているものは、何らかの形で、世の中で「主体的な人」だと評価されている人の振る舞いをモデルとして、徐々に形成されたはずです。自然界には、〝主体性〟の標識なぞないわけですから。

何かに従属し、導かれないと主体的になれないというパラドックスがあるわけです。内田樹さん（一九五〇―　）が、『先生はえらい』（二〇〇五）で、絶対的に「えらい」ものとしての「先生」を持つことが自分の中で軸となり、それによって自分自身も先生になることができるということを言っていましたが、それと同じメカニズムです。それは現代思想でいろんな人が指摘していることです。ラクー＝ラバルトの『近代人の模倣』（一九八五）や『政治という虚構』（一九八八）では、近代化の過程で、西欧人、特にドイツの知識人たちがどこに主体性のモデルを求めたかが論じられています。デリダは、「精神」と「指導」をめぐるハイデガーのレトリックに、「主体化＝従属化 subjugation」のパラドックスが働いていることを示唆しているわけです。前回見たように、「主体」を意味する〈subject〉や〈sujet〉には、もともと「従属する」という意味が含まれています。ハイデガーは、これまで、ドイツの大学人は、自分の内なる「精神」をちゃんと働かせるのがどういうことか知らないできたので、「精神」を全面的に働かされている「指導者」に導かれる必要があるわけです。

> この大学のドイツのという性格は、二次的・偶然的な述語ではなく、精神〔から〕の〔de l'esprit〕この肯定＝主張との絆が切れることはない。かくして建立される〔＝勃起した（érigé）〕制度の最高審級、高みから上へ向かって指導されるこの「高等―学校〔＝大学〕」（hohe Schule）の最高審級にある精神は、自己自身を自己に肯定＝主張しうるのみである。しかもそれは、これから聴き取ることになるが、本来的にドイツ的たらんと自ら意志するある〔本来性の〕認証ないし身元証明〔＝同一化（une authentification ou une identification）〕の運動のさなかで行なわれるのだ。

「精神」は、学問が従うべき秩序（ordre）の頂点に位置すると共に、「本来的なドイツ性」と不可分に結び付いているということですね。「高等―学校」という妙な表現を使っていますが、これは、ドイツ語で、大学に相当する高等教育機関のことを、〈hohe Schule（高い学校）〉――現代の標準ドイツ語では〈Hochschule〉――と呼ぶので、それを「精神」が、上へ向かって「導く」という話にかけているのでしょう。

〈authentification〉は、普通は、「認証」という意味ですが、これの形容詞である〈authentique〉が、ドイツ語の〈eigentlich（本来の）〉の訳語なので、その意味を含めているわけです。ハイデガーは『存在と時間』で、現存在の「本来的」な在り方と、「非本来的」な在り方の違いを強調しています。これを短くした〈eigen〉という形は、「固有の」という意味です。単に、ドイツ性を認証するだけでなく、本来の、あるいは固有のドイツ性を具現するという意味を込めているのでしょう。〈identification〉も、通常は「身元証明」という意味で、哲学用語として「同一視」とか「同一化」という意味で使われます。「同一化」というと、その運動に取り込んでしまうような強いイメージになりますね。アドルノなどフランクフルト学派が、啓蒙的理性＝精神とは、自然界に存在する感性的に多様なものを、貨幣の等価性に象徴される、均質化・価値一元化された「物」へと同（一）化する運動であることを強調しているので、それを念頭に置いているのでしょう。アドルノには、前回お話ししたように、『本来性という隠語』というハイデガーの謎めいた言葉遣いを批判した著作もあるので、二重にアドルノを参照しているのでしょう。

『講演』の開始からただちに、ハイデッガー自身が形容詞「精神的」(geistig) を強調する。こうして彼はこの語に最初のアクセントを置くのだ。私の方でも、ジェラール・グラネルの翻訳を読みながらこの語を強調することにしよう——それがハイデッガーの強調する最初の語であるからばかりでなく、この形容詞 geistig が、二十年の後、geistlich に対立させられることになるからでもある。後者の語は、プラトン－形而上学的なところも、キリスト教－形而上学的なところも、もはや全くもっていないとされ、その一方で geistig は、とハイデッガーはその時トラークルの注釈のなかでではなく自らの名において言うであろう、形而上学－プラトン－キリスト教的な対立、この世とあの世、低と高、感性的なものと叡智的なものの対立に捕らわれたままなのである。

五九頁に就任講演の最初の部分が引用されていますが、出版された原文で最初にイタリックで強調されているのが、〈geistig〉です。二〇年後のトラークル論になると、この〈geistig〉という語は、プラトン＝キリスト教的な「精神／物質」の二項対立に囚われている言葉として否定的に評価され、それを超えているとされる〈geistlich〉に取って代わられますが、この時点では、ハイデガー独自の形而上学の主要概念だったわけです。ジェラール・グラネル（一九三〇―二〇〇〇）は、フランスの哲学者でドイツ系の哲学の研究をしていた人で、第三次ハイデガー論争では、ハイデガー擁護の立場を取った人です。

ハイデガーの総長就任講演

では、五九頁の講演の最初の部分を見ておきましょう。

総長に就任することは、この大学の精神的なる指導への義務を負うことである（die Verpflichtung zur *geistigen* Führung dieser hohen Schule）。従う者たち、つまり教官と学生とは、その存在と力とを、ただドイツ大学の本質に、真実かつ共同的に根ざすことにのみ負っている。しかしこの本質が明晰さと位格と威力《マハト》に達するのはただ、まず、かつあらゆる時に、指導者が［Führer ――私は［グラネル訳の］《guideur》よりも《guide》の方を好む。前者はかなり稀にしか使われない語、そしておそらく新造語であって、Führer が当時ドイツでとても一般的に使われていたことを忘れさせる危険《か》がある］、彼ら自身、指導される者であること――ドイツ民族の命運を民族の歴史に刻むことを強いる、彼の精神的使命（jenes geistigen Auftrags）の峻厳さに導かれる場合のみである。

ここで直接的に「指導者 Führer」と呼ばれているのは、学長に就任したハイデガー自身です。これは、ヒトラーの称号と同じ言葉なので、ヒトラーの代理であることを強調しているように聞こえます。［　］の挿入でのデリダのコメントは、この〈Führer〉という言葉は、当時のドイツでは、ヒトラーの称号とは関係なく、普通に使われていたので、普通に「指導者」という意味のフランス語〈guide〉で訳した方がいいということです。「当時」と言っているのは、今だと、ヒトラーを連想するので、この語はそのままの形ではあまり使われなくなっているからです。〈Oppositionsführer（野党指導者）〉とか〈Geschäftsführer（マネージャー）〉というような形でなら今でも使われています。先ほど見たように、「指導する者」は、「指導される者」でもあり、その指導の連鎖が精神的使命によって貫かれていることが、ハイデガー自身の言葉によって示されているわけですね。

六〇頁を見ると、ハイデガーが講演の真ん中あたりで、「精神」を定義している、と述べられていますね。他の思想家の「精神」論に言及するのではなく、自ら「精神」を定義しているわけです。六〇頁の終わりから六一頁にかけて、この「精神」の定義が、四つの項目と関連付けられていると述べられていますね。その四つとは、①知への意志あるいは本質への意志の現れであり、『存在と時間』における「問いの構造」と関係していると思われる「問いかけ Fragen」②『存在と時間』以来のハイデガーのテーマである「世界」③（ナチスのイデオロギーである「血と大地 Blut und Boden」を連想させる）「大地と血 Erde und Blut」④『存在と時間』と密接に関係ある「決意性 Entschlossenheit」――です。いずれも、取ってつけたことではなく、ハイデガーの思想の核心に関わると思える重要な要素です。これらを踏まえて、六二頁から六三頁にかけて、「精神」の定義が引用されています。

「精神」を定義。
①知への意志あるいは本質への意志の現れである。『存在と時間』における「問いの構造」と関係していると思われる「問いかけ Fragen」。
②『存在と時間』以来のハイデガーのテーマである「世界」。
③（ナチスのイデオロギーである「血と大地 Blut und Boden」を連想させる）「大地と血 Erde und Blut」。
④『存在と時間』と密接に関係ある「決意性 Entschlossenheit」。

われわれが、存在者の全体の不確かさのただなかで問いつつ（fragen-den）裸のままに立ち尽くすその仕方という意味で、学問の本質を意志するならば、この本質への意志はわれらが民族に、最も内に深く最高の

> 危険をもった世界、すなわち、その真の精神的世界（seine wahrhaft *geistige* Welt ―― geistige が強調されている）を創りだす。というのは「精神」［引用符に入っているが、今回のは、他の人々が語る精神を、いまだ否定的な定義のなかで想起させんがためである］とは、空虚な明敏さでも、たわいない機知の遊び［Spiel des Witzes ――精神（esprit）と機知（mot d'esprit）との、Geist と Witz とのこうした区別は、フランス精神の特徴の一つが Witz と Geist を表わすのにフランス語には一つの語しかないことに現われていると注記する際の『人間学』のカントを思わせる］でもなく、悟性の際限のない分析作業でも、まして世界理性［暗にヘーゲルに言及した可能性が高い］でさえない。精神とは存在の本質への根源に調律の合った、かつ知である決意性（ursprünglich gestimmte, wissende Entschlossenheit zum Wesen des Seins）である。一民族の精神的世界（geistige Welt、強調されている）とは、一文化の上部構造ではなく、ましてや有用な知識と価値の工廠ではない。それは、民族の現存在（Dasein）を最奥で昂揚せしめる威力（Macht der innersten Erregung）かつ最も広く揺り動かす威力としての、民族の大地と血との諸力を最深部で保存する威力なのである。ただ精神的世界だけが（Eine geistige Welt allein）民族に偉大さを保証する。なぜならこの世界は、偉大さへの意志か、頽落の（des Verfalls）許容かの絶えざる決断が、われらが民族がその未来の歴史に向かって踏み出した進軍に、その歩みのリズムを与えるようにと強いるからだ。

「精神」が「空虚な明敏さ leerer Scharfsinn」でも「たわいない機知 das unverbindliche Spiel des Witzes」でもないという所に、デリダの注が付いていますが、ごちゃごちゃしていて分かりにくいですね。デリダはこれを、フランス語の〈esprit〉のことだと解説しているわけです。そう考えないと、辻褄が合わないので、デリダの解釈で間違いないでしょう。カタカナ語で「エスプリが効いている」と言う時の「エスプリ」です。ドイツ語の〈Geist〉にはその意味がないので、〈Witz〉などの別の表現を使うしかないわけです。ハイデガー自身フランス語の〈esprit〉との違いを意識していたとすると、ドイツ語とフランス語のズレをしばしば強調するデリダの拘りも、それなりに納得できますね。『人間学』というのは、正式タイトル『実用的見地における人間学』（一七九八）というカントの晩年の著作で、地理学とか生理学とかの知識を取り入れながら、人間とは何であるか総合的に論じています。

「調律の合った gestimmt」という表現は、先ほど、お話ししたように、「声 Stimme」から派生した〈stimmen〉という動詞の過去分詞形で、「声によって導かれている」というニュアンスを含んでいます。「精神」とは、「存在の本質」に向かっていく、「調律された＝声に導かれた」、かつ「知ろうと欲する wissend」「決意性」だというわけです。

〈Entschlossenheit〉は、「決意する」という意味の動詞の〈(sich) entschließen〉の過去分詞形〈entschlossen〉から作られた名詞ですが、ご承知のように、西洋の言語の過去分詞には、現在完了の他に、受け身の意味もあります。〈Entschlossenheit〉は、「決意している」という積極的な意味にも取れるし、あるいは何かによって「決意させられている」という意味にも取れるわけです。ハイデガーは、過去分詞の特性を生かして、それ自身の自発性によるのか、何かによってそうなるように仕向けられたのか、曖昧な状態を示す表現を多用します。指導されるものでもある指導性というのは、まさにそういう両義性を示していますね。

「民族の大地と血との諸力」という言い方は、いかにもナチスという感じがしますが、それを最深部で保存するものとして、「精神的世界」を設定することで、バランスを取っている感じですね。ただ、肝心の「精神」の定義が抽象的なので、「精神的世界」が具体的にどういうものかイメージしにくいですね。

六四頁では、「精神」が「歴史性」と結び付いており、ハイデガーはしばしば〈geistig（精神的）〉と〈geschichtlich（歴史的）〉をハイフンで繋いで表現すると述べられていますね。「精神」と「歴史」が結び付いているとすると、ますますナショナリズム的な感じがしてきますね。講演のそれに関連する所が引用されています。

学問のこの根源的な把握は、たんに「即物性」《Sachlichkeit》のみならず、何よりもまず、民族の歴史的－精神的世界のただ中にあって（inmitten der geschichtlich-geistigen Welt des Volkes）問うことの（des Fragens）本質性と単純さを強いるのである。然り――そこから初めて即物性が真に根拠づけられる、すなわち自らの類別と諸限界とを見出すことができる。（同所）

「即物性」と訳されていますが、この場合の〈Sachlichkeit〉は、客観性とか事実に基づいていること、といった意味でしょう。ドイツ人は、学問の実証性を問題にする時、〈sachlich〉という形容詞を使いたがります。ここで言われているのは、学問は単に〝実証性〟を追求するだけでなく、その源泉である民族の歴史的・精神的世界との繋がりを回復しないといけないわけです。

デリダは、講演におけるハイデガーの「精神」をめぐる言説には三通りの解釈が可能であると述べていますね。見ておきましょう。

１　この言説の著者は、そのものとして、彼が精神の召喚〔＝負託（assignation）〕に連署する限りにおいて、いかなる責任をも自らに免除はできない。

彼の言説はまず、応答〔résponse〕と責任〔responsabilité〕の言説である。さまざまな審級を前にして、本来性において引き受けられ、さらには表明された責任の、である。

ハイデガーは、自らが「精神」の「召喚」（呼び声）に応じようとしており、本当に応じてしまえば、もはや「責任」は免れないことを自ら宣言しているという解釈です。倫理的決断をしているように聞こえますね。これが一番ポジティヴな解釈です。恐らくハイデガー自身はこのつもりで述べているのでしょう。フランス語で「責任」という意味の〈responsabilité〉は綴りから分かるように、「応答」という意味の名詞

〈résponse〉から派生しています。後期のデリダは、「責任」の本質が、誰かに対する「応答可能性」であることをしばしば示唆します。

2　この責任は、それでもある戦略に従って果たされている。縒《よ》れており、少なくとも二重であるその戦略は、それを制御できると思い込む者に対して、常にもう一つ上を行く不意打ちを保留していることがありうるのだ。

一方でハイデッガーは、右に見たように〔この『講演』の当時〕、彼が自らを参加《アンガジェ》させてゆくもの全体に、そして、彼がその時、彼らを前にして自らに義務を課《アンガジェ》してみせる人たちすべてに、さらには、右に見た彼の高《か》みにおいて、彼が請け合い聖別するもの全体に対して、最大の安堵をもたらすとともに最高位に高まった精神的合法性を授ける。ひとは、彼は国家社会主義を精神化している、と言うことができるであろう。そのかどで彼を非難することができるであろう。ちょうど彼が後に、ニーチェは復讐の精神を「その最高点にまで精神化された復讐の精神」(ein höchst vergeistigter Geist der Rache) へと昂揚させたとして非難するように、である。

しかし、その一方で、ナチズムを精神化する危険を冒すことによって彼は、ナチズムにこの主張〔＝肯定〕(精神性、学問、問いかけなど)の刻印を押すことによって、ナチズムを償い、救出せんとしたのかもしれない。

既にハイデガーは、ある戦略を取っており、それによって責任を果たしつつある、という解釈ですね。その戦略が、捩れた糸のように二重の様相を呈しているというわけです。どう二重なのかというと、一方では、ナチスを「精神的」なものと見なし、哲学的な正統性を与えること、もう一方で、そうすることを通して、ナチスを「救出する」、つまり正しい方向へと導こうとしたというわけです。これは確かに、かなり微妙な話です。特に後者を意図していたとしたら、デリダが言っているように、思いもよらぬ方向に引っ張られていきそうですね。

ニーチェの「復讐の精神 Geist der Rache」というのは、『ツァラトゥストゥラはかく語りき』（一八八五）に出てくる表現で、「ルサンチマン Ressentiment」とか「奴隷道徳 Sklavenmoral」とほぼ同じ意味、つまり、自らの生を肯定できず、泣き言を言い、強者に復讐しようとする輩の〝精神〟ということでしょう。それに対するハイデガーの非難については、原注の（8）に少し捻った説明が出ていますね。「ニーチェのツァラトゥストゥラとは誰か？」（一九五三）という論文でハイデガーは、ニーチェは「復讐の精神」を「超人」思想によって克服しようとしたが、実際には、「復讐の精神」をより最大限に「精神化」しただけに終わってしまった、つまり、彼の超人思想自体が「復讐の精神」を最も極端な形で表現したものになってしまったのではないか、と示唆しています。この場合の「精神化」というのは、現実から遊離したユートピア的な願望にする、というような意味合いでしょう。デリダは、ハイデガーによるナチスの「精神化」の試みが、結局、ナチスの――恐らく、西欧諸国や西欧文明に対する――「復讐の精神」を、より観念的に増幅することになるのではないか、と暗示しているわけです。

3　ハイデッガーが〔ここで〕訴えかけている力は、さらに結論において彼が西洋の命運について語る時にも、したがってその力は「精神的な力」(geistige Kraft) である。われわれはさらに、トラークルに関するテクストにおいても、精神と西洋とのこのテーマ系に、ただし転位された形で再会することになろう。

この戦略の代価はいかなるものなのか？　なぜこの戦略は宿命的に自らの「主体《ぬし》〔＝基体〕」に矛先を向け返してくるのか、こう言えるなら、そしてこの言い方が当てはまるように、ちょうどその「主体」に？　それは、生物主義から、自然主義から、その遺伝学的形態での人種主義から一線を画すことができるのは、それに対立できるのは、ただ精神をひとつの対立規定の内に記入しなおし、そこから、意志主義の形でであれ、改めて基体性の一方向性をつくり出す場合だけだからだ。このプログラムの制約はいぜんとして非常に強く、人種主義、全体主義、ナチズム、ファシズム等に今日、そしてこれからも長い間対立する言説を、しかもこの対立を精神の名の下に、さらには精神の自由の名の下に、そしてある公理系——たとえばデモクラシーや「人権」のそれ——に直接的にであるか否かを問わず、彼《か》の基体性の形而上学に帰着する公理系の名の下に果たす言説のほとんどを支配している。

ハイデガーの講演は、彼自身の使命と責任という次元を超えて、後にトラークル論にも繋がっていく、「精神」と「西洋」という大きなテーマに及んでいる、という解釈です。「戦略」というのは、「西洋」を導いてきた、「非－物」としての「精神」を復活させることで、生物主義、自然主義、優生思想などに対抗しようとする戦略でしょう。それが、その戦略の「主体＝基体 subject」に矛を向けてくる可能性があるというわけですが、その理由がちゃんと説明されていないので分かりにくいですね。簡単に言うと、そういう対抗言説では、「精神」を実体化せざるを得なくなる、ということでしょう。「学問の精神の本質は○○である」とか「民族の精神の本質は□□である」と規定して、真の精神性に反するものを排除するということをやるようになると、「精神」に基づいて行為しようとする「主体」の在り方はかなり限定され、自由がなくなります。生物主義や自然主義を掲げる全体主義に対抗しようとして「精神」を持ち出したのに、結果的に、その相手方と自分が似てきてしまい、逆効果になる。対立する双方が似てくるというのは、典型的な二項対立構造です。前回見たように、デリダが、「精神」の名において全体主義とか文明の危機とかに対処しようとすることの危険性を強調していたのは、こうしたことがあるからです。「精神性」を回復すべく、非精神的なものを告発しようとすると、「精神」自体が「物」化する恐れがあるわけです。

六九頁終わりの方で、このように「精神」を再び呼び出す戦略が抱える問題が、「Geist が常に自らの Geist によって取り憑かれていることにも由来する」と述べられていますね。二つ目の〈Geist〉は、「亡霊」の意味です。いったん死んだはずの〝精神〟が亡霊として復活し、「精神」をめぐる言説に取り憑くということですね。あるいは、〈Geist〉の「分身（＝生き霊）le double」が〈Geist〉自身に取り憑くということかもしれません。七一頁に少しだけその説明があります。七〇頁で、『存在と時間』でハイデガーが「避け」ようとしていたのは、そうした「分身」あるいは「亡霊」ではなかったかと示唆されていますね。七〇頁から七五頁にかけて錯綜とした感じの記述が続きますが、ここでは、一九三五年の講義『形而上学入門』が、学長就任講演と関係付けられながら紹介されています。七一頁から七二頁にかけて、『入門』の冒頭でハイデガー自身が、「精神」の一つの特殊な形態としての哲学は民族の文化の基礎を提供すべきだとか、一つの世界観を提供すべきだといったような誤解を受けやすい、と述べていることが指摘されています。だとすると、学長就任演説とはトーンが違うなという印象を受けますが、すぐに先ほど見たような、精神や指導の関係、更に「導き」を受けての「決意性」、へと話が移ります。ハイデガーは一般論としては、「精神」が濫用されがちなことを分かっているけれど、自分の精神論は、正しい問いの構造によって導かれているので大丈夫だと思っている感じですね。七二頁で「入門 Einführung」という言葉をめぐる言葉遊びのようなものがありますが、これは、〈Einführung〉が、先ほども出てきた「導くこと」「指導」を意味する名詞〈Führung〉と、内側へという意味の接頭辞〈ein〉から出来ていることによります。［内へ導き入れること＝入門］、というわけです。それ以降は、この「導くこと」がどのようなことを含意しているかについてのデリダの言葉遊びを交えた考察です。念のために言っておきますと、デリダは、『入門』の冒頭部分の結構複雑な議論の中から、「精神」と「指導」に関係している箇所を繋いでいく形で読解を進めています。デリダの注釈や、ハイデガーの政治的背景などの先入見抜きに『入門』を読むと、もっと深遠な議論をしているという印象を受けると思います。この本と同じく平凡社ライブラリーに入っている川原栄峰さん（一九二一―二〇〇七）の訳が手頃だと思います。

七六頁で、『入門』においてハイデガーは『講演』よりも政治的には退却しているが、その代わり地政学的考察を加えている、と指摘されていますね。政治的退却というのは、この間、ハイデガーが学長の仕事をうまくこなせず、ナチスとの関係が悪くなったので、学長を退いたことに対応しているのでしょう。「地政学 Geopolitik」というのは唐突な感じですが、ここで言う地政学というのは、ナチスの戦略に利用されたハウスホーファー（一八六九－一九四六）の地政学のように社会科学的な議論ではなく、ヨーロッパ文化の中でのドイツの位置のような話です。また、「地政学」という言葉を使っているのはハイデガーではなく、デリダです。ヨーロッパ、ロシア、アメリカの三者が名指しされていると述べられていますね。

> ハイデッガーはしたがって一つの「精神的頽落」（geistigen Verfall）を告発する。頽落の内で諸民族は、その最後の「精神的諸力」を失わんとしているのだ。この表現は頻繁にやって来る。精神の Verfall は、それが存在の命運に対してもつ関係のなかでしか思惟されるがままにはならない。精神の経験が、問いかけのなかで、「危険」に比例するように見えるとすれば、ドイツ民族、「われらが民族」、このすぐれて「形而上学的な民族」（das metaphysische Volk）は、最も精神的である（ハイデッガーは、もっと後で、言語《ラング》の話をしながらこの点をはっきり述べることになる）と同時に、危険に最も身を晒してもいるわけだ。この民族が万力のなかに捕らわれており、そのヨーロッパの隣国たるロシアとアメリカの中央に（in der Mitte）挟まれているからである。この民族こそが「偉大な決断」（die grosse Entscheidung）に、ヨーロッパの命運を、「この中央からの歴史的精神的な新たな諸力」（neuer geschichtlich *geistiger* Kräfte aus der Mitte）の展開を約束するであろう決断に当たる民族なのである。

ハウスホーファー

「精神的頽落」がヨーロッパ全体を覆っていて、そこからどうやって抜け出すこ

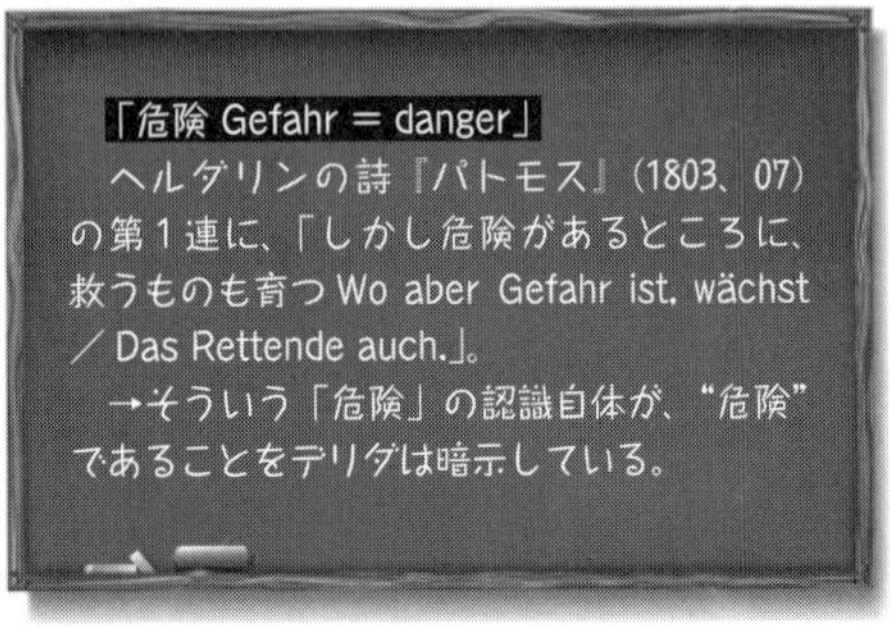
「危険 Gefahr = danger」
ヘルダリンの詩『パトモス』（1803、07）の第１連に、「しかし危険があるところに、救うものも育つ Wo aber Gefahr ist, wächst ／ Das Rettende auch.」。
→そういう「危険」の認識自体が、“危険”であることをデリダは暗示している。

とができるか考えた時、ドイツが特別な位置にある、というわけです。唯物論の国家であるロシアと、資本主義的利益追求の権化であるアングロサクソンのアメリカ、イギリスが、それぞれ「精神」を抑圧し、「精神」の根拠地であるヨーロッパに攻撃をかけ続けている。両者から受けている圧力の中心にいるドイツが、決意性を示すことによって、「精神」を救い出さねばならない、というわけです。ハイデガーは、現実の国際情勢におけるドイツの危機と、「精神」の危機を重ね合わせるような言い方をしているわけです。

「危険 Gefahr = danger」という言葉に注目して下さい。ヘルダリンの詩『パトモス』（一八〇三、〇七）の第一連に、「しかし危険があるところに、救うものも育つ Wo aber Gefahr ist, wächst ／ Das Rettende auch.」、という有名なフレーズがあります。これはかっこいいし、分かりやすいフレーズなので、ハイデガー以外にもドイツ語圏のいろんな人、政治家とかもしばしば引用します。ここでもハイデガーはこれを念頭に置いていると思います。そういう「危険」の認識自体が、〃危険〃であることをデリダは暗示しているわけですね。

「世界」「精神」VS.「動物」

次の第VI節は、「世界」と、「精神」に対置されるものとしての「動物」がテーマです。最初に、『形而上学入門』の中の「世界とは常に精神的世界である」、というフレーズが引用されていますね。何だか当たり前の話をしているようですが、必ずしもそうではありません。『存在と時間』では、「世界」は現存在が、気が付いた時にその中に既に投げ込まれている場として設定されています。人間が属している世界なので、「精神的」な感じがしますが、ハイデガーは私たちの身体がその中に組み込まれ、様々な動作が本人も気付かないうちに方向付けられている「世界」である「環境世界 Umwelt」のことも論じています。〈Umwelt〉という概念は、エストニア出身のドイツの生物学者ヤーコプ・フォン・ユクスキュル（一八六四－一九四四）が、動物がその種に特有の知覚・運動器官によって捉えている、あるいは、捕えられている世界という意味で使ってからかなり一般化しました。ハイデガーと生物学はあまり縁がなさそうですが、次の頁で紹介されている一九二九／三〇年の冬学期の講義『形而上学の根本諸概念』で、ユクスキュルをはじめとする、当時の生物学の成果を紹介しながら、「世界」概念を説明しています。そこで、「世界」と「動物」の関係が論じられています。この文脈でハイデガーは、動物が人間とは異なる、人間のそれほど開かれていない「環境世界」を持っていることを前提に議論を進めています。

「精神」の本質を語ろうとすれば、精神を持っていないもの、あるいは精神性の乏しいものと対比する必要性が出てきます。動物は、「精神」を持っているかどうか微妙な感じですね。では、その動物の「世界」は、「精神」という点から見て、どういう世界なのか？　それがこの節のテーマです。

動物のことを英語で〈animal〉と言いますが、これは「魂」を意味するラテン語〈anima〉から派生した言葉です。〈anima〉というのは、「魂」という意味ですが、〈spiritus〉と同じように「息」という意味でも使われます。日本語のカタカナ語になっているアニメ、アニメーションの元になった英語の動詞〈animate〉は、元々は「息吹を吹き込む＝魂を入れる」という意味です。つまり、〈animal〉は、「魂」を持っている、という意味合いを含んでいるわけです。そうすると、「動物」と「精神」はどのような関係にあるのか、という問題が出てきます。

それにハイデッガーは、すぐさま付け加える。次の文がそうだ――《Das Tier hat keine Welt, auch keine Umwelt》動物は世界も環境世界ももっていない。不可避の帰結――動物は精神をもっていない、われわれが今しがた読んだように、そもそも世界は精神的なのだから。動物性は精神に属し〔de l'esprit〕てはいないのだ。そしてこの命題から、animal rationale〔理性的動物〕という人間規定に関して不可欠になるであろう全帰結を引き出さねばなるまい。

『入門』では、動物は「世界」も「環境世界」もないと明言しているわけですね。後ですぐ出て来るように、これは『形而上学の根本諸概念』での立場と異なります。「世界」が「精神的」だと言う以上、そう言わざるを得なかったのかもしれませんが、そうなると、「人間は理性的な動物」であるという、アリストテレスの定義との関係をどう考えるのか、という問題が出てきます。アリストテレスの定義がまずいということにすればよさそうですが、そう簡単にはいきません。人間が「精神」を持っている反面、ある種の「動物」であることは否定できないからです。

この命題は、フライブルクでの一九二九－一九三〇年の冬学期に行なった講義で、「世界とは何か？」という問いに応えてハイデッガーが提出した三つのテーゼ、延々と練り上げられ、または問題化され、しかし反駁されてはいない三つのテーゼに、一見したところでは、明らかに反するように思われる。

この三つのテーゼを想い起こしておく。(1)石《ピエール》は世界なしで（weltlos）存在する。(2)動物は世界という点で貧しい（weltarm）。(3)人間は、もし**weltbildend**をこう翻訳できるとすれば、世界形成的〔formateur de monde〕である。

これらのテーゼは、単に「世界とは何か？」という問いに備えるばかりではない。それはまた、ある一定の生の問いにも答えなくてはならない——いかに生の本質に接近しうるのか、それを規定しうるのか？　生物学と動物学は、動生物の本質への接近路を前提にしており、それを開きはしない。少なくともこれが、ハイデッガーが古典的な身振りで領域的な知を領域存在論へと従属せしめ、領域存在論を一つの基礎的存在論に従属せしめることによって、そして次に、この主題に関して悪循環と弁証法との全論理を失効させることによって断言することである。これらテーゼはしたがって、科学的なものではなく「形而上学的な」ものとして提出されるのである。当時ハイデッガーが理解していた肯定的な意味での形而上学的なこの次元への接近路は、諸科学にも、たとえばシェーラーのそれのような哲学的人間学にも閉じられている。諸々の科学と人間学とは、そのものとしては、自らの対象にしている動物世界もしくは人間世界を露開することなく前提にしているのである。

「石」「動物」「人間」のそれぞれと「世界」の関係は、納得するかどうかは別として分かりやすいですね。「動生物の本質への接近路を前提にしており、～」以下が、少し分かりにくいですが、簡単に言うと、動物学や生物学が、動物や生物の本質はどういうものであるか分かっているかのような態度を取っており、その本質への問いをかえって塞いでいるので、ハイデガーは本質への道をこじ開けるために、基礎的存在論を展開することを試みている、ということです。「基礎的存在論 Fundamentalontologie」というのは、ハイデガーが『存在と時間』で使っている用語で、存在論の基礎として、「現存在」を分析することです。「領域存在論 regionale Ontologie」というのはフッサールの用語で、「存在論」と言っていますが、「領域的」という形容詞が付いていることから想像できるように、ハイデガーのように「存在」それ自体を探究する学のことではなく、その「領域 Region」に属する諸対象を、対象として成立せしめている本質を問題にする学という意味です。フッサールの言う「領域」というのは、「最上位の類」、例えば、物、身体、心、精神などです。それぞれの「領域」に属する対象を自然科学、心理学、精神科学などが探究するわけですが、これらは事実学なので、自分の調べている対象の「本質」を明らかにすることができません。それを引き受けるのが、「領域存在論」です。ハイデガー自身が、こういう説明をしているわけではなく、デリダが忖度しているわけです。悪循環と弁証法というのは、経験的に見出される事実と、理論的な仮定の間を行ったり来たりするばかりで、本当の意味で「本質」にたどり着けない、ということでしょう。そ

マックス・シェーラー

ういうのを断ち切って、「形而上学」で答えを出す方向に踏み出した、ということでしょう。

マックス・シェーラー（一八七四―一九二八）は、最初フッサールの影響を強く受けていましたが、次第にフッサールの影響を脱し、人間の形而上学的ステータスを論じる「哲学的人間学」の構築を目指すようになりました。『宇宙における人間の位置』（一九二八）でシェーラーは、生物学の知見も取り入れながら、人間は「環境 Umwelt」に縛られておらず、人間の「世界 Welt」は無限に開かれていると主張しています。彼の「世界」論は、ハイデガーやメルロ＝ポンティに影響を与えたとされていますが、ハイデガー自身は、影響を受けていることをはっきり認めておらず、むしろ「哲学的人間学」を否定するような発言をしています。

——《weltarm》これは何を言わんとしているのか？　世界という点での貧しさとは何を言わんとしているのか？

ハイデガーは、動物の「世界」は「貧しい」と言っているわけですが、この「貧しさ」はどういう意味でしょうか？　人間に十分ある何かが、動物にはあまりないという量的な関係ではありません。

（…）動物が世界を剝奪されているとしても、したがって『……入門』の手荒な言い方によれば動物は「世界を持っていない」のだとしても、動物の被剝奪―存在〔être-privé〕、動物が―世界を―持っていないこと〔ne-pas-avoir-de-monde〕は、一方で石《ピエール》――それは世界を持っておらず、世界を奪われてはいない――のそれとは、その一方で、人間が―世界を持っていること〔avoir-un-monde〕とも絶対に異なるのでなければならないからだ。

ハイデッガーのこの分析には、確かに、程度の差異と縁を切るという利点がある。それは、人間中心主義を避けて構造の差異を尊重している。しかし彼の分析はいぜんとして、人間中心主義から守ると自称する道そのものを介して、すなわち欠如や欠乏＝剝奪というあの意味作用を介して人間の尺度を導入しなおすのを余儀なくされているのである。

最初の段落の言い方がややこしそうですが、要は同じ「世界を持っていない」という言い方をするとしても、動物と石では違うだろう、ということです。動物が「世界を剝奪されている」と言うのなら、正しいかどうかは別として意味は分かりますが、石が「世界を剝奪されている」はおかしいですね。石は、最初から「世界」と無関係だからです。ということは、動物が「世界を持っていない」と言うのは、何らかの形で「世界」らしきものと関わりがあるけれど、「持つ」とは言えない状態にある、ということでしょう。

ハイデガーが「人間中心主義」を避けている、というのは、ハイデガーについてあまり知らない人にはピンと来にくいかもしれませんが、彼は、自分の現存在分析が、通常の意味での「人間中心主義」ではなくて、存在そのものにアプローチするための基礎なのだということを強調しています。人間≒現存在が全ての根源で、「存在」は人間の表象によって構成されるものの総体であるかのように取られてしまうと、彼の哲学と、彼が批判している近代の認識論哲学の違いが消滅してしまうので、彼としては「人間中心主義」というレッテルは受け入れがたいわけですが、「世界」との関係で、人間／動物／非生物と三分類して、人間を特権化するのは、やはり「人間中心主義」ではないか、とデリダが皮肉っているわけです。前回お話ししたように、デリダは晩年の著作『動物を追う、ゆえに私は〈動物で〉ある』という著作で、「動物」の視点から、西欧哲学の人間中心主義を脱構築することを試みています。因みに、この本の原題の〈L'animal que donc je suis〉は、〈Je pense, donc je suis（我思うゆえに、我あり）〉のもじりです。英語の be 動詞に当たるフランス語の être 動詞の一人称単数形と、「追う」とか「続く」という意味の〈suivre〉

の一人称単数形がいずれも〈suis〉という形になることを利用した言葉遊びです。

話を戻そう。動物は世界を、したがって精神的世界を持っておらず、動物は精神に与って〔de l'esprit〕いないとしても、この世界を−持たぬこと（Nichthaben von Welt）は、石《ピエール》のそれとは根底的に違う意味をもつ。石の方は無世界的に（weltlos）在り、だからこそ世界を奪われようがない。動物も、世界を奪われているから世界を持っていない。しかしこの剥奪は動物の持たぬことが、持っていることの一様式であって、一つの−世界を−持っていることへのある一定の関係でさえある、ということを意味する。動物に対してと石に対してでは、世界なし〔sans monde〕のなし〔sans〕は同じ意味ではないし、同じ否定性の謂いでもない。一方の場合には剥奪であり、もう一方の場合には純然たる不在である。動物は、持っていないという様式においてある世界を持っているのだ。逆に言えば、一つの世界を持ち得る〔pouvoir〕から世界を奪われているのである。

先ほどの箇所をもう少し詳しく展開しているわけですが、やはり「世界を持つ」と言う時の「持つ」という意味が多義的であるようですね。この箇所だけではまだはっきりしませんが、動物は、人間が「精神世界を持っている」のと同じような仕方では、「世界を持っていない」が、「世界」に関する何らかの能力があるということのようですね。八六頁から八九頁にかけて、少し煩瑣ですが、動物に欠けているのは、『存在と時間』に出てくる「として構造」ではないか、ということが示唆されています。例えば、蜂は花の色と香りを知っているが、花の雄蕊を雄蕊として知らないというわけです。確かに動物は自分の環境世界にべったりのめりこんでいて、そこでどういう風に行動すべきか知っているけれど、その行動に関わる個々のものが客観的にどういうものであるのか認識しているようには見えません。別の言い方をすると、環境世界の中での限定された関係性からいったん離れたところで、対象をそれ自体として捉えることはできません。

九〇頁を見ると、動物は朦朧状態にあるがゆえに、それ自体としての存在者に対して閉じられているかのようにハイデガーは描いているけれど、デリダはその記述はおかしいと考えているようですね。動物にとって、閉じられている／開かれている、という区別はないはずだからです。九四頁で、「技術 tekhnè」が話題になっています。動物は物を使用し、道具にすることまではできるが、「技術」には達しないということですね。動物に関するハイデガーの見解は結構中途半端なのですが、デリダもそれを分かったうえで、自分の関心に引きつけてわざと拘っている感じですね。

第Ⅶ節に入りましょう。『形而上学入門』の中で「世界の暗黒化〔Weltverdüsterung〕」について語られていますが、その文脈、先ほどの「動物は世界を持っていない」、という話が出てきます。長くなりますが、引用されている部分全体を見ておきましょう。

われわれが世界の暗黒化について語るとき、「世界」とは何を意味するのか？ 世界とは常に精神的世界（*geistige* Welt）である。動物は世界ももたず、環境世界ももたない。世界の暗黒化とは精神の脱〔権〕力化（Entmachtung）、その解消、消耗、駆逐＝抑圧、誤解（Auflösung, Auszehrung, Verdrängung und Missdeutung）を含んでいる。そこでわれわれは、精神の脱〔権〕力化を一つの観点から、しかもまさに精神の誤解という観点から解明して（verdeutlichen）みよう。ヨーロッパはロシアとアメリカとにはさまれて万力の中にあり、両者は形而上学的に、つまり両者の世界への帰属に〔両者の世界の性格に、あるいはむしろ両者の世界性格 Weltcharakter に〕関して、精神への両者の関係（Verhältnis zum Geist）において同じである、とわれわれは言った。ヨーロッパの状況は、精神の脱〔権〕力化が精神自身に由来しており、――それが以前のものによって準備されたにせよ――最終的には、十九世紀前半における自分自身の精神的状況から（aus seiner eigenen geistigen Lage）規定されているだけに、ますます致命的である。ドイツにおいてはその当時、簡単に「ドイツ観念論の崩壊（Zusammenbruch）」と好んで呼ばれることが起こった。この定式はいわば楯のようなもので、その背後にはすでに始まっていた精神の喪失（die schon anbrechende Geistlosigkeit）が、精神的諸力の解消（die Auflösung der geistigen Mächte）が、根拠（Gründe）を根源的に問うことと一切の（alles ursprünglichen Fragens）拒否が、そして最後に、これらすべてに対するわれわれの執着が隠れひそんでいる。というのは、ドイツ観念論が崩壊したのではなくして、あの時代（Zeitalter）がもはや、ドイツ観念論という彼《か》の精神的世界の大きさと広さと根源性（Ursprünglichkeit）に匹敵するに足るほど、つまりその世界を真に実現する（verwirklichen）に足るほど強く（stark）なかったのだからである。真に実現するとは、単にいろいろな命題と見解（「視点」Einsichten）を応用することとは別のことを意味する。そのつど新たに本質的なものが人間に到来し回帰するそのみなもとをなす彼《か》の深み（Tiefe）、そうして人間を無理にも優越した地位に押し上げ、人間を別格のものとして行為させるかの深みのなくなった世界へと現存在はすべりこみ始めたのであった。すべてのものは同じ一つの平面〔……〕に陥ったのである。有力な次元は、延長と数の次元になった……。

最初の方は、意外と分かりやすいですね。「暗黒化」というのは、人間に固有のものである「精神」が弱っていくことのようですね。それは、ドイツの哲学史だと、「ドイツ観念論の崩壊」と呼ばれる事態に対応しています。「精神」をめぐる壮大な体系を展開したヘーゲルが一八三一年に亡くなって以降、ドイツ観念論が急速に影響力を失い衰退していきます。この「崩壊」の背後に、「根拠を根源的に問うこと一切の拒否」があるというのが少し分かりにくいですが、これは「存在＝根拠」に対する根源的な問いが立てられなくなることによって、「存在」それ自体が次第に忘却され、それに伴って私たちの思考から「存在」に由来する根源的な力、精神的な諸力が失われていくというハイデガー独特の見方です。自然（フュシス）において生成する根源的な力と、「存在」概念との関係についてのハイデガーの見方は結構複雑で、

いろいろ変遷しているのですが、ここでは「精神的な諸力」に焦点が当てられているので、拘る必要はないでしょう。ドイツ観念論の隆盛を支えていた、精神的な諸力が「時代」から失われ、思考が平板化していくということです。「延長と数」の「延長」は、「物質＝延長のあるもの」、というデカルトの定義から来ています。「精神」と違って、一定の空間を占める形で存在しているということです。「量」だと考えればいいでしょう。科学技術の発達によって、数と量によって世界を分析するような態度が蔓延し、「精神」的なものの出番がなくなった、という、ある意味、よく聞く話です。

デリダは、こうした「精神の脱〔権〕力化」についてのハイデガーの言説について、いくつかの注意することがあると述べていますね。

1　これは危機〔crise〕についての言説ではない。なるほどハイデッガーは、krinein〔切断すること、など〕の経験を前提にした歴史的決断に訴えてはいる。なるほど彼にとって問題は、ヨーロッパと哲学とを、問いという課題と、諸々の根拠の問いという課題を前にして、自らの責任に目覚めさせることであろう。なるほど彼は第一に、ある一定の技術－科学的な客観性に、それが問いを抑え込み、あるいは忘れ去るのだとの嫌疑をかけてはいる。

ハイデガーも何となくそれっぽいことを言っているけれど、前回出て来たようなヨーロッパの「精神の危機」に関する同時代の言説、フッサールの『ヨーロッパ諸学の危機と超越論的現象学』や、その元になったフッサールのウィーンでの講演「ヨーロッパ人間性の危機と哲学」（一九三五）とは異なるということですね。特にフッサールと、ハイデガーは師弟関係にあるので、現象学に関心のある人は、ほぼ同時期に成立した『形而上学入門』と『危機』書を結び付けようとしますが、それは見当外れだと言っているわけです。〈krinein〉というのは、〈Krise, crise, crisis〉の語源になったギリシア語の動詞で、訳注にあるように「切断する」とか「分離する」という意味です。「危機」というのが単なる「危険」ではなくて、「転換点」でもあるということを示唆するために、語源である〈krinein〉が引き合いに出されることがよくあります。

さらにもっと先まで進むこともできるであろう——超越論的主観性へ、時にはデカルトに反対して目覚めさせるのが問題となる場合にさえデカルトの伝統の内にとどまる超越論的主観性へとフッサールが行なう呼びかけによってこそ、危機についてのこの言説は、まさしく脱〔権〕力化の症候の一つをなすことになろう。そして、われわれが先ほど話した「ドイツ観念論の崩壊」と言われるものを説明する時代の「脆弱さ」があるとすれば、この脆弱さの一部は、『存在と時間』で解釈された限りでのデカルトの遺産に、つまり主観性の形而上学が前提している、とりわけヘーゲルにおける、しかしまたフッサールにおける、存在のあの問いかけの欠如に由来することになろう。

専門分化しすぎた諸科学が自分たちの共通の根っこを見失い、これから先どこに進んだらいいか分からない危機状態に陥っていると感じたフッサールは、その原点であるデカルトに遡って、彼の思考を再点検し、再びその根っこを見出そうとしたわけです。その根っこというのが、全ての実在する事物の根底で働いている「超越論的主観性」であったわけです。フッサールはこれを起点にして、自我を中心とする合理主義的な知の体系を再建しようとしました。しかし、ハイデガーに言わせると、それは「主観性の形而上学」であり、そうした形而上学に依拠していたからこそ、ドイツ観念論は脆弱であり、すぐに崩壊してしまったわけです。同じような現象に注目していて、問題の捉え方はむしろ真逆であるわけです。先ほどの箇所に続けて、ヴァレリーの『精神の危機』（一九一九）もデカルトの遺産に拘っているので、ハイデガーは批判するだろうと述べられていますね。

2　もしEntmachtung〔脱〔権〕力化〕が精神の行く方を無力ないし無権力へと定めるのならば、精神からその力〔force〕と神経＝力〔nerf〕（ジルベール・カーン訳では、精神の「脱力化＝神経除

> 去」〔énervation〕となっている）を奪いとるのだとすれば、それは、力に関しては何を意味するのか？　精神、それは力であり、かつそれは力ではない、それは権力を持ち、かつ持っていない、ということである。もし精神がそれ自体で力なのであれば、力自体であるのなら、精神が力を失うことはあるまい。Entmachtung などなかろう。しかし精神がこの力ないしこの権力でないとすれば、Entmachtung が精神を本質的に変状させることもないし、それは精神のもの〔＝精神から来る（de l'esprit）〕ではなくなろう。だから一方とも他方とも言えない。だが一方かつ他方だと言わなくてはならない。かくして――世界、力、精神――概念の各々が二重化されることになる。これら概念の各々の構造が、自らの分身への関係の跡をもっているのだ――憑きまとう強迫観念〔hantise〕の関係。知覚がもっている単純さへと分析も、分解も、解消もされるがままにはならない強迫観念の、である。

「精神」が「脱〔権〕力化」するということの意味について本気で考えているわけですね。普通の人だったら、ただのレトリック的な表現だと思って、何となく理解したつもりになってしまうところですが、こういうのに拘るのがデリダらしいですね。〈nerf〉を「神経＝力」と訳しているのは、実際、「神経」という意味の〈nerf〉が比喩的に「力」とか「活力」という意味でも使われるからです。その比喩から、神経の中で力が動いているのが、「精神」だと考えることもできますね。あと、〈énervation〉の動詞形である〈énerver〉には、「弱らせる」「無気力にする」という意味、「神経を切断する」という意味の他に、「興奮させる」という意味もあります。

「精神」と「力」が別物だとすれば、「精神」から「力」が抜けてしまって、「力」が別のところに行くということでいいのですが、もし［精神＝力］だったとすると、「力」が抜けた「精神」とは一体なのか？　一般的なイメージだと、「精神」というのは現実の世界と接点がなく、観念とだけ関わっているので、「力」がないのは当たり前のような感じもしますが、ここまで見てきたようにハイデガーの記述には、「精

「精神」の「脱〔権〕力化」。
もし［精神＝力］だったとすると、「力」が抜けた「精神」とは一体なのか？
⇒　デリダは「精神」と「力」の関係をめぐるハイデガーの記述の両義性に注目。「精神」の「二重化」や「分身」の問題と結び付けている。
「力」と不可分な関係にある「精神」と、そうでなさそうな観念的な「精神」。後者のイメージが強い学問の「精神」が、いつの間にか「力」を本質とする自らの分身を呼び寄せているのかもしれない。
※「精神」や「力」が属する「世界」も、それに伴って二重化される可能性がある。

神」の本質を「力」だと考えているように見える箇所もあります。そうなると、「精神」はニーチェの「力への意志」にかなり近いものになりそうです。ハイデガーは、ニーチェの「力への意志」論についてかなり詳細な解釈を加えています。ただ、そうだとすると、「脱力化」というのがどういうことか分からなくなってしまう。ハイデガーが適当に言っているのだと言って片付けたら面倒がなくてよさそうですが、デリダは彼が、それなりに一貫性のある仕方で記述しているという前提で読もうとしているわけです。

デリダはこのように、「精神」と「力」の関係をめぐるハイデガーの記述の両義性に注目し、それを前回も出て来た、「精神」の「二重化」や「分身」の問題と結び付けているわけです。「力」と不可分な関係にある「精神」と、そうでなさそうな観念的な「精神」。後者のイメージが強い学問の「精神」が、いつの間にか力を本質とする自らの分身を呼び寄せているかもしれない。「精神」や「力」が属する「世界」も、それに伴って二重化される可能性があるわけです。あと、〈hantise〉という言葉ですが、これは〈hanter〉という動詞の名詞形で、〈hanter〉は幽霊が「取り憑く」とか妄想が「つきまとう」、という意味です。『マルクスの亡霊たち』ではこの〈hanter〉がキーワードになり、「存在論」の変化形である「憑在論 hantologie」という言葉も出てきます。

一―3　ハイデッガーはこう言っている。脱〔権〕力化は精神に固有の運動である、精神の内部に発する、と。しかし、この内部は幽霊的な二重性をも、つまり内在的なある外部、または内面にある外在性をも包みこんでいるのでなければならない。精神の独白《モノローグ》の内へと忍び込み、それに亡霊として憑きまとう一種の悪しき霊《マラン・ジェニー》を、である。この悪しき霊は精神の腹話術をこなし、こうして精神を一種の自己－迫害的な脱同一化へと定める。そもそもハイデッガーが、この同じくだりのもう少し後で、デモン的なものを名指しているのだ。もちろんそれはデカルトのMalin Génie〔悪しき霊〕ではない（ただしドイツ語ではböse Geist〔悪霊＝悪しき精神〕という）。Malin Génieの誇張法による仮定は、それどころか、ハイデッガーにとって悪の形象をなすものを前にして、その脱〔権〕力化の全形態において精神に取り憑く悪を前にして、まさに屈服する。その悪とはsubjectum〔基体〕の設定におけるcogito〔われ惟う〕の確信、したがって根源的な問いかけの不在、科学的方法論主義、水平化、量的なものと延長と数の優位など、そのタイプにおいてことごとく「デカルト的」なモティーフのことである。嘘と破壊とを容易に受け容れるこれらすべては悪であり、よそ者《エトランジェ》である。精神の内で精神に疎遠《エトランジェ》なものである。

「精神」から内から崩壊させるものがあるとすれば、「精神」の内に、「精神」の「幽霊」のようなものが取り憑いているのではないか、という発想は、受け入れるかどうかは別として、一つの解釈として理解できますね。「精神 Geist」自体に亡霊的な意味合いがあるのに、その分身、生き霊のようなものが、「精神」に取り憑いているというおかしなイメージになります。それが「悪霊」であるわけですが、「悪霊」というと、デカルトが『省察 Meditationes de prima philosophia』（一六四一）で言及した、「悪霊」が思い浮かびますが、そうではないということですね。デカルトが想定した「悪霊」というのは、私が感じていること、考えていることについて私を騙し、実在しないものをあると確信するよう誘導しているかもしれない存在（者）のことです。しかし、思考している私が存在することについては、悪霊も私を欺くことはできないと結論します。ドイツ語では〈der böse Geist〉——細かいことですが、訳文では、ドイツ語の男性名詞に付く定冠詞〈der〉が抜けています——と言うとわざわざ断っているのは、通常ドイツ語の〈Geist〉に対応する〈esprit〉ではなく、「守護神」という意味のラテン語〈genius〉から派生した〈génie〉という言葉を使っているからです。「誇張法」というのは、通常の感性的なものに関する疑いの域を超えて、人間の思考能力の根源に及ぶような域へと疑いのレベルを誇張的なものにしていくということです。

その「悪霊」を遥かに凌駕し、屈服させてしまう「悪」、精神に取り憑いて、脱力化を引き起こす「悪」についてハイデガーは語っているというわけですが、それはまさに、デカルト的な「基体＝主体」の想定だということですね。デカルトのコギトの原理、つまり自己の存在に対する確信が確立されたことによって、先ほどからの話に出てきたように、根源的な問いかけが不在になり、科学的方法論によって思考が平板化し、「延長と数」が支配的になる、ということです。つまり、「悪霊」によって惑わされるかもしれない、という不安を告白するコギトこそ、真の「悪」であり、「精神」の内なる他者である、という逆転劇をハイデガーは描いているというわけです。先ほど読み上げた後の箇所で、そうした意味での「悪＝デモン的なもの」が、トラークル論に至るまでハイデガーの重要なテーマであり続けた、ということが述べられていますね。

4　精神の辞職は Umdeutung〔解釈変え〕と Missdeutung〔誤解〕を産出し、そして自己を産出する〔＝起こる（*se* produire）〕——精神の意味の、精神自身による解釈上の変異ないし変質として、それと同時に誤てる解釈としてである。

「精神」の「辞職 démission」というのは、文字通り、精神がその役割を果たさなくなる、ということですが、これの反対語は、〈mission〉です。英語の〈mission〉と基本的に同じ意味です。少し分かりにくいですが、「精神」が〈mission〉を解除されたことによって、「精神」の意味が本来のそれから変質し、それがそのまま再生産されることになった、というわけです。これに四つのタイプがあるということですね。この四つのタイプの誤解は、『形而上学入門』の中でハイデガー自身が挙げているもので、それを、デリダが自分なりの注釈を付け加えながら説明しています。

(a)まず知性（Intelligenz）、悟性（Verständigkeit）、計算（Berechnung）、巨大な通俗的普及（massenhafte Verteilung）への、文筆家と審美家たちの王国、「ただ機知に富むにすぎない」もの（das *Nur*-Geistreiche ——ご立派な趣味の人〔bel esprit〕、「機知に富む」〔avoir-de-l'esprit〕の意味で）の王国への精神の辞任がある。

これは分かりやすいですね。技術的な知とか、単なる機知のような表面的なものへと、精神が堕落するということです。「〜への精神の辞任」という言い方が日本語としてひっかかりますが、これは、本来の役割から外れて、そういう所へ落ちていくというニュアンスで捉えればいいでしょう。

(b)次に精神の道具化がある。(…)この一節ではマルクス主義が二度、名指されている——上部構造であり無力な知性への精神の変形、また対称的に、こう言ってよければ、生ける大衆ないし人種としての民族の組織化と。(…)彼が標的にしているのはロシア、ドイツ双方における身体崇拝である。それは、記念すべきベルリン・オリンピック、その折にあるFührer〔指導者・総統〕が黒人の走者ジェシー・オーエンズに握手を拒んだあの大会（またもギリシアードイツ枢軸と「競技場の神々」への高揚だ）の一年前であったと思う。

「精神」が、物質的生産とか、人間の物質的な本質としての身体に仕える道具へと貶められたということですね。「生ける大衆ないし人種としての民族の組織化」というのは、文字通り、民族を一つの意志をもった「全体」へと組織化することと、リーフェンシュタールの映画のように、マス・ゲーム的に振る舞っている人々の集団行動を、あたかも一つの身体の運動のように表象することとのパラレルな関係を言っているのだと思います。後者の側面については、ジークリート・クラカウアー（一八八九－一九六六）という、アメリカへ亡命したユダヤ系ドイツ人の批評家が『大衆の装飾』（一九六三）などで論じています。ヒトラーがゲルマンの白い身体だけを愛したというのは、いかにもありそうな話ですね。オリンピックというギリシアとドイツを結ぶ場面で、そういう身振りが示されたというのは更に意味深です。ハイデガーは、古代ギリシアとドイツは、存在史・精神史的に特別な関係にあると強調したことが知られています。しかし、現実の歴史で、身体崇拝の面で、ギリシアとドイツが結び付くというのは、皮肉な話ですね。

(c)精神的なる世界が道具を前にして辞職するとき、世界は教養ないし文化（Kultur）となる。（…）精神に固有なるものとは、まさしく統一することだからだ。（…）ハイデッガーは、精神について、彼の作品においてはもう動かぬものとなる、そう私には思われるが、一つの定義を提出している――《eine ursprünglich einigende, verpflichtende geistige Macht》、根源的に統一し、拘束し負託し義務づける精神的な力。

精神を重視する〝教養人〟であるハイデガーは、教養（culture）ないし文化（civilisation）という意味の〈Kultur〉を愛好しそうな感じがしますが、そうではないわけですね。彼は「精神」の力が抜けた教養や文化にあまり価値がないと見ているようです。ニーチェみたいな感じですね。ハイデガーにとって、「精神」というのは、単なる教養や文化・文明ではなく、諸事物を統一し、方向付けする力だということですね。

(d)辞職の第四の形式――精神への依拠は文化的プロパガンダの、もしくは政治的操作のテーマになりうる。とりわけロシア共産主義が戦術を転じ、精神に対して闘いをしかけた後に精神を引き合いに出す時にはそうである。ハイデッガーの議論はここで恐ろしく両義的に見える。というのも、その議論を移し置くなら〔mutatis mutandis〕、彼自身の戦術――この戦術は政治的でもある――が変わり、

―精神の脱構築からその讃美に移った時には、その戦術はどうだと言うのか？

これは分かりやすいですね。ハイデガーは、一応、「精神」をプロパガンダの道具にするのは、「精神」を本来の役割から貶めることだと言っているわけですが、彼自身は「精神」を持ち上げることによって、ドイツの学問や文化の在り方に何らかの変革をもたらそうとしているように見えます。そのつもりがないのなら、「精神」が脱力化しているとか、「精神とは本来～」などと強調する必要はありません。無論、ナチスとか他の保守系の社会運動家がやろうとしている、リアルな政治と、デリダが問題にしているようなレベルでの「政治」は次元が違うようにも思えますが、無関係とは言えません。現代思想の業界では、こういう時にカタカナの「ポリティクス」という言葉を使います。通常理解されている意味での、「政治」との違いを示すためです。単に格好を付けるためにカタカナにしているわけではありません（笑）。よく分からないまま、「ポリティクス」と言っている人もいるかもしれませんが（笑）。

> この第四の誤解を告発した後でハイデッガーは、再び精神を定義している。今度は『総長就任講演』を引用することによってである。ではその時、この引用のなかで何が劇的なものになるのか？とはいえ、今まで一度も注意が払われなかったほど十分に地味な形で劇的なものとは？　それは引用符の無言の戯れだ。というのも、われわれはこの戯れ《ゲーム》（jeu）に賭かって〔＝作動して（se jouer）〕いるものを真面目に受け取るからである。

ややこしい言い方をしていますが、要は、『学長就任講演』の「精神」に関する箇所を、今度は「精神」に対する括弧抜きで引用したということです。デリダは、そこで重大な意味を持ったゲームが演じられていると見ているわけです。一一一頁にその箇所が引用されていますね。

> 精神［『講演』では引用符内］とは空虚な明敏さでも、たわいのない機知の遊びでもなく、悟性の際限のない分析作業でも、まして世界理性でさえない。精神［ここは『講演』でもすでに引用符が飛

んでしまっている」とは、存在の本質への、根源に調律の合った知りつつある決意性〔あるいは決意して開かれてあること Entschlossenheit〕である。

六二〜六三頁に引用されていた『講演』の該当箇所と比べて、確かに最初の「 」が取れているのは分かります。少なくとも、ハイデガー自身の用語としての「精神」について語ろうとする姿勢がはっきりしてきたことは分かりますが、これだけだとまだピンと来ないですね。デリダのコメントを見ておきましょう。

いかにして精神を再び目覚めさせればよいのか？　どうやって精神を辞職の状態から責任へと導けばよいのか？　精神を存在の問いへの配慮に呼び醒まし、同じ運動のさなかで、その配慮において、〔使命の〕送付《アンヴォア》（Sendung）を、ある使命を、すなわち西洋の中央としてのわれわれの民族の歴史的使命を引き受けることへと呼び醒ますことによってである。

『入門』で『学長就任講演』での自らのフレーズを引用したハイデガーは、「精神」の現状について客観的に語るだけではなく、「精神」を再び目覚めさせ、その本来の使命を果たさせようとしている、というわけです。『講演』も同じようなトーンなのですが、主題がドイツの大学の自己主張なので、「精神」についてはさほど語っていないのですが、『入門』では「精神」の復活がメインテーマになっています。一一二頁に、先ほどの『講演』からの自己引用の箇所に続く、『入門』の記述が引用されています。

精神とは、全体としての存在者そのものの諸力に与えられた権能（die Ermächtigung der Mächte des Seienden als solchen im Ganzen）である。精神が支配している（herrscht）ところでは、そのものとしての存在者はますます、そしてそのつど一層、存在的に（seiender）なる。したがって、全体としての存在者そのものを問うこと、存在の問いを問うことは、精神を目覚めさせる（Erweckung des Geistes）本質的な根本条件の一つであり、それゆえ歴史的現存在の根源的な世界のための、それゆえ世界の暗黒化の危険を制御するための、それゆえまた、西洋の中央であるわれらが民族の歴史的使命（geschichtliche Sendung）を引き受けるための本質的な根本条件の一つである。

この箇所を見ると、「精神」が、ハイデガー哲学の一貫したテーマである「存在」そのものとイコール、あるいは少なくとも、その現れと見なされ、更に、「民族」とも結び付けられていることが分かりますね。これに対するデリダのコメントを見ておきましょう。

精神の覚醒、その威力の再我有化はしたがって、またもや、「われわれの民族」に委ねられ、負託され、それを宛て先にしているものとしての問いかけの責任を経由する。この同じ章は、その結論部分において、一民族の存在への関係がそこに基づいている言語の運命＝宛て先（Schicksal der Sprache）へと通じてゆくが、このことが、われわれの民族の責任、存在の問いの責任、われわれの言語《ラング》の責任、これらすべての責任が絡み合っていることをよく表わしている。というのも、語「存在」の文法に関する章の冒頭でも、ドイツ語の絶対的な特権を定義するのは相変わらず精神的性質なのである。

一言語《ラング》のこの測り知れない特権はなぜなのか？　そしてこの特権は、なぜ精神の観点から規定されるのか？　その「論理」とはいかなるものなのか？　もし、言葉づかい《ランガージュ》と言語《ラング》の根源性が決定される領域において未だに論理なるものを語りうるのならば、である。

「再我有化 réappropriation」あるいは、それから「再 ré-」を取った〈appropriation〉というのは現代思想でよく出てくる言葉です。元になっている動詞〈approprier〉が、自分に「固有の＝適した propre」ものにするという意味と、他人の「所有物 propriété」を奪うという意味と、二つの意味があるので、自分を対象に適合させることと、他者から強奪することの二重の意味を込めて使われます。ハイデガーは「精神」を覚醒させるための問いを立てる責任がドイツ民族にあると主張することで、「精神」を再我有化、つまり自分の民族にふさわしいものとして取り戻そうとしているわけですが、西欧の他の民族からしてみれば、簒奪に他ならないわけです。それだけにとどまらず、ハイデガーは正しい問いを立てるには、特別な「言語」が必要だとまで言います。デリダでなくても、どうしてある「言語」が特別なのか、それはどういう理屈によるのか、と疑問を持ってしまいますね。一一三頁から一一四頁にかけて、『入門』の中のドイツ語を特権化している箇所が引用されています。

> 西洋の文法の形成（Ausbildung）がギリシア語に対するギリシア人の熟慮（Besinnung）に起因していることが、この過程にその意味のすべてを与える。というのは、この言葉は、ドイツ語と並んで（neben der deutschen）（思惟することの諸可能性という点からみて）最も強力である（die mächtigste）とともに最も精神的な（die geistigste）言葉だからである。

どういう論拠によるのか知りませんが、とにかくギリシア語とドイツ語は思惟する能力と精神性において特別だと考えているわけですね。デリダはこれに関して、二つの注目すべき特徴があると言っています。

> 1　第一の非対称は、一方にギリシア語とドイツ語と、もう一方に世界中のすべての言語《ラング》との間の関係を不均衡にする。ハイデッガーが想起させようとしているのは単に、人は常にある言語《ラング》のなかで思惟し、しかも誰であれこう断言する人はその断言を再び自らの言語《ラング》のなかでなさなければならず、その際何らかのメタ言語の中性の内に居坐ることはできないし、そうしてもいけないということには留まらない。実際、ひとはこの定理に自らの言語《ラング》の内で署名しなくてはならない。そうした署名は決して個人的なものではない。それは言語《ラング》によって一民族ないし一共同体を拘束《アンガジェ》するからだ。

ややこしそうに見えますが、要は、人はある特定の言語の中でしか思考することができず、ギリシア語とドイツ語が他の言語とは異なる、あるいは異なるということについて思惟するのも、特定の言語の中でしなければならず、中立的なメタ言語の中に身を置くことはできない、ということです。署名するというのは、この場合、同意の署名をするということです。その同意の署名も、ある言語によって成されることになります。ドイツの『シュピーゲル』誌とのインタビューでも、同じような見解を示したということですね。このインタビューは、一九六六年に行われたもので、ハイデガーとナチスの関係についてかなり突っ込んだ質問がなされていますが、ハイデガーの意向で、彼が死ぬまで発表されませんでした。実際、彼が死んだ一九七六年に掲載されています。一一五頁に、そのインタビューの一部が引用されますが、フランス人は「思惟」し始めるや否や、ドイツ語を話し始めると主張していますね。フランス人にとっては、かなり勝手な言い分ですね。ハイデガーの土俵で哲学について話し合うのであれば、ドイツ語っぽい発想になるのは当たり前のような気がしますが、当人はそう思っていないようです。

2　相対主義とのこの訣別はしかし、ヨーロッパー中心主義ではない。（…）すなわち、ヨーロッパー中心主義ではない理由は、次の最初の競り上げが起こるからだ――それは中央－ヨーロッパ－中心主義〔centre-européo-centrisme〕なのだ。というのも、ある日もう一つ別の非対称が、まさしくGeist の場所でギリシアードイツ枢軸を断ち切りに来ることになるからだ。二十年の後、結局ハイデッガーは、ギリシア語には Geist〔精神〕を―― Geist の Geistigkeit〔精神性＝霊気性〕ではないにせよ、少なくともある種の Geistlichkeit〔精神性＝霊火性〕を――言い表わす語、したがって翻訳する語がないとの示唆をしなければならなくなる。ギリシア語とはすなわち哲学の言語でも福音書の言語でもある。というのは、シェリング読解のなかでは、シェリングの視点からは、いずれにせよ spiritus〔精気〕であったことは一度もない Geist が少なくとも pneuma〔霊気〕と同じものを名指していることを容認するように見えるとしても、彼のトラークルとの Gespräch〔対話〕では、トラークルにおいて Geist と geistlich は、まずは炎〔flamme〕の謂いであり、霊気的な息吹ないし吸気の謂いではない、と断言している。そうなると形容詞 geistlich は、通常これを世俗的なものや、形而上学的な Geistigkeit へと対立させるキリスト教的精神性という共示意《コノテーション》までも失うことになる。この Geistlichkeit の Geist は、われわれの言語においてしか思惟しえぬというわけである。

ここは比較的分かりやすいですね。三〇年代の半ばには、当時のドイツの世界戦略みたいに、ハイデガーの思考ではドイツ−ギリシアの枢軸が中心的な位置を占めてきたわけですが、二〇年後のトラークル論の段階になると、ギリシア語は〈geistig〉と〈geistlich〉の区別ができないので、ドイツ語に劣っていると言い出すわけです。シェリング読解というのは、原注（12）にあるように、「シェリングの論文『人間的自由の本質について』（一八〇九）」と題したハイデガーの講義（一九三六）です。これの翻訳は創文社と新書館から出ています。この講義では、〈Geist〉と〈pneuma〉がほぼイコールだと認めていたのですが、トラークル論では、〈Geist〉あるいは〈geistlich〉を、「息吹」ではなく、「炎」だと主張し、〈Geist〉から、キリスト教的な意味合いも払拭しようとしたわけです。

ハイデガーの戦略とニーチェ解釈

Ⅷ節に入りましょう。この節では、三〇年代後半のハイデガーによる、他の思想家たちのテクストを解釈する戦略について述べられています。最初に、ニーチェ解釈の話が出てきますね。

それはニーチェを、生物学主義的、動物学主義的あるいは生気論的な、いかなる再我有化からも奪い取らなくてはならなかった。この解釈戦略は一つの政治でもある。その身振りの極度の両義性は、一つの思惟を失いつつ、それを救い出すところにある。この思惟に一形而上学を、最後のそれを見破り、そこにニーチェのテクストの意義のすべてを整序する。ヘーゲルの場合と同じように、いぜん絶対的基体性の一形而上学が問題となるであろう。ここではしかし、無制約の基体性は、自己自身を知る意志の、すなわち精神の〔à savoir de l'esprit〕基体性ではもはやなく、身体の、そして諸々の衝動と情《アフェクト》の絶対的基体性である――力への意志という無制約の基体性。近代形而上学の歴史は人間の本質をanimal rationale〔理性的動物〕と規定するが、かくしてそれは分割されるのだ。無制約な基体の二つの対称面に――一方に精神としての合理性、もう一方に身体としての動物性がある。

ご承知だと思いますが、ニーチェの議論、特に「力への意志」論や「超人」論を、人為的な精神文化を否定して、生物学的な本能を肯定する議論として理解しようとする人は結構います。肯定側にも批判側にも。ニーチェを進化論と結び付ける理解もあります。ハイデガーはそういうニーチェ理解とは一線を画そうとしているわけですが、全面的に肯定しようとしているわけではありません。「一つの思惟を失いつつ、それを救い出すsauver une pensée en la perdant」という言い方が謎めいていますが、これは、その後の「この思惟に一形而上学を、最後のそれを見破り、そこにニーチェのテクストの意義のすべてを整序する」ということだと理解して下さい。つまり、ニーチェの思惟は、ハイデガーが批判し、克服しようとしている西欧の「形而上学」の最終形態であり、その意味で最終的には克服しなければならないのだけれど、ニーチェ自身、その「形而上学」からの離脱を試みてきた何人かの挑戦者たちの一人、しかも最後の一人であり、その努力にもかかわらず、最後の最後のところで西欧的形而上学から逃れきれていないのだから、彼から学ぶべきことは多くある、というような意味合いです。ニーチェを「最後」の挑戦者だと位置付けているということは、ハイデガー自身は、形而上学を既に超えている、あるいは少なくとも、それを見通せる位置にいることを含意しています。

ヘーゲルのくだりですが、これはヘーゲルとニーチェの二人が同じように、西欧形而上学を克服しようと試みたけれど、方向性が、ヘーゲルの「精神としての合理性」中心、ニーチェの「身体性としての動物性」中心へと分かれていた、という話です。それで、デカルト的形而上学の特徴である心身二元論的な人間観が二つに引き裂かれる形になったわけですが、ハイデガーに言わせると、どちらも、「基体性 subjectivité」の形而上学という枠にはまっているというわけです。「基体性」というのは、これまで見てきたように、近代哲学において次第に「主体」という意味へと転化していった、「根底にあるもの」ということです。ハイデガーに言わせると、人間を根底で規定しているものを実体的に表象する発想は、それを精神として捉えるにせよ、生物的な力として捉えるにせよ同じことであり、前者に徹することで後者を克服しようとするのも、後者で前者を克服しようとするのも、その同じ思考の枠内での二項対立にすぎない、ということになります。ハイデガーの「存在史」では、この「精神／身体」の二項対立の更に根底に、「本質存在 Wesen（essentia）／事実存在 Existenz（exitentia）」の二項対立があり、最終的にはこれを克服しないといけない、という話になるのですが、それについては、木田元さんなどの解説書で繰り返し解説されていますし、ここではそこまで立ち入る必要はないでしょう。今お話ししたようなことは、ハイデガー研究では常識になっているので、デリダもさらっとまとめてしまったのでしょうが、ハイデガーに詳しくない人には、表現がコンパクトすぎて付いていきづらいかもしれません。

一二一頁に、ハイデガーの『ニーチェ』（一九六一）の第四講「ヨーロッパのニヒリズム」の短い一節が引用されていますね。この著作は、一九三六年から四六年にかけてのハイデガーのニーチェに関する講義や論文をまとめて、出版したものです。翻訳はいくつか出ています。引用されている箇所の直前でハイデガーは、ニーチェの「力への意志」論を、「力への意志の形而上学」と呼び、これを更に「主体＝基体性の形而上学」に属するものと見なすべきであると明言しています。その部分を読むと、ヘーゲルとの対比も、ハイデガー自身によるものであることが分かります。

> 基体性の無制約的本質は、それゆえ必然的に bestialitas〔野獣性〕の brutalitas〔野蛮性〕として展開される。［…］Homo est brutum bestiale〔人間は獣的に野蛮なるものである〕。

これだけ読むと、ニーチェはやはり生物学主義であるとハイデガーも認めているのではないかとの印象を受けますが、ハイデガー＝デリダは、そう単純に理解してはいけないと釘を刺します。

しかし、ニーチェが「金髪の野獣」と呼ぶ物をわれわれは、生の哲学に向かって、ある生気論《ヴィタリスム》や生物学主義に向かって突進せずに、存在者の全体に「生命的な」または「生物学的な」という意義を付与せずに、形而上学的に思惟しなければならない、とされる。逆のことをしなければならないのだ。逆のこと、それは同時に、全く別のことでもある――生命的なるものを力の意志から解釈しなおすことである。力への意志は「いかなる〈生命的なもの〉でも〈精神的なもの〉でもなく、むしろ〈生命的なもの〉（〈生命体〉）と〈精神的なもの〉が、力への意志の意味における存在によって、存在者として規定されているのである」。

ちょっと分かりにくいですが、ハイデガー＝ニーチェが言っているのは、「力への意志」という概念を、生物学主義や生気論のような観点から理解するのではなく、その逆に、後者を前者の視点から理解すべきだということです。私たちは何となく、生物的な本能とか生気のようなものはイメージしやすいけど、「力」というのは、それ自体としては抽象的な概念なのでイメージにしくい、［力＝生物的なエネルギー］というような言い方をしてもらって、ようやく少しイメージしやすくなる、というような印象を持っていますね。ハイデガー＝デリダは、そういう常識的な見方に囚われるな、と言っているわけです。少なくとも、ニーチェは、存在者の在り方を規定しているものとしての「力」、ハイデガー用語で言うと、「存在」について徹底的に考えようとした人であるので、彼の「力」概念をきちんと受けとめるべき、ということです。「　」内のハイデガーからの引用は、『ニーチェ』の第六講「ニーチェの形而上学」からのもので、〈精神的なもの Geistiges〉や〈生命的なもの Vitales〉を括弧――原文では《　》――に入れているのは、ハイデガー自身です。

――ニーチェはしたがって生の哲学を、合理性の、したがってヘーゲル的意味での精神のダーウィン主

> 義的説明を、理性的動物のこの他方の持ち分を提出したのではないことになる。その上でなおハイデッガーは、ニーチェによれば精神とは「〈魂の敵対者〉つまり生命の敵対者」（《Geist als Widersacher der Seele》, d.h. des Lebens）だとする人々に攻撃をしかける。そうではない、ニーチェは精神を非難しない、否定しない、それを避けはしない。精神は敵対者（Widersacher）ではなく先導者（Schrittmacher）であり、それが魂の道を拓いてそれを引き連れ、ここでもまた指導する〔conduire〕。精神が魂に、つまり生命に対立する時、しかも激しく対立する時にも、それは生命に有利なようにであって、生命を害するようにではない。

ここは比較的分かりやすいですね。ハイデガーの解釈によれば、ニーチェは「精神」を、「魂＝生命」に対立するものではなく、後者を「指導する」ものだということですね。ハイデガーは、「力の意志」の復権を主張するニーチェを最後の形而上学者として位置付けるだけでなく、独自のニーチェ解釈の枠内で、「精神」と「力」を結び付けようとしているようですね。そこで、（「力」の現実的な現れとしての）生命に近いものと見なされる「魂 Seele」と、「精神」の関係を考える必要が出てくるわけです。〔Geist/Seele/Leben〕、フランス語で言うと、〔esprit/âme/vie〕、ラテン語で〔spiritus/anima/vita〕、ギリシア語の〔pneuma/psyche/zoè あるいは bios〕の三者、あるいは四者関係が問題になるわけですが、これらの関係はそれぞれの言語で微妙に異なります。

「精神」と「魂」の関係については、ハイデガーの一九四二年のヘルダリン講義で扱われているということですね。これは、「ヘルダリンの讃歌『イスター』」という講義で、これの訳は、創文社のハイデガー全集の第五三巻として刊行されています。この講義の中で、ハイデガーはヘルダリンの別の作品、『パンと葡萄酒 Brod und Wein』（一八〇〇頃）の最終節について少し込み入った解釈をしています。『パンと葡萄酒』には、最初に刊行された時のとは違う、改作されたヴァージョン、最終稿があって、ハイデガーが拘ニーチェの「力の意志」論⇒「力への意志の形而上学」
ハイデガーは、ニーチェの「力への意志の形而上学」を「主体＝基体性の形而上学」に属するものと見なすべきであると明言。ヘーゲルの「主体＝基体性」論と対比。

・ハイデガー：ニーチェの「力の意志」という概念を、生物学主義や生気論のような観点から理解するのではなく、生物学主義や生気論を「力の意志」の観点から見るべき。

・ハイデガー＝デリダ：　↑　のような常識的な見方に囚われるな。ニーチェは、存在者の在り方を規定しているものとしての「力」、ハイデガー用語で言うと、「存在」について徹底的に考えようとしたのであって、彼の「力」概念をきちんと受けとめるべき。

っているのは、後者です。一一三頁に、ドイツ語でそのまま引用されているのは、その最終稿です。

> nemlich zu Hauß ist der Geist
> Nicht im Anfang, nicht an der Quell. Ihn zehret die Heimath.
> Kolonien liebt, und tapfer Vergessen der Geist.
> Unsere Blumen erfreun und die Schatten unserer Wälder
> Den Verschmachteten. Fast wär der Beseeler verbrandt.

〈Geist〉と、〈Seele〉という綴りを含んだ〈Beseeler〉の関係が問題になっていることが分かりますね。デリダは、この最終節の読み方をめぐる論争があるので、訳さないでおこうと言っていますが、訳者の港道隆さん（一九五三－二〇一五）は、それだけはいくらなんでも不親切すぎると言って、訳注でこの部分を訳しています。見ておきましょう。

> すなわち精神は家には
> 始めには在らぬ、源泉には在らぬ。精神を故郷は消耗する。
> 植民地と果敢の忘却とを精神は愛する。
> われらの花々は喜ばせる、われらの森蔭もやつれたる者を。さもなくば、魂を与えるもの（Beseeler）も危うく焼き滅ぼされかねまい。

後で見るように、論争があるのは最初の二行の読み方で、二番目の行の「始めに～源泉には～」が、最初の行の「家には」の言い換えかどうかです。これについては、後でまた出て来るので、その時検討しましょう。

一二三頁から一二四頁にかけて、この詩句に出て来る「精神」とはそもそも何かが、かなり複雑に解説されていますね。先ずシェリング（一七七五－一八五四）やヘーゲルの「精神」概念に言及して、それとヘルダリンの詩に出てくる「精神」の関係について論じていますね。三人は学生時代友人だったので、三人が相互に影響を与え合ったのは当然です。それについての研究もあります。ハイデガーも基本的にその線で考えているわけですが、ヘルダリンを存在史的に特別なところに位置付けている彼としては、ヘルダリンが、観念論の「精神」概念をそのまま受け売りしているような言い方はできません。そのハイデガーのすっきりしない態度をデリダが再現しているので、ややこしくなっているのですが、結局、「精神」とは、一切の存在者を規定し、取り集める、あるいは、根源的に統一する絶対的な無制約者である、という観念論的な定義に対応するように見える、「共通の（＝集約する）精神 der gemeinsame Geist」という表現が、ヘルダリンの作品にあるので、ハイデガーは最終的にその線で解釈することになります。「取り集める」あるいは「集約する」という作用は、前回お話しした、ロゴスの動詞形である〈legein〉の元の意味と関係しているように思えます。この「共通の精神」という表現が出てくるのは、『あたかも祝いの日にWie wenn am Feiertage』（一八〇〇頃）という作品です。一三〇頁に、この作品からの二行ほどの引用がありますね。

> Des gemeinsamen Geistes Gedanken sind
> Still endet in der Seele des Dichters.
> 〔取り集める精神の思惟は　在る
> 詩人の魂の内で静かに終わりつつ。〕

「魂」と「精神」が関係付けられていますね。「取り集める精神」が、「詩人の魂」で静かに終わるのだとすれば、「魂」の方がゴールのような感じですね。だとすると、先ほどの『パンと葡萄酒』の「魂を与える者 Beseeler」という表現も、詩人という意味ではないかと想像ができますね。少し戻って、一二六頁から一二七頁を見ると、ハイデガーがシェリング講義の中で、シェリング解釈として、「精神」が「息吹 pneuma」だと示唆していたことについて述べられていますね。至高のものは、愛であり、「精神」は「愛の息吹」にすぎない、と言っていますね。記述がごちゃごちゃしていますが、少し強引にまとめると、「精神」は、終着点としての「魂」へと引きつけられ、そこに向かって、運動しているようなイメージを描くことができる、ということですね。一二九頁を見ると、ハイデガーは、詩人の「魂」を、「心情 Gemüt」と言い換えていることが分かりますね。

ところで、まだ不完全で変化の途上にある「精神」が「詩人の魂（心情）」で終わりに達する、という絵柄は、『パンと葡萄酒』全体のモチーフと深く関係しています。「パンと葡萄酒」というのは、通常、地上を去って、終わりの時に再臨するキリストの象徴です。キリスト教では、聖餐式で、イエスの身体と血を象徴するパンを食べ、葡萄酒を飲みます。イエスは、神や聖霊（Geist）と三位一体をなしています。それだけではありません。パンと葡萄酒は、それよりも古い神話の層として、酒と豊穣の神であるディオニュソスの象徴でもあります。ディオニュソスの祭儀に見られる狂乱にニーチェが注目したことはご存知だと思いますが、ディオニュソスの祭儀では、ディオニュソスは大地に豊穣をもたらすために象徴的に殺されて復活するとされ、参加者たちは彼を象徴するパンと葡萄酒を食べて飲みます。ギリシア神話には、ディオニュソスの放浪の物語があります。ゼウスと、テーバイの王女セメレの間に生まれた半神――ハイデガーは、存在それ自体からのメッセージを受けとめ、それを人間たちに伝える役割を担った詩人ヘルダリンを半神と呼びます――であるディオニュソスは、継母であるヘラに嫌われ、エジプト、シリア、インドなど東方を放浪し、最終的に神として認められ、オリュンポスに帰還したとされています。『パンと葡萄酒』は、ディオニュソスをはじめとする神々が地上を去ったので、地上の世界は神々しさを失ったけれど、ディオニュソス＝精神がやがて帰ってくるので、それを「パンと葡萄酒」によって迎える、という物語として構成されています。ハイデガーはそこに、ギリシアにおいて確立された「存在」との繋がりが次第に忘却され、ヨーロッパの文化から「精神」の力が失われたけれど、その繋がりが、「詩人」の詩作＝祖国的存在の樹立を通して、再建される、という自らの存在史の基本構図を読み込もうとします――この辺のことについては、拙著『危機の詩学』（作品社）をご覧下さい。

一三一頁に、先ほど引用された『パンと葡萄酒』の最終節の箇所の最初の二行がまた引用されていますね。

> nemlich zu Hauß ist der Geist
> nicht im Anfang, nicht an der Quell. Ihn zehret die Heimath.
> 〔すなわち精神は家には在らぬ
> 始めには、源泉には在らぬ。精神を故郷は消耗する。〕

この読解にアドルノとベーダ・アレマン（一九二六－一九九一）が異を唱えた、とありますね。アレマンはドイツ文学者で、ハイデガー的な視点からのヘルダリン読解を試みた人ですが、ある程度、ハイデガーから距離を置いた独自の議論もしています。ネイティヴの、しかもプロの哲学者・文芸批評家の間で、読み方をめぐる論争があるのはヘンだと思われるかもしれませんが、詩というのは元々、日常語とは少々違った言葉の使い方、言葉の並べ方をするものですし、ヘルダリンは、ドイツ語とは文法も発音の仕組みも違うギリシア語の韻律や音韻を、無理にドイツ語に適用して作品を作ったので、普通のドイツ人にはかなり読みにくくなっています。そのうえ、彼が若くして精神疾患に陥ったため、彼の有名な作品のテクストのほとんどは、編集者や文献学者の解釈を経て刊行されています。そのため、読み方をめぐる論争の余地は多々あります。

〈zu Hauß〉——現代のドイツ語だと〈zu Haus〉——は、英語の〈at home〉に当たります。家の中に落ち着いているという感じですね。「精神」が自らの「始まり」あるいは「源泉」において、アット・ホームな状態にない、というのは、矛盾しているような印象を受けますね。ハイデガーによると、最初の〈nicht〉は、「精神」はその「始まり」にあっては、「アット・ホームな状態ではない」という意味合いで使われています。何故かというと、まだ精神としての本領を自由に発揮していないからです。ヘーゲルの弁証法で、原初における「精神」は、自他未分化の状態にあり、当然のことながら、自己の本来の姿が分かっていません。そういう状態を指しているのでしょう。その後の〈nicht an der Quelle（源泉では～ない）〉も、アット・ホームな状態であることの否定ですが、「源泉」は単なる「始まり」の言い換え、つまり単純に時間的な原点ということではなく、「精神」を構成する諸力がそこから生まれて来る源泉、あるいは、諸力が混沌に入り混じっている状態、もっというと、神々の力と人間の精神の力が、自然の諸力として入り混じった状態という意味合いです。それが、精神にとっての「故郷」でもあります。その状態で、「精神」は、自分がどこに行くべきか分からず、自然≒神々の力の猛威によって消耗させられます。それが、「精神を故郷は消耗する」の意味です。

ハイデガーの解釈を読むとなるほどという感じがするのですが、アドルノは「パラタクシス（並列技法）」（一九六四）というエッセイで、〈an der Quell〉を、〈zu Hauß〉の言い換えと取っています。だとすると、「精神」は、その始まりからして既にアット・ホームな状態にはなかった、源泉にはいなかった、という意味合いになります。最初から源泉にいなかった、というのでは、意味が通らないようにも思えますが、アドルノは、様々な著作で、（人間の）「精神」が回帰していくべき原点＝故郷のようなものはない、あるように見えてもそれは幻想である、回帰したつもりでもそこにはなにもない、ということを繰り返し強調しています。その観点で、ヘルダリンの作品を読んでいるので、アドルノの目には、ヘルダリンは故郷回帰の不可能性を主題にしているように見えるわけです。それをハイデガーが強引に故郷回帰の物語に仕立てて、ドイツ・ナショナリズムを正当化していると見て、ハイデガーの解釈を徹底批判しているわけです。そういう細かい解釈をめぐるテクスト・ポリティクス的な対立があるので、デリダは訳を回避しているわけです。どこで区切るかで話が変わってくるわけですから。港道さんの訳は、アドルノに近い線ですね。「パラタクシス」を含めたアドルノの文学論集『文学ノート』（一九五八―六一、七四）の訳がみすず書房から出ていますが、「パラタクシス」を担当した高木昌史さん（一九四四― ）は、「すなわち、精神は最初から／家に、源泉の近くにいるのではない」、と訳しています。ヘルダリンの解釈には、細かい文献学的な問題と、政治哲学的な問題が絡んでくるので、かなり疲れます（笑）。とりあえず、一三二頁のデリダによるまとめを見ておきましょう。

> この道程のなかにわれわれを案内できるであろうような語あるいは動機《モティーフ》、それはまず、まさしく動機、運動、道程を言い表わすものである。常に問題となるのは円環の思惟ではなく、回帰〔retour〕の、わが家（Heimat〔故郷〕、heimisch〔家に〕、《nemlich zu Hauss》〔すなわち家に〕）へのRückkehr〔回帰〕という旋回の一思惟である。精神は、それが自己のもとにいる時にのみ本来的に（eigentlich）存在するが、このことは精神の本質に属する。そうであって初めてder gemeinsame Geist〔取り集める精神〕が自らを集めるのだ。集約ないし再統合へのこの欲望が精神にノスタルジーを、あのSehnsucht〔憧れ〕を据えつける。

ここは分かりやすいですね。ハイデガーは、ヘルダリンの詩の中に、精神の自己回帰、もう少し詳しく言えば、主体と客体が合一化した自己の本来の姿に憧れ、それに回帰しようとする精神の運動を読み取ろうとしているわけです。これは、失われた楽園への人類の回帰をめぐるユダヤ＝キリスト教的な物語のヴァリエーションと考えることもできます。ただし、ヘーゲルの歴史哲学がそうであるように、精神は元の

「したがって、簒奪ー再我有化〔expropriation-réappropriation〕の始めには、この奪ー我有化〔ex-appropriation〕においては、精神は決して家にはいない」

：「簒奪ー再我有化」と「奪ー我有化」は同じ運動の異なった側面。

；「簒奪ー再我有化」の運動の原点には、常に、自分から何かが失われ、自分は欠乏状態にあるという感覚⇒精神は、自分とは異なるもの、自分には制御できないものを対象として、自己の内に取り込み、自己を（再）統合しようとする。そうすると、自分自身が以前とは異なったものへと変質する。そうやって「自己」自身が変化していけば、元々の自分から余計に乖離する。
⇒「簒奪ー再我有化」：その原点と帰結において、「奪ー固有化 dé-propriation」という意味での「奪ー我有化」を含意。

姿のまま故郷に帰るのではなく、この世界の事物を自らの知によって統合し、より完成された姿になって、帰還を果たそうとします。ハイデガーの場合、その精神の完成形が、ドイツ民族に現れつつある、ということになるわけです。一三三頁に、このこととの関連で、「したがって、簒奪―再我有化〔expropriation-réappropriation〕の始めには、この奪―我有化〔ex-appropriation〕においては、精神は決して家にはいない」という妙な表現がありますね。これだと、「簒奪―再我有化」と、「奪―我有化」が同じ運動の異なった側面のように聞こえますが、それでいいわけです。「簒奪―再我有化」の運動の原点には、常に、自分から何かが失われ、自分は欠乏状態にあるという感覚、マルクス主義っぽく言えば、自己疎外感があります。そこで、精神は、自分とは異なるもの、自分には制御できないものを対象として、自己の内に取り込み、自己を（再）統合しようとします。そうすると、自分自身が以前とは異なったものへと変質します。そうやって「自己」自身が変化していけば、元々の自分から余計に乖離していきます。従って、「簒奪―再我有化」は、その原点と帰結において、「奪―固有化 dé-propriation」という意味での「奪―我有化」を含意しています。

　一三三頁の最後から、節の終わりである一三六頁にかけて、今度はヘルダリンの詩における「火」のモチーフについて論じられていますね。讃歌『イスター』の最初のフレーズが引用されています。

——Jezt komme, Feuer!

　今こそ来たれ　火よ！

　この「火」というモチーフは当然、この本の冒頭からデリダが問題にしている「精神」と「火」の繋がりと関係してきます。これに続けて、「ベーレンドルフへのあの手紙」というフレーズが出てきますね。カシミール・ウルリッヒ・ベーレンドルフ（一七七五－一八二五）というのは、ヘルダリンの友人である詩人で、ヘルダリンから彼に宛てた一八〇一年一二月四日付の書簡は、ヘルダリン研究をしている人たちの間では有名です。デリダが簡単に説明しているように、この中でヘルダリンは、ギリシア人にとって「天の火 Feuer des Himmels」が自然であったように、私たちドイツ人には「叙述の明晰さ Klarheit der Darstellung」が自然であるという言い方をしています。この場合の「天の火」というのは、自然の猛威に感応する情念というような意味合いですが、ハイデガーは深読みします。ドイツ人は、自らの個性である「叙述の明晰さ」をきちんと認識し、自由に駆使できるようになるには、自分たちとは対極にある「天の火」を学ばねばならないと主張します。

——ヘルダーリンは光の神に打たれる者である。ハイデッガーは言う、「彼は〝火〟への流離の旅から（von der Wanderung zum《Feuer》）帰還の途上に（auf der Rückkehr）在る」。

　このようにハイデガーは、「天の火」と関係付けることで、ヘルダリンを、ドイツにとって、否、西洋の存在史にとって特別な位置にある詩人＝半神へと仕立てあげます。デリダは更に、この火の話をもう一度「パンと葡萄酒」に結び付けます。先ほどから問題になっている、最終節の中の五行の最後の二行に焦点が当てられます。

——そして「パンと葡萄酒」最終詩節のあの草案のなかで、ハイデッガーをここで引きとめている五行の詩句の末尾では、Beseeler の、生気を与える者の、魂を担う者の、言いかえれば精神の贈与を担う者の消尽、焼却、火災を、さらには火葬または焼葬が名指されている。ヘルダーリンは、Beseeler は、火のなかで焼き尽され、灰にならんとしているのだ。

Unsere Blumen erfreun und die Schatten unserer Wälder
Den Verschmachteten. Fast wäre der Beseeler verbrandt.

われらの花々は喜ばせる、われらの森蔭もやつれたる者を。さもなくば、魂を与えるものも危うく焼き滅ぼされかねまい〔＝ほとんど灰になりかねまい（serait presque en cendres)〕。

ここでの「焼き滅ぼす」という表現は素朴に読めば、単なる誇張にしか見えませんが、デリダは単なる誇張ではない可能性を示唆しているわけです。この「焼き滅ぼす」という表現に、ハイデガー自身は拘らず、むしろ「花」の隠喩的な意味に注意を向けているのですが、「火」と「精神」の関係に関心を持つデリダは、同じ『イスター講義』のテクストに出て来る、「火」にまつわる記述と、「焼き滅ぼす」を関連付けて読んでいるわけです。こういう読み方が、脱構築的読解です。少し細かいことですが、港道さんが訳に入れている「さもなくば」という言葉は、ご覧のように原文にはありませんし、フランス語訳にもありません。デリダの議論の文脈からすると、「さもなくば」がない方がすっきり読めますね。

デリダは「焼き滅ぼす」の意味について詳細に解説していませんが、言わんとしていることは、はっきりしていますね。私なりに敷衍してみます。「火」を内に孕む「精神」を最初に受け止める者、詩人はそれによって、その「火」の強さによって焼き尽くされる危険、つまり狂気に取り憑かれる危険に身を晒すことになる。ヘルダリンは、そういう危ないところにいるわけです。その可能性については、ハイデガーも別の箇所で、それとなく示唆しているのですが、デリダはそれを超えて更に、「火」の歴史的・政治的な含意を暗示しようとしているのでしょう。ヨーロッパを焼き尽くすことになる、ホロコーストの犠牲の火です。デリダは、恐らくハイデガー自身は気づいていないであろう、「精神」と「火」の隠された関係を浮上させようとしているわけです。

■質疑応答

Q　ハイデガーのギリシア語を特権化するスタイルや、精神が放浪して戻って来るという表現など、ロマンティックだと思います。日本だと、唐心を排して、大和心を再発見しようとした本居宣長（一七三〇―一八〇一）の発想に似ているなと思いました。ハイデガーの同時代人としては、万葉の心を再発見しようとした保田與重郎（一九一〇―八一）がいますね。それにしても、ドイツ語ならギリシア的な世界を再現できる、ヘルダリンのような詩人であれば、精神の回帰が成就できるというのは、あまりにロマンティックでついていけない気がします。先生はどうお考えですか。

A　ハイデガーの思想があまりに文学的で、現実から乖離しているのは間違いないのですが、本居宣長―保田與重郎等の国学ナショナリズム的な発想とは、少し違うと思います。本居や保田は、あくまで日本の固有性の枠内で考えたわけですが、ハイデガーは、ドイツだけではなく、ギリシア以来の西欧の哲学・文学、そしてキリスト教の歴史を踏まえ、それを、「存在」や「精神」というキーワードで総括したうえで、ヘルダリンの言語であるドイツ語において、新しい形而上学、あるいは存在論の可能性が生まれてきつつあると示唆しているわけです。最終的には、ドイツ語中心主義になるのですが、哲学史を中心とする、西欧の精神史の膨大な知識を背景にして、ヘルダリンやトラークルを介して自らが発見したドイツ的な概念の存在論的な卓越性を主張するので、同じ土俵に立つとなかなか反駁できない――哲学史を重視しない分析哲学系の人なら、ハイデガーの概念は曖昧だと言って、簡単に切って捨てますが。ライプニッツからカントやドイツ観念論を経てニーチェに至るまでのドイツの哲学が、西欧の哲学をリードしていたことや、ヘルダリンの詩の表象力が傑出していることは、フランスやイギリスの知識人も認めざるを得ません。『存在と時間』でのハイデガー自身の問題提起が鋭かったことは、分析哲学系の一部も含めて多くの西欧の哲学者が認めていることですし、ハイデガーの描く「存在史」は、西欧的形而上学の克服、あるいはそれからの離脱を目指す、ポストモダン系の哲学者たちに影響を与え続けています。単なるナショナリズムとは言い切れない、哲学史的に壮大なスケールで議論を展開していることが、ハイデガーの強みになっているのだと思います。

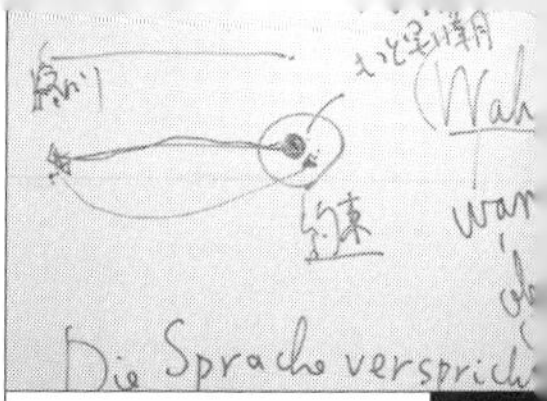

［講義］第三回　精神と「根源性 originalité」——『精神について』3（第Ⅸ〜第Ⅹ節）

初回からややこしい話が続いたので、少し復習しておきます。『存在と時間』でハイデガーは、「精神」という言葉を自分の用語としては使っていませんでしたが、三〇年代半ばの学長就任講演や『形而上学入門』では、「精神」をむしろ積極的に使い、現代の西欧で「精神」が脱力化していると指摘したうえで、その「精神」の本質が、全てを統合する「力」だと論ずるに至ります。そうしたハイデガーの「精神」は、フッサールやヴァレリーが「精神の危機」と言う時の「精神」とは異なっているように見えます。しかし、両者は深いところで繋がっていて、お互いの分身であると解釈できなくもない。ヨーロッパをヨーロッパとして統合し、哲学者たちの思考を拘束してきた「精神」とはそもそも何だったのか。デリダはそこを問題にします。ハイデガーは、ヨーロッパの中央に位置するドイツ、そして、「精神」を中心とする新たな形而上学を打ち立てることのできるポテンシャルを秘めているというドイツ語を特権視します。この時期のハイデガーは、詩人ヘルダリンを半神と呼び、ヘルダリンの詩を通して、ドイツ人にとっての「存在」が「樹立 stiften」された、と主張するようになります。デリダは、ヘルダリンのエクリチュールの中で、「精神」が「火」と結び付いていることを指摘します。ハイデガーも、「火」のメタファーのことは指摘していますが、彼は、この「火」を、詩人を狂気へと追いやり、滅亡させるかもしれない、情念、あるいは、

■いままでの復習
『存在と時間』でのハイデガー。
「精神」という言葉を自分の用語としては使っていない。

30年代半ばの学長就任講演や『形而上学入門』⇒積極的に「精神」使う。現代の西欧で「精神」が脱力化していると指摘→「精神」の本質が、全てを統合する「力」だと論ずる。

ハイデガーの「精神」≠フッサールやヴァレリーが「精神の危機」という時の「精神」

しかし、両者は深いところで繋がっている。
※デリダ⇒ヨーロッパをヨーロッパとして統合し、哲学者たちの思考を拘束してきた「精神」とはそもそも何だったのか。

※ハイデガーは、ヨーロッパの中央に位置するドイツ、そして、「精神」を中心とする新たな形而上学を打ち立てることのできるポテンシャルを秘めているドイツ語を特権視。
詩人ヘルダリンを半神と呼び、ヘルダリンの詩を通して、ドイツ人にとっての「存在」が「樹立 stiften」された、と主張。
「火」のメタファーのことも指摘。この「火」を、詩人を狂気へと追いやり、滅亡させるかもしれない、情念、あるいは、理性の限界の彼方にあるものと解釈。

↕

デリダの問題提起：
ヘルダリンのエクリチュールの中で、「精神」が「火」と結び付いていることの意味。
デリダは、この「火」が、詩人だけでなく、ヨーロッパ全体を巻き込む、灰にしてしまう、燔祭＝ホロコーストの「火」に通じているのではないのかと暗示。

理性の限界の彼方にあるものと解釈しています。デリダは、この「火」が、詩人だけでなく、ヨーロッパ全体を巻き込み、灰にしてしまう、燔祭＝ホロコーストの「火」に通じているのではないのかと暗示します。通常のハイデガー研究では、「精神」という言葉は、ハイデガーが解体しようとした精神／身体の二元論に通じるので、ハイデガーはそれを直接論じようとはしなかったと考えられがちですが、実際には、結構、重要なテクストで「精神」について語っているし、それが、既成の秩序や価値観を破壊する「火」のイメージに結び付いているのではないか、というのがデリダの問題提起です。

「精神とは何か？」

第IX節に入りましょう。

精神とは何か？

一九三三年、ついに引用符を取り外し、精神について〔＝から（de l'esprit)〕、精神の名の下に語り始めるその日付以来、ハイデッガーは Geist〔精神〕の存在を絶えず問い質してきたかのように、すべてが進行するように思われる。

精神とは何か？　一九五三年、最終的な答え――火、炎、炎上、燃焼である。

一九三三年は学長就任演説の年で、五三年は、三五年に行われた講義『形而上学入門』が書籍として刊行される年であると同時に、トラークル論である「詩における言語」というタイトルの論文が発表された年でもあります。詩学的な関心の中心がヘルダリンからトラークルに移ることで、「精神」がより前面に出てきます。

トラークルは一般的にはあまり知られていませんが、ドイツ文学では結構メジャーな作家です。ただ、哲学者によるオーソドックスなハイデガー研究では、文学関係のテクストはそれほど重視されていません。

【デリダの基礎用語】

■「ラング langue」と「パロール parole」

・普通のフランス語：「ラング langue」は「言語」、「パロール parole」は「語り言葉」という意味。

・ソシュール（1857−1913）の言語学：「ラング」の方が、社会的な規約に基づく言語体系、「パロール」の方が、個人による実際の使用という意味。

・デリダは、この「パロール」と、書かれた言葉、あるいは書く行為を意味する「エクリチュール écriture」の関係に注目。西欧の哲学は、一見して、生きた言葉＝「パロール」の根源性に重きを置いているように見えながら、実際には「エクリチュール」によって支配される「音声中心主義」【※詳しくは第七回講義参照】。

■「差延 différance」

普通のフランス語：「差異」を意味する名詞は〈différence〉。

アクセント（アクサン）の付いていない方の〈e〉を〈a〉に置き換えている⇒〈a〉に変えることで、現在分詞的な響きが出てくる。

〈différer〉は、基本的には、「〜とは異なる」という意味の自動詞だが、「遅延させる」という意味の他動詞としても使われる。この意味も込めて、〈différance〉と言っている。

⇒　ある事物や出来事の意味が確定しているように見えても、時間の経過の中で、その意味の中に微妙な差異や、非整合性が生じてきて、安定しなくなる。

※簡単に言うと、「差異化」であるが、分かりやすい形で「差異」が生じてくるのではなくて、最初は気付かなかったような差異が、じっくり観察しているうちにいつの間にか生じてきたり、確認したはずの差異自体が差異化して、どういう差異なのかさえ、分からなくなるといったことが、「差延」という言葉に含意されている。

ヘルダリン講義でさえ、あまり重視されていません。トラークル論は、ほとんど注目されていないと思います。

一三七頁から一三八頁にかけて、「対話 Gespräch」という言い方が出てきますが、実際にハイデガーとトラークルが「対話」しているわけではありません。トラークルとハイデガーはほぼ同年齢ですが、この論文が発表されるずっと前に亡くなっています。第一次大戦に志願して従軍しますが、すぐに戦争の悲惨さのショックで精神錯乱を起こし、精神病棟に収容されて自殺しています。論文の最初の方でハイデガーが、「思惟 Denken」と「詩作 Dichten」の「対話」という言い方をしているからでしょう。

本題とあまり関係ありませんが、一三八頁にいくつかデリダの重要なキーワードが出てくるので簡単に解説しておきましょう。「ラング langue」と「パロール parole」は、現代思想でよく見かけますね。普通のフランス語だと、それぞれ、「言語」と、「語り言葉」という意味ですが、ソシュール（一八五七―一九一三）の言語学では、「ラング」の方が、社会的な規約に基づく言語体系、「パロール」の方が、個人による実際の使用という意味で使われます。デリダは、この「パロール」と、書かれた言葉、あるいは書く行為を意味する「エクリチュール écriture」の関係に注目します。彼によると、西欧の哲学は、一見して、生きた言葉＝「パロール」の根源性に重きを置いているように見えながら、実際には「エクリチュール」によって支配されています。それを、「音声中心主義」と言います。これについては、この連続講義の第七回目に当たる補講で、少し詳しくお話しすることになると思います。

「差延 différance」はデリダ用語として有名ですね。普通のフランス語で、「差異」を意味する名詞は〈différence〉です。アクセント（アクサン）の付いていない方の〈e〉を〈a〉に置き換えているわけですが、フランス語の発音の規則では、この綴りで、eをaに変えても同じ発音になります。ただ、〈a〉に変えることで、現在分詞的な響きが出てきます。フランス語は、動詞の語幹に〈-ant〉という語尾を付けて、現在分詞を作ります。〈différence〉の動詞形は、〈différer〉で、現在分詞形だと、〈différant〉という形になります。〈différer〉は、基本的には、「〜とは異なる」という意味の自動詞ですが、「遅延させる」という意味の他動詞としても使われます。デリダは、この意味も込めて、〈différance〉と言っているようです。ある事物や出来事の意味が確定しているように見えても、時間の経過の中で、その意味の中に微妙な差異や、非整合性が生じてきて、安定しなくなるということです。簡単に言うと、「差異化」なのですが、分かりやすい形で「差異」が生じてくるのではなくて、最初は気付かなかったような差異が、じっくり観察しているうちにいつの間にか生じてきたり、確認したはずの差異自体が差異化して、どういう差異なのかさえ、分からなくなるといったことが、「差延」という言葉に含意されます。ある特定の言葉の意味がテクストからテクストへと移っていくことや、読み手のその時々の立場によって変化することを念頭におけばいいと思います。ここでは、〈Geist〉に関連する言葉が、トラークル自身、そしてそれを哲学的に解釈しようとするハイデガーの意図しなかったところで、「差延している se différant」のではないか、ということが問題になっているわけです。少なくとも、ヨーロッパの精神史と、取り集める力としての精神、そして、燔祭の「火」をもたらす精神＝霊の関係を考察しているデリダのまなざしの中では、「差延」が生じているわけです。

一三八頁に、先ほどの「精神とは何か？」に対するハイデガーの答えが出ています。

> 実際ハイデッガーはこう問うている。《Doch was ist der Geist?》〔しかし精神とは何か？〕と。答え——《Der Gesit ist das Flammende...》（〔*Unterwegs zur Sprache*〕p. 59）（「精神とは燃え上がるもの……である」）。もっと後ろの方では、《Der Geist ist Flamme》（〔*Unterwegs...*〕p. 62）（「精神は炎である」）。どう翻訳したらよいのか？　精神とは燃え上がらせるものなのか？　それよりはむしろ、火をつけ、自分自身に火をつけつつ自らを燃え上がらせるものなのか？　精神とは炎〔flamme〕である。他を燃え上がらせ〔enflamme〕、あるいは自ら〔を〕燃え上が〔らせ〕る〔s'enflamme〕炎——同時に両者、一方かつ他方、どちらも。共—燃焼〔con-*flagration*〕のなかでの両者の共—燃焼である。

《Unterwegs zur Sprache》というのは、第一回にもお話ししたように、「詩における言語」が収められている論集で、『言葉への途上』と訳されます。トラークル自身が作品の中で「精神」と「炎 Flamme」あるいは、その動詞形である「燃え上がる flammen」を結び付けるような表現を使っているのですが、それをハイデガーが一つの文にまとめて表現しているわけです。

このどうやって翻訳したらいいのか、という話ですが、翻訳が難しいのは最初の、《Der Geist ist das Flammende.》の方です。ドイツ語の動詞〈flammen〉は、自動詞なので、日本語に素朴に訳せば、「精神とは燃え上がるものである」としかなりません。フランス語にも、そう素朴に訳せばいいような感じがしますが、少しややこしいのは、フランス語にも〈flamme（炎）〉という名詞と、それから派生した〈enflammer〉という動詞があることです。いずれも、ラテン語の〈flamma〉から派生した言葉です。英語の〈flame〉も同じ系統ですね。ドイツ語とフランス語だと、大文字と小文字の違いはありますが、名詞の綴りは同じです。だったらなおのこと、素直に、「燃え上がる」の意味に取ればよさそうですが、〈enflammer〉は他動詞です。「燃え上がる」という意味にするには、再帰代名詞〈se〉を加えて、〈s'enflammer〉とすればいいわけですが、デリダはそこで、本当に〈flammen〉を純粋に自動詞的に取っていいのか、他動詞的意味、自分以外の何かを燃え上がらせるという意味はないのか、と問うているわけです。常識的に考えれば、現実の「燃え上がっているもの」は、周りのものも燃やしてしまうわけですが、自動詞か他動詞かでかなり印象が違います。〈s'enflammer〉は再帰動詞なので、自分だけを燃やすというニュアンスが強くなります。そこにデリダは拘っているわけです。

> この炎上〔embrasement〕にわれわれの言語《ラング》を接近させてみよう。精神の炎上、この二重属格において精神は触発する〔＝変状させる（affecter）〕。火によって自己を触発〔＝変状〕されている自己を発見する。精神は火を取り〔＝火がつき、激情し（prendre feu）〕、かつ火を与える〔＝つける（donner）〕。動詞でも名詞でもある一言あるいは二言で、l'esprit *enflamme*〔精神は燃え上がらせる／炎に包まれている精神〕と言おう。自らを取り、同時に自らを与えるもの、それが火〔feu〕である。精神の火。さきほど〔ハイデッガーによって〕言われたこと、そして、これからわれわれが読み直すこと、それを忘れないようにしよう——精神は魂（psyché）を与えるのであって、単に死において魂を返すのではない。

「二重属格」の「属格」というのは、英語の〈A of B〉のように、後ろの名詞・代名詞の前の名詞に対する関係を指します。ラテン語では、文の中での主語、直接目的語、間接目的語……といった役割に応じて、名詞・代名詞が変化し、それを格変化というのですが、属格は、「〜の」という形で修飾する名詞に後ろからかかる場合の格です。二重というのは、英語の〈of〉でもそうですが、後ろのものが前のものに対して主語的な意味を持っているようにも、目的語的な意味を持っているようにも取れるということです。この場合、〈embrasement de l'esprit（精神の炎上）〉というのは、「精神」が「炎上」を起こすという意味にも、「精神」が「炎上」させられる、という意味にも取れるということです。

その後にちょっとした言葉遊びがありますね。「火が点く」あるいは「激情する」という意味の〈prendre feu〉は、文字通りには「火を取る」という言い方で、「火を点ける」という意味の〈donner feu〉は、文字通りには「火を与える」という言い方です。〈prendre/donner〉は英語だと、〈take/give〉に当たります。この言葉遊びで、「火」というもの、あるいは「燃えているもの」の、「点けられる」という受動性と、「点ける」という能動性の二つの側面を示唆しているわけです。

「精神」が「魂を与える」というのは、恐らく、神（の霊）が人間の身体に命の息吹＝魂を吹き込むというイメージでしょう。「魂を返す」というのは、聖霊が死んだ人の魂を、神のもとに返すということでしょう。「魂」を「返す」だけでなく、「与える」というのは一見ポジティヴな話のように聞こえますが、「精神」が「火」であり、「燃え上がらせるもの」だとすると、話は変わってきますね。

一四〇頁の二つ目の段落以降、しばらくやや細かい議論が続きますが、要は、「対話」という形で、ハイデガーがトラークルに自分の言いたいことを言わせようとしているのではないか、ということです。ただ、一方的に強引に捻じ曲げているのではなく、トラークルの作品自体にかなり即しているので、微妙だということです。両者の関係をデリダはどう見ているのでしょうか。一四二頁をご覧下さい。

> しかしながらわれわれは、ある地点まで、かつ暫定的に、ハイデッガーに帰着するものを識別するよう試みることにしよう。炎について、精神について彼が言うことは、確かに、トラークルの詩句によ

って手ほどきを受けるがままになっている。〔だが〕ハイデッガーが、さりげなくではあれ積極的な形で切り取り選択する諸々の詩句によってである。たとえば、《Die heisse Flamme des Geistes》「精神の熱い炎」を名指している最後の詩篇「グロデーク」のなかで、あるいは詩An Luzifer〔「ルーツィファーに」〕の序奏部――《Dem Geist leih deine Flamme, glühende Schwermut》「精神に お前の炎を灼熱する憂うつを 貸し与え給え」――で、精神と炎とが結び合っている。

　問いの要は今や、誰が「精神は燃え上がらせる／炎に包まれている精神」〔l'esprit-en-flamme〕と言うのかを知ることではなく――彼らは二人とも自分流にそう言っている――、ハイデッガーの方が、右のような〔トラークルの〕言葉の場所を定め〔situer〕、それを説明し、その場所〔lieu〕へと連れ戻す――それが一つの場所を、しかも自らに絶対固有な場所をもっているとすればだが――ために精神について言うことを看て取ることだ。

ここはそれほど難しくないですね。トラークルの作品の中で「精神」と「炎」が結び付いているのは間違いないのだけれど、ハイデガーはその結び付きに一定の場所を与えている、位置付けているということです。初回にお話ししたように、ドイツ語で「探求」のことを〈Erörterung〉と言いますが、この単語は、語の作りからして、「場所を指示する」ということを含意しているようにも見えます。デリダはそれを示唆しているわけです。

　Geist、今回はトラークルが語る、彼が詩人として語る精神。ハイデッガーはその言味を脱構築したり、形而上学のなかに、さらにはカトリック神学のなかに記入し直すことなど夢みてはいない。彼が示そうと思っているのは反対に、トラークルのGedicht〔詩に言われたこと〕（彼の個々の詩篇ではなく、その詩的な業績）が存在－神学の諸限界を突破しているということ、それが、解き放ち〔af-franchissement〕でもあるこうした突破〔franchissement〕を、われわれに考えるべく与えている、ということだ。今しがた見たように、ヘルダーリンでは未だに曖昧で〔＝両義的で（équivoque）〕あったこの解き放ちは、トラークルにおいては一義的〔univoque〕である。そもそもこれまで一度もハイデッガーは、引用することで私は満足するほかはないが、以下のテクストのこのようなくだりで彼が行なうほど詩的な一義性を救出しようとしたことはない――「その種のものとして唯一独自である本質的に多義的なトラークルの言語の峻厳さは、より高度の意味において非常に一義的（eindeutig）であるため、それは、単に科学的な一義性にある概念の、技術的正確さを無限に凌駕しているのである」。

「存在－神学」はハイデガーがよく使う言葉です。簡単に言うと、プラトン－アリストテレスによって確立された存在論と、その枠組みの中での最高の存在者としての神についての学としての神学が不可分の関係にあることを示す言葉です。トラークルの詩の言語は、西欧を支配してきた存在－神学の限界を超えている、とハイデガーは示唆します。ハイデガーが哲学的に成し遂げようとしていることを、トラークルは詩において既に遂行しているというわけです。三〇年代のヘルダリン論では、前回見たように、「精神」の回帰という図式が際立たされていましたが、それだけだと、この「精神」が、西欧的形而上学からの解放をもたらしてくれるかどうか曖昧な感じが残りますが、トラークル論では、「精神」の力をはっきりと信じているような議論になっているわけです。一四三頁の終わりの方で、この論文は、ハイデガーの最も豊かなテクストの一つだと私には思われる、と述べていますね。〈Geist〉〈geistig〉〈geistlich〉をはじめ、フランス語に翻訳不可能な言葉が出てくるけれど、それも豊かさの現れと見ているようですね。

ハイデッガーはまず、彼がVerklärter Herbst「光輝く秋」のなかで出会う語geistlichに信頼を置いているように見える。偶然ならぬこの出会いの瞬間には、そして最初の数ページからして、数々の断固とした決定がなされてしまっており、それらはすでに高地ドイツ語の固有言語《イディオム》を拠り所にしている。このGespräch〔対話〕においてはすべてが、Frühling der Seele（「魂の春」）の一詩行の解釈によって開かれ、導かれているように思われる。

Es ist die Seele ein Fremdes auf Erden.

魂は地上にあっては異郷のものだ。

『光輝く秋』や『魂の春』というのは作品名です。〈verklärt〉は、〈verklären〉という動詞の過去分詞形ですが、この動詞は、美しい姿で現れる、というような意味合いの言葉です。イエスの姿が神の栄光に輝いて変容する、といったキリスト教的な意味合いで使われることが多いです。「高地ドイツ語」というのは、通常は、現在の標準ドイツ語のことですが、ここではそのもとになったドイツ語圏南部のアルプスに近い高地で昔話されていた言葉を指しているようです。ハイデガーはこれらの作品を高地ドイツ語の語源学に基づいて解釈することを試みているわけですが、これはすぐ後で出てきます。「魂は地上にあっては異郷のものだ」、というのは、ハイデガーが論文で最初に引用しているフレーズで、何回か繰り返し引用しています。「魂」という言葉がカギになっているわけですね。

ハイデッガーはすぐさま、あらゆる「プラトン的な」聴き取り方を失効させる。魂が「異郷のもの」だということ、それは、魂を地上の現世に幽閉され、追放され、落下したものだと、また存在を欠き真には存在しないものの、腐敗（Verwesen）の定めをもった身体のなかに没落したものとして受け取るべきだということを意味するわけではない。かくしてハイデッガーは、解釈のうえでの意味〔＝方向（sens）〕の変更をわれわれに提案する。この意味変更はプラトニズムに逆らって進み、まさしく意味方向そのものを、魂の運動における方角ないし方位をひっくり返すことになる。意味《サンス》の――そして意味《サンス》の方向《サンス》の――転倒は、まず言語《ラング》の傾聴を経由する。ドイツ語から、ハイデッガーはまず語

> fremd〔異郷の、見知らぬ〕を、その《althochdeutsch》〔古高ドイツ語の〕起源 fram へと連れ戻すことによって祖国帰還をさせてしまうであろう。彼が言うには、この語が、「本来、意味する」（bedeutet eigentlich）ところは、彷徨ではなくむしろ行く先（Bestimmung）の意味方向をもち、どこか他の所へ進んで（anderswohin vorwärts）……に向かう途上に（unterwegs nach）在る、である。そこから彼は結論する。魂は、没落した異郷のもののように地上へと追放された存在であるどころか、地上への途上にいるのだ―― Die Seele *sucht* die Erde erst, flieht sie nicht、魂はまず地上を探し求めるのであって、地上を逃れるのではない。魂は、未だに地上に住んでいないがゆえに異郷者なのである――それは、語《fremd》〔異郷の、疎遠な〕が異郷者であるのが、その意味作用が自己固有の《althochdeutsch》〔古高ドイツ語の〕場所に未だ住んでいない、もはや住んでいないからだ、というのに少し似ている。

「プラトン的な聴き取り方」というのは、プラトンの『パイドン』の神話のように、魂はもともと天上界にいてイデアだけを見ていたが、穢れを負ったため、天上界から地上へと追放され、肉体の中に閉じ込められているという読み方です。デリダが原語のまま引用している「腐敗 Verwesen」という言葉ですが、これは〈Verwesen〉が、「本質」を意味する〈Wesen〉という名詞と関係しているからです。両方とも、「存在する」という意味の古いドイツ語の〈wesen〉から派生した言葉です。この動詞自体は現在は使われなくなっていますが、現在のドイツ語の be 動詞に当たる sein 動詞の過去分詞〈gewesen〉として残っています。「～であった gewesen」の中に「本質 Wesen」が入っている形になるので、いろんな哲学者がこの繋がりを利用した言葉遊びをしています。ハイデガーが一番多用していると思います。〈wesen〉から派生した語として、「居合わせている」という意味の〈anwesend〉とか、「生物」という意味の〈Lebewesen〉とか、いろいろあるので、ハイデガーはそれらをふんだんに利用しています。

デリダ自身によるフランス語の言葉遊びもあります。これは、「意味」あるいは「感覚」という意味のフランス語の〈sens〉に、「方向」という意味もあることによります。元々違う語源だったようですが、綴りが同じなので、相互に影響を与え合っているようです。〈fremd〉というドイツ語の形容詞は、現在では、英語の〈strange〉や〈alien〉のように、「見知らぬ」とか「よそよそしい」という意味です。〈Entfremdung〉だと、「疎外」という意味になります。ハイデガーはその語源である古高ドイツ語の〈fram〉に遡って、単によそよそしい、疎外された感じになっているというだけでなく、どこかに向かって「前進している」という意味合いもあると指摘しているわけです。この〈fram〉から、英語の前置詞の〈from〉も派生しました。それを利用してハイデガーは、「魂」は、地上に追放されて疎外されているのではなくて、むしろ地上に向かって進んでいるのだと示唆しているわけです。「語《fremd》〔異郷の、疎遠な〕が異郷者である……」という所が少し分かりにくいですが、これは、〈fremd〉という言葉に「疎遠な」とか「異郷の地で」とかいう意味があることと、この語自体が、本来の所在地である古高ドイツ語の中に位置付けられておらず、場違いになっていることの間に寓意的な関係があるように見える、ということです。

その後、この遍歴の奇跡のすべてをなす例の換喩の一つによってハイデッガーは、魂（もう一つ別の詩『夢の中のセバスチャン』の ein Fremdes〔異郷のもの〕）に没落を割り当てる。その没落は、一羽のつぐみが魂をそこへと呼び入れるものだ。それから彼はこの没落（Untergang）を、どんな破局からも、または Verfall〔頽落〕へのどんな消滅からも区別している。ところで、語「精神的＝霊火に満ちた」（geistlich）は「魂は地上では異郷のものだ」と同じ詩節のなかにある。

……Geistlich dämmert

Bläue über dem verhauenen Wald...
〔……霊火をおびて薄明のうちに霞む
　青穹は　切り払われた森の上に……〕

したがって、空の青穹が薄明になってゆく（dämmert）のはgeistlich、精神的に＝霊火に満ちてである。この語geistlichはトラークルの作品のなかにしばしば登場する。ハイデッガーはその時、この語を熟考しなければならないと告げる。そして実際、それは以下のような絡み合いのなかにある、最も目立つわけではないにしろ、主要なる糸の一本であるだろう。青穹は「精神的に」geistlich〔霊火に満ちて〕薄明に霞む。ところが、薄明に霞むこと、このDämmerungは、ある没落（Untergang）をも西に日が沈むこと〔occidentalisation〕をも意味するものではなく、本質的な性質のもの（wesentlichen Wesens）である。ハイデッガーによれば、その証しとなるものは何か？　そう、それはまさしくGeistliche Dämmerung〔「霊火に満ちた薄明」〕と題されたもう一つの別の詩であり、その終わりの詩句は「霊火に満ちた＝精神的な夜」（die geistliche Nacht）と言っている。この霊火的＝精神的な薄明や夜から出発して、もう一つ別の詩Unterwegs〔「途上」〕が語る年の精神〔＝霊火〕性（das Geistliche der Jahre）が規定されているのだ。では一年とは何か？　年das Jahr、それはインド－ヨーロッパ起源の語である。それは、太陽の走行や運行を言い表わす限りで歩み行き《マルシュ》（ier, ienai, gehen）を想起させるというわけだ。トラークルがここで語das Geistlicheのもとで規定しているのは、したがってこのGehen〔行くこと〕、朝であれ夕であれ、日の出であれ日没であれ、日の、あるいは年の往き（Gehen, Aufgang〔昇り行き〕、Untergang〔没し行き〕）なのだ。geistlichである限りで薄明や夜は、没落の否定性をではなく、年をかくまうもの、あるいは太陽の彼《か》の運行を包蔵するものを意味する。年

──の歩みぶりが、行く（geht）ものそのものの回転する往ー来が、精神的〔霊火的〕なのである。

「換喩 métonymie」というのは、修辞的な技法、広い意味での比喩の一種で、ある事物や出来事を、その一部とか隣接する他の物、位置する場所などで表現することです。例えば、政治のニュースで「永田町」とか「霞が関」と言ったり、刑事ドラマで「桜田門」と言ったりするのが、その典型です。昔、左翼のセクトのメンバーを、ヘルメットの色で表現していたのも、換喩ですね（笑）。戦隊もので、色で呼ぶのもそうですね（笑）。ここでは、ハイデガーが、トラークルの諸作品の中に「魂」の遍歴の運動が表現されていると見て、先ほどの〈ein Fremdes〉とか、ここで問題にしている〈Untergang〉とかを、その換喩と見ているということでしょう。〈Untergang〉という言葉が出て来るのは、（　）の中で言われているように、『夢の中のセバスチャン』という作品ですが、この〈Untergang〉をハイデガーは、負の価値観を伴った「没落」ではなく、文字通りの「下に向かって行くこと」という意味で、解釈しているわけです。普通のネイティヴだと、没落＝頽落という意味で読んでしまう表現を、わざと「下への運動」と読ませているわけです。これは、翻訳が難しいですね。

トラークルからの引用の部分は、デリダが説明しているように、『魂の春』の中の「魂は地上にあっては異郷のものだ」のすぐ後に続く箇所です。この箇所を見る限り、「魂」と（〈geistig〉ではなく）〈geistlich〉という形容詞に関係があり、この形容詞に何らかの光を帯びて輝くという性質があるということは確かなようです。その後の箇所では、そうしたハイデガーの理解を裏付けるような表現あるいは作品のタイトルがある、ということが述べられていますね。面白いのは、「年」という意味のドイツ語〈Jahr〉も、元々「行く」という意味だという点ですね。英語の〈year〉も同じ系統です。太陽、あるいは年がある方向に向かって進んでいく様子が〈Jahr〉という言葉に含意されているわけです。その運動は、〈geistlich〉な光で包み込まれている。そういうイメージを読み取ることができるわけです。

この精神的遍歴は、「死の七つの歌」（O des Menschen verweste Gestalt〔おお人間の腐敗せる姿よ〕）が語る人間の形態の変質ないし腐敗（Verwesen）の解釈を可能にすることになろう。だがこの遍歴はまた、まさしく同じ理由から、Geschlecht を、つまり人間種族と同時に性的差異を型打ちする彼《か》の二度目の打撃（Schlag）の解釈をも導いている。この第二の打撃は、差異の一様な二重性（Zwiefache）を、そこに相剋的な分裂（Zwietracht）を刷り込むことによって変容させる。ここで問題になっているのはヘーゲル的あるいは新―ヘーゲル派的意味での精神の歴史ではなく、年の精神性である――行く（geht, gehen, ienai, Jahr）もの、ただしむしろ〔plutôt〕、朝に向かって、最も早い時〔le plus tôt〕へ向かって再帰しつつ行くものの、である。度を超したやり方で性急に一定の形式化を進めてこう言おう。ハイデッガーの論点は、結局のところ、この精神性の朝と夜とが、右のように聴き分けられたトラークルの Gedicht〔詩に言われたもの〕においては、支配的な解釈、つまり形而上学的―キリスト教的な解釈のなかで通用している太陽の昇りと沈み、東洋と西洋、起源と衰え《デカダンス》よりもっと根源的なのだということを示すことに帰着する、と。この朝と夜とは、いかなる存在―神学的歴史よりも、プラトン的もしくはキリスト教的―形而上学の世界で捉えられているいかなる歴史、いかなる精神性よりももっと根源的だということになろう。

ハイデガーは、トラークルの作品全体を通して、精神の遍歴、つまりある方向への運動というモチーフがあると見て、その図式に基づいて、『死の七つの歌』という作品に出てくる人間の形態の変化、つまり人間の誕生と死も、その運動の現われとして読もうとするわけです。『死の七つの歌』というタイトルは結構長い詩を連想させますが、実際には短い詩で、季節の到来とか、月や星の動きと、人間の生死が交差するような作りになっています。〈Geschlecht〉と〈Schlag〉のところが、何のことを言っているのかちんぷんかんぷんですね。ハイデガーの言葉遊びを、デリダが更に捻っているせいでかなり分かりにくくなっています。

先ず、ハイデガーの元の文脈を確認しておきましょう。彼は、『秋の魂』という作品に関して、「放浪者たち」はじきに、自らの愛する者である「他人（たち）die Anderen」と別れることになるという意味の表現に注目しています。創文社から出ているハイデガー全集第一二巻の訳から該当箇所を、重要なキーワードの原語を挿入するなど、少し修正を加えたうえで、引用します。

他人――それは朽ち果てた姿の人間（die verweste Gestalt des Menschen）を示す刻印（Schlag）なのである。我々のドイツ語では、同じような刻銘（Schlag）のしるしをもち、同じ刻印（Schlag）を受ける運命を担う人間（Menschenwesen）のことを、《Geschlecht》（種族・世代・男女の性別）と呼ぶ。この《Geschlecht》という語は、人類という意味の人間種族を意味するとともに、部族、氏族、家という意味のそれぞれの一族をも意味する。これら全ての意味が種族（Geschlecht）の二重性として刻印されているわけである。人間の「朽ち果てた姿」を見せる種族のことを、この詩人は「腐敗しつつある verwesend」種族と呼んでいる（一八六）。この種族は自らの本質（Wesen）的なあり方から引き剝がされた（herausgesetzt）ものであり、それ故に、「恐怖に曝されている entsetzt」種族なのである（一六二）。

（　）内の数字は、ハイデガーが引用したトラークル全集第一巻の頁数です。〈Geschlecht〉という言葉には、デリダの言っている「種」と「性」の他に、「（一）族」とか、「世代」といった意味もあります。〈Schlag〉という言葉が訳しにくいのですが、元の動詞である〈schlagen〉が、一定の方向に向かって「打ち付ける」とか「打ち出す」、「刻印する」といった意味を持っていること、自動詞として使う時には、「〜に向かって進む」という意味にもなることと合わせて考えれば、少し分かりやすくなるでしょう。つまり、人間がある方向へと打ち出されている、あるいは、特定の形態になるようある鋳型へと押し込まれている、というイメージが、「種」であり「族」であり「性」であり「世代」でもある、〈Geschlecht〉に付与されているわけです。こういう風に言うと、強引な感じがしますが、実は〈Geschlecht〉の語源である古高ドイツ語（Althochdeutsch）――古代の高地ドイツ語ということです――の〈gislahti〉は、〈slahta〉という名詞の集合形で、この〈slahta〉は〈schlagen〉の語源でもある動詞〈slahan〉から派生した言葉です。同じ方向に向かって「進んでいく schlagen」ので、「一つの種」とか「一族」ということになるのでしょう。つまり、〈Geschlecht〉は、先ほどの［〈fremd（fram）〉－〈Untergang〉－〈Jahr（jer）〉］と同様に、やはり古高ドイツ語まで遡れば、方向性を示す言葉であるわけですね。あと、先ほど見たハイデガーの記述には、古高ドイツ語で、「存在する」という意味の動詞だった〈wesen〉系統の言葉もいくつか出てきますね。ハイデガーは、トラークルの詩は、現代ドイツ語から失われてしまった、ドイツ語の古い意味の層に訴えかけながら、人間の生（魂）運動の基本構造を描き出している、と見ているようですね。

先ほど見た『精神について』の本文に戻りましょう。「第二の打撃（刻印）」というのは、ハイデガー自身の表現ではないこともあって分かりにくいのですが、前後の文脈から考えると、恐らく、人間という「種族 Geschlecht」が二つの「性 Geschlecht」の間の生殖を通して、その都度新たな生へと打ち出される、誕生と共に新たに刻印される、ということでしょう。それが、「朝」へと再帰する運動です。「差異の一様な二重性を、そこに相剋的な分裂を刷り込むことによって変容させる」というのも分かりにくいですが、一番自然な解釈としては、二つの性の間の生殖を通して、世代間のズレや部族の分裂のようなことが起こるが、そうした相克も含みながら、「種族」全体として変化する、ということになるでしょう。恐らく、アダムとエバの交わりによって生まれた子孫の間に、争いや分裂が生じるようになったことを念頭に置いているのではないかと思います。

なおデリダは、このドイツ語の〈Geschlecht〉の多重の意味と、それが、一見「性」の問題と縁がなさそうなハイデガーのエクリチュールの中で持つ意味にかなり拘っていて、この『精神について』に先立つ二つの論文、「Geschlecht I——性的差異、存在論的差異」（一九八三）と「Geschlecht II——ハイデガーの手」（一九八五、八七）でかなり本格的に論じています。この二つの論文は、『プシュケーII』（一九八七、二〇〇三）という論文集に収められています。この講義の初回でお話しした〈das Man〉の中性的な性格に示されるように、ハイデガーのエクリチュールでは、人間（現存在）を身体や性を持つ生々しい存在者として扱うような視点はないように思えますが、デリダはむしろそうした〝生々しさのなさ〟に拘って、一見して「性」が不在であることにどのような意味があるのかについてしつこく論じています。

このハイデガーとデリダが拘っている〈Geschlecht〉という言葉は、トラークルの『西洋（黄昏の国）の歌 Abendländisches Lied』という作品の最後の連に、少し意味ありげな感じで登場します。

O, die bittere Stunde des Untergangs,
Da wir ein steinernes Antlitz in schwarzen Wassern beschaun.
Aber strahlend heben die silbernen Lider die Liebenden:
E i n Geschlecht. Weihrauch strömt von rosigen Kissen
Und der süße Gesang der Auferstandenen.

ああ、没落の苦い時よ、
私たちが暗い水の中に、石のような顔をじっと見つめると。
しかし愛する者たちは、輝かせながら銀の瞼を上げる：
「一つ」のGeschlecht。薫香がバラ色のベッドから流れてくる
そして、復活した者たちの甘い歌が。

この〈Geschlecht〉は、基本的には「種族」という意味でしょうが、「性」とか「一族」といった意味も関係しているように見えますね。ちゃんとした文の形にしないで、「一つの Ein Geschlecht」とだけ言っているのが意味深な感じがしますね。〈Geschlecht〉という言葉の多重の意味がこの場面に集約的に現れて来るような感じが。更に、「一つの」というところは、文字の間隔を空けて印刷する隔字体で印刷されています。当然、強調するためです。ますます、意味深な感じがしますね。そこにハイデガーもデリダも惹かれたのでしょう。同学社から出ている『対訳 トラークル詩集』や筑摩書房の『トラークル詩集』では「一つの種族」と訳されていますが、青土社から出ている『トラークル全詩集』では「ひ と つである性」となっています。

「根源性 originalité」について

もう一度、『精神について』本文に戻りましょう。「新ヘーゲル主義」というのは、一九世紀末から二〇世紀前半にドイツやイタリア、英国で台頭したヘーゲル哲学を復興しようとした哲学者のグループのことです。解釈学の創始者であるディルタイ（一八三三―一九一一）、ヘーゲルについての伝記的著作で知られるクノー・フィッシャー（一八二四―一九〇七）、イタリアのヘーゲル主義者として有名なクローチェ（一八六六―一九五二）とジェンティーレ（一八七五―一九四四）、イギリスの社会的自由主義者トーマス・ヒル・グリーン（一八三六―八二）とボザンケット（一八四八―一九二三）などがそうです。「ヘーゲル的あるいは新―ヘーゲル派的な意味での精神の歴史」というのは、精神が地上において自己自身を現実化しながら、自己の本質を把握する歴史ということでしょう。ハイデガー＝デリダの言っている「年の精神性」あるいは「精神性の朝と夜」というのは、この時点ではまだどういうものかはっきりしませんが、少なくとも、キリスト教やその変奏曲であるヘーゲル主義で言うような、物質とは異なって、理性とか神に繋がる善性を宿しているような「霊＝精神」ではなく、それよりも古い意味の層に見出される、根源的な「精神（霊）性」である、ということは分かりますね。この「精神性」は、単に東から昇って西に沈んだりするだけでなく、また、生まれては没落して消えていくだけではなく、より根源的な運動を指しているようですね。

——それでは、この根源性の代補は何を意味するのか？　それは、ほんの少しでも規定可能な内容をもっているのであろうか？

「根源性 originalité」というのは、「精神性」のことだと考えていいですが、問題は「代補 supplément」です。初期のデリダの用語で、『グラマトロジーについて』（一九六七）という著作で、重要な役割を果たしています。〈supplément〉というのは普通のフランス語では、単に、「補足」とか「追加」という意味ですが、デリダはこれを、「根源的なもの」あるいは「自然なもの」が見失われ、どういう形をしているか分からなくなっているところで、それを「補完」して、可視化するものという意味で使っています。端的に言えば、言語などの記号的なものです。単純に、「補完」するだけだったら、別にそれほど難しい話ではありませんが、〝オリジナル（根源）〟の姿がどうなのか分からないわけですから、それが補完しているはずの記号が本当にちゃんと補完しているのか分かりません。むしろ、記号が〝オリジナル〟を代理していると見た方がいいかもしれない。例えば、〝ある瞬間の感動的な気持ち〟をうまく表現するために、言語や芸術作品の力を借りるというような場合を考えて下さい。その〝オリジナル〟な感覚は、他人には見えないし、本人にとっても本当はどうだったか怪しい。そうなると、言語や芸術作品が〝オリジナル〟を、補完するという形で、実は代理しているということになります。「代補」がそういう特殊な経験だけの話だとすれば、それほど難しいことはないのですが、そうはいきません。私たちが、記号的なものが意味＝指示しているものを的確に把握しているのか怪しくなりますね。対象が本当はどうなっているのか確かめ

「根源性 originalité」と「代補 supplément」

〈supplément〉
⇒普通のフランス語：単に、「補足」とか「追加」という意味。
デリダ：「根源的なもの」あるいは「自然なもの」が見失われ、どういう形をしているか分からなくなっているところで、それを「補完」して、可視化するもの。⇒言語などの記号的なもの。単純に、「補完」するだけだったら、別にそれほど難しい話ではないが、
⇒記号が“オリジナル”を代理している。
「代補」は一回切りではなく、「代補の代補の代補……」と代補が無限に連鎖する⇒「差延」。
※ハイデガーによる作品の読解において「精神性」という“根源”を「代補」する言葉がどのように機能しているかにデリダは関心を向けている。

ようがありません。強いて言えば、〝本当の対象〟を記号的に再現することしかできません。そうなると、代補の代補の代補……と代補が無限に連鎖することになります。それは、「差延」でもあります。こういう風に、「代補」と「差延」は繋がっています。

ただ、ここでは、そうした「代補」の無限の「差延」が直接的に問題になっているわけではなくて、トラークルの作品において、あるいはハイデガーによる作品の読解において、「精神性」という〝根源〟を代補する言葉がどのように機能しているかにデリダは関心を向けているわけです。

> Geschlecht〔種―族、世代、性など〕は頽落している（velfallen）。この頽落は〔ハイデッガーによれば〕、プラトン的でもキリスト教的でもない。それが頽落しているのは、その正しい打撃（den rechten Schlag）を失ったからだ。かくしてそれは、あの一様《シンプル》な差異の正しい攻撃へと向かう径の、二重性（Zwiefache）を相剋的分裂（Zwietracht）から解放するための一様《シンプル》な二重性の優しさ（die Sanftmut einer einfältigen Zwiefalt）へと向かう径の途上にいることになろう。途上、この正しい打撃へと向かう回帰の道においてこそ、魂は異郷のもの（ein Fremdes）の、異郷の者（Fremdling）の後を追ってゆくのである。

「種―族」が「頽落」しているという言い方をすると、キリスト教文化圏の人なら、エデンの園でのアダムとエバの堕落を想像しそうですが、ハイデガーは「頽落」が起こるのは、「正しい打撃（刻印）」を失ったからだと

主張しているわけですね。これからすると、「打撃」というのはどうも、人間や諸事物が決まった方向へと運動し始めるきっかけとなる最初の衝撃、ビッグ・バンのような感じのもののようですね。ドイツ語で「根源」のことを〈Ursprung〉と言いますが、これは分解すると、〈ur-（原）〉＋〈Sprung（跳躍）〉となります。水がほとばしり出る源泉という感じですが、源泉の所に、水を押し出す「打撃」の力が働いているようですね。「種−族」はその「打撃」の力によってある方向へと進んでいるのだけれど、その運動の軌道から逸れて、「打撃」の作用をちゃんと受け続けることができなくなる、ということですね。「正しい打撃」とは、「打撃」との本来の繋がりを回復することで、ヘンな方向に落ちていく状態から抜け出せるということです。〈verfallen〉は、「落ちる」という意味の動詞〈fallen〉に、「歪んで」とか「誤って」という意味の接頭辞〈ver-〉を付けた言葉です。「腐敗する」という意味の〈verwesen〉の〈ver-〉もそういうニュアンスです。根源からの「打撃」を正しく受け止められなくて、ヘンなところに「落ちている」あるいは「現成している wesen」けれど、「正しい打撃」によって、本来落ちていくべき方向に戻っていく。本来の方向が示されることで、「種−族」の分裂も、どんどん腐敗が進行していくような破壊的なものではなく、差異を通して発展していくような生産的なものに転化する、ということでしょう。

「正しい打撃」を回復するには、魂は、「異郷の者」の後を追っていかないといけない、というわけですが、先ほど見たように、〈fremd〉という言葉は、本来、これから進んで行く方向性を示す言葉であったことを思い出して下さい。「異郷の者」は、単に場違いなものではなく、ある方向を指示しているわけです。

> この異郷の者とは誰か？　その足跡をハイデッガーはトラークルの詩のなかに追ってゆく。異郷の者、他の人（「古代語では」ener）、彼《か》の人（Jener）、向こう側、向こう岸の者、それは精神的な薄明のなかに没入してゆく者だ。そのために彼は立ち去り、離れ、別れを告げ、立ち退き、逝−去する〔dé-céder〕。彼は der Abgeschiedene〔世を捨てた人〕である。この語は通常、隠遁者や死者（逝った人、

生を全うした人〉のことを言う。しかしここでは、死から免れることはないにしろ、彼は、もう一つ別の日の出（Aufgang）に向かって遠ざかってゆく者の別離によって標づけられている。彼は死んだ、もちろんだ、だが彼は、狂気の者でもある限り、別れゆく死者である――Der Wahnsinnige〔狂気の者〕、これはハイデッガーが、ここでもまた、その日常の意味作用の底に目覚めさせようと望む語だ。実際ハイデッガーは、wana が ohne「……なしに」を「言わんとする」ものであり、Sinnan の「根源的に意味する」（bedeutet ursprünglich）ところは、旅する、ある場所を求めて進む、ある方向をとる、であると想起させている。気《サンス》〔＝方向、意味〕とは常にある道の方向《サンス》なのだ（インド－ヨーロッパ語では sent 及び set〔道〕）――異郷の者、逝－去した者は、単に死んだのでも狂っているのでもない。彼は、ある別の所に向かう道の上にいるのである。これこそ、トラークルが次のように書く時、聴き分けなければならぬであろうことだ――Der Wahnsinnige ist gestorben（狂気の者は死んだ）あるいは Man begräbt den Fremden（その異郷の者をひとは葬る）。

ドイツ語の語源学的な話が、あまり説明なしに続くのでついていくのが大変ですね。まず、「あの人」という意味の〈Jener〉ですが、この語にハイデガーが注目しているのは、トラークルの作品に、具体的に誰だかよく分からない〈Jener〉が登場しているからでしょう。これの語源になった古代のドイツ語が〈ener〉で、これは、「他の人」という意味でも使われます。「異郷の者」とほぼ同義と見ていいわけです。「異郷の者（他の方向に進んで入る人）＝他の人」は、他の作品で、〈der Abgeschiedene〉とも呼ばれているわけですが、これは文字通りには、「切り離されている者」という意味で、デリダが説明しているように、通常は、「世捨て人」とか「死者」という意味で使われますが、ハイデガーは、単純に消え去り、没落して行く人ではなく、「もう一つ別の日の出」に向かって進んで行く人と解釈しています。「正しい打撃」との新たな接点を求めているわけですね。

〔狂気の者＝死者〕というのが分かりにくいですが、これは直接的には『讃美歌（詩篇）Psalm』という作品に、「狂気の者は死んだ Der Wahnsinnige ist gestorben」というフレーズが出てくることを指しています。異郷の者が狂気に憑かれて死んだと謳われているけれど、それは実は、私たちから分かれて、新たな「日の出」に向かっているのだ、というわけです。当然、ハイデガーは「狂気 Wahnsinn」をネガティヴには捉えていません。この〈Wahnsinn〉は、〈Wahn〉と〈sinn〉の二つの部分から成ります。〈Sinn〉は、英語の〈sense〉やフランス語の〈sens〉と同様に、「感覚」とか「意味」といった意味です。この〈Sinn〉の語源を遡っていくと、「旅する」とか「ある方向を取る」という意味の、古高ドイツ語の〈sinan〉に行き当たります。その更に語源である、インドゲルマン祖語の〈sent〉や〈set〉は、「道」という意味です。そうなると、先ほど出てきたフランス語のもう一つの〈sens（方向）〉とも繋がってきますね。

ハイデガーによると、〈Wahn〉の語源である古高ドイツ語の〈wana〉は、英語の〈without〉に相当する前置詞〈ohne〉の意味だったということですね。そうすると、〈Wahnsinn〉は元々、「方向なしに」という意味だったということになります。「狂気」を抱いた「異郷の者」は、通常想定されているのとは別の方向を指し示しているわけです。最後の「その異郷の者をひとは葬る」は、『讃美歌』の中で、「狂気の者が死んだ」の少し後に出てくるフレーズです。

> 普通の翻訳ならこう言い表わすであろう。この異郷の者は死んだ、狂気だ、葬られた、と。彼の歩みは、亡霊のごとく彼を夜のなかに、未だ誕生していないものの一段と朝早い暁へと、生まれざるもの（das Ungeborene）へと連れてゆく。アルトーなら l'in-né〔生まれながらのもの／生まれざるもの〕と言うかもしれない。

異郷の者が死んで埋葬されたという話と、「日の出」とか「朝」の話を組み合わせると、キリスト教圏の人なら、イエスの死と復活を連想しますが、これまでの話からすると、ハイデガーは、「根源」からの

アントナン・アルトー

「正しい打撃」の再獲得という存在論的、あるいはニーチェ的なモチーフを読み取ろうとしているわけです。そうすると、「生まれざるもの」というのは、これから生まれてくる子供というより、新たな存在論的な始まりを含意しているように見えてきますね。アントナン・アルトー（一八九六―一九四八）は名前だけはよく聞くと思いますが、「残酷劇」と呼ばれる身体演劇を考案したフランスの演劇理論家で、作家・詩人でもあります。〈in-né〉という言葉は、ハイフンなしで〈inné〉だと、「生まれながら」「生来の」という意味になりますが、ハイフンを入れて、〈in-né〉とすると、「生まれている né」ことの否定になります。アルトーが『ヴァン・ゴッホ――社会が自殺させたもの』（一九四七）というエッセイで、「生まれる前のものの苦しみ la souffrance du pré-natal」という言い方をしているので、そうしたことを念頭に置いているのではないかと思います。デリダは、『エクリチュールと差異』（一九六七）に収められている論文「息を吹き入れられた言葉 La parole soufflé」（一九六五）で、アルトーにおける「身体」や「生」の問題について詳しく論じています。

「亡霊」〔revenant〕はハイデッガーの語ではない。多分彼は、否定的、形而上学的、または心霊現象的な共示意《コノテーション》の故に、この語が自らに押しつけられるのを好まぬであろうし、それら共示意を急いで告発するであろう。とはいえ、私はこの語を消去するつもりはない。それは精神の故にであり、われわれを未だに待っている精神のすべての二重化の故に、そして何よりもトラークルのテクストのなかで、少なくとも私がこの語を読んでみたくなるようなテクストのなかで、この語を呼び寄せるように思えるものの故にである。

ここは分かりやすいですね。『存在と時間』の最後から二番目の節以来、ハイデガーに取り憑き、分身化していた「精神＝霊」が、またもやハイデガーのテクストに「再来」し、三〇年代半ばと同様に不吉な

ものを予感させる。デリダはそのことを、恐らくハイデガーの意図に反するであろう形でしているわけです。「精神＝霊」の言い換えである、〈revenant〉というフランス語は、文字通りには、「再び来るもの」ということです。

> しかしそれ以上に、ハイデッガーのテクストそのものにおいて、この死者の往と来とを夜から暁へと向かう再－来すること〔re-venir〕として、そして最終的には、ある精神《エスプリ》〔＝亡霊〕の帰り来ることとして聴き分けるものに対する忠実さからである。最も新しい朝へと向かうこの亡霊の再－来〔re-venance〕を理解するためには、〔des〕《verwesenden Geschlechtes》の、腐敗せる種族の終末が始まりに先行するということを聴き取り、死が誕生より以前に、「より後」が「より前」以前にやって来るということを聴き取るためには、まさしく、時間のより根源的な本質に接近しなければならない。少なくともアリストテレス以来、われわれの表象を支配しているあの時間解釈「以前に」立ち帰ら〔revenir〕なければならない。〔des〕verwesenden Geschlechtes〔腐敗せる種族の〕終末として、終末は、生まれざる種族の（des ungeborenen Geschlechtes）始まり（Anbeginn）に先立って行くかのように見える。しかしこの始まり、このもっと朝早い朝（die frühere Frühe）はすでに、終末に取って替わっており〔relever〕、終末を追い越してしまっており、本当はそれに勝《まさ》っている（überholt）のである。そして時間の根源的な本質（das ursprüngliche Wesen der Zeit）は、まさしく原《アルシー》－起源《オリジーヌ》に〔後になってみれば〕保存されていたことになる。もし、いかにして終末が始まりに先立って行くと思われるのかが理解されないとすれば、それは、この根源的な本質がヴェールに覆われているからだ。われわれは未だに、時間のアリストテレス的表象の囚になっているのだ——継起、すなわち持続の量的・質的な計算のための次元である。この次元は、あるいは機械論的なやり方で、あるいは動力学的な形で、あるいは原子崩壊に釣り合うような形でさえ表象されることが可能である。

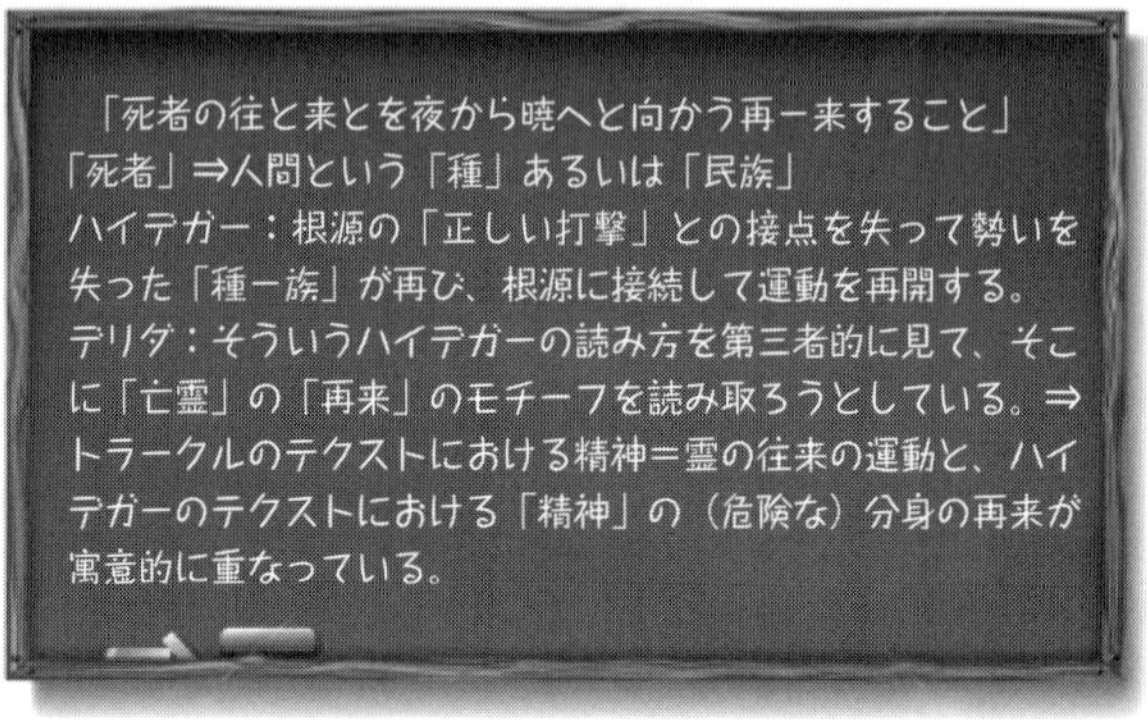
「死者の往と来とを夜から暁へと向かう再ー来すること」
「死者」⇒人間という「種」あるいは「民族」
ハイデガー：根源の「正しい打撃」との接点を失って勢いを失った「種ー族」が再び、根源に接続して運動を再開する。
デリダ：そういうハイデガーの読み方を第三者的に見て、そこに「亡霊」の「再来」のモチーフを読み取ろうとしている。⇒トラークルのテクストにおける精神＝霊の往来の運動と、ハイデガーのテクストにおける「精神」の（危険な）分身の再来が寓意的に重なっている。

「死者の往と来とを夜から暁へと向かう再−来すること」というのが分かりにくいですが、「死者」というのを、特定の個人ではなく、人間という「種」あるいは「民族」、もしくはその象徴と考えると、根源の「正しい打撃」との接点を失って勢いを失った「種−族」が再び、根源に接続して運動を再開する、という存在論・存在史的なモチーフが浮かんできますね。ハイデガーはそういう読みへと誘導しているわけですが、デリダはそういうハイデガーの読み方を第三者的に見て、そこに「亡霊」の「再来」のモチーフを読み取ろうとしているわけです。デリダの読みにおいては、トラークルのテクストにおける精神＝霊の往来の運動と、ハイデガーのテクストにおける「精神」の（危険な）分身の再来が寓意的に重なっているわけです。

「腐敗せる種族の終末が始まりに先行する」あるいは「死が誕生より以前に……やって来る」「『より後』が『より前』以前にやって来る」というのも、一つの種族がいったん終わって、それから新しい種族が始まるということなのか、それとも一つの種族の終末がその始まりに先行しているという逆説的な話なのか、どっちか分かりませんね。後の方の意味です。これは、「終末 Ende」という言葉に、「目的」という意味もあることを念頭におけば分かります。英語の〈end〉と同じです。つまり、ある存在者が存在し始める前に、それが向かっていく「目的＝終わり」が既に与えられている、ということです。これは、『存在と時間』での、現存在としての人間は本来的には、自らの「目的＝終わり」を思い浮かべて、それに向かって自己を「投企（設計）entwerfen ＝ project」しながら、分かりやすく言うと、想像的に形成しながら実存する、という議論を、「種族」レベルに応用しているのだと思います。私たちは自らの「終わり＝目的」を先取りしながら生きており、「終わり」へと向かって私の生きる時間が進行している。もっと砕いて言うと、人間は自分が将来においてどうなるか目的＝終わりを定め、それを目指して生きており、その行程として時間を経験している、ということです。種族も、そうした「終わり＝目的」を目指して生きているのだとすれば、「終末」が「始まり」に先行すると言えそうです。

アリストテレス以来の時間解釈というのは、時間を、前後という観点から見た運動の数と定義しました。「運動の数」というのが分かりにくいですが、これは、時間が運動の測定の尺度であるということだと考えて下さい。ある物体が、起点となる所から二分運動すれば、一分分の運動の倍ということになります。少し後で述べられているように、ハイデガーは、このアリストテレスの時間観が、近代の機械論的、動力学的な時間観の元になったと見ているわけです。「原子崩壊」に釣り合うというのは、多分、原子時計のように、原子の微細な運動を基準にした時間測定ということを言いたいのでしょう。ハイデガーはそういう風に、時間を、人間の生の方向性と関係なく、客観的に実在するものであるかのように捉える見方が優勢になったことで、「存在」と「時間」の関係が見えにくくなったことを指摘し、『存在と時間』でアリストテレス的な時間観に代わるものを呈示しようとしました。

「終わり（終末）」が「始まり」に先行すると言ったすぐ後で、「もっと朝早い朝 die frühere Frühe」が「終わり」に取って代わり、あまつさえ、凌駕する、と述べられているので、混乱してしまいますが、この「もっと朝早い朝」というのは、単なる時間的順序として先行する「始まり」ということではなく、通常の意味での「始まり」と「終わり」がそこから生まれてくる「原－起源 archi-origine」ということでしょう。通常の時間的な意味での「始まり」と、時間が生成する〝以前〟の「原－起源」が、いずれも「始まり」という言葉で表現されているので、分かりにくくなっているのだと思います。ハイデガーは、この「もっと朝早い朝＝原－根源」にまで遡ることで、「時間の根源的な本質」を再発見することができると考えているようです。ここまで来ると、トラークルの詩の解釈というより、解釈の形を借りたハイデガーの「存在−時間」論ですね。

ハイデガーは、このようにして「根源」へと遡ることで、「精神」にとって相応しい「思惟」を獲得することができると示唆しているわけです。これまで見てきたように、「薄明」や「夜」、そして「異郷の者」の「年」「道行き」「出発」、そして「逝−去（Abgeschiedenheit）」などが「精神的 geistlich」だとしているわけですが、それはどういう意味か？　デリダはそこに関心を向けます。少なくとも、通常のこの〈geistlich〉という言葉の意味のように、教会の聖職に関係するわけではないことは、ハイデガー自身が断っています。

優勢な意味はむしろ〔plutôt〕、とうに死んだ者の「より早い時」〔plus tôt〕に向かっている。この朝早すぎるまでの Frühe〔早朝〕へと、早春を上まわるこの原初〔initialité〕へと向かう、春（Frühling）の最初の時〔le premier temps du printemps〕にさえ先立ち、primum tempum〔第一の時、春〕の始源〔principe〕より以前に、前−前日にやって来る原初へと向かう運動だ。この Frühe はいわば、春の若々しさそのものの寝ずの番をしており、この早朝こそは、詩 Frühling der Seele（「魂の春」）がすでに約束しているものである。

最初に細かいことですが、「むしろ」という意味のフランス語の〈plutôt〉は、「プラス」「もっと〜」という意味の〈plus〉と「早い」という意味の〈tôt〉を合成した綴りになっています。この言葉遊びでデリダは先ほどの、「原−根源」という意味の「もっと朝早い朝」に注意を向けているわけです。「朝」という意味で使われているドイツ語の〈Frühe〉は、「早い」という意味の形容詞〈früh〉の名詞形です。〈die frühere Frühe〉は字面的には、「より早い早いもの」という奇妙な言い方になっているわけですが、最初の方の「早い」は、先ほど見たように、時間が誕生する〝以前〟の状態という意味でしょう。それから

「春」という意味の〈Frühling〉は、綴りから分かるように、〈früh〉に、「〜な人」あるいは「〜な物」という意味合いの接尾辞〈-ling〉を足して作った言葉です。〈geistlich〉は、通常の時間の流れが生まれる以前、「原－根源」にまで遡るという意味合いを含んでいる、ということのようですね。

一五五〜一五七頁にかけて、「約束する」という意味の動詞〈versprechen〉をめぐって、いろいろごちゃごちゃと述べられていますが、これは、〈versprechen〉が、「話す」とか「語る」という意味の〈sprechen〉と、〈ver-〉という接頭辞から出来ていることに関する言葉遊びです。〈ver-〉には、対象の運動や変化を明示するとか、対象を何かで覆うとか、大きな変化を生じさせるとか、いろんな意味があるのですが、「誤って」とか「歪めて」という意味もあります。無論、〈versprechen〉の〈ver-〉はそうではないのですが、デリダは、ハイデガーが使っている、「『魂の春』が約束している朝」という表現に拘って、「言語」による「約束」は、「誤って語られる」可能性があることを暗示しようとしているわけです。ハイデガーは、詩の言葉が、「もっと朝早い朝」「精神的なもの das Geistliche」に導いてくれると期待しているわけですが、この言葉は、ハイデガーの意図を外れて進んでいくかもしれないことを示唆しているわけです。トラークルの言葉がそれほど根源的なものだとすれば、それがハイデガーの期待通りのものではない可能性もありますね。

語 geistlich のこうした用法がなぜキリスト教的であってはならなかったのかは、今しがた見たところである。そして、なぜかくも多くの外観にもかかわらず、トラークル、いや少なくともトラークルの Gedicht〔詩に言われたもの〕が本質的にキリスト教的であるべきではなかったのかを。ハイデッガーはここで、同じ語の用法に、目に見えない引用符を書き込んでいる。こうしてこの語は、ある内部的な差異によって分割されているのだ。形容詞 geistig の方はといえばしかし、われわれが見たように、一九三三年以来、彼は絶えず、引用符なしで幅広く使用し、その責任を引き受けてきたのであっ

ハイデガー
「根源」へと遡ることで、「精神」にとって相応しい「思惟」を獲得することができると示唆。
「薄明」、「夜」、「異郷の者」の「年」、「道ちゆき」、「出発」、「逝ー去（Abgeschiedenheit）」
＝「精神的 geistlich」
⇒それはどういう意味か？　デリダはそこに関心を向ける。

括弧を外して、「精神」について積極的に語るようになった1930年代半ばのハイデガー：〈geistig〉という形容詞で表現される「精神性」＝力が失われたことによって、西欧の文化や学問が衰退しているという前提に立ち、その力が回復される可能性を探るべく、ナチスに期待したり、半神ディオニュソスの回帰を謳ったヘルダリンの詩に注目。
↓
トラークル論：〈geistig〉は、「形而上学的ープラトン的伝統」に属する言葉であるといきなり決め付け、この伝統にもキリスト教にも汚染されていない、より古く根源的な層に属する言葉として〈geistlich〉という形容詞を持ち出してきた。

たが、ここに彼は他の形の〔訴訟〕手続《プロセ》きをとらずに、この語に乱暴に暇を出すのである。こうした、誰の目にも明らかに非首尾一貫と映りうることでもって、彼は、あたかも二十年の間、自分が Geist〔精神〕の Geistigkeit〔精神性、霊気性〕を讃美しなかったかのごとく振舞う。この語、その名の下に、そして何たる高みから彼は「精神の脱〔権〕力化」のすべての形を告発したのであったが、今や彼は、形而上学的ープラトン的伝統という巨大で粗っぽく類型化した形式の内へとこの語を書き込むのだ。Geschlecht の彼《か》の Verwesen〔腐敗〕――人間種族の性差による分割への腐敗――に責任のある、またはその兆候をなすであろう形式の内にである。今こそ彼は、この語のうちにプラトニズム全体があると認めるのである。ここで vermeiden、始めに言及しておいた避けるという身振りが再び現われる一節を引用する方がよい。この語は、それに四半世紀さき立つ『存在と時間』にある同じ語の遅ればせの木霊《こだま》であるかのように鳴り響いている。しかし今や、ある深淵がこの響きを増幅する。ハイデッガーは、geistlich がキリスト教的意味をもっていないと書きとめたところである。その上で彼は自問するかのように装う。

ここでようやく、ハイデガーのトラークル論を、「精神」をめぐる彼の言説の変遷史の中にどのように位置付けようとしているか見えてきましたね。括弧を外して、「精神」について積極的に語るようになった一九三〇年代半ばのハイデガーは、〈geistig〉という形容詞で表現される「精神性＝力」が失われたことによって、西欧の文化や学問が衰退しているという前提に立ち、その力が回復される可能性を探るべく、ナチスに期待したり、半神ディオニュソスの回帰を謳ったヘルダリンの詩に注目したりしたわけですが、トラークル論では、〈geistig〉は、「形而上学的―プラトン的伝統」に属する言葉であるといきなり決め付けたうえで、この伝統にもキリスト教にも汚染されていない、より古く根源的な層に属する言葉として〈geistlich〉という形容詞を持ち出してきたわけです。

> なぜトラークルは geistige Dämmerung〔精神的な薄明〕や、geistige Nacht〔精神的な夜〕とは言わずに、geistliche〔Dämmerung, Nacht〕と言ったのか、と。こうだ――。
>
> それでは、なぜこの語《geistig》を彼は避けるのか（vermeidet er）？ それは、「精神的なもの《ガイスティゲ》」が物質的なもの（Stofflichen）に対立する反対物を名づけているからだ。この対立は、二つの領域の差異を表わしており（stellt...vor）、プラトン的―西洋的な言い方では、超感覚的なもの（noeton）と感覚的なもの（aistheton）との間の深淵（Kluft）を名づけている。
>
> このように理解された精神的なもの（Das so verstandene Geistige）は、時とともに合理的なもの、知的なもの、イデオロギー的なものとなったが、それは、その諸々の対立物とともに、〔des〕《verwesenden Geschlechtes》の、腐敗せる Geschlecht の世界観（Weltansicht）に属しているのである。

ここは分かりやすいですね。〈das Geistige（精神的なもの）〉という言葉が、「物質的なもの das Stoffliche」に対自する二項対立的なレベルの言葉である、ということですね。［超感覚的＝精神的 vs. 感覚的＝物質的」という、よく知られた二項対立です。「超感性的」な「精神的なもの」は、物質界の不安定さ、絶えざる変化を超えて、恒常的に存続するかのように思われているけれど、そうした二項対立自体が、「腐敗しつつある種族 der verwesende Geschlecht」、つまり自らの「本質 Wesen」から外れた在り方しかできなくなっている種族の「世界観」の反映だ、というわけですね。この二項対立の下では、「精神的なもの」は、「合理的なもの」、「知的なもの」、「イデオロギー的なもの」へと堕してしまう。だとすると、「原－根源」からの「正しい打撃（刻印）」を受けて、もう一度、力に満ちた在り方を回復するには、プラトン的な形而上学以前に遡らねばならないわけです。その位相を象徴するのが、〈geistlich〉という別の言葉であるわけです。

〈das Geistliche（精神的なもの）〉という言葉

一六一～一六二頁でデリダは、この〈geistlich〉という形容詞で象徴される、ハイデガーの新たな「精神」論を読解するに当たって、注目すべき三つの特徴線を呈示しています。

> 1　第一の特徴線。ハイデッガーは、これから私が引用するくだりにおいて、spiritus と pneuma〔霊気〕としての精神規定を端的に却下するのではない。彼はむしろそれを派生させる。息吹の、風の、呼吸の、吹き込み〔＝霊感（inspiration）〕の、吹き出し〔expiration〕の、嘆息の、炎に対する従属関係を主張する。Geist が炎であればこそ pneuma と spiritus があるのだ。だが精神はまずは、根源的には pneuma と spiritus ではないのである。

初回にお話ししたように、「精神」に相当するラテン語の〈spiritus〉とギリシア語の〈pneuma〉には、息吹とか呼気という意味もあります。英語やフランス語の〈inspiration〉も、語源であるラテン語〈inspirare〉の元の意味は「息を吹き込む」ことです。〈inspirare〉と〈spiritus〉が繋がっていることは綴りから分かりますね。「息を吹き込む」が、「霊感（霊気）を吹き込む」に転じて、それが更に日本語のカタカナ語にもなっている、もっと砕けた意味になったわけです。古高ドイツ語が「根源」に近いことを強調するハイデガーは、プラトン＝キリスト教的なニュアンスが強いこれらの言葉を排除しそうな気もしますが、排除しないで、「炎」に従属させたわけですね。「炎」から「息吹」が吹き付けるというイメージでしょう。

２　第二の特徴線。この運動のなかでは、ドイツ語の援用は動かしがたいものであるように見える。これがGeist の意味系を、ドイツ語の固有言語《イディオム》 gheis に託されている「根源的な意味」（ursprüngliche Bedeutung）に依存させるのだと思われる。

〈Geist〉の語源とされる〈gheis〉は「ぞっとしている」とか「扇動されている」「興奮している」といった意味です。これまで見てきたように、ハイデガーは、ドイツ語の古い意味の層に、「根源」に近いものが潜んでいるという見方をしているわけですが、「精神」の本当の「本質」もそこに見出されるということでしょう。

３　第三の特徴線。精神の肯定的規定―― *l'esprit en-flamme*〔精神は燃え上がらせる／炎に包まれている精神――の内にはすでに、最悪のものの内的可能性が住まっている。悪はその由来を精神そのもののなかにもっているのだ。それは精神から生まれるが、精確には、形而上学的－プラトン的 Geistigkeit〔精神性〕ならぬある精神からである。悪は、一般に精神に対立させられる物質や物質的感性的なものの側にはない。悪は精神的である。それは Geist でもある。ここからこの、一つの精神を他方の邪悪な亡霊《ファントム》にする別の内的二重性が来る。この二重性は、これから読むくだりでは、灰の彼《か》の白色を、灰の思惟〔の次元〕に到るまで変状させる。灰は、焼尽され、焼尽する命運に、自ら燃え上がる炎の燃焼に内属している。灰、それは炎の〈善〉だろうか、それとも〈悪〉だろうか？

フランス語の〈enflammer〉が他動詞だということは先ほど出てきましたが、ここでの〈en-flammer〉と

〈geistlich〉という形容詞で象徴されるハイデガーの新たな「精神」論
注目すべき三つの特徴線

1　第一の特徴線：Geist が炎であればこそ pneuma と spiritus が生じる。だが精神はまずは、根源的には pneuma と spiritus ではない。

「精神」⇒「息を吹き込む」が、「霊感（霊気）を吹き込む」に転じる。炎に従属させた「炎」から「息吹」が吹き付けるというイメージ。

2　第二の特徴線：ドイツ語の固有言語《イディオム》 gheis に託されている「根源的な意味」（ursprüngliche Bedeutung）に依存させている。

ハイデガーは、ドイツ語の古い意味の層に、「根源」に近いものが潜んでいるという見方をする。

3　第三の特徴線：精神の肯定的規定。

「燃え上がる精神」、〈geistlich〉という形容詞に対応する「精神」は、「悪」をも包含している。

形而上学－プラトン的、あるいはキリスト教的な世界観（「［精神＝善 vs. 物質＝悪］という二項対立」）を超えた、より根源的な層、より深い層に見出される「精神」、より根源的な精神性。

浄化のために、その場にいる人々を焼き尽くしてしまう「霊」の火こそ、人間の眼から見れば悪ではないか？　デリダから見ると、ハイデガーによる「精神＝霊」の二重＝分身化は、そういう危険を秘めている。

ハイフンを入れる言葉遊びはそれとは少し違う話です。三人称単数現在形の〈enflamme〉という綴りの時に、このハイフンを入れると、「炎の中にある en flamme」と読めます。通常は、〈en flammes〉と複数形にして、「炎上している」という意味で使います。この「燃え上がる精神」、〈geistlich〉という形容詞に対応する「精神」が、「悪」をも包含している、とハイデガーは考えているわけです。形而上学－プラトン的、あるいはキリスト教的な世界観では、「精神」は「善」で、「悪」は「物質的（感覚的）なもの」から生じます。〈geistlich〉は、そうした［精神＝善 vs. 物質＝悪］という二項対立よりも、根源的な層、より深い層に見出される「精神」、より根源的な精神性を指し示していることになるわけです。

キリスト教神学では、神が万物の創造者だとすれば、「悪」も神の創造によるということになるが、それは神の本性が「善」であるということと矛盾しないか、ということがずっと論じられてきました。キリスト教の神学者にとって、「悪」の起源が「神」の内にある、というのはなかなか認めがたいことです。キリスト教神秘主義者として知られるヤーコプ・ベーメ（一五七五―一六二四）は、神の暗い面を表す「怒りの火」から「悪」が生じたと明言しています。ハイデガーは、前回お話しした、三六年のシェリング講義で、シェリングの「悪」概念について論じています。トラークル論で、「精神」が「悪」を含むことをはっきり認める立場に立ったわけです。

　ハイデガー自身は「悪」について抽象的に語っているだけですが、デリダは、この「悪」の問題を、この講演の冒頭から問題にしている、人知を超えたところで発動する神の火、燔祭（ホロコースト）の火と結び付けて考えているわけです。浄化のために、その場にいる人々を焼き尽くしてしまう「霊」の火こそ、人間の眼から見れば悪ではないか？　デリダから見ると、ハイデガーによる「精神＝霊」の二重＝分身化は、そういう危険を秘めているわけです。

　一六二頁から節の終わりにかけて、デリダはこの三つの特徴が集中的に語られているところを自らフランス語訳して引用していますね。

> だが精神とは何か？　トラークルは彼の最後の詩「グロデーク」のなかで「精神の熱い炎」について（〔von der〕 heissen Flamme des Geistes）語っている（二〇一）。精神とは炎を上げて燃えるもの（das Flammende ――炎に包まれている精神）であり、そうしたものとして初めて、それは風吹くものである（それは吹く風息《スーフル》である ein Wehendes）。トラークルは精神をまず pneuma と理解しているのではない。霊気的〔＝精神的〕なものとしてではない（nicht spirituell ――ハイデッガーにおいて、この語の性起は極めて稀である）。そうではなく炎として、つまり燃え上がらせる［または燃え上がる ―― entflammt ――精神固有の本性とは、火がつき、あるいは火をつける（prendre ou donner le feu〔火を取る、あるいは与える〕）ためには、そして自己の外に脱自的に移行するためには、いかなる外

部性も必要としない自己触発的な彼《か》の自発性である。以下に見るように、それは自己外存在を自らに与えるのである。すなわち、炎に包まれた精神は——最善の場合にも最悪の場合にも、ただひとりで火をつけ、火がつく（donner et prendre feu〔火を与え、取る〕）。それは、精神が悪によってもまた自己触発をし（＝悪として自己を変状させ s'affecter du mal）、自己の外への移行だからである」、立ちのぼる［または狩り出す aufjagt］、更迭する［または置きかえる、または驚愕させる、運び移す、または移し入れる、追放する——entsetzt——この語、その意味系がまるごとこのテクストでは重要な役柄を演じており、《Geist》の語源上の派生においても間もなく再登場することになる］、平静の内に捕らえられなくする（ausser Fassung bringt）炎として理解しているのである。炎上とは、灼熱する輝きである。炎上するものは、自己の外に在るもの（das Aussersich）であり、これは明るくし、輝かせるが、しかしまた（indessen auch）次々となめ尽くし、すべてを灰の白さに焼き尽くすこともありうる（in das Weisse der Asche verzehren kann）。

「炎は最も蒼ざめたものの兄弟だ」と、詩 Verwandlung des Bösen（一二九）（「悪の変容」）に言う。トラークルは「精神」を、この語《Geist》の根源的な意味において（in der ursprüngliche Bedeutung）名づけられている彼《か》の本質から観ている。というのは、gheis とは、激昂し（aufgebracht）、運び移され＝驚愕に我を忘れ〔transporté〕［または移し入れられ、運び去られる——再び entsetzt だ——そしてこれは、私が思うに、最も規定力の強い述語である］、自己の外に自失して（ausser sich）あることを言うのだからである。

これまでの議論を踏まえると、結構、分かりやすいですね。ここだけ見ると、ハイデガーの言っている「炎」は現実の物理的炎ではなく、根源に位置する「精神」の「内」から、太陽から光が放出してくるような感じで、生じてくる強い（非物質的な）エネルギーのようなもので、それを浴びたものが、忘我状態になる、というようなイメージが浮かんできますね。後の方の段落から、ハイデガーが、先ほどの〈gheis〉こそが、根源的な意味での「精神」の本質だと見ていることが分かります。〈gheis〉は先ほどお話ししたように、「ぞっとしている」とか「扇動されている」「興奮している」といった意味合いの言葉ですが、ハイデガーは、これを「自己の外に自失して」という意味の〈ausser sich〉という表現で言い換えています。英語の〈beside oneself〉とかフランス語の〈hor de soi〉もそうですが、「自己の外に出ている」という抽象的な言い方が、怒りによって我を忘れている、本来の自分ではなくなっているという意味で使われます。この言い方を使うことにどんな意味があるかというと、単なる昂奮ではなくて、理性あるいは反省的自己意識のようなものの枠を外れてしまっているという哲学的なニュアンスが出せます。それが、ここで「脱自的 extatique」と言われていることです。

〈extatique〉は通常は、忘我状態を指しますが、ハイデガーは『存在と時間』で、現存在が時間性という形で、（未来・過去・現在における）自己自身に関わることを、「脱自的 ekstatisch」という形容詞で表現しています――この辺のことは、拙著『ハイデガー哲学入門』（講談社現代新書）など、ハイデガー関係の入門書で説明してありますので、そういうものを御覧下さい。ここでデリダが言っている〈extatique〉は、基本的には「忘我」の方の意味だと思いますが、『存在と時間』の時間論的な意味合いも多少含んでいると思います。因みに、これらの形容詞の語源であるギリシア語の〈ekstasis〉は、「外に」という意味の接頭辞〈ek-〉と、「立っていること」とか「配置」という意味の名詞〈stasis〉を合成してできた言葉です。

デリダが［　］の中で強調している〈entsetzen〉という動詞は、「置く」という意味の〈setzen〉と、「遠ざけて」とか「分離して」という意味合いの接頭辞〈ent-〉から合成されていて、デリダが列挙しているように、「運び去る」とか「追放する」といった字義通りの意味の他に、役職や任務から「更迭する」、

「驚愕させる」といった意味もあります。驚愕と共に、本来の「自己」の「外に」運び出され、「脱自」の状態になることを、この動詞がうまく表現しているわけです。ハイデガーはその〈entsetzen〉のショックによってもたらされる「炎」に、腐敗しつつある種族を再生させる力を期待したのかもしれませんが、それがかなり危ない発想かもしれないことを、デリダが示唆しているわけです。

言葉の三角形

最後の第X節に入りましょう。先ず、一六六頁の言語の三角形について論じられていることを見ておきましょう。

> われわれは、外見上は言葉《ラング》の三角形、ギリシア語（pneuma）、ラテン語（spiritus）、ドイツ語（Geist）を手にしている。ハイデッガーは息吹《スーフル》や呼吸《レスピラシオン》や吹入《アンスピラシオン》という、ギリシア語やラテン語に刷り込まれた巨大な意味系を失効させるわけではない。彼はただ、それらが根源性において劣ると言うにすぎない。しかし、彼がドイツ語に負託するこの根源性の代補が意味をもち、言い表わされうるのは、言語的―歴史的な三角形の、あるいはトリアーデの内部でだけであり、また、ヨーロッパのものでありながら、通常の表象のなかにある西洋ヨーロッパの彼方あるいは手前に、右のように解釈されたGeist〔精神〕によって達しもする「物」pneuma-spiritus-Geistの一種の意味の歴史に信を置く場合にだけである。

この三角形というのは、ドイツ語の〈Geist〉の優位、つまりドイツ語こそが「根源性の代補」であることを示すための三角形です。先ほども出てきたように、ギリシア語の〈pneuma〉やラテン語の〈spiritus〉の「息」という意味合いは、〈Geist〉の本性である「炎」に従属するものです。逆に言うと、ハイデガーの考える「根源」の意味合いの内、〈Geist〉ではカバーし切れない部分を、ギリシア語とラテン語で補っているわけです。三つの言語だけだったら、西欧哲学が根付いたそれ以外の国は包摂されないではないか、という疑問が出てきますが、ハイデガーは、そもそも他の言語による哲学を眼中に入れていませんし、フランス語や英語は、〈spiritus〉系の単語を使っているので、ラテン語に含めて考えることができます。ここでデリダが問題にしているのは、ハイデガーは元々、単に語源学的な話をしているつもりはなく、〈Geist〉という言葉が、「根源」の代補として最もふさわしいということのはずなのだけど、実際には、それぞれの言葉のコノテーション（含意）を比較して、〈Geist〉のそれが一番深いと考えられると言っているだけだ、ということです。ハイデガーが想定する［根源……→pneuma→spiritus→Geist→（根源との再遭遇）］という〈精神〉の生成史が信用できないとすると、この三角形の中で〈Geist〉を特権化する論法は何の意味もありません。

この三角形は起源からして、かつその構造自体において〈聖書〉のギリシア語ついでラテン語が pneuma と spiritus で翻訳しなければならなかったもの、すなわちヘブライ語の ruah〔気息〕へと開いたままなのではないか？

三角形は閉じているのではなく、「気息」という意味のヘブライ語の〈ruah〉の影響を無視できないのではないか、というわけです。旧約聖書で使われた〈ruah〉の訳語として〈pneuma〉や〈spiritus〉が使われるようになったので、これらの言葉に〈ruah〉の意味が刻印されているはずだというわけです。ハイデガーは元々聖職者かカトリック神学者になろうとしていたし、カトリック教会から離れた後、プロテスタントの神学も勉強した人なので、聖書的な知識は豊富なはずですが、肝心なところでヘブライ語の話をしません。デリダはそこに注意を向けているわけです。一六八〜一六九頁で、新約聖書の「コリント人への手紙」に見られる〈pneuma（気息）〉と〈psychē（魂）〉の区別は、旧約聖書の〈ruah（気息）〉と〈nêphêch（魂）〉の区別に由来すると述べられていますね。そのうえで、ハイデガーも、「精神 Geist」と「魂

言葉《ラング》の三角形

ドイツ語（Geist）

ラテン語（spiritus）　　ギリシア語（pneuma）

※この三角形というのは、ドイツ語の〈Geist〉の優位、つまりドイツ語こそが「根源性の代補」であることを示すための三角形。

⇒ギリシア語の〈pneuma〉やラテン語の〈spiritus〉の「息」という意味合いは、〈Geist〉の本性である「炎」に従属。
ハイデガーの考える「根源」の意味合いのうち、〈Geist〉ではカバーし切れない部分を、ギリシア語とラテン語で補っている。

※ハイデガーが想定する［根源……→ pneuma → spiritus → Geist →（根源との再遭遇）］という〈精神〉の生成史が信用できないとすると、この三角形の中で〈Geist〉を特権化する論法は何の意味もない。

三角形は閉じているのではなく、「気息」という意味のヘブライ語の〈ruah〉の影響を無視できないのではないか？　ハイデガーは肝心なところでヘブライ語の話をしない。
※デリダはそこに注意を向ける。「精神」の“本質”を描き出そうとするハイデガーの試みは、自らが依って立つ言語（ドイツ語）の足場を解体してしまう。
⇒「脱構築」。

Seele」の区別をしているのだから、この伝統の中で思考しているのではないか、と示唆しているわけですね。この系列の区分だと、〈ruah ≒ pneuma ≒ Geist〉が神自身の息吹＝霊であるのに対し、〈néphéch ≒ psyché ≒ Seele〉が、人間の身体に宿る生命原理のような意味合いになります。

ひとたびこうした巨大な問題が顕示されるや、囲い込みの、ハイデッガーがそのなかで東洋から西洋《オクシダン》〔＝夕暮れの国〕へと進むヨーロッパ的走行を繰り返し、かつそれを越え出ると自負する、言葉《パロール》の歴史的囲い込み《クロチュール》の正当性について疑問を抱くことができるのではないか？　とりわけ、他の特徴線《トレ》、たとえば時としてそれを「聖なる霊《エスプリ》」（ruah haqqobech, ruah qodech）たらしめる特徴線《トレ》の数々の内で、ruah もまた、Geist と同じように、自らのうちに悪を抱え込んでいるのだ。それは ruah raa に、邪悪な霊になりうるのである。

「東洋」から「西洋」へと進むというのは、前回お話しした、ディオニュソスと共に、一度西欧から去った神々が、東から帰って来るという図式です。具体的に帰着するのは、ギリシアではなく、ドイツです。しかし、ギリシアの東に位置するイスラエルのヘブライ語との関係を考慮に入れないで、この回帰図式を完結したものであるかのように考えるのはおかしいのではないか、とデリダが示唆しているわけです。ヘブライ語の〈ruah〉は本来、神の息吹＝霊のはずですが、旧約聖書には、神が人々を懲らしめるため、「悪しき霊 ruah raa」を送り込むという記述もあります。つまり、神の息吹＝霊も、人間の側から見ると、「悪」でありうるわけです。

今読み上げた箇所に続くところでデリダは、一九三三～三五年のハイデガーは、〈Geistigkeit〉という概念の下で、「精神の回帰」の図式を描いていたけれど、トラークル論の段階では、それよりも深い〈le Geistliche（霊火的なもの）〉という概念を持ち出し、〈Geistigkeit〉のレベルで満足する西欧のキリスト教的な形而上学を批判しているので、ある意味、彼自身の手で「精神の回帰」を破壊してしまっている、と示唆していますね。〈geistlich〉がより根源的な層を示しているのだとすると、西欧は元々、真の意味で「精神」を把握していなかったことになります。だとすると、そうした本質を見誤ってきた西欧の言語を分析し、相互に比較することを通して、「精神」の〝本質〟を描き出そうとするハイデガーの試み自体が成り立たなくなります。つまり、デリダの目から見ると、トラークルの詩を利用して、西欧的な言語における「精神」の表象の限界を描き出し、より根源に近い層へと遡ろうとするハイデガーの試みは、自らが言語的に依って立つ足場を解体しているわけです。もう少し分かりやすく言い換えると、どの言葉が、（言語による表象の可能性を超えた）「根源」をより的確に言い表しているのかを、言語によって論じようとし、しかも、その論じている過程で、従来の哲学が使っている既存の言語体系ではダメだと、その既存の言語体系を使って表明しているのですから、自己矛盾に陥るのは当然です。まさに、「脱構築」です。「脱構築」というのは、より完全な体系を構築しようとする試みが、自らの足場を壊してしまう可能性があることを、明らかにすることです。

一七〇頁以降、ハイデガーが〈geistlich〉と「悪」についてどう考えていたかについて、かなり複雑な考察を展開していますね。一七二頁に、先ほどのトラークル論からの長い引用、「脱自」に関するくだりの後に続く箇所が引用されています。見ておきましょう。

> このように理解された精神は、優しきものの、かつ破壊的なものの可能性のうちでその本質を繰り広げる（west）。優しきものは、炎を上げて燃えるものの（des Entflammenden）自己の外への自失を、いかにしても鎮圧することはなく（schlägt keineswegs nieder）、それを親しみの静けさのうちに集摂して（versammelt）おく。破壊的なものは、自らの激動のなかで自己を焼尽し（verzehrt）かくして悪意に満ちたことを押し進める（das Bösartige betreibt）放縦に由来する。悪は常に、ある精神の悪である。悪とその悪しき性質は、感性的なもの、物質的なものではない。それはまた、単に「精神的な」性質の（《geistiger》Natur）ものでもない。悪は霊火的〔＝精神的〕（geistlich）である〔……〕。

ハイデガーが「本質」という意味の〈Wesen〉を動詞化して使うことを好むというのは、覚えていますね。ここでの記述からすると、根源的な「精神」には、優しい静けさと、炎のような破壊の二面性があり、「悪」というのは、後者の側面の暴走に歯止めがかからない状態のようですね。その意味で、「精神」自体が悪の源泉だと言えるわけです。これは、物質的なものへの呪縛を悪の起源と見るプラトン＝キリスト教的な考え方とは一線を画しているようですね。

ハイデガーはこの一七年前のシェリング講義では、これとは微妙に違うことを述べていたようですね。

一七二〜一七三頁のシェリング講義からの引用に見られるように、この時点でのハイデガーは、動物は決して「悪意に満ちる」ことはありえず、悪意は「精神」に由来する、と述べていました。では、どうしてその悪意が生じるのかというと、シェリング論の内容の全体が関わってくるのでややこしいのですが、ごくかいつまんで説明すると、神や人間を含む万物には、自己自身の内に固執しようとする闇の原理と、自己を外に開いて、他のものとの統一を図る光の原理とが内在していて、基本的に後者主導で万物が生成しているのだけれど、前者が優勢になった時、「悪」が生じるということです。トラークル論の場合とあまり違わないようですが、「悪」を生じさせる転倒は、人間の「精神」に特有の現象だと言っているところが違います。つまり、シェリング論の段階では、動物とは異なる、人間の本質としての「精神」を想定して、それが自らの本来進むべき方向とは違う方向に進もうとする時、「悪」が生じるというような、依然として半ばキリスト教的な発想をしていたのだけれど、トラークル論になると、人間の精神よりも根源的なレベルの精神、いわば、神の精神＝霊の放つ光自体が、「悪」であると明言しているわけです。

一七四〜一七七頁にかけて、炎を発する「精神」が、「魂」を「異郷」へと追いやり、駆り立て、「魂」の方は、「精神」を保護し、育む関係にあるということが述べられていますね。この場合の「魂」というのは、精神によって突き動かされる人間の魂のことを指していると考えていいでしょう。もう少し特定すると、「精神」の炎に共感し、そこに自らの命運（Geschick）を読みとる詩人の魂でしょう。〈Geschick〉という言葉を、ハイデガーは個人ではなく、民族などの共同体の運命という意味で使います。先ほど見たように、「魂」は、身体性と結び付いているようですね。「魂」は、「苦痛 Schmerz」の中で「精神」に導かれていることが述べられています。この「苦痛」についてハイデガーもデリダも分かりやすく説明していないのですが、恐らく、魂が肉体を持っていることと関係しているのではないかと思います。ユダヤ＝キリスト教文化には、肉体を持っていることが苦しみの原因であるという考え方がありますし、生身の人トラークル論：プラトン＝キリスト教的な形而上学において想定されてきた、肉体的な“悪”と対立する“善”の主体としての“精神”ではなく、そうした二項対立を超えた「精神」

↓

根底より根源的な次元に位置する「精神」。
その内から、「精神」それ自体と、人間を含む万物を狂乱に巻き込む、力＝炎（霊火）が放出。

↓

「種一族」に「打撃」を与え、行くべき方向を「刻印」＋もう一つの「打撃」によって、分裂をもたらし、腐敗へと至らしめる。
※「炎」は、受肉した「魂」に「苦痛」を与え、「善／悪」を軽軽させる。
「種一族」の歩みは、滅亡で終わってしまうのではなく、再び、霊火によって再生への「打撃」がもたらされる。「精神」はそうやって、万物を集摂している。

間にとって、制御することができない、「精神」の「炎」を受けとめることは、耐え難い重荷になると考えられます。その苦痛に耐えるのが詩人であるというのが、ヘルダリン論以来のハイデガーの主張です。人間が「苦痛」を感じる存在であるからこそ、私たちにとって「善／悪」の区別があるのかもしれません。

一七八～一七九頁にかけて、「精神」は、最初の「打撃」によって「種族」を生み出し、方向付けるけれど、第二の「打撃」によって、分裂をもたらし、頽落させること、しかし、「精神」はその本質において、「集摂 Versammlung」であるということが述べられています。前々回と前回少しお話ししましたが、ハイデガーは、ギリシア語の「ロゴス」の動詞形である〈legein〉が元々「取り集める」という意味であること、そして、様々な事物を「取り集め」、関係付けるものとしての「ロゴス」を通して、諸事物＝存在者が現れる「存在」が浮かびあがってくることをしばしば強調します。そしてヘルダリン論では、その「取り集める」作用が「精神」に帰せられていたわけですが、ここでもその考え方が踏襲されているように思えます。

まとめると、トラークル論における「精神」というのは、プラトン＝キリスト教的な形而上学において想定されてきた、肉体（物質）と対立する〝精神〟、あるいは肉体的な〝悪〟と対立する〝善〟

の主体としての〝精神〟ではなく、そうした二項対立の根底にある、より根源的な次元に位置する「精神」であり、その内から、「精神」それ自体と、人間を含む万物を狂乱に巻き込む、力＝炎（霊火）が放出します。炎は、「種－族」に「打撃」を与え、行くべき方向を「刻印」しますが、その一方で、もう一つの「打撃」によって、分裂をもたらし、腐敗へと至らしめます。そのため「炎」は、受肉した「魂」に「苦痛」を与え、「善／悪」の対立を経験させます。しかし、「種－族」の歩みは、滅亡で終わってしまうのではなく、再び、霊火によって再生への「打撃」がもたらされます。「精神」はそうやって、万物を集摂しているわけです。

二つの道

デリダは一七九頁の後半で、「精神」をめぐるハイデガーの歩みをここまで見てきたことを通して、二つの道が見えてきた、その二つの道はハイデガーにおいて交叉している、と主張しています。

その道の一つ。トラークルの読解のうちにその足跡を辿ることができるが、その道は、ある約束の精神性へと連れ戻すことになろう。対立はしないものの、キリスト教に、キリスト教の起源（われわれがそれにいくつかの名を与えることができる当のもの）にさえも疎遠で、さらにもっと徹底してプラトン的形而上学とその帰結全体に疎遠であり、東洋－西洋の走行に対するある一定のヨーロッパ的規定に疎遠であるような約束の、である。Frühe〔早朝〕の最も朝早きものは、その最良の約束において、実はもう一つ別の誕生、もう一つ別の本質のものであり、遺言〔＝契約、聖書（testaments）〕のすべて、約束のすべて、出来事のすべて、われわれの記憶そのものである法と負託のすべての起源に〔おいて〕異質であるだろう〔hétérogène à l'origine〕。起源に〔おいて〕異質――これは同時に、ただ一度で三つの意味に聴き取られる。

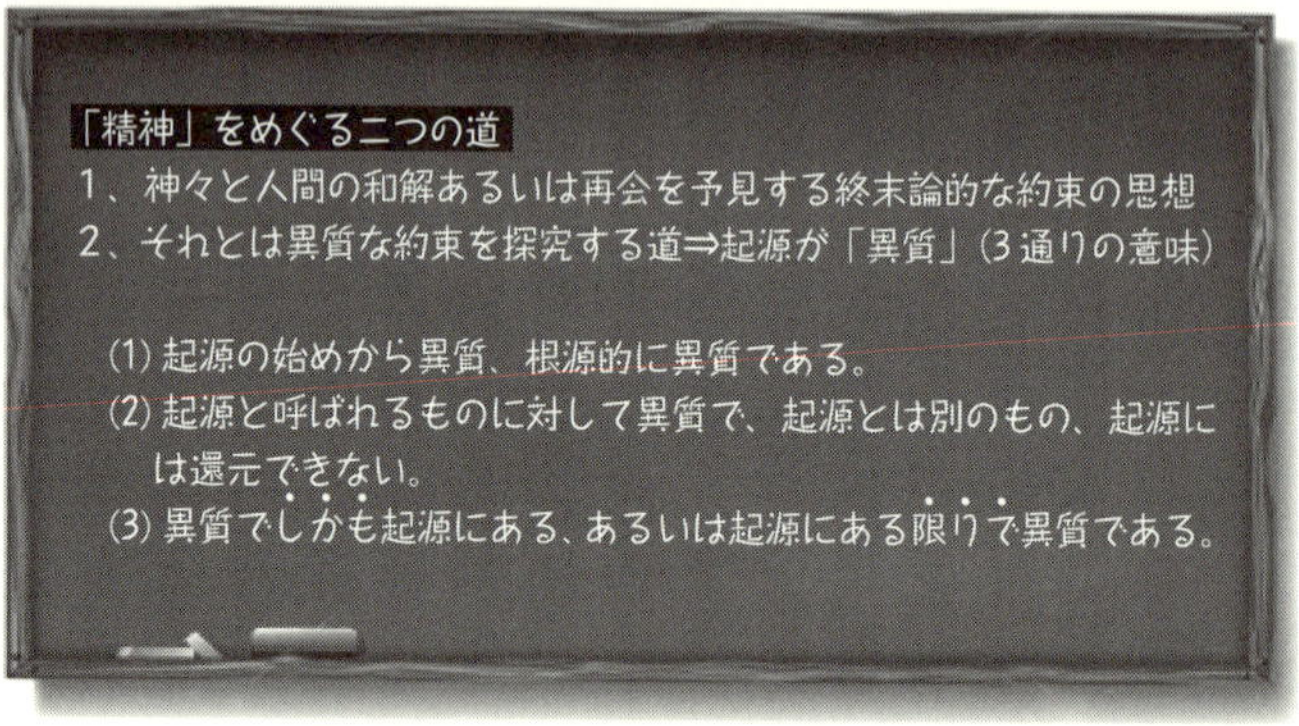
「精神」をめぐる二つの道
1、神々と人間の和解あるいは再会を予見する終末論的な約束の思想
2、それとは異質な約束を探究する道⇒起源が「異質」(3通りの意味)
(1) 起源の始めから異質、根源的に異質である。
(2) 起源と呼ばれるものに対して異質で、起源とは別のもの、起源には還元できない。
(3) 異質でしかも起源にある、あるいは起源にある限りで異質である。

これまでの話で大体分かると思います。少し分かりにくいのは、「約束 promesse」ということですが、これは、聖書に見られる、神との新旧の約束とは異なる約束ということでしょう。ユダヤ=キリスト教の「約束」というのは、民族の繁栄あるいは救いの約束ですが、ここでは、それに加えて、プラトン的形而上学やディオニュソス神話のようなものも含めて、西欧には、神々と人間の和解あるいは再会を予見する終末論的な約束の思想の系譜があると想定したうえで、それとは異質な約束を探究する道がある、ということが示唆されているわけです。その「約束」が従来の約束と異なるのは、起源が異質だからだというわけですが、デリダは、その「異質さ」は三通りに解釈できるとしています。

(1)起源の始めから異質、根源的に異質である。(2)起源と呼ばれるものに対して異質で、起源とは別のもの、起源には還元できない。(3)異質でしかも起源にある、あるいは起源にある限りで異質である、つまり起源に〔おいて〕異質であるが（1と2）、それは起源の起源にあるからだ。それが起源にあるがゆえに、かつそれにもかかわらず異質なのである。一度に「がゆえに」でも「にもかかわらず」でもある、それこそがこの思惟全体を振動させている緊張の論理形式に他ならない。死を通り抜け、没落〔=日の傾き（déchlin）〕を通り抜け、夕暮れの国《オクシダン》〔=西洋〕を通り抜けて最も根源的なものへと、ハイデッガーとトラークルとの Gespräch〔対話〕がわれわれを呼び招く先のものへと回帰を果たす円環は、聖書〔=遺言（Testaments）〕と呼ばれるものからヘーゲルやマルクス、その他何人かの近代人にいたるまで、われわれがそれについての思惟を相続した諸々の円環や循環〔=革命（révolution)」とは全く別のものだということになろう。したがって、これらの語「円環」、「死」、「没落＝日の傾き」、「夕暮れの国＝西洋」は古語《パレオニーム》となるであろう。それらは、われわれを彼方へと運び出すべきエクリチュールや読解《レクチュール》のなかでは、それらを宙吊りにしておくために必要な引用符をほどこしてのみ通用性をもつのである。

(1)と(2)が少なくとも字面的に矛盾する関係にあって、(3)がそれを強引にまとめていることは分かりますが、それぞれが具体的にどういうことなのか、特に(2)が分かりにくいですね。先ず、(1)で「起源」と「根源」という二つの訳語が当てられていますが、原文ではどちらも〈origine〉です。細かく言うと、「起源の始め」は〈l'origine〉と一語になっていて、「根源的に」は〈originairement〉と副詞形になっています。最初の方は、時間的な始まりという意味合いなので、念を入れて「起源の始め」と訳したのでしょう。この(1)の場合、西欧的な形而上学とハイデガーがトラークルに見出した「精神」とでは出だしから、根本的に違う、という一番普通の意味になるでしょう。(2)の場合は、全てのものがそこから派生する「起源」を想定する発想自体が、西欧の支配的な形而上学に由来するものであり、トラークル＝ハイデガーの「精神」は、そういうものとは異質な何かだ、ということでしょう。(3)は、そうした「起源が異なる」と言えるかどうかさえ分からないもの、トラークル＝ハイデガーが「精神」と呼んでいるものが、西欧形而上学の「起源」に居合わせていて、それは、その「起源」の更に〝起源〟とも言うべきものかもしれない、ということでしょう。恐らくハイデガーは、(3)のような考え方をしているのでしょう。(1)だと、「精神」について西欧的な意味での「哲学」の枠内で考える意味がないし、(2)だと、だったら、「精神」とは（「西欧」あるいは「哲学」にとって）一体なのか、何のためにそれについて語る必要があるのか、という疑問が出てきます。(3)だと、私たちが何となく分かったつもりで使っている「起源」という概念では包摂し切れない〝何か〟、デリダっぽく言うと、「残余」が〝あり〟、それが常に、「起源」をめぐる哲学的言説に亡霊のように取り憑く、というような後期のデリダらしい議論へと繋がりそうです。そういう「起源」にとっての他者のようなものが憑在しているからこそ、ハイデガーの思考には、西欧哲学の起源について語っているようで、そうとも言い切れない、微妙な感じが出ていて、それが彼の分かりにくさになっているわけです。それをかっこよく言うと、「思惟全体を振動させている緊張の論理形式」、ということになるわけです。

「聖書〔＝遺言（Testaments）〕」と呼ばれるものからヘーゲルやマルクス、その他何人かの近代人にいたるまで、われわれがそれについての思惟を相続した諸々の円環や循環〔＝革命（révolution）〕」というのは、具体的には終末史観やその世俗化ヴァージョンともいうべき、ヘーゲルやマルクスの歴史哲学のことを指しているのでしょう。神あるいは自然と一体の幸福な状態が崩壊した所から、人類の歴史が始まって、様々な葛藤・対立を通して歴史が進展し、最終的に、始原の幸福な状態に回帰するので、円環と言っているのでしょう。「革命」を意味する〈revolution〉が、元々、「回転」とか「循環」といった意味だったのはご存知ですね。あと、そうした西欧の終末論－歴史哲学的な思考が、見かけは違っても、同じような回路をぐるぐる回っているように見えることも、円環・循環と表現しているのかもしれません。

「古語」と訳されている〈paléonyme〉というのは、普通のフランス語の辞書には載っていないデリダ用語で、単に古い言葉ということではなく、意味内容とギャップがありそうな従来から使われている言葉ということです。新しい意味内容なら、新しい言葉を作ればいいではないか、現にデリダ自身、「差延」とか「脱構築」とか〈paléonyme〉とかヘンな言葉を作っているではないか、という気もしますが、どんどん新しい言葉ばかり作っていると、古い語彙による思考がそのままになるし、新しい言葉も気付かないうちに古い意味を引きずっているかもしれません。そこで敢えて、「古語」を使って、新しい事態（と思えること）を表現しようとする試みもあり得るわけです。ハイデガー＝トラークルの言っていることが、それまでの西欧の形而上学とは異質な内容であるとしても、その異質さを的確に表現できる語彙を私たちはまだ手に入れていないので、とりあえず「古語」を使わないといけないかもしれない。この本でデリダは「精神」が括弧に入っているかどうかにかなり拘っていますが、それはこの言葉がハイデガーのテクストの中で「古語」として機能しているからでしょう。

一八二頁からハイデガーとキリスト教の関係について改めて論じていますね。ハイデガーは、トラークルの「精神」を、脱キリスト教的なものとして呈示しようとしているわけですが、本当に違うのかという疑問が当然出てきます。デリダは、ハイデガーとキリスト教神学者の間の仮想の対話を想定します。一八三頁にかけてごちゃごちゃした記述が続いていますが、要は、ハイデガーもナチスもいきなり登場したわけではなく、キリスト教的なヨーロッパを母体として現れたわけなので、神学者からしてみれば、〝真の根源〟へと遡ろうとするハイデガーの試みと、自分たちが本当にやりたいことは根底において通じているように見えても不思議ではありません。実際、先ほどもお話ししたように、ハイデガーは元々神学系の人です。

という次第で、第一の者、つまり私が神学者と呼んだ人々と、彼らが代表しうる人々全員は、ハイデッガーに向かって言うであろう――「でもあなたが原–根源的な精神と呼び、キリスト教に疎遠だと主張なさっているもの、それこそキリスト教の最も本質的なものなのですよ。それは、あなたと同じように、数々の神学素や哲学素や一般に流布している表象の底に私たちが目覚めさせようとしているものなのです。私たちはあなたが言われていることに感謝していますし、私たちに聴くべく、考えるべく与えてくださる――そして実際、私たちも認めている――ものに対する私たちの全感謝を受ける権利があなたにはあります。それはまさに、私たちが久しい以前から探し求めているものなのです。それに、どれほどあなたが私たちに近いかおわかりですか？　あなたが約束のことを、あの Versprechen〔約束〕のことを、歴史の始まりと終わりの彼方の、西洋と同じく東洋の手前かつ彼方の早朝より早い暁のことをお話しになる時には。頽落（Verfall）と呪い（Fluch）のことをお話しになる時にはなおさら。さらに精神的な悪について話される時にはなおさら。さらにトラークルの詩句、

Gott sprach eine sanfte Flamme zu seinem Herzen:
O Mensch!
〔神は優しい炎を彼の心に語りかけた、
おお　人間よ！〕

の痕跡の内で、あなたが神のあの御言葉、神のSprechen〔語りかけ〕――それを私たちは、さきほど問題になったVersprechen〔約束〕に接近させたいと思っています――を名指される時、そして、私たちをEntsprechungへと、応答へと呼び招くあるZusprechen〔言い渡すこと〕ないしZuspruch〔慰め、励まし〕（教書、慰め、励まし）に御言葉を調和させる時にはなおさら。

ここは分かりやすいですね。ハイデガーがトラークル論で注目しているトラークルの詩の言葉のほとんどが、キリスト教神学の言葉に「翻訳traduction」できるということです。ハイデガーは、トラークルの詩の一見キリスト教的に見える言葉を、〝真の根源〟を露にする言葉へと翻訳することを試みているわけですが、それが可能だとすると、当然、その逆の可能性もあるわけです。つまり、これまでの西欧哲学・思想の歴史で、キリスト教には吸収しきれないと見られてきた要素を、より根源的にはキリスト教的なものとして「翻訳」する可能性です。トラークルの使っている〈geistlich〉とか「頽落」とか「呪い」とかいう言葉は、元々キリスト教において特定の用語で散々使われてきた言葉なので、後者の意味で理解する

方が自然な感じがします。

「呪い」については、ハイデガーが〈Geschlecht〉と〈Schlag〉の関係について説明している所で出てきます。「種－族」が「腐敗」へと定められているというのは、普通に考えると、「呪い」です。「呪い Fluch」あるいは「呪う verfluchen」という言葉は、確かにトラークルの作品に出てきます。その「呪い」の〝本来の意味〟についてハイデガーは、「呪い（Fluch）とはギリシア語では πληγή、私たちの言葉では《Schlag》と呼ぶ」と言っています。これはギリシア語の〈πληγή〉が、元々、「打撃」という意味で、聖書で、神によってもたらされる「災厄の一撃（打撃）」という意味で使われていることを利用して、〈Fluch〉の訳語と見なしたのでしょうが、よく考えてみると、同じドイツ語の中で、しかも別にギリシア語系の単語を多用しているわけでもない詩人の作品に関して、いったんギリシア語を介して、［Fluch（呪い）=Schlag（打撃）］とする解釈はかなり不自然です。素直に、「呪い」と考えた方がいいような気がします。

あと、終わりの方に出てくる「語る」ことを意味する〈sprechen〉系統の五つの名詞の内、〈Versprechen（約束）〉は、ハイデガーのテクストの〈Gott sprach…〉を解釈する文脈には出てきません――先ほど見たように、別の文脈には出てきます。デリダ＝神学者の付け足しです。趣旨は分かりますね。それだけ〈sprechen〉に拘るのだったら、「約束」が出てきてもいいではないか、霊火によって新たな始まりがもたらされるとしたら、「約束」という言葉が出てきた方が自然ではないか、ということでしょう。ただ、「約束」と言ってしまうと、いかにもキリスト教の旧約とか新約のような話を連想してしまいます。それで避けたのではないか、と神学者に示唆させているわけです。

余談ですが、先ほどの引用の中のトラークルの詩からの部分は、『カスパー・ハウザーの歌 Kasper Hauser Lied』という作品からです。カスパー・ハウザー（一八一二頃－三三）のことは、いろんな文学作品でテーマになっています。ハイデガーは作品名以外ではハウザーのことに言及していませんが、「根源」

ルドルフ・ブルトマン

への近さとか、何かに打ち出されて「異郷を行く魂」というハイデガーの論じているテーマには、ちょうどいい素材ではないか、という気がします。

デリダは、ハイデガーの対話相手の神学者として誰を想定しているのか具体的な名前を挙げていませんが、マールブルク大学でハイデガーの同僚だったルドルフ・ブルトマン（一八八四－一九七六）は相互に影響を与え合い、実存主義的な神学を構築したことで知られていますし、『存在と時間』は、プロテスタント系の思想家キルケゴールの実存主義的な思想の影響を強く受けていることが知られています——キルケゴールは、次回以降読むテクストで重要な役割を果たします。先ほど見たように、ハイデガー自身、「存在－神学」について語っていますし、彼と神学の関係を示している証拠は山ほどあります。

一八六～一八七頁で、それに対するハイデガーの仮想の応答が展開されています。

「ですがトラークルの Gedicht〔詩に言われたこと〕——そして彼と一緒に私が言っていることのすべて——が形而上学的でもキリスト教的でもないと断言したからといって、私は何ものにも対立しません。とりわけキリスト教には。そして頽落の、呪いの、約束の、救済の、復活のすべての言説にも。また pneuma と spiritus についての言説にも、そう忘れていました、ruah についての言説にさえです。私はただ、右のすべてが何から出発して可能になるのか、その当のものを控え目に慎ましく思惟しようと試みるにすぎません。それ（それから出発して……の何）は、久しい以前から覆われてきたのですから、自らが可能にするものでは未だないのです。〝それから出発して〟のそれ、根源的である以上のあの Frühe〔早朝〕は、まだ思惟可能性にはなっておらず、来たるべきものにとどまっています。ある円環がこの Frühe を前－前日から、未だ到来していないこの朝に至るまで引き連れて行くのですが、この円環は——未だに、あるいはもはやすでに——諸々のヨーロッパ形而上学の、いかなる種類

の終末論やメシアニズムや黙示録説の円環でもありません。私は、炎が霊的あるいは精神的な息吹とは別のものだとは言いませんでした。私が言ったのは、pneuma と spiritus とが、あるいは、あなたが力説なさるので、ruah 等が思惟されるのは炎から出発してである、ということです。私は単に Geist とはまずはこれやあれ、あるいはまたそれではない、と言ったにすぎません」。

ここも比較的分かりやすいですね。自分は、キリスト教で使われている用語を否定しようとしているのではなく、それらの用語の使用がいかにして可能になるのか、その原点とでも言うべきものを明らかにしたいだけなのだ、と言っているわけです。日本語としてかなりひっかかりのある「何から出発して」の原語は、〈à partir de quoi〉です。「〜から出発して」あるいは「〜以降」という意味で、普通に使われるフランス語です。「起源」とか「始まり」とか言ったらよさそうですが、デリダが仮想のハイデガーにそうさせないのは、そういう言い方をしたら、キリスト教的な言説が皮相なレベルに留まっていると明言しているような感じになってしまうということと、ハイデガーが、（特に）日常的な表現に存在論的に特別な意味を見出すことを得意としていたので、その意味でのハイデガーっぽさを強調してみたい、ということがあるのではないかと思います。

その「何から出発して」を、トラークルの詩の中の「早朝」あるいは「精神」という言葉に置き換えているわけです。その「早朝」が「久しい以前から覆われてきた」というのは、ここまで見てきたハイデガーの思考からして当然だとして、「自らが可能にするものでは未だない n'est pas encore ce qu'il rend possible」というのが、分かりにくいですね。これは、〝真の根源〟自体はまだ、〈ruah〉とか〈pneuma〉とか〈spiritus〉のような具体的な形を取っていないということでしょう。詩的言語で、「精神」とか「早朝」と呼ばれている〝真の根源〟が、キリスト教やユダヤ教の「神」と同一なのかは曖昧にしたまま、自分はそういうものを探究しているのだ、ということを、仮想のハイデガーは強調しているわけですね。

こうやって、ハイデガーの一見控え目そうな態度を描いておいて、デリダはそれをハイデガーの後退と呼んでいます。その後退が先ほどの二本目の道だということのようですね。

> ハイデッガーの退却〔retrait〕は、この交叉十字において、二つの歩《パ》のうちの一方、いやむしろ〔plutôt〕「より早き」〔plus tôt〕ものへの歩であろう。その歩《パ》は、この強力な思惟する反復《レペティシオン》を最も根源的なものへ、前―原―根源的なものへと向かう退去ないし前進となすにいたるが、退去ないし前進がより以上を――したがってよりよく――思惟するのだとしてもそれは、形而上学や数ある伝統の――宗教の、と言おう――遺産〔legs〕のなかに、より幅広くは、ハイデッガーが一九三五年に、それは常に精神の世界であると言っていたあの世界のなかに、たとえ未来の約束としてであれ、そこに在るもの以上のことは何も思惟しない場合に限られる。いずれにしろ、そこに在るもの以外は何も、別の内容は何も思惟しない場合に限られるのである。

もう一つの「歩」というのが、「最も根源的なもの le plus originaire」あるいは「前―原―根源的なもの le pré-archi-originaire」への「退去」ないし「前進 avancée」であることは分かりますね。しかし、これと先ほどの「歩」がどう違うのかピンと来ないですね。先ほどのは、従来の西欧的形而上学とは「異質なもの」をその原点（=「原―根源的なもの」）に立ち返って構築する、立ちあげるという、積極的な話だったわけですが、こちらは、そういうポジティヴな構えは取らず、とにかく、〈pneuma〉とか〈ruah〉の起点になったもの、前の歩で目指されていた原点の更に原点とも言うべき、「前―原―根源的なもの=最も根源的なもの=より早きもの」にまで遡って考える、ということでしょう。無論、そういう風にスローガン的に言っただけでは、実質的には何も変わらないかもしれません。それでデリダは、「たとえ未来の約束としてであれ、そこに在るもの以上のことは何も思惟しない場合に限られる」、と言っているわけです。要するに、従来の形而上学や宗教によって支配されている現状を革命的に変革することは試みず、これま

での歴史の記憶を「反復」し、「前－原－根源的なもの」を明らかにする理論的な営みに専念する、ということです。そうなると、ハイデガーにプラトン的形而上学の克服を期待する人たちを失望させるかもしれませんが、哲学者として堅実そうな感じがしますね。

一八九頁で、新たな内容がないではないか、という批判に対する仮想のハイデガーの側からの反応が示されていますね。

> なるほどそれは、ある新たな内容ではありません。しかし思惟への接近、諸々の霊気的－精神主義的な形而上学や宗教の可能性への思惟しつつある接近は、その可能性が可能にするものとは全く別のものへと開いています。起源〔において〕、異質であり続けているものへと開いています。あなたがたが存在論的で超越論的な単なる複製だと表現されるものとは全く別のものへと。だからこそ私は、自分がその最も朝早い可能性を思惟せんと試みている当のものに対立することなく、しかも伝統にある語以外の語を使うことさえせずに、全く別のものの道と交わる一つの反復《レペティシオン》の道を辿っているわけです。その全く別のものは最も厳密な反復のうちに自らを告げます。この反復はこの上なく目の眩むもの、最も深淵なものでもあるのです。

言い回しが回りくどいですが、言わんとしていることは分かりますね。単純に歴史をなぞっているわけではない、ということですね。古語を使いながら、従来の形而上学の歴史を「反復」しているうちに、「異質なるもの」への道が開けるかもしれない、と示唆しているわけです。デリダの言っている「反復」というのは、全く同じものが全く同じ状況において再現されるということではなくて、誰がどういう文脈で、どういう媒体を使って「反復」するかによっていろいろな差異が生じます。「反復」が「差延」をもたらすわけです。デリダは、この意味での「反復」にかなり拘り、記号の「反復可能性 itérabilité」、つまり、記号が〝同じ意味〟で反復的に使われるものとして想定されていること――及び、そのように想定さ古語を使いながら、従来の形而上学の歴史を「反復」しているうちに、「異質なるもの」への道が開けるかもしれない。
デリダの「反復」：全く同じものが全く同じ状況において再現することはない、誰がどういう文脈で、どういう媒体を使って「反復」するかによっていろいろな差異が生じる。
「反復」が「差延」をもたらす⇒記号の「反復可能性 itérabilité」。

※キルケゴール、ハイデガーの「反復 Wiederholung」：一度過ぎ去ったことを、自らの実存に引き付けて捉え直すというような、倫理的・実存主義的な意味合い。

れていても、不可避的に差異が生じてしまうこと——と関連付けて論じています。「反復可能性」の問題については、高橋哲哉さん（一九五六— ）の『デリダ——脱構築』（一九九八）で、詳しく論じられています。

こういう風に抽象的な言い方をしてもなかなかピンと来ないかもしれませんが、インターネットで考えると、ネット上のコピペでミスコピーが起こって、オリジナルなメッセージとは違うものになることはしょっちゅうありますし、全く同じ台詞でも、誰がどこで使うかによって、意味が違ってくることはありますね。「ウヨク／サヨク」とか、「反知性主義」とか、「リア充」とか。「哲学」の言葉は、そういうのに比べるとかなり硬いので、誰の目にも分かるように変化するわけではありませんが、それなりに変化します。実際、「存在」とか「理性」とか「精神」といった言葉は、「反復」の過程で次第にズレて来て、現代人から見ると、古代ギリシア哲学の思考は、理解しにくいものになっているわけですから。「反復」が異質なものに通じる可能性に期待するハイデガーというのは、「脱構築」や「差延」といった用語で知られるようになった初期のデリダ自身のイメージに近そうですね。

また、ここでデリダが直接念頭に置いているかどうか分かりませんが、キルケゴールやハイデガーは、「反復 Wiederholung」という概念を、一度過ぎ去ったことを、自らの実存に引き付けて捉え直すというような、倫理的・実存主義的な意味合いで使っています。この文脈では、そういう意味合いが込められていてもおかしくない感じがしますね。

一八九頁から一九〇頁にかけて、そうした慎重姿勢の仮想のハイデガーに対して、仮想の対話者からの応答のようなものが述べられていますね。これは恐らく、先ほどの神学者のことでしょう。

われわれは、一つの約束の記憶のなかで、または記憶の約束のなかで、この全く別のものに訴えかけています。それは、私たちが常に言ってきた、言うのを聞いてきた、聞くべく与えんと試みてきたものの真理に他なりません。誤解は、あなたはご自分で思って、また思っている振りをなさっているよりもよく私たちのことをお聞きになっているという所にあります。いずれにしろ私たちの方には誤解はありません。

こういう風にしてキリスト教の神学者と、折り合いが付くのであれば、めでたしめでたしということになりそうな気もしますが、少し、気持ちが悪い感じがしますね。神学者の言い分を認めることは、キリスト教の枠内で思考していること、「根源」や「精神」について考えることは、結局、キリスト教の神について考えることだと認めることになるからです。言い換えると、私はお釈迦さまの手の上をぐるぐる回っていた孫悟空だと認めることです——この比喩で、デリダが「円環 le cercle」という言い方をしている意味が少し分かりやすくなるのではないでしょうか。元々、キリスト教神学の影響を強く受け、神秘主義っぽい言葉を多用するハイデガー自身については、それでいいかもしれません。

しかし、ハイデガーを批判的に継承し、「精神／物質」「理性／非理性（狂気）」「超感性的／感性的」「人間／動物」「男性／女性」といった、西欧の形而上学を特徴付ける一連の二項対立図式の抑圧的性質を暴露し、脱構築することを目指してきたデリダとしては、それで良しとするわけにはいきません。ホロコースト（燔祭）をもたらしたのは、ナチスのような「精神＝神の御霊」の伝統を破壊しようとする野蛮な輩であって、それを防ぐには、本来の「根源＝精神」へと立ち返るしかない、というような正統キリスト教的な発想は、デリダにとっては、哲学の死でしょう。彼としては何らかの形で、「異質なもの」、「前

―原―根源的なもの」に至る道を探りたいことでしょう。しかし、それを積極的に打ち出しすぎると、ハイデガーのように、新たな創造（と破壊）をもたらす「精神の火」を求める、危険な形而上学にはまり込んでいくかもしれないし、謙虚になりすぎると、キリスト教、あるいはユダヤ＝キリスト教の伝統に飲み込まれて埋没してしまうかもしれない。デリダは、ハイデガー論という形で、自らの置かれているディレンマを表現しているのかもしれません。

■質疑応答

Q　ハイデガーは結局キリスト教的なものから抜けられなかったということだと思いますが、デリダ自身は、その問題意識を引き受けて、キリスト教的なものやユダヤ人的なものに対してどう対峙しようとしたのでしょうか？　今のお話からすると、あまり明確なスタンスを取ることはできなかった、ということかもしれませんが。

A　当然、距離を取ろうとしているわけですが、単純に反キリスト教や反ユダヤ教をスローガンにし、それとは異なる倫理や宗教を求めても、二項対立を再生産するだけです。単なる再生産ならまだしも、もっと抑圧的、つまり異質的なものを暴力的に排除するような、〝悪しき形而上学〟を作り上げてしまうかもしれない――何をもって、「悪しき」と言うのかが問題ですが、ここでは便宜的にそう言っておきましょう。ナチスにしろ、スターリン時代のソ連にしろ、古き世界観を破壊して、新しい存在の秩序を作り出そうとしたわけです。

そこで、「根源」の更に根源を探求することを通して、自らもその中に属している「形而上学」を脱構築するという迂遠な戦略が必要になるわけです。「根源」を求めるという発想は常に危険です。ナチズムもハイデガーも、民族の真の「根源」を再び見出そうとしたわけです。正統マルクス主義は、人類の原初的な状態を再現しようとした。「反復」には、そういう危険もあります。人間の生を〝生き生き〟したものにしていた〝原初的な力〟を再現してしまう危険です。「脱構築」が成功して、そうした力が解き放たれないとも限らない。あるいは、結果的に同じことですが、〝生き生きしたもの〟を再現しているつもりで、排他的な秩序を作り出そうとする「エクリチュール」の罠に囚われてしまうかもしれない。「エクリチュール」は、「主体」の内に入り込み、その意志や思考を一定の方向に誘導します。私たちが、言語や記号を介して自己を形成している以上、「エクリチュール」の支配から完全に逃れることはできません。そうした「形而上学」や「エクリチュール」の逃れがたさの問題を考えると、キリスト教やユダヤ教について一概に良し悪しを論じることはできません。ただ、それでも、後期のデリダは、キリスト教やユダヤ教によってもたらされた「倫理」に含まれるアポリアを直接論じるようになります。『精神について』は、その転換期の著作だと言えるでしょう。

Q2　炎に包まれる〈Geist〉があったとして、それがどうして〈spiritus〉や〈pneuma〉よりも始原的なのかが分かりません。炎は火事などがないと起こらないというイメージがあるので。自ら火が出ると言われても、霊気よりも、「炎」が先にあるという感覚が分かりません。

A2　比喩なので、元のイメージを共有できてないと、納得できないのは致し方ないことですが、ハイデガーの場合、燃焼というより、太陽のように最初からエネルギーが充満していて、内側から燃えあがってくるような感じなのでしょう。恐らく、炎がどういうメカニズムで発生するかはどうでもよくて、生命や秩序を生み出したり、破壊したりする力の究極の源泉を想定し、それを探求するということが重要なのでしょう。「気息」というのは、そのエネルギーの通り道なのでしょう。

Q2　ロジカルに説明するのではなく、詩的に表現しようとしているわけですか。

A2　人間の意志、理性、論理を生み出した源泉に迫っていこうとすれば、当然、〝論理〟以前の状態を記述しなければなりません。物理学だったら、数式によって物質の根源を描き出すことができるかもしれませんが、人間がいかにして普遍的論理を見出すのか、という話をしているのですから、その論理を自己言及的に適用することはできません。それだと、哲学が依拠する〝普遍的論理〟が、自分で自分を正当化する円環を描くだけに終わってしまいます。それでいいと言う哲学者もいますが、ハイデガーはそうではないようです。『存在と時間』の少し後くらいまでは、哲学の論理を精緻化することによって「根源」≒「存在」に迫っていこうとしていたようですが、ヘルダリン論の頃から、そのことの限界を自覚して、詩人の言語に依拠するようになったわけです。トラークル論になると、その傾向が更に強まって、完全にトラークルの詩的言語の世界に没入して、その中で思考しようとしているような感じになります。ただ、先ほど見たように、相変わらず、自らの「精神」論を無理やりに当てはめようとしているわけですが。一九三〇年代以降ハイデガーが、ソクラテス以前の哲学に強い関心を示すようになったのも、哲学の論理を超えた、詩（ポイエシス）的性格の強い〝論理〟を求めていたからだと見ることもできるでしょう。

［講義］ 第四回

責任の主体の生成——『死を与える』1（第一—第二節）

前回まで読んだ『精神について』では、「精神」というキーワードを手がかりにして、西欧の形而上学の〝根源〟へと迫り、新しい知を打ち立てようとするハイデガーの歩みを辿っていきながら、〝根源〟をめぐる思考の危険性を指摘します。〝根源〟は、「ホロコースト（燔祭）」の炎を招きよせるかもしれない。それはデリダ自身にとってのジレンマでもあります。デリダ自身も、西欧の形而上学の〝根源〟を探り出し、異なる道を探りたいのだけど、それだとハイデガーと同じように、〝根源〟の形而上学に迷い込んでしまいかねない。

『精神について』では、ユダヤ＝キリスト教の「精神」と、ハイデガーのそれとの異同が問題になり、ユダヤ＝キリスト教の呪縛から離脱するのは容易でないことが示唆されましたが、今回から読む『死を与える』はそこがさらに前面に出てきます。デリダが、ユダヤ＝キリスト教にいかに対峙しようとしているか、その試行錯誤が示されている著作です。タイトルから分かるように、死をめぐる実存主義的・倫理的な問題が扱われています。刊行されたのは一九九九年です。厳密に言うと、元々のテクストは一九九〇年に行われた「ジャック・デリダと贈与の思考」というコロ―ク（討論会）で発表されたデリダ自身の論文です。このコロークの記録全体が一九九二年に刊行されます。一九九九年に、デリダのテクストだけ独立させ、多少手を加えたうえで、テーマ的に深く関係する「秘密の文学 La littérature au secret」というテクストと合わせて一冊として、改めて刊行されます。今回テクストとして使うちくま学芸文庫の訳は、この九九年の版全体を訳したものですが、「死を与える」本体だけ読むことにします。

この著作は四章立てですが、本日、主として読む「一 ヨーロッパ的責任のさまざまな秘密」では、デリダ後期の倫理的な思想の中において大きな位置を占める、「責任」の問題がメインテーマです。デリダは、レヴィナス論である論文「暴力と形而上学」（一九六四）で既に、レヴィナスの――「全き他者」論と結び付いた――「責任」論について批判的に検討していますが、自らの「責任」論を本格的に展開しているのはこのテクストです。「暴力と形而上学」は、『エクリチュールと差異』に収められています。〈responsabilité〉、あるいはそれに対応する英語の〈responsibility〉は、「応答する」という意味の動詞〈répondre〉〈respond〉をいったん形容詞にしたうえで、名詞化したものです。つまり「応答可能性」ということです。高橋哲哉さんが講談社「現代思想の冒険者たち」シリーズの『デリダ――脱構築』で、「責任」＝「応答可能性」について解説して以来、デリダのことをよく知らない人でも、何となく、「責任」とは「応答する」ことであると言うようになりましたが、そういう議論の原点がこのテクストです。因みに、「秘密の文学」は、次回読む、アブラハムのイサク奉献に関する部分と深く関わっています。

「責任」

では、「死を与える」というタイトルと「責任」がどのように関わってくるのか。本文の冒頭の一文を見て下さい。

『歴史哲学に関する異教的試論』のひとつにおいて、ヤン・パトチュカは秘密と責任を関係づけている。

チェコの哲学者ヤン・パトチュカ（一九〇七－七七）の著作『歴史哲学に関する異教的試論』（一九七五）に即して議論が進んでいくわけですね。邦訳は、『歴史哲学についての異端的論考』というタイトルで、みすず書房から刊行されています。この邦訳には、テーマ的に関連の深い他の著作も収められています。二五〇頁の訳注でパトチュカについて説明がありますね。見ておきましょう。

> ヤン・パトチュカ Jan Patočka（一九〇七～一九七七）はチェコの代表的な現象学者。東ボヘミアのトゥルノフに生まれる。一九二八～二九年にパリのソルボンヌ大学に留学し、フッサールの現象学を発見する。一九三二年プラハのカレル大学で哲学博士の学位取得後、ベルリンとフライブルクに留学し、フッサールとハイデガーの教えを受ける。

ヤン・パトチュカ

一九二八～二九年と言えば、ちょうどフッサールがフライブルク大学を引退し、ハイデガーが後任になった頃です。前年の二七年に『存在と時間』が出版されており、ハイデガーの人気が一気に高まった時期です。フッサールの主要著作『イデーンⅠ』は一九一三年に刊行されていて、二八年には彼の時間論として有名な『内的時間意識の現象学』、三一年には後期の代表的著作『デカルト的省察』が刊行されます。パトチュカがフライブルク大学でハイデガーの下で学び始めたのは、一九三三年です。ナチス政権が誕生した年です。パトチュカは三六年にプラハのカレル大学の助教授に就任したのですが、「三九年のナチスによるチェコスロヴァキア侵攻によってチェコ語を用いる大学が閉鎖され、職を奪われ」（二五〇頁）ます。この辺の事情については、『歴史哲学についての異端的論考』の訳者の石川達夫さん（一九五六－　）が、訳者解説で詳しく述べてくれています。オーストリア＝ハンガリー帝国の解体で出来たばかりの当時のチェコスロヴァキアでは、ドイツ語系の教育機関とチェコ語系のものが並立していました。因みにフッサールもチェコ地域出身です。しかし、ナチスがドイツ系住民の多いズデーテン地方の併合を要求し、それを達成した、残った部分も併合すると、ドイツ化が行われます。パトチュカは大学の助教授の職を奪われた後、高校で哲学を教えていましたが、戦争末期の四四年にはその職も奪われます。ナチスからの解放後、大学に復職しますが、今度は四八年にチェコがソ連の衛星国家になり、共産党への入党を断ったパトチュカはまた失職します。チェコスロヴァキア科学アカデミー教育学研究所という所で、一七世紀のチェコの有名な教育学者コメニウス（一五九二―一六七〇）の著作の整理・編集の仕事に従事しました。そうした哲学関係の編集の仕事をしながら、私的ゼミを行ったり、現象学関係の自著を出したりしています。六八年の「プラハの春」の時期に、カレル大学に教授として復職するのですが、ご存知のように、ソ連の軍事介入のために、ドプチェク（一九二一―九二）が率いる改革政権は崩壊し、パトチュカも解職され、彼の本は図書館や書店から消えることになります。七七年に、後に大統領になった劇作家のヴァッラフ・ハヴェル（一九三六―二〇一一）等を中心に、政府の人権抑圧に抗議する知識人等の「憲章77」の運動があり、その発起人の一人になりましたが、そのため逮捕され尋問を受け、健康状態も良くなかったため亡くなります。因みにデリダは、八一年にチェコの反対運動を支援するためにフランスの知識人たちで結成されたヤン・フス協会の創設に参加し、副会長に就任しましたが、そのため、この年プラハで開かれたセミナーに参加した際、麻薬運搬の容疑をかけられてプラハ空港で当局に逮捕されています。『死を与える』の元になったコロークが開かれたのは一九九〇年一二月ですが、そのちょうど一年前、東欧での一連の社会主義政権崩壊の流れの一環で、チェコでも共産党政権が崩壊し、ハヴェルを大統領、ドプチェクを連邦議会議長とする新政権が成立します。その後、チェコ人とスロヴァキア人との間の対立が表面化し、現在のように二つの共和国に分かれることになりました。

『歴史哲学についての異端的論考』は、フッサールの現象学とハイデガーの存在論をベースにして、独自の歴史哲学を展開したものです。六つの章で構成されています。テーマ的に連続していますが、体系的に連続しているという感じではなく、歴史に関する論考を集めた感じです。フッサールは哲学・思想史にはそれ程強く興味を持っていませんでした。諸科学の基礎としての現象学を確立するうえで必要な哲学者は参照していますが、デカルト、ロック（一六三二－一七〇四）、ヒューム（一七一一－七六）等、科学哲学的に重要な人物に限られていました。それに対してハイデガーは、プラトン（前四二八／四二七－三四八／三四七）、アリストテレスについてかなり細かい分析をしていますし、それより以前のフォアゾクラティカー（Vorsokratiker）、つまりソクラテス（前四六九頃－三九九）以前のギリシアの哲学者の読解を行い、パルメニデス（前五一五頃－四五〇頃）からニーチェまでのヨーロッパ哲学史のおさらいをしています。ハイデガーがそれらの哲学者の言説を探求したのは、「存在」概念の変遷を明らかにし、これまでこの講義でお話ししてきたような、新たな存在論を切り開こうとしたからです。「存在史 Seinsgeschichte」と呼ばれるものです。しかしハイデガーは、歴史の発展の法則を明らかにする、ヘーゲル主義やマルクス主義のような、いわゆる歴史哲学は展開していません。「存在」それ自体に由来する共同体の運命としての「歴運 Geschick」については『存在と時間』で論じていますが、その「歴運」が具体的にどのように展開していくのか、歴史はどこに向かっていくのかという議論はしていません。

パトチュカは、認識の問題に集中していたフッサールよりも、実存を論じたハイデガーの方により強く関心を持っていましたが、真理を求める主観の歴史的運動を視野に入れず、世界における主観の在り方をあまりに静的に捉えていると批判し、自分なりの歴史哲学を展開します。簡単に言うと、人間の「主体性」の発展をめぐる歴史哲学を展開しているわけです。この著作は以下のような六章構成です。「1　前史的考察」「2　歴史の始まり」「3　歴史に意味はあるか？」「4　ヨーロッパと、十九世紀末までのヨーロッパの遺産」「5　技術文明は堕落したものか？　そして、それはなぜか？」「6　二十世紀の戦争と、戦争としての二十世紀」。

デリダが『死を与える』で主に参照しているのは第五章で、一部に第六章からの引用もあります。第一章「前史的考察」では、私たちの「自然的態度」や「生活世界」をめぐるフッサールやハイデガーの議論と、歴史以前の段階、神話学や文化人類学的な内容、例えばギルガメッシュの神話等を対応させています。その後の章でも、超越論的主観性や志向性というレベルでの、人間の「生」の「目的」をめぐる現象学をはじめとする哲学の諸言説と、歴史学的事実や政治・宗教思想を対比する形で議論を進めています。全体的に見て、ハイデガーを含めた意味での現象学の議論に独自の視点を加えながら、人類あるいは人間性の歴史的発展に即して具体的に肉付けしていく感じです。その中で「自由意志」とか「責任」といった問題も扱われています。

「秘密」と「責任」の関係

『死を与える』の冒頭に戻りましょう。先ほどの一文の続きを見て下さい。

より正確に言うならば、聖《サ》な《ク》る《レ》ものの秘儀《ミステール》と責任を関係づけている。彼はそれらを対立させる、というよりはむしろ異質性を強調する。後のレヴィナスを思わせる口調で、パトチュカは聖なるものの経験や融合的な熱狂に警告を発するのだ。とくに彼が警戒しているのはダイモーン〔神霊〕的なものによる強奪である。ダイモーン的なものによる強奪はひとを無責任にし、責任の意味や意識を失わせてしまうという結果《エフェ》を生みかねないし、そうしたことをそもそもの使命《デスティナシオン》とすることもあるからである。

先ほどは、「秘密」と「責任」の関係という謎めいた話が出てきましたが、今度は、「秘密」を「聖なるものの秘儀 le mystère du sacré」と言い換えているわけです。余計にややこしくなりそうですが、「聖なるものの秘儀」というのを比喩的な話ではなく、宗教の起源――「宗教」という言い方には気を付けないといけないのですが、話を簡単にするために、ここでは「宗教」と言っておきます――としての儀礼的なも

「ダイモーン」：英語の〈demon〉の語源になったギリシア語。
元々、「神霊」とか「運命の力」という意味。人々を熱狂させ、意識を失わせてしまう「聖なるもの」の働きを、「ダイモーン的」と形容。

パトチュカ＝レヴィナス＝デリダ：熱狂や恍惚はむしろ人を無責任にする
→神霊的熱狂は、宗教とは異なるが
⇒宗教が明確にする「動物的なもの l'animal ／人間的なもの l'humain ／神的なもの le divin」の境界線を、「ダイモーン的なもの」がかき乱す。

のことだと考えると、少し分かりそうな気がしてきますね。「聖なるもの」に対する関係から、「責任」が生じてきた、という話なのではないか、と想像が付きますね。実際そうです。

直接出てきませんが、恐らく、神学者で宗教学者のルドルフ・オットー（一八六九－一九三七）が『聖なるもの Das Heilige』（一九一七）で展開した、「慄かせる秘儀 mysterium tremendum」としての「聖なるもの das Heilige＝形なき神的なもの Numinoses」が宗教の起源である、という議論がベースにあるのではないかと思います。「慄かせる秘儀」という言葉は、二〇頁に出てきますが、これに対する訳注で、オットーのことが言及されていますね。「聖なるもの」の秘儀は、人々を恍惚とさせる「魅惑する秘儀 mysterium fascinans」でもあります。「秘儀」と「責任」が関係しているけれど、地続きではなく、異質であるというのは、この時点ではまだはっきりしませんが、「秘儀」的なものとの対立関係の中で、「責任」という概念が姿を現してきた、という筋で話が進んでいきそうなことは分かりますね。

「ダイモーン」というのは、英語の〈demon〉の語源になったギリシア語です。元々、「神霊」とか「運命の力」という意味だったのですが、キリスト教の影響下で、古代の霊的なものがキリスト教の教えと相容れないと見なされるようになったのに伴って、「悪魔」という意味で使われるようになりました。原語では、〈démonique〉という、普通のフランス語の形容詞形になっていますが、古代の神霊のことを指しているのが明らかなので、「ダイモーン」と訳したのでしょう。

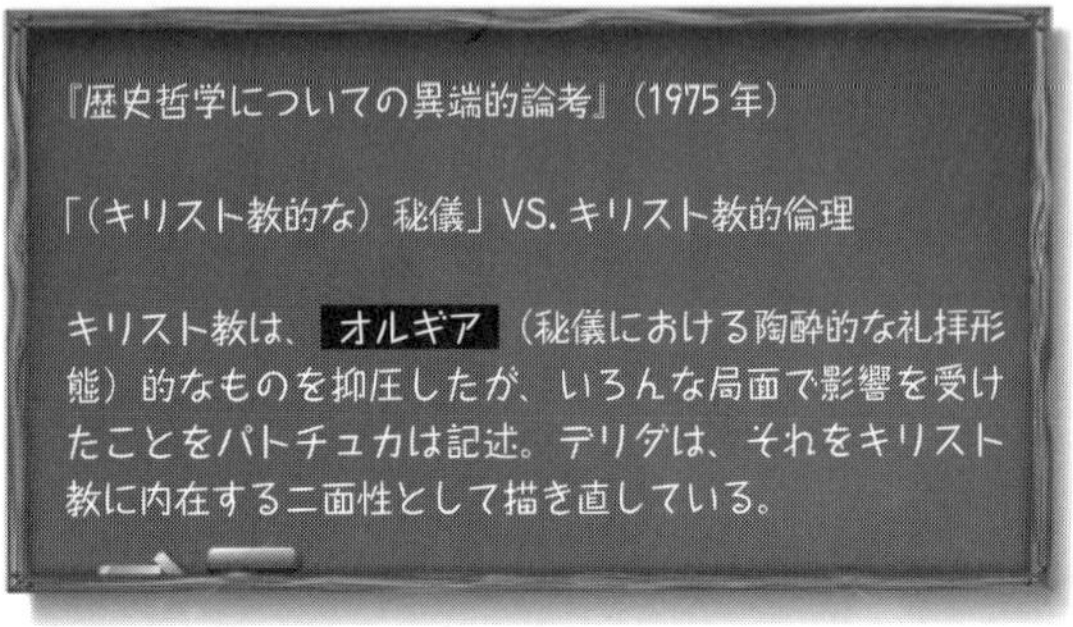

『歴史哲学についての異端的論考』（1975年）
「（キリスト教的な）秘儀」VS. キリスト教的倫理
キリスト教は、オルギア（秘儀における陶酔的な礼拝形態）的なものを抑圧したが、いろんな局面で影響を受けたことをパトチュカは記述。デリダは、それをキリスト教に内在する二面性として描き直している。

ここでは、人々を熱狂させ、意識を失わせてしまう「聖なるもの」の働きを、「ダイモーン的」と形容しているのでしょう。

私たち日本人の多くは何となく、神霊的な熱狂は、強い責任感に繋がるというイメージを抱いていますが、パトチュカ＝レヴィナス＝デリダは、むしろその逆に、熱狂や恍惚はむしろ人を無責任にすると考えているようですね。しかも、その神霊的熱狂は、宗教とは異なるもののようです。

> 同時にパトチュカは、宗教をダイモーン的な神聖化からも区別するに至る。宗教とは何か。それは、あるひとりの自由な自己が、責任へと到達することを前提とするものである。したがって宗教は、神聖な秘儀、パトチュカがきまってダイモーン的なものと呼ぶような神聖な秘儀に結びついた秘密（このような秘密だけが秘密ではないのは当然である）からの断絶を想定しているのである。ダイモーン的なもの（まさに動物的なものと人間的なものと神的なものの境界を乱し、秘儀や秘儀伝授や秘教的《エソテリック》なものや秘密や聖なるものと親縁性を持たずにはいないようなもの）と、責任とは、区別しなければならない。したがってこの試論は、宗教的なものの起源と本質について論じているのである。

「宗教」と「ダイモーン的な神聖化」は異なるわけです。秘儀は、その部族・共同体の人間ではないと参加できないような閉鎖性と、熱狂して我（理性的自己）を失うような状態を特徴として、個人の責任ということが問題になり得ないのに対し、宗教は、自由に選択し、その帰結に対して責任を負う個人の存在を前提にしているわけです。宗教とは本当にそういうものか、という疑問は別にして、パトチュカはそのように区切っているわけです。宗教が明確にする「動物的なもの l'animal／人間的なもの l'humain／神的なもの le divin」の境界線を、「ダイモーン的なもの」がかき乱すというわけです。「動物的なもの」を入れているのは、デリダの問題意識の反映かもしれません。こういう風に、個人的な倫理の確立という視点から秘儀と宗教を分けるのは、キリスト教的偏見だという批判は、近代的な宗教学が生まれた時からありますが、とりあえず、パトチュカの前提に即して考えていきましょう。

どのような条件の下でならば、固有な意味における宗教について語ることができるのだろうか。固有な意味などというものがあったとしての話だが。どのような条件の下でならば、宗教の歴史について語ることができるのか。それもまずキリスト教の歴史について。パトチュカは自分の例〔キリスト教〕についてしか語らないが、このことを指摘したからといって私は、本来ならば比較分析としてあるべきものをパトチュカが省略したり無視したりしてしまっているなどと非難するつもりはまったくない。それどころか、キリスト教的な秘儀《ミステール》という出来事をまったく特異なものとして考慮するような思考は、首尾一貫した思考であることを強調しておくべきだと思われる。キリスト教は、主体と責任とヨーロッパが密接に結びついた歴史において、卓越した宗教であり、その打ち消しがたい条件でもあるからだ。たとえ「諸宗教の歴史」という表現があちこちで複数形を伴って現れているとしても、そしてこの「諸宗教」という複数形を使うさいに、たんにユダヤ・キリスト・イスラム教だけ、つまり啓典宗教だけが念頭に置かれていたとしても、このことはたしかなのである。

デリダがパトチュカの議論が比較の視点を欠いていて一方的であることを認めながら、キリスト教が「主体」と「責任」の関係という点で「卓越した宗教 religion par excellence」であるのは間違いないと強調していることは分かりますね。この箇所を見ると、デリダもパトチュカと同様に、三大宗教の枠の中で「責任と主体」の問題を考えているようなので、これを拡大された西欧中心主義だと言って批判したくなる人もいるかもしれませんが、そこには触れないようにしましょう。

分かりにくいのは、「キリスト教的な秘儀」という概念です。先ほどの、デリダによって再現された、パトチュカの議論の前提からすると、「キリスト教的秘儀」というのは撞着語法です。これはパトチュカ自身の表現ではなく、『歴史哲学についての異端的論考』の第五章で彼が示している、秘儀的なものと、キリスト教的倫理との対立構図の根底にあるものを、デリダなりに凝縮して表現したものです。パトチュカは、キリスト教がオルギア（秘儀における陶酔的な礼拝形態）的なものを抑圧しようとしてきたけれど、それがいろんな局面で影響を発揮し続けていることを複雑に記述しているのですが、それをデリダは、キリスト教に内在する二面性として描き直しているわけです。

パトチュカによれば、ダイモーン的な秘密や、狂躁《オルギア》的な秘儀という聖なるものが乗り越えられた＝止揚された〔dépassé〕瞬間に、はじめて宗教について語ることができる。この「乗り越え＝止揚」という語の本質的なあいまいさをそのままにしておこう。聖なるものの秘密、狂躁的な秘儀やダイモーン的な秘儀が、破壊されるとはいかないまでも、少なくとも支配されたり統合されたりして、ついには責任の領域に従属するに至った瞬間に、はじめて固有な意味における宗教があるのだ。責任の主体とは、狂躁的な秘儀やダイモーン的な秘儀を服従させることができた主体だということになる。だが同時に責任の主体は、まったく別の無限者に対して、自由に自分を従属させる。このまったく別の無限者が、みずからは見られることなく主体を見ている。

〈dépasser〉というフランス語の動詞は通常は「追い越す」「通り越す」とか「はみ出す」といった意味、つまり一定の限度を超えるという意味ですが、哲学用語として、ヘーゲルやマルクスの〈aufheben（止揚）〉の訳語として使われます。原文では、〈dépasser〉はイタリックになっています。訳者の廣瀬浩司さん（一九六三－　）は、「止揚」という意味もかけられていると解されたのでしょう。〈aufheben〉というドイツ語は、元々、「取り上げる」とか「引き上げる」という意味と、禁止や制限を「廃止する」という意味があります。ヘーゲルはその「上げる」と「止める」という二つの意味合いを重ね合わせて、この言葉に、対立・矛盾の状態を乗り越えて、対立していた両項を高次元で統一するというような意味合いを付与しました。デリダがこの〈dépasser〉に本質的な曖昧さがあると言っているのは、これが「オルギア的秘儀」を上回ったのか、通り過ぎただけということなのか、という通常のフランス語のレベルでの曖昧さがありますし、「止揚する」というヘーゲル的な意味だとすると、「オルギア的秘儀」が完全に抑圧されてしまうのではなく、キリスト教の中に取り込まれた、という話になりそうだからです。

「責任の主体」は、そうしたやや曖昧さを含んだ意味で、オルギア的なものを「乗り越え」た存在者です。その「責任の主体」が従属する「まったく別の無限者 le tout autre infini」というのはキリスト教の神のことでしょう。自由な責任の主体であることが、絶対的な神に帰依することと表裏一体の関係にあるというのはキリスト教の基本的な考え方です。キリスト教になじみのない人からすれば、秘儀に熱狂して霊に従うのも、神に従うのも同じではないかという気がするかもしれませんが、キリスト教前提の議論なので、一応の前提として受け入れて下さい。

> 宗教とは、責任でなかったとしたら、存在しないようなものである。宗教の歴史は、責任への移行においてしか意味を持たない。このような移行が通過したり、耐え忍んだりする試練が、ダイモーン的なもの、秘儀伝授、熱狂、入信儀礼《イニシエーション》的なもの、秘教的なものなどから、倫理的な意識の解放をもたらしてくれるはずである。責任の経験が、ダイモーン的な秘儀と呼ばれるようなかたちの秘密から逃れた瞬間に、この語の本来の意味における宗教があるということになるだろう。

「責任の経験」というのは、自分がやっていることをはっきり自覚する経験ということでしょう。そういう経験がないと、個人を責任主体とする倫理というのは成り立ちません。「秘密」というのは、そうした秘儀に参加している人が、自分がやっていることにどういう意味があるのか把握しておらず、もっぱら習慣とその場の雰囲気に身を委ねている、ということでしょう。

> 「ダイモーン的なものは責任と関係づけられなければならない。はじめはこの関係は存在しない。」言い換えるならば、ダイモーン的なものは根源的には無責任として定義される。あるいは非―責任〔＝非―応答可能性〕として定義されると言ってもよいだろう。それは応答する＝責任を負う〔répondre〕という命令がまだ鳴り響いていないような空間に属している。そこでは、自己や自己の行為や思考に責任を持てという呼びかけ、他者に対して、そして他者の前で責任を持てという呼びかけはまだ聞こえてこない。パトチュカが描き出している責任の発生は、たんに宗教や宗教性の歴史を描くものではないだろう。責任の発生は、「私」と語る主体の系譜学、主体の自己自身との関係の系譜学と混じり合うことになるだろう。この系譜学は、自由や単独性《サンギュラリテ》や責任の審級としての自己自身との関係の系譜学、他者を前にした存在としての自己との関係の系譜学である。

「　」に入っているパトチュカからの引用が示唆的ですね。「ダイモーン的なもの」は、本来「責任」と無関係だと断ったうえで、それを「責任」と「関係づける mettre en rapport」必要があると言っているわけです。「関係づける」ことが可能だとすると、両者の間に何らかの共通要素があるのではないかと考えられますし、実際に「関係づけ」られるのだとすれば、「ダイモーン的なもの」によって引き起こされる事態に「応答する」「責任」があるということになります。恐らく、ダイモーン的な状態であっても、自分自身は何らかの行為をしているはずですから、それを自分の行為として自覚し、その帰結が自分自身に由来するものであると認めるようになる、というようなことでしょうが、そういう中間的な状態があるとすると、「宗教」と「責任」の関わりについてのパトチュカ自身の前提と矛盾しているような感じがしますね。そう指摘したうえでデリダは、この「責任」の発生をめぐる問題は、自己自身のことを語る「主体」が形成されてくる系譜をめぐる問題と絡んでいるので、その視点から捉え直すべきだと示唆しているわけです。

ここでいう他者とは、無限の他性における他者、見られることなく見るような他性における他者である。だがこの他性の無限の善性〔＝慈愛 bonté〕は、与えるものである。それは、最終的には死を与えることになるような経験において与えるのだ。死を与える。今のところは、この表現が含むあいまいさをそっくりそのまま残しておこう。

「他者」というのは当然、キリスト教の神のことですが、「無限の他性 l'altérité infinie」という点に注目して下さい。神は人間とは徹底的に異なるので、神が人間に〝何か善いもの〟を「与え」てくれるとしても、それがどうして「善」なのか理解し得ないこともあります。分かったつもりでも、誤解かもしれない。しかし、そういう疑いを本当に徹底すると、ユダヤ教やキリスト教といった宗教の存在自体が疑問になります。その逆説の最たるものが、「死を与える」でしょう。全てが神から「与え」られるものだとすれば、「死」も神から「与え」られるはずです。いつどういう状況で、「死が与えられる」か分からない。しかし、いずれにしても神の本性は無限なる善である、と信仰者は信じなければならない。論文全体のタイトルにもなっているこの問題については、次回読むところで本格的に論じられることになります。

ヨーロッパの「近代文明」——深淵と決定的決断

一四頁の終わりから少し視点が変わって、ヨーロッパの「近代文明」が自らの歴史に対する記憶を保持し、それに対する「責任」を引き受けていないことが問題視されます。

自分の歴史を知らないこと、責任を引き受けないこと、すなわち責任の歴史としてのみずからの歴史の記憶を引き受けないこと、それだけのことで近代文明はなぜ苦しむのだろうか。

近代文明の認識不足は、学者や哲学者の偶有的な欠陥が露呈したものではない。それは無知の罪や

> 知の欠落ではないのだ。ヨーロッパ人が責任の歴史としてのみずからの歴史を知らないのは、知が欠落しているからではない。そうではなく、ヨーロッパの歴史家が歴史性を見落とし、何よりもこの歴史性を責任に結びつけているものを見落としてしまうのは、その歴史的な知が、問いやその基盤や深淵を隠蔽し、閉鎖し、飽和させてしまうかぎりにおいてである。というのも、ヨーロッパの歴史家は単純素朴にも、全体的な視点を手に入れたり、〔過去を〕現在にしたりする気になっているからであり、また結局は同じことになるが、細部に迷い込んでしまってもいるからだ。この歴史の核心には深淵があり、全体化するような総括に対して、底知れぬ裂け目が抵抗する。この深淵は、狂躁的な秘儀をキリスト教的な秘儀から切り離しながら、責任の起源をも予告する。

最初は、西欧文明が十字軍とか大航海時代以降の非ヨーロッパの植民地化だとかをきれいに忘れて、上品ぶっているという、よくありがちな西欧批判の話を始めるのかという感じでしたが、どうもそういうことではなくて、「歴史的な知 savoir historique」が、「問いやその基盤や深淵」を「隠蔽 occulter」しているという、フッサールやハイデガーのような議論をしているわけです。フッサールは、伝統的な認識論の枠組みが、対象が意識に対して現れてくる根源的場面への探究を阻害してきたことを問題にし、事象それ自体へと遡ることを提唱しましたし、ハイデガーは、伝統的な存在観が存在それ自体に至る問いを塞いできたことを問題視し、存在に対する問いを立て直そうとしました。それと同じように、パトチュカ＝デリダは、従来の「歴史」観が、ヨーロッパ文明に自らの「基盤にあるもの」を見えないようにしていると言っているわけです。

見えなくなっているのは、ヨーロッパ文明の歴史自体の根底にある「底知れぬ裂け目 un gouffre」「深淵 l'abîme」が、自らが全体として露呈されるのに抵抗しているからだ、というわけですが、これがどういうことかピンと来ないですね。これから少しずつはっきりしてきますが、簡単に言うと、ヨーロッパ文

・フッサール：伝統的な認識論の枠組みが、対象が意識に対して現れてくる根源的場面への探究を阻害してきたことを問題にし、事象それ自体へと遡ることを提唱。
・ハイデガー：伝統的な存在観が存在それ自体に至る問いを塞いできたことを問題視し、存在に対する問いを立て直そうとした。
・パトチュカ＝デリダは、従来の「歴史」観が、ヨーロッパ文明に自らの「基盤にあるもの」を見えないようにしているを問題視。

→　見えなくなっているのは、ヨーロッパ文明の歴史自体の根底にある「底知れぬ裂け目 un gouffre」「深淵 l' abîme」。
　※簡単に言うと、ヨーロッパ文明を成り立たしめている、「責任」の倫理の根源的な自己矛盾、その根拠のなさ。
　「狂躁的な秘儀 le mystère orgiaque」を乗り越えたはずのところで、新たに生じてきた「キリスト教的秘儀」がその内に抱えている問題、底知れない残酷さ、暗黒のようなもの⇒キリスト教文明全体を崩壊させかねない。この「深淵」は暴露されることに抵抗する。

明を成り立たしめている、「責任」の倫理の根源的な自己矛盾、その根拠のなさ、というようなことです。「狂躁的な秘儀 le mystère orgiaque」を乗り越えたはずのところで、新たに生じてきた「キリスト教的秘儀」がその内に抱えている問題、底知れない残酷さ、暗黒のようなもののことです。「キリスト教的秘儀」と言っている時点で、怪しい感じがしますね。「キリスト教的秘儀」の矛盾が露呈されてしまうと、キリスト教文明全体が崩壊しかねないので、この「深淵」は暴露されることに抵抗するわけです。精神分析のような話ですね。

　一六頁で先ほどの記述に対応するパトチュカの文章を引用したうえで、どうして歴史の「深淵」に関する「告白」が難しいのか、という問いを立てていますね。一七頁です。

　このような告白への抵抗は、二つの動機によって説明されるだろう。
　一方では、この責任の歴史は宗教の歴史と混じり合っている。そしてこの責任の歴史を公然と認め、告白することはつねに危険なことである。なぜなら、責任を持つこと、つまり自由に決断したり決断の能力を持っていたりすること、そのようなことは責任や自由や決断の概念そのものの分析から思考されがちであり、獲得された可能性、条件づけられた可能性や条件的な可能性であってはならないとされる。自由や責任に歴史があることは疑いがない。だとしても、このような歴史性は外的なものにとどまらなければならないと考えられている。経験の本質とは、まさにみずからの歴史的条件から身を引き離すことであり、歴史性がこの本質に手を触れるべきではない。責任が歴史によって動機づけられたり条件づけられたり可能になってしまうとしたら、それはどんなものになってしまうことだろう。責任が行使されるのは本質的に歴史的な方法によってであると考える人もいるかもしれないが、決断や責任の古典的な概念は、責任ある決断の本質それ自体から、その核心や固有の契機から、すべての歴史的な連鎖を排除しているように思われる（…）。したがって、このような歴史性を公然と認めることは困難であり、ましてやこの歴史性を宗教の歴史に本質的なものとして結びつけることは、なおさら困難である。責任の倫理は、倫理であるかぎり、宗教的な啓示から解放されることに基づいていることが多いのだから。

少しピンと来にくいかもしれませんが、「責任」「自由」「決断」などの倫理の基本的概念は、具体的な経験、歴史的条件から独立でなければならない、ということが問題になっています。つまり、人々が積み重ねてきた経験に基づいて、人間関係をうまく行かせるために「責任」や「自由」という概念を生み出したのではなくて、理性的に思考したり、自らの良心に従いさえすれば、誰でも見出すことのできるアプリオリで普遍的に妥当する概念でなければならない、ということです。西欧の倫理学の歴史だと、ヒュームやアダム・スミス（一七二三—九〇）が、経験的に倫理を導き出す議論を展開しましたが、それだと倫理的な諸概念の、厳密な意味での普遍的妥当性を主張できません。社会的慣習とか法律ならそれでもいいかもしれませんが、それらの基礎になる「自由」や「責任」もそうだということになると、「倫理」の存在そのものが相対化されます。そのような歴史的相対化は、キリスト教のような普遍性を主張する宗教を揺るがしますし、更に言えば、宗教からの自立性を主張する近代の倫理（学）にとっても、自らの基本概念が宗教の歴史の中で形成されたと認めるのは困難です。倫理の諸概念は宗教あるいはそれ以前の秘儀的なものの残滓ということになってしまうからです。

> 他方で、パトチュカはこうした歴史性は公然と認められなければならないと言い、そのように言うことによって、こうした責務を果たすのが困難であることを暗黙の内に前提としている。それというのも、歴史性は永遠に未解決な問題として開かれたままでいなければならないからである。「歴史の問題は［……］問題としてとどまらなければならない。」この問題が解決されてしまった瞬間には、全体化する囲い込みによって、歴史の終焉が確定してしまうことになるだろう。それは非歴史性を宣言することにほかならない。歴史は決定可能な対象にも、支配可能な全体性にもなりえない。なぜなら、歴史は責任と信〔仰〕と贈与に結びついているからだ。それが責任に結びついているのは、絶対的な決断においてである。絶対的な決断は、知や与えられた規範との連続性を持たずに、決定不可能なものの試練そのものにおいてなされる。

パトチュカは「責任」や「自由」に「歴史性」があることを認めねばならないと言う一方で、この歴史性の問題は永遠に未解決でなければならないので、解明は困難だとも言っているわけですね。歴史性をめぐる問題が解決されてしまったら、「全体化する囲い込み（clôture totalisante）によって、歴史の終焉（la fin de l'histoire）が確定してしまうことになる」というのがどういうことかピンと来にくいですが、これは、「責任」や「自由」がどのようなプロセスで発展・変遷するか、完全に明らかになる、ということでしょう。「（人類）歴史」が、人間性の本質である「自由」と「責任」の発展の歴史だとすれば、そうした発展・変遷のプロセスが明らかになるというのは、「歴史」が終焉する、その目的（fin）に到達することでしょう。では何故、歴史の終焉＝目的を解明しきることが不可能なのか？

それは、「絶対的な決断」が、「責任」を、「信仰」や「贈与」と結び付けているからだというわけですが、これがちんぷんかんぷんですね。先ず、「責任」が「信仰」や「贈与」と結び付くというのは、どういうことでしょうか。先ほど見たように、神が絶対的他者だとすると、人間と神の間に、「こういう恩恵を与えてもらったから私は神を信じる」、というようなギブ・アンド・テイクの関係は成立しません。神が「善きもの」を「与えてくれる」と一方的に信じるしかありません。客観的根拠に基づいて、信じるか信じないか決めることなどできません。イサクを犠牲に捧げるよう求められたアブラハムはそういう状況にありました。そういう「決定不可能 l'indécidable」なものの試練に直面して、「絶対的な決断 decisions absolues」をする時に初めて、「信仰」が成立します。また、その自ら「決断した」という事実に対する「責任」が生じます。もう少し詳しく言うと、理解することができない「贈与」に「応答」すると「決断」したことによって、無限な他者である神に対する「責任」が生じます。この場合の「絶対的な決断」というのは、いかなる具体的な根拠によることもなく、他の人間や物理的環境によって強制されたのでもなく、まさに自らの（自由）意志で選んだとしか言いようのない「決断」ということです。相手が同じ人間であれば、何らかの経験知に基づく、利害関係の予測に基づいていることもあるでしょうが、神の場合、そういうものは一切効かない。「絶対的決断」をするしかない。

パトチュカにとって、そしてキリスト教的倫理の根源について真剣に考える多くの哲学者にとって、「責任」と「自由」は、そうした信仰の原点における「絶対的決断」と不可分に結び付いているわけです。無論、先ほどお話しした、ヒュームやスミスのように、「責任」や「自由」は人間の経験の蓄積の中で形成されると考えた方が話は簡単になりそうですが、そうすると、「責任」や「自由」とは、当該社会の人間関係を反映する相対的なものでしかないということになってしまいます。「責任」や「自由」が、私たちが依拠すべき絶対的基準だとすれば、それは絶対他者である神に対する「応答＝責任」、そして「信仰」によって基礎付けられねばならない。絶対者である神の前で、あなたに絶対的に従います、私は嘘をつき

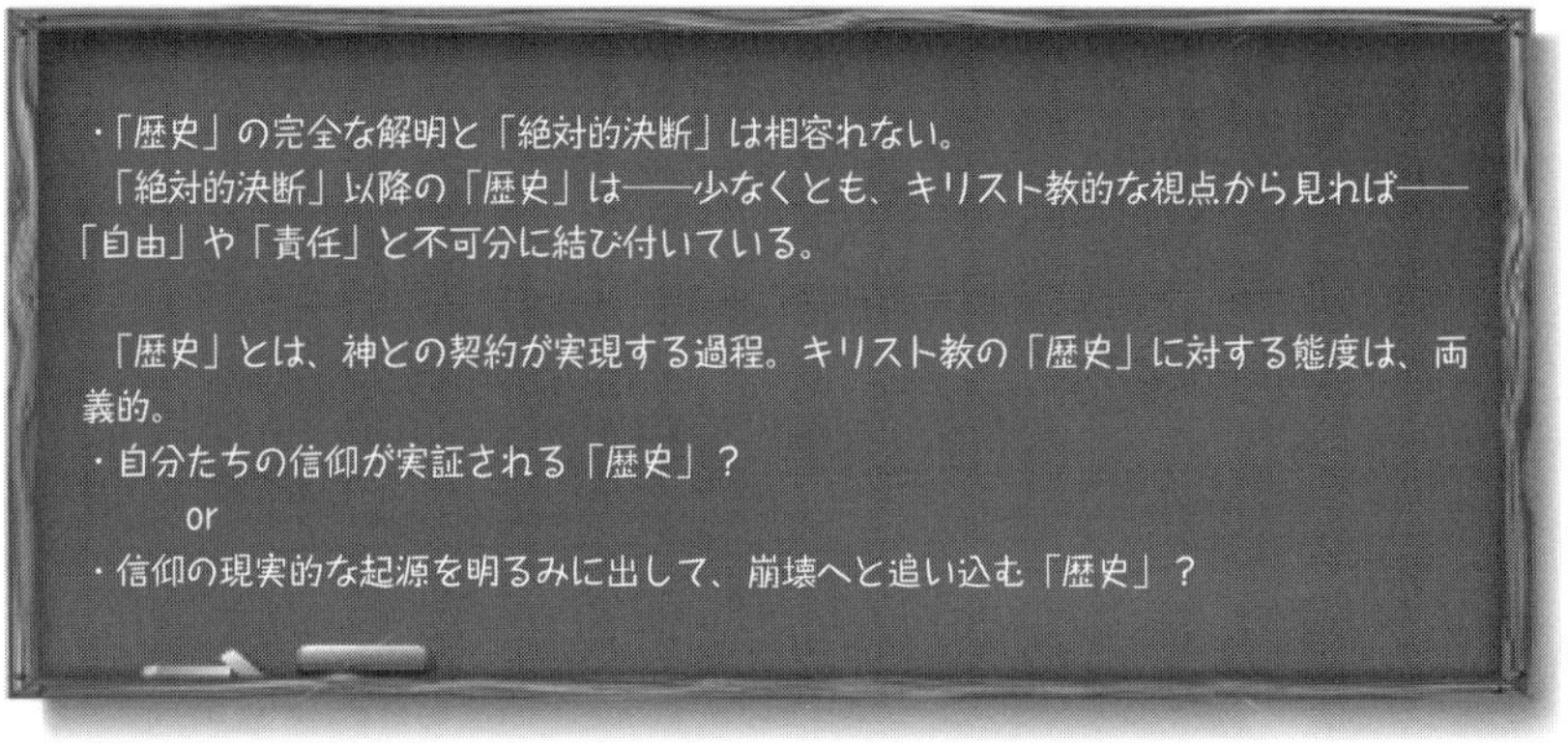
・「歴史」の完全な解明と「絶対的決断」は相容れない。
「絶対的決断」以降の「歴史」は――少なくとも、キリスト教的な視点から見れば――「自由」や「責任」と不可分に結び付いている。

「歴史」とは、神との契約が実現する過程。キリスト教の「歴史」に対する態度は、両義的。
・自分たちの信仰が実証される「歴史」？
or
・信仰の現実的な起源を明るみに出して、崩壊へと追い込む「歴史」？

ません、隣人を殺しません、盗みませんなどと誓うことによって、他の人間との関係に倫理的基礎が与えられる、他の人間に対して責任をもって振る舞うようになる、と考えるわけです。そうした原点となるべき「絶対的決断」が、歴史的な探究によって相対化され、原初的な秘儀との連続性のようなものから生まれてきた、ということになると、「責任」や「自由」が土台から崩れてしまいます。大袈裟な、と思うかもしれませんが、キリスト教的な倫理学は、そういう発想をするものだと考えて下さい。

> 歴史が宗教的な信仰に結びついているのは、ある形式の契約《アンガジュマン》や他者との関係を通してである。この契約や他者との関係は、絶対的な危険を通して、知や確実性の彼方へと向かう。また歴史は贈与にも、そして死の贈与にも結びついている。死の贈与は、私を他者の超越との関係、自己をかえりみない善性としての神との関係のうちに置く。死の贈与は、新たな死の経験において、死が私に与えるものを、私に与えてくれる。あまりにも逆説的だと考える人もあるかもしれないが、責任と信仰はともに歩んでゆく。そのどちらも、同じ歩みの中で、支配と知を超過しなければならないのであろう。与えられた死とは、責任と信仰とのこのような結合《アリアンス》である。このような過剰な開けという条件においてこそ、歴史があるのであろう。

先ほどは、「歴史」の完全な解明と「絶対的決断」が相いれないという話をしましたが、その「決断」以降の「歴史」は――少なくとも、キリスト教的な視点から見れば――「自由」や「責任」と不可分に結び付いています。「歴史」

「死の贈与」が、「私を他者の超越（la transcendance de l'autre）との関係」に置く。
→　神が私たちの知や表象能力の限界を超えた絶対的な他者であることは、通常の生活においては把握できないどころか、真剣に受け止めることもできない。生を超えたところにある「死」と直面することを通して初めて、神の他者性を意識することになる。

※「死の贈与」を原点とする歴史は、その中核において、解きえない謎を抱えている。

「体内化」の原語は〈incorporation〉。
⇒通常は、「合体」「編入」「併合」という意味。語の作りからすると、「体 corps」に取り込むというのが原義。
⇒フロイトの「体内化」という意味の〈Einverleibung〉という用語の訳語。幼児がほしいものを口に入れることによってまさに自分の身体に取り込むように、欲望の対象としての他者を自分の自我の一部として取り込む。

とは、神との契約が実現する過程だからです。キリスト教の「歴史」に対する態度は、両義的です。自分たちの信仰が実証される「歴史」であるかもしれませんが、信仰の現実的な起源を明るみに出して、崩壊へと追い込む「歴史」かもしれないわけです。

「死の贈与」が、「私を他者の超越（la transcendance de l'autre）との関係」に置くというのがどういうことか分かりにくいですが、これは、神が私たちの知や表象能力の限界を超えた絶対的な他者であることは、通常の生活においては把握できないどころか、真剣に受け止めることもできず、生を超えたところにある「死」と直面することを通して初めて、神の他者性を意識することになる、というようなことでしょう。ごく簡単に言い換えると、普通に日常生活を送って適当に幸せな生活を送っているうちは、神を信じるとか言っても、単なる習慣とか惰性かもしれないけれど、神が自分、あるいは自分が愛する者に死を与えようとしている時、それでも神が善だと信じているとしたら、それは常識や理性を超えた、自らの命も超えた絶対的信仰ということになるでしょう。そうした意味で、「死の贈与」を原点とする歴史は、その中核において、解きえない謎を抱えているわけです。

二つの異質な秘密のあいだで逆説《パラドックス》が作動している。一方には、歴史性の秘密がある。これは、歴史的人間が公然と認めるのに苦労するものである。しかしそこで問題になるのは責任そのものなのだから、歴史性の秘密は公然と認められなければならない。他方には、狂躁的な秘儀の秘密がある。責任の歴史はこの秘密から訣別しなければならない。

話がややこしくなってきましたね。「歴史性の秘密」と、「秘儀の秘密」。前者は、先ほど見たように、責任の倫理の歴史が存在するために不可欠でありながら、完全に解明され切ってはならないものです。一方、後者は、責任の歴史がスタートするために、克服されなければならないものです。しかし、この二つの秘密は本当に異質なのか？　後者から前者が生まれて来た可能性があるとすると、

このように人間が責任あるものになること、つまり歴史的なものになること、こうしたことはもうひとつ別の秘密という出来事、固有な意味でキリスト教的な出来事に本質的に結びついていると思われる。より正確に言うならば、それはひとつの秘儀《ミステール》、mysterium tremendum〔オノノカセル秘儀〕、おそるべき秘儀のこと、犠牲的な贈与の経験における、キリスト教的人間の恐怖やおそれやおののきのことである。このおののきが人間を捉えるのは、人間が人格《ペルソンヌ》〔＝位格《ペルソナ》〕になるときである。そして人格がそのようなものになることができるのは、それがその単独性《サンギュラリテ》そのものにおいて、神の視線によって身をすくまされるときである。そのとき人格は他者の視線によって見られることになる。この場合に他者は、「至高の、絶対的で接近不可能な存在者であり、私たちを外的にではなく、内的に掌握する」のである。

この〈mysterium tremendum〉に訳注が付いていて、先ほどお話ししたように、ドイツの宗教学者オットーが『聖なるもの』で使用したことで知られる概念であり、「ヌミノーゼ」と呼ばれる経験のことであると説明されていますね。このヌミノーゼ的な「恐れ慄く秘儀」の経験、「犠牲的な贈与 le don sacrificiel」が、キリスト教的な人間の「恐怖やおそれやおののき l'effroi, la crainte et le tremblement」と繋がっている

というわけですね。英語やフランス語の〈sacrifice〉、あるいはドイツ語の〈Opfer〉は、原初的な秘儀でのお供え、生贄の意味にも、キリスト教等の信仰や愛ゆえの犠牲の意味にも使う言葉です。言葉の上では繋がっているわけです。また、イエスのことを「神の子羊 Agnus Dei」と呼ぶのは、過ぎ越しの祭りとか民の罪の贖罪のために子羊を屠るユダヤ教の風習から来ているというのは、有名な話です。民の罪を背負わせたという想定の山羊を、野に放って贖罪とする「スケープゴート scapegoat」も同系統の風習ですね。贖罪のための犠牲という発想を、キリスト教は、古代の秘儀から受け継いでいるわけです。

「おそれやおののき la crainte et le tremblement」という繋がりは、恐らく、次回読むところで焦点が当てられるキルケゴールの著作のタイトル『おそれとおののき』(一八四三)を意識した表現でしょう。これは、アブラハムが神からイサクを犠牲に捧げるように命じられた時に感じた「おそれとおののき」です。そう考えると、ユダヤ=キリスト教の原点になった「死の贈与」の秘儀は、原初的な秘儀における「おそれとおののき」を継承しているのではないか、結局は、訳が分からないおそれとおののきの中で、信じざるを得ない心境へと追い込まれているのではないか、という気がしてきますね。

訳者による注記として「人格 personne」と等値されている「位格 persona」というのは、キリスト教神学などに出てくる概念です。三位一体と言う時の「位」も〈persona〉です。「神」「御子」「御霊」は、位格としては異なっているけれど、実体としては一つであるというのが三位一体です。人間の性格ではないので、人格ではなく、位格というわけです。位格=人格というのは、表に具体的に現れてくる各人の個性のことですが、キリスト教には、人の人格は神の位格を模したものであるという考え方がありますが、キルケゴールなどのキリスト教的な実存主義では、各人が(大衆の中の匿名の一人としてではなく)単独者として神と相対し、「神の視線によって身をすくまされる transie … par le regard de Dieu」ことによって、一個の「人格」として確立される、ということが強調されます。この表現や、その次の「人格は他者の視線によって見られることになる」という文は、サルトルの「まなざし regard」論や、他者の「顔 visage」をめぐるレヴィナスの議論を念頭に置いているのでしょう。無神論的実存主義者であるサルトルと、ユダヤ思想を背景にした倫理学者であるレヴィナスは、対極にあるようにも見えますが、「他者」に「見られること」によって、「私」の人格が確立されるという発想は共有しています。ついでに言うと、二人ともフッサールとハイデガーの影響を強く受けています。

オルギア的秘儀とプラトン－キリスト教

> mysterium tremendum〔オノノカセル秘儀〕の秘密が、それとは異質な秘密を引き継ぎ、それと断絶する。この断絶は、あるときは体内化する従属化（一方の秘密が他方を従属させたり、口を封じたりすること）というかたちをとり、またあるときは抑圧というかたちをとる。〈オノノカセル秘儀〉は、この語の二重の意味でみずからを emporter する〔「怒りに身を任せる」「自分を運び去る」〕。まずそれは別の秘儀に抗して立ちあがるが、〔もう一方の意味では〕それは過去の秘儀を土台〔fond〕にして〔ゲシュタルト心理学でいう地《フォン》に対する図として〕現れるのだ。結局のところそれは抑圧するが、抑圧されるものはその土台《フォン》として残り続ける。

難しい言い方をしていますが、大筋は分かりますね。キリスト教の「オノノカセル秘儀」が、それ以前の「オルギア的秘儀」を抑圧するけど、それは排除することではなく、取り込んで、自らの基礎として利用するようになった、ということです。キリスト教が、西欧にそれ以前からあった呪術的なものとか精霊に対する信仰を、儀礼的に取り込んで利用しているという話はよく聞きますね。「体内化」の原語は〈in-corporation〉で、通常は、「合体」「編入」「併合」という意味ですが、語の作りからすると、「体 corps」に取り込むというのが原義です。フロイト（一八五六－一九三九）のまさに「体内化」という意味の

ゲシュタルトの花瓶

〈Einverleibung〉という用語の訳語として使われます。幼児がほしいものを口に入れることによってまさに自分の身体に取り込むように、欲望の対象としての他者を自分の自我の一部として取り込むことです。その後に出てくる「抑圧」の原語は、〈refoulement〉で、これも精神分析の「抑圧 Verdrängung」の訳として使われるフランス語です。これらの語彙が精神分析用語であり、パトチュカ自身がこれらの語彙を使っていることについては、二五頁でデリダ自身によって説明されています。

「〈オノノカセル秘儀〉は、この語の二重の意味でみずからをemporterする」、というのが少し分かりにくいですが、「この語」というのは、〈オノノカセル秘儀〉ではなくて、〈emporter〉というフランス語の動詞です。この動詞は、普通の他動詞として「持ち去る」とか「奪う」という意味ですが、〈s'emporter〉という形の代名（再帰）動詞にすると、「怒りに身を任せる」という意味になります。その二重の意味のことを言っているわけです。

訳注に出てくるゲシュタルト心理学というのは、ごく簡単に言うと、人間は個々の対象をバラバラに認識するのではなく、その対象の周囲のものとセットで認識するという前提に立って、そのセットの形状（Gestalt）を調べる心理学です。例えば、へのへのもへじのような、文字とか線の集合体が人間の顔に見えるように、私たちはいろんなものをセットとして一まとめにして認識しているわけです。音楽のメロディを認識できるのも、一つ一つの音をバラバラに認識しているのではないからです。メルロ＝ポンティが、自らの身体の現象学にゲシュタルト心理学の成果を積極的に取り込んだ、というのは有名な話です。そのゲシュタルト心理学では、私たちがある図柄を認識する時の、地（Grund = fond）と図（Figur = figure）の関係を問題にします。例えば、私たちがこのホワイトボードに書いた○を認識する時、「図」としての○だけでなく、その周りの白いボードを「地（じ）」として一緒に認識します。有名な、見方によって、

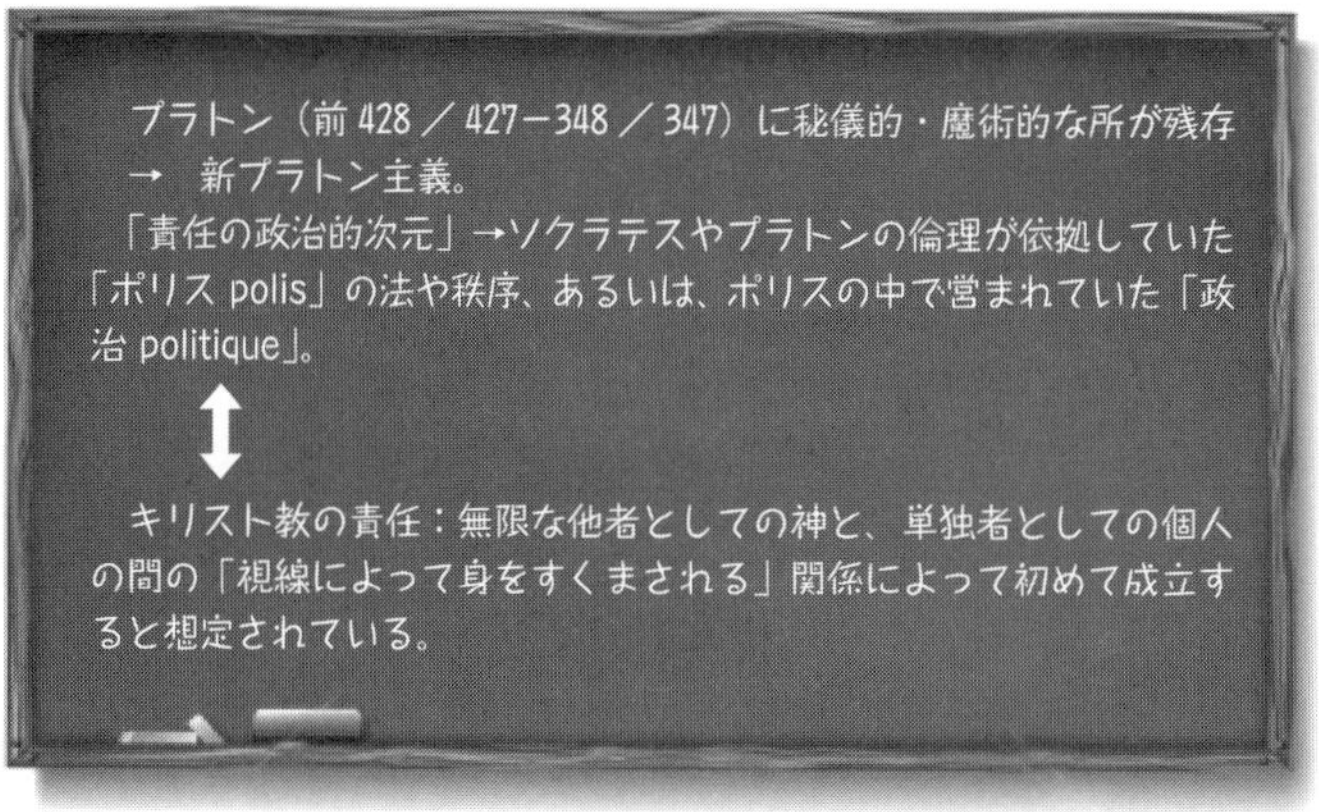
プラトン（前428／427−348／347）に秘儀的・魔術的な所が残存
→　新プラトン主義。
「責任の政治的次元」→ソクラテスやプラトンの倫理が依拠していた「ポリス polis」の法や秩序、あるいは、ポリスの中で営まれていた「政治 politique」。
キリスト教の責任：無限な他者としての神と、単独者としての個人の間の「視線によって身をすくまされる」関係によって初めて成立すると想定されている。

二人の人の顔に見えたり、花瓶に見えたりする絵は、「地」と「図」が逆転するように描かれているわけです。キリスト教は、原始的な秘儀に対抗する形で、台頭してきたけれど、それは、古い秘儀を「地」として自らを「図」として浮かび上がらせた、ということでもあるわけです。フランス語の〈fond〉には、この他、「土台」という意味もあるので、デリダはそれを利用しているわけです。キリスト教は、異教の秘儀を、自らを際立たせる「地」として、あるいは、自らを土台として支えてくれる「土台」として「体内化」したわけです。

> キリスト教的な出来事がそれに抗して立ち上がり／それを土台として現れてくる秘密は、魔術的な伝統をいくぶんか保持している一種のプラトン主義——あるいは新プラトン主義——であると同時に、プラトンがそこから哲学を解放しようとした狂躁的な秘儀の秘密でもある。その結果として、責任の歴史はひじょうに多くの層を持つものとなった。

キリスト教と原始的な秘教の間に、今度はプラトン主義、あるいはそれを神秘主義化した新プラトン主義の哲学が入って来るわけです。これらもまた、狂騒的な秘儀を克服しようとした思想で、初期のキリスト教に影響を与えたことが知られています。つまり、プラトン主義、新プラトン主義が、原初の狂騒的な秘儀を自らの「地」として取り込んでいたところで、キリスト教が、これら全てを「地」として取り込んだとすると、キリスト教の中に多層的な構造があることになります。

> たとえばプラトンは狂躁的な秘儀と断絶し、責任の典型的な経験をはじめて打ち立てたが、プラトン主義や新プラトン主義の中には、まだダイ

――モーン的な秘儀や魔術的なものが残っている。そしてそれに対応して、責任の政治的な次元も残っているのだ。

――プラトンに秘儀的・魔術的な所が残存していて、それが新プラトン主義に引き継がれたというのは、ギリシア哲学の解説書によく出ている話ですし、プラトンが対話篇の中のソクラテスを介して個人責任の倫理にコミットしていたのは分かりますが、「責任の政治的次元」が残っている、というのがよく分からないですね。恐らく、ソクラテスやプラトンの倫理が依拠していた「ポリス polis」の法や秩序、あるいは、ポリスの中で営まれていた「政治 politique」のことを言っているのではないかと思います。「ポリス」がその背景となっている「責任」概念だとすると、それはやはり、無限な他者としての神と、単独者としての個人の間の「視線によって身をすくまされる」関係によって初めて成立すると想定されているキリスト教的な「責任」とは異質なものでしょう。

――（…）この秘密の歴史は、多くの逆転、より正確に言えば、多くの conversion〔転回、回心〕によって拍子づけられている。パトチュカはしばしばこの conversion という用語を使うが、この語は多くの場合プラトンのアナバシスすなわち上昇運動を指すものとして使われている。この語を使うことによってプラトンは、洞窟の外に出て、〈善〉や叡智的な太陽のほうに視線を向け直すことを求める（…）。

〔 〕内の訳注にあるように、〈conversion〉という言葉は、元々、「向きを変えること」という意味ですが、宗教的な回心の意味でも使われます。多層的な秘密の歴史は、新しい哲学的世界観や宗教が従来の土台の上で自己を「図」として際立たせるようになるたびに、方向転換が起こるし、そこに属している人々は回心させられるわけです。「アナバシス anabasis」というのは、デリダが説明しているように、「上昇運動」を意味するギリシア語で、イデアの世界に昇っていく運動を指していると考えていいでしょう。これと、洞窟の外へと視線を「向け直す tourner」こと、「転回＝回心」が等値されているわけです。当然、プラトンの「洞窟の比喩」の話です。洞窟に鎖で繋がれている囚人たちは、目の前にある壁に映る事物の影しか見てないので、その影が本物だと思い込んでいる。彼らが事物の真の姿を知るには、向きを変えて、イデア＝光の方に目を向けるしかありません。

> フィンクを援用することによってパトチュカは、プラトン的な洞窟論を、狂躁的な秘儀の地下の奥底にある場として描き出している。洞窟とは、「狂躁的な秘儀を責任に従属させる」（…）ためには最終的に身を引き離さなければならない母なる大地のことだとパトチュカは言う。だがプラトン主義的なアナバシスは、狂躁的な秘儀から非－秘儀への移行を可能にしてはくれない。それはある秘儀の別の秘儀への従属、ある秘密の別の秘密への転回にすぎない。というのも、プラトン主義的な転回は永遠の視線を〈善〉へと向け直すものであるが、これをパトチュカは「新たな魂の秘儀」と呼んでいるからだ。この場合に秘儀はよりいっそう内面的なものになり、「魂の内的な対話」というかたちをとる。

オイゲン・フィンク

オイゲン・フィンク（一九〇五－七五）は、フッサールとハイデガーの下で学んだ哲学者で、現象学関係の研究書でよくその名前が出てくる人です。日本ではフッサールの忠実な注釈者というイメージが強いのですが、実際にはギリシア哲学、ニーチェ、教育哲学、「世界」論など、幅広いテーマで仕事をしています。そのフィンクが『プラトンとアリストテレスの世界了解における教育の形而上学 Metaphysik der Erziehung im Weltverständnis von Plato und Aristoteles』（一九七〇）という著作の中で、プラトンの「洞窟」に関して独特な文化人類学的解釈を出していて、それをパトチュカが引用しています。「洞窟」というのは、狂躁的な秘儀が行われている場所＝母なる大地です。そこから転回→上昇して、永遠なる「善」のイデアに眼を向けるようになったとしても、そこで「新たな魂の秘儀」が始まるので、一つの秘密から別の秘密への転回にすぎない、というわけですね。

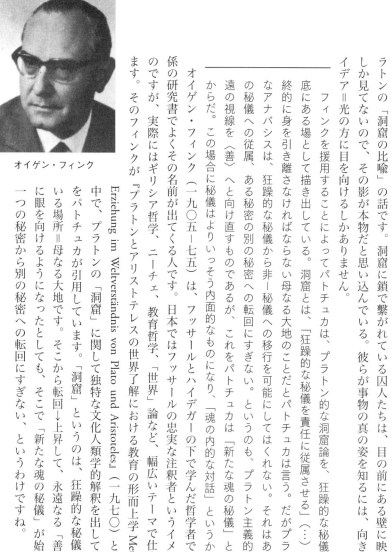

ここでみなさんは少し疑問を持たれるのではないでしょうか。デリダは「秘密」ということで、オルギア的秘儀と、「魂の内的な対話」の通底性を強調しているが、それは言葉の上だけでの話ではないか。魂の内で、別に狂躁的な儀式を行うわけではないだろう。敬虔なクリスチャンや、沈思黙考としての哲学を愛好する人でなくても、そう感じるのではないでしょうか。しかしデリダに言わせれば、それは私たちがキリスト教的西欧の影響によって抱いている先入観ということになるでしょう。私たちは、「魂の内的な対話」という言葉を聞くと、クリスチャンやプラトン主義者でなくても、何となく、本来の自分に真摯に向き合うとか、真理や善を求めるとか、神聖で清純そうなイメージを抱きがちですが、私たちの内面はそんなにきれいなものでしょうか。私たちの内面には、そういうきれいなものだけでなく、いろいろな欲望やイメージがごちゃごちゃ入り込んでいる可能性があります。むしろ、いろいろ不純な要素が入り込んでいると見るのが普通でしょう。イデアの世界に回心したつもりでも、内面ではオルギア的な熱狂への渇望がたぎっているかもしれない。また、フーコーのように、人々の魂を司牧するという装いで、各人を内面から支配する司牧権力あるいはミクロ権力の存在を指摘する議論もあります。フーコーの場合、教会の中の狭い空間の中で、信者と聖職者の間で儀礼化された形で「秘密」に行われる——主として性欲に関する罪の——「告白」を通して、権力が信者の内に内面化されることに注目します。デリダは、外からは見えない内面の中に、オルギア的な狂躁に通じる、「どすぐろい」ものが潜んでいる可能性を示唆しているわけです。

ここにはすでにひとつの法則を認めることができ、右に述べたことがその第一の例になっている。秘密を蓄積し資本化する責任の歴史において、プラトン主義的なアナバシスに続く他の転回と同じように、この第一の転回は、それが中断するように見えるものを、なおみずからのうちに保持しているということだ。この保存的な断絶という論理は、やはりそれが放棄するものを保持する犠牲のエコノ

ミーに似ている。それはあるときはAufhebung〔止揚〕による交替=持ち上げ《ルレーヴ》のエコノミーを連想させるし、またあるときは抑圧の論理を連想させる。抑圧とは、否定されたもの、乗り越えられたもの、埋め込まれたものをいまだ保持するものであり、このことは止揚と矛盾するものではない。抑圧は破壊せず、システムのある場所から別の場所へと移動させるものであるからだ。

「秘密を蓄積し資本化する」というのが分かりにくいですが、この場合の「資本化」というのは比喩で、資本主義の資本とは関係ありません。「秘密」がため込まれることで、エネルギーの密度が高まっていくというようなイメージでしょう。「中断するように見えるものを、なおみずからのうちに保持する」というのは、先ほどの「地」と「図」の話のように、相手を廃絶したのではなく、抑圧して自分の内に取り込むということです。

「犠牲のエコノミー」という言い方が難しそうですが、この場合の「エコノミー」も半ば比喩的な用法で、力やエネルギーの循環とかバランス、配分、節約のような意味です。フランス系現代思想で「エコノミー」という言葉は、しばしば通常の「経済」とは違う意味でよく使われます。ジョルジュ・バタイユ（一八九七―一九六二）のエコノミー論が有名です。交換や贈与のサイクルを形成することを通して、主体が自己を維持していることを、エコノミーと言っています。バタイユの場合、文化人類学的な関心を持ち、交換経済の原型とされるポトラッチのような現象と絡めて議論を進めているので、普通の意味での「経済」と無関係ではないのですが。バタイユも「聖なるもの le sacré」や「犠牲 sacrifice」「秘密」について語っているので、これまでのデリダの記述でバタ

エコノミー

「エコノミー」＝力やエネルギーの循環とかバランス、配分、節約のような意味。
※フランス系現代思想で「エコノミー」という言葉は、しばしば通常の「経済」とは違う意味で使われる。
※ジョルジュ・バタイユ（1897−1962）のエコノミー論。
交換や贈与のサイクルを形成することを通して、主体が自己を維持していること。
デリダは、『エクリチュールと差異』に収められている論文「限定経済学から一般経済学へ」（1967）でバタイユについて論じている。

イユのことも念頭に置かれていたかもしれません——因みに綴りから分かるように、また意味的に連想できるように、「聖なる」という形容詞〈sacré〉と、〈sacrifice〉は語源的に繋がっています。デリダは、『エクリチュールと差異』に収められている論文「限定経済学から一般経済学へ」（一九六七）でバタイユについて論じています。「犠牲のエコノミー l'économie d'un sacrifice」が「放棄する abandonner」ものを「保持する garder」というのが抽象的で分かりにくそうですが、これは、「犠牲」という訳語をいったん「供犠」に置き換えて、「供犠のエコノミー」、すなわち、バタイユが『呪われた部分 La Part maudite』（一九四九）で論じたポトラッチの話だと考えると、分かりやすくなると思います。儀礼化された交換において、一方が自分の気前よさを示すためにたくさん相手に捧げると、相手がそれに負けまいと多くのものを捧げる。場合によっては、自分が見返りを求めていないことを示すために、相手の前でその贈り物を叩き壊すこともある。それに対して、相手はちゃんとした返礼をしようとする。そうした相互の贈与を通して、一方的に捧げるように見えながら、結果的にちゃんと必要なものを確保できるわけです。バタイユは「供犠 sacrifice」としての性格も半ば保持しているポトラッチを、「経済（エコノミー）」の一形態と見なす議論を展開しています。デリダは、そうしたエコノミーとのアナロジーで、オルギア的な秘儀が、自らをプラトン主義、そしてキリスト教に捧げることによって、結果的に、それらの中で自らを保持することに成功した、と言いたいのでしょう。

「交替＝持ち上げ」と訳されている名詞〈relève〉——英語だと、〈relief〉、野球用語のリリーフになります——は通常は「交替」という意味しかありませんが、元になっている動詞〈relever〉は、「交替する」だけでなく、「起こす」や「再建する」という意味があります。〈relever〉は、ドイツ語の〈aufheben〉が単純に「引き上げる」という意味で使われる場合の訳語です。「止揚する」ことが、その対象を自己の内に、抑圧する形で取り込むことになるというのは、先ほど見た通りです。この少し後で、先ほどお話ししたように、パトチュカが自覚的にかどうか分からないけれど、「体内化」とか「抑圧」という精神分析的用語を使っていることに言及されていますね。

　したがって転回とは、あたかも喪を執り行うこと、すなわちあるものの死を耐え忍びつつ、それをみずからのうちに保持することであるかのようだ。そして新たな秘密の経験を開始し、秘儀を分かち合うこと〔partage〕としての責任の新たな構造を切り開こうとするとき、ひとがみずからのうちに保持するものは、埋め込まれた記憶であり、より古い秘密のクリプトなのだ。

「喪（deuil）を執り行う」という言い方は、フランス系の現代思想に慣れていない人にはどういう比喩かピンと来ないと思いますが、幸い、少し後、二六頁の（　）内の「喪の作業 le travail du deuil」という表現に訳注が付いていますね。フロイトが論文「悲哀とメランコリー Trauer und Melancholie」（一九一七）で呈示した概念で、親しい人の死などによって喪失を体験した時、消失した対象から、それに固執し続けようとするリビドーを引き離し、対象の喪失を現実として受けとめたうえで、自らの中に位置付ける作業を「喪の作業 Trauerarbeit」と呼ぶ、ということですね。ドイツ語の〈Trauer〉は、「悲しみ」という一般的な意味でも、葬儀における「喪」という意味でも使われます。古い狂躁的な秘儀を埋葬することで、そういうものと距離を取り、新しい信仰（＝内面の秘密）にコミットし、「責任」を担うようになった人たちは、実は、キリスト教やプラトン主義の内部に埋め込まれたオルギア的なものに由来する古い記憶をもシェアすることになった、ということでしょう。「クリプト crypte」というのは、訳注にもあるように、教会などの地下室にある、石造りの礼拝堂あるいは納骨堂のことです。語源になったギリシア語の動詞〈kruptós〉が「隠す」とか「秘密にする」という意味であることもあって、比喩的に暗号とか秘密という意味で使われることが多いです。

――責任の歴史としての秘密の歴史は、死の文化に、言い換えるならば与えられた死のさまざまな形象に

> 結びついているということである。フランス語で donner la mort〔死を与える〕とは何を意味するのだろうか。ひとはどうやってみずからに死を与えるのか。ひとはどうやってみずからに死を与えるのかと言うとき、「みずからに死を与える」〔se donner la mort〕という表現は、「みずからの死の責任を引き受けながら死ぬこと」「自殺すること」を意味するが、「他人のために自己を犠牲にすること」「他者のために死ぬこと」をも意味し、したがっておそらくは、「死を思い描き、与えられた死を受け入れながら、みずからの生命を与えること」をも意味する。ソクラテスもキリストも、またほかの何人かの人々も、こうしたことを大きく異なったかたちで実行したのだ。そしておそらくはパトチュカも自分なりのやり方でそれを実行したのではないか。「みずからに死を与える」という表現が、死を解釈すること、すなわち死の表象や形象や意味や使命を思い描くこと、という第二の意味を持つとしたら、ひとはいったいどのようにみずからに死を与えるのだろうか。

ここは分かりやすいですね。「責任」というのは、突き詰めていくと、自らが責任を負っている他者のために、自らの命を犠牲にすることにまで繋がる、というのはよく聞く話です。パトチュカも、自分がコミットしていた何かに対する責任のため、権力によって殺された、と見ることもできます。ただポイントはそこではなく、デリダは、〈se donner la mort〉のもう一つの意味、本人たちが自らの死にどのような意味付けをしようとしているのかに関心を向けようとしているわけです。「責任」のために「死」を受け容れる行為に対して、私たちはある程度敬意を込めて「犠牲」と呼ぶけれど、それは、秘儀的な生贄とどう違うのか、本人は自分は単なる生贄ではなく、もっと高尚なことをしていると思っているのか。

> 体内化によって、プラトン主義的な責任は狂躁的な秘儀に打ち勝つ。体内化とは、個人の魂の不死性が確立される運動であり――またソクラテスに与えられた死、ひとがソクラテスに与え、彼が受け入れた死でもある。言い換えるならば、この死は、ソクラテスが『パイドン』で演説を繰り広げるこ

> というやり方によって思い描くような死であり、この演説によってソクラテスは、みずからの死に意味を与え、いわばその責任を取ろうとするのである。

ここのポイントは分かりますね。狂躁的な秘儀を「体内化する」という形で一応克服することによって成立したプラトン主義的な責任は、「魂の不死性」の確立に繋がる、というわけですね。『パイドン』では、「死ぬ」ことの意味について語り合っていたソクラテスは、哲学者は知恵を愛し、魂そのものになることを目指しているので、魂の肉体からの分離を意味するにすぎない「死」を恐れはしない、ということを延々と論じます。

二九～三〇頁にかけて、「洞窟」とそこでの「転回」をめぐるフィンクの議論を引きながら、転回によって魂の道は永遠の「善」へと通じることになる、というパトチュカの議論が直接引用されていますね。ここは先ほど見たところと内容的にほぼ同じですね。それを受けたデリダ自身の議論を見ておきましょう。

> したがって、体内化（＝合併、同化）という言葉を、精神分析的に理解するにせよ、あるいは、それがはみ出して乗り越えたり、止揚したりする対象を吸収し、みずからのうちに保持するような統合というより広い意味で理解するにせよ、この従属は「体内化」というかたちをとる。ある秘儀の別の秘儀による体内化とは、結局のところ、ある不死性の別の不死性への体内化でもあり、ある永遠の別の永遠への体内化でもある。

何気ない感じで書いていますが、デリダの着眼点がはっきり出ていますね。狂躁的な秘儀もある種の不死性を前提にしているわけですね。では、それとプラトン的な不死性はどう違うのか。パトチュカから引用されていますね。見ておきましょう。

> （…）プラトン主義的な「転回」は〈善〉そのものへの視線を可能にする。この視線は、〈善〉と同じように不動かつ永遠である。〈善〉の探究という魂の新たな秘儀は、魂の内的対話というかたちをと

> る。したがって、この対話と密接に結びついている不死性は、秘儀の不死性とは異なっている。それは歴史においてはじめて、個人的な不死性となったのだ。なぜならそれは内的な不死性であり、自己実現と不可分なものである。魂の不死というプラトンの教説は狂躁的な秘儀と責任との突き合わせの結果なのだ。責任は狂躁的な秘儀に打ち勝ち、それを従属した契機としてみずからに体内化する。エロースと同じように。エロースもまた、みずからの由来を物質的世界や洞窟や闇から引き出すのではなく、みずからが絶対的な要求や規律《ディシプリン》をともなった〈善〉への上昇の手段にほかならないことを理解してはじめて、みずからを理解するからだ。（傍点デリダ）

プラトンの魂の不死性は、熱狂の中で混然一体化した集団としての不死性ではなく、個人的な不死性であり、魂は、「善」に向かって上昇すべく自己を「規律」し、自己実現していくわけです。

> このような規律《ディシプリン》の概念はいくつかの意味をはらんでいる。ここでは、そのどれもが本質的に重要に思える。まず第一に鍛錬という意味。つまり、狂躁的な秘儀を支配下に置き続け、その従属状態そのものにおいて、奴隷が従者のように働かせるための訓練や労働のことである。言い換えるならば、ある秘密を別の秘密に奉仕するようなかたちで働かせること——そしてまた、エロースのダイモーン的な秘密を、この新たな階層構造において働かせることでもあるのだ。〔第二に〕規律《ディシプリン》は、まさに公教的でも秘教的でもある学問《ディシプリン》として教えられるかぎりにおいて、哲学や問答法《ディアレクティック》にもなる。そして〔第三に〕、新たな不死性に到達するために、死ぬことを学ぶ訓練という意味の規律でもある。メレテー・タナトゥー **meletè thanatou** すなわち死について気を配ること、死を訓練すること、ソクラテスが『パイドン』で語っている「死ぬ練習をすること」でもあるのだ。

英語と同じように、フランス語の〈discipline〉にもいくつかの意味があります。最初の「鍛錬」という意味は分かりやすい感じがしますが、「ある秘密を別の秘密に奉仕するようなかたちで働かせる」というのが説明不足でよく分からないですね。狂躁的＝ダイモーン的秘儀を、プラトン的秘儀に奉仕させる、という話だということは分かりますね。この場合の「奉仕させる faire travailler」というのは、ダイモーン的な秘儀を求めるメンタリティや、そこで身に付いた習性が、内的な魂の対話のために活用されるように方向付けする、ということでしょう。そういう風に自分を躾けるわけです。第二の意味での「規律」は、まさにプラトンの著作で試みられているような、哲学や問答を学問として営むということです。〈discipline〉は、専門分野という意味がありますね。第三の「死ぬ練習をすること」というのは、どういう風に死ぬべきか生きている時から準備することで、魂を鍛えるということです。

魂のケアと死

『パイドン』はそこで哲学に任務を与えている。哲学とは、死に気を配りながら、それを先取りすること、死ぬことに気をつかうこと、死を受け入れたり、与えたり、みずからに与えたりするもっともよい方法についての省察、可能な死の見張り〔la veille〕、不可能性としての可能な死の見張りである。このメレテー melétê ないしはエピメレイア epimeleia〔「配慮」「気遣い」を意味するラテン語〕を、心配とか気遣いなどと訳すのは正当ではある。しかしそれらは、ハイデガーが『存在と時間』で付与している意味におけるゾルゲ Sorge が書き込まれるような流路を開き——そして見張りを開始するのだ。より明確には、ハイデガーがクーラ cura の伝統に身を置きながらプラトンの名を出すことなく、ウルガタ聖書〔公認ラテン語訳聖書〕のソリキテュード sollicitudo やセネカやストア派のメリムナ merimna だけに言及している瞬間のことを考えてみるのがいいだろう。ストア派のメリムナもまた、プラトンのメレテーと同じように、配慮や心配や気遣いを意味しているのにもかかわらず。

ここでは、『パイドン』で言われている〈melétê〉及びそれに対応するラテン語である〈epimeleia〉について意味論的な検討がなされています。「心配」と訳されている〈souci〉、「気遣い」と訳されている〈sollicitude〉はいずれも、「心配」とか「気がかり」のような、ネガティヴなものに注意が向いているような状態を意味する場合と、物事がうまく行くように配慮する、心を配るというような、どちらかと言うとポジティヴな意味合いで使われる場合があります。英語で言うと、〈worry（心配）〉と〈care（世話、配慮）〉を合わせたような感じです。

ドイツ語の〈Sorge〉も基本的には同じですが、ハイデガーが『存在と時間』でこの〈Sorge〉を、最初は、現存在としての人間が、自らの周囲の事物や他者に対して向けている――必ずしも自覚されているわけではない――「気遣い＝配慮」という意味で使い、そこから次第に議論を発展させて、自己の存在に対する関心、関わりという、より根源的な意味で使うようになります。ハイデガーは、「現存在」とは、自己に対する気遣い＝関わりだとさえ言っています。ハイデガーは、『存在と時間』の第四八節で、〈Sorge〉という言葉にそうした意味合いが含まれていることを、それに対応するラテン語〈cura〉をめぐる文献学的な考察を通して検証しています。その文脈で、〈Cura〉が粘土を捏ねて形を与え、ユピテルに頼んでそこに命の息吹を吹き込んでもらい、人間を生み出した、という古い寓話を引き合いに出しています。

フーコーの晩年の著作『性の歴史』の第三巻（一九八四）のタイトルが、『自己への配慮 Le souci de soi』ですが、この著作でフーコーは、「魂の訓練」をめぐるプラトンをはじめとする古代ギリシア・ローマの著作家たちの議論を検討しています。自分自身の魂や生き方を「気遣う」と言う場合、日本語で日常的に使っている、「～に気を遣う」よりももっと深い次元での関心、関わりが含意されているようなニュアンスが出てきますね。あと、英語圏の倫理学で、「ケアの倫理 ethics of care」というのがありますが、この分野では、患者とか子供、老人に対する具体的なケアの話と、そういう人たちの人格に対する関わりを絡めるような形で議論が展開されます。公正さに重きを置く男性的な「正義」の倫理と、他者に対する共感に重きを置く女性的な「ケア」の倫理が対置されることもあります。フランス語では、〈éthique de la sollicitude〉と言います。〈Sorge〉や〈care〉には、「心配」「気遣い」「ケア」「関心」など、いろんな意味合いが含まれているわけです。

三三〜三六頁にかけて、魂のケアをめぐるソクラテス＝プラトンの議論と、死がどのように結び付いているか、プラトンのテクストに即して論じられています。三六頁の真ん中あたりで、両者の関係がまとめられています。

> 魂は、自己関係ないしは自己集中として、死ぬことの気遣いにほかならない。死の気遣いにおいてのみ魂は我に返る。**自己に集中する、自己を再び目覚めさせる、目覚める**などという意味においてと同時に、自己意識一般という意味においても、我に返るのだ。そしてこの点に関してパトチュカが、プシューケーあるいは個人的で責任ある自己の構成における、秘儀や秘密について語っているのは十分に理のあることである。なぜならこのとき魂は自分自身を想起することによって自己を分離し、個体化したり内面化したりし、みずからの不可視性そのものとなるからだ。そして魂とは、そのそもそもの始めから、哲学するものである。

ここは分かりやすいですね。身体の中に閉じ込められた状態にある、各人の「魂 psyché」は半ば眠った状態にあるので、覚醒するには、身体の属する物質界の出来事から離れて、自己自身、つまり魂自身のことだけに集中しないといけない。魂に集中するということは、不可視のもの、秘密のものに価値を置くということでもあります。

> この死への気遣い、死を見張る覚醒、死を正面から見据える意識などこそが、自由の別名である。ハイデガーとの本質的な違いを無視するつもりはないが、固有なものとして本来的に〔eigentlich〕引き受けられた死へとかかわる存在の配慮と、自由すなわち責任とのあいだに、ハイデガーが描く現存

在と類比的な構造を見て取ることができよう。パトチュカはハイデガーから完全に離れることはない。そのことはとくに、パトチュカが次のように続けていることからも明らかだ。

「死への気遣い」が「自由」だという理屈が少し分かりにくいですね。これは、この後のパトチュカからの引用から読み取れるように、「魂」が身体・物質への囚われから「自由」になるということでしょう。一人の個人の魂として「自由」になることによって、自らの行為に対する責任を担うことになるわけです。その点についてのパトチュカの考察と、「死」をめぐるハイデガーの議論の間に、一定の類比的な構造があるとデリダは指摘しているわけです。ハイデガーは、現存在は、自らが死に向かって存在しているという事実を直視し、死に向かってどのように生きるか、予め決意することによって、自己自身を、個性がなく、周囲に同調しているだけの「ヒト das Man」へと埋没している状態から解放できると主張します——「ヒト」については、この連続講義の第一回目にお話ししましたね。それをハイデガーは、「先駆的決意性 die vorlaufende Entschlossenheit」と呼びます。「先駆的決意性」を通して、現存在が「気遣い」として、つまり自己自身へ関わりながら存在（実存）している存在者であることが明らかになります。

そのように、死の自覚を起点として、自らの存在の「終わり＝目的」を見据え、決意をもって自分らしい生き方をしようとしているのが、現存在の「本来的」なあり方です。〈eigentlich〉というドイツ語の形容詞または副詞は、日常的には、「そもそも〜」とか「本来は〜」、といった意味で使われますが、元になっている〈eigen〉という部分は、英語の〈proper〉とほぼ同義で、「（自分に）固有の」という意味です。「財産」のことを、〈Eigentum〉と言います。

ハイデガーは、この文脈で「責任＝応答 Verantwortung」——英語の〈reposnsibility〉やフランス語の〈responsabilité〉に直接対応するドイツ語は〈Verantwortung〉です——については語りませんが、その代わり、「負い目 Schuld」について語ります。「負い目」というのは、自らの在り方に対する「負い目」です。現存在は、自分で自分を有らしめているわけではなく、気が付いたら、世界の中に投げ込まれている自分を見出すだけです。しかし、自らの死を見据えて、これから死に向かってどのように存在していくか決意することによって、自らの在り方に対して「責め Schuld」を負うことになります。自分は気が付いたらこういう人間になっていたとは言えなくなります。そのように、自己の在り方に対して責めを負うのが先駆的に決意した現存在の本来的な在り方です。この〈Schuld〉という言葉は、責められるべき負い目という意味で、「責任」と訳していいかもしれません。

この〈Schuld〉は、普通に理解すれば、他者に対する責任ではなく、自己自身に対する責任です。加えて、ハイデガー自身が自らの哲学的立場がヒューマニズム的なものであることを否定しているので、ハイデガーの哲学には、他者に対する「責任」を問題にする、通常の意味での倫理学はないと言われてきました。レヴィナスやデリダは、ハイデガーの影響を受けながら、彼に欠けていた他者への責任＝応答可能性の問題を新たに提起したと言われていますが、デリダは「個人－自由－責任」の樹立をめぐるパトチュカの議論は、ハイデガーの議論に構造的に似ていることを示唆しているわけです。ということは、『存在と時間』にもはっきりした形ではないけど、倫理的な問題系が含まれている、ということです。

「責任の支配すなわち自由の支配」とはおそらく死に対する勝利であること、言い換えれば生命の勝利（…）であること、このことに言及することはいったい何を意味するのだろうか。括弧の中でパトチュカは、いわゆる永遠の生や責任や自由などはおそらくこの勝利にほかならないだろうと示唆してさえいる。その一方で、勝利は戦闘の痕跡を保持している。勝利とは、根本的には不可分な敵対者のあいだの戦争からもぎ取られるものであるはずだ。勝利が輝き出るのは、その翌日、すなわち戦争を記念し（…）、その記憶を保持するときである。パトチュカはこうした戦争すなわちポレモス polemos についてしばしば語っているが、これは『異教的試論』にとっては意義深いことである。

「括弧の中」というのは、この直前のパトチュカからの引用の（ ）の中の「おそらく生とはこの勝利にほかならないだろう」というフレーズのことです。これまでの文脈から見て、彼の言う「死に対する勝利」が、死に対する恐怖に打ち勝って、魂の永遠の生にコミットして、それに伴う責任や自由を引き受けるという意味であることは間違いないでしょう。デリダは、そこでパトチュカが「勝利」と言っていることに拘っているわけです。「勝利」ということは、その前に何らかの「戦闘」がある、ということです。これだと、デリダが字面にだけ拘って、深読みしているような感じに見えますが、『異端的論考』の第六章のタイトルは「二十世紀の戦争と、戦争としての二十世紀」です。パトチュカが責任と、オルギア的秘儀の関係について論じているのは、その前の第五章「技術文明は堕落したものか？ そして、それはなぜか？」です。この第五章でパトチュカは、オルギア的秘儀を抑圧したことに成功したプラトン主義＋キリスト教は、責任や自由の主体として個人を確立すると共に、自然に対しては客観的に距離を置き、客体としての自然を合理的に支配するようになった、ということを指摘しています。しかし、自然科学的な真理探究とそれに基づく自然支配が発達しすぎたことによって、人間は技術によって翻弄され、自由と責任を発揮することができず、オルギア的な秘儀に再び転落しつつある、それが革命や戦争の暴力として噴出している、という筋で議論を進めます。アドルノとホルクハイマー（一八九五－一九七三）の『啓蒙の弁証法』（一九四七）の議論と似ています。というより、これは、哲学的に凝った西欧文明論のよくあるパターンです。

その第五章を受けて、第六章で、二〇世紀の戦争が論じられているわけです。四〇頁で言及されているように、この第六章で、エルンスト・ユンガー（一八九五－一九九八）とテイヤール・ド・シャルダン（一八八一－一九五五）の第一次大戦の体験が紹介されています。ユンガーは、ロマン主義的な想像力と、テクノロジー的な近代に対する観察を結び付けた独特の作風で知られる作家で、ワイマール時代の文化的保守革命の旗手とされています。自らの戦争体験に基づく作品を書いて、大きなインパクトを与えました。シャルダンはイエズス会士でカトリックの司祭ですが、古生物学や地質学を研究し、キリスト教的進化論を提唱した人です。彼にも従軍体験があります。

テイヤール・ド・シャルダン

エルンスト・ユンガー

こうした戦争に深く関係する文脈で、「勝利」という言葉を使うと、デリダでなくても、意味があるのではないかという気がしてきますね。「戦争」あるいは「闘争」という意味の「ポレモス」という概念は、現代思想でよく出てきます。ハイデガーは、ヘラクレイトス（前五三五頃－四七五頃）の断片五三「戦争は万物の父であり、万物の王である。ある者たちを神々として、ある者たちを人間として現れさせる。また、ある者たちを自由人とし、ある者たちを奴隷とする」の解釈に基づいて、自己を顕そうとする力と、それを押し留め、隠蔽しようとする力との「闘争」から生成してくるものとして「存在」を捉えています。そういうことも考え合わせると、「死に対する勝利」は単なる比喩ではなさそうな気がしてきます。

> 戦争とは、与えられた死のもうひとつの経験である（私は敵に死を与え、また「祖国のために死ぬこと」という犠牲において私の死を与える）。パトチュカはヘラクレイトスのポレモスを解釈して言う、それは「『生』の拡張」ではなく、むしろ夜の優越である。

自己の責任としてわが身を他者のために犠牲にすることと、戦争において自他を祖国に対する犠牲として捧げることの間に、何らかの繋がりがあるのではないか、とデリダは示唆しているわけです。パトチュカは、第五章での「個」の確立をめぐる議論と、第六章での、戦争の最前線でユンガーやシャルダンが目撃した「力」の解放をめぐる議論の繋がりを体系的に説明していません。それでデリダ

が、パトチュカ自身になり代わって、第六章の視点から第五章を読み直そうとしているわけです。

そのカギとして、デリダが注目しているのが、第六章で呈示されている、「昼」と「夜」の対立関係です。この「昼」と「夜」の対比は、第二章「歴史の始まり」で詳しく論じられていますが、それに続く章では明示的な形では語られておらず、終章である第六章の末尾で再び出てきます。いわば、隠されたテーマのような感じになっています。第二章でパトチュカは先ず、先ほどのヘラクレイトスの断片を、「夜」から様々な事物が輝き出る様、人間の理性によるポリスの創設の瞬間の描写と見なします。外へ輝き出るもの、つまり「昼」の光と、「夜」の闇に留まろうとするものとの間で、「闘争」がなされるわけです。西欧はずっと、啓蒙によってもたらされる、「真理」の「光」にだけ目を向けてきましたし、パトチュカに言わせると、現象学の開拓者であるフッサールも、基本的に「昼」の思想家です。ハイデガーは、「真理 Wahrheit」の本質は、ギリシア語の〈aletheia〉という言葉で言い表されると主張したことで有名です。〈aletheia〉は、「隠されていること」とか「覆われていること」を意味する〈letheia〉と、欠如を意味する接頭辞〈a-〉を加えた言葉で、「覆いを取られた状態」とか「非隠蔽性」という意味です。つまり、存在の暗がりの覆いが一部取られて、事物が輝き出ることが「真理」であるわけです。その点で、ハイデガーは、光輝いている部分だけでなく、「存在」の闇に留まっている背景、先ほどのゲシュタルト心理学の言い方だと、「地」にも関心を持った思想家と言えそうですが、パトチュカの訳者の石川さんによると、パトチュカは、ハイデガーも最終的には、現れとしての真理の方に重点を置きすぎ、存在の闇に十分に焦点を当てていないと見なし一線を画しているようです。そのような「昼」と「夜」をめぐる考察を経て、第六章で、戦争を「夜」の現れとして位置付けているわけですから、「死に対する勝利」という表現も、不穏なものを感じさせますね。

――このように勝利は死を記念し、死に対する勝利を記念するのだが、それはまた生き残った者が喪に

> 服しているときの歓喜の瞬間をもしるしづけている。フロイトが指摘するように、喪に服す生き残り〔survivant〕は、この「過剰な－生命〔sur-vie〕」をほとんど躁病的なかたちで享受するのだ。このような責任と自由の系譜、あるいはパトチュカの言い方を借りるならば、責任と自由の「支配」の系譜において、自由で責任ある自我の勝ち誇った肯定は、死すべき者や有限な存在の場合には、躁病的な現れ方をすることがある。自我の肯定は、同じ一つの否認において、一つ以上の秘密を隠蔽し、同時にそれをみずからに隠蔽するだろう。すなわち、それが支配し、従属させ、体内化した狂躁的な神秘の秘密、そして、まさにこの勝利の経験において、拒絶され、否認される、みずからの可死性という秘密を。

現実の喪に際しての生き残った者の躁病的な歓喜と、「死」に対する魂の勝利による歓喜とをメタファー的に交叉させて記述しているので、分かりにくくなっていますが、とりあえず、「死に対する勝利」の形で肯定された「自我」は、自らの勝利に歓喜して大げさに喜んでいるけれど、結局、それは本当の勝利ではないので、「秘密」を持つことになる、という話であるのは分かりますね。どうして本当の勝利ではないのかというと、私たちは身体を持っているのでいつか死にます。キリスト教の信仰を前提にしないのであれば、魂も死にます。この可視性＝身体性は、人間が身体的な欲望の影響を受ける可能性があること、延いては、オルギア的な秘儀の中での興奮のようなものに引き摺られる可能性があることを示唆しています。

生き残った者の躁病的（maniaque）な歓喜については、訳注（20）で述べられているように、「悲哀とメランコリー」での記述によっています。ただ、訳注で引用されている該当箇所を見れば分かるように、フロイトはこれを「喪＝悲哀」自体に関してではなく、それとよく似た様相を呈する「メランコリー」について指摘しています。深刻な苦痛に満ちた不機嫌とか、外界への興味の喪失、愛する能力の喪失などを

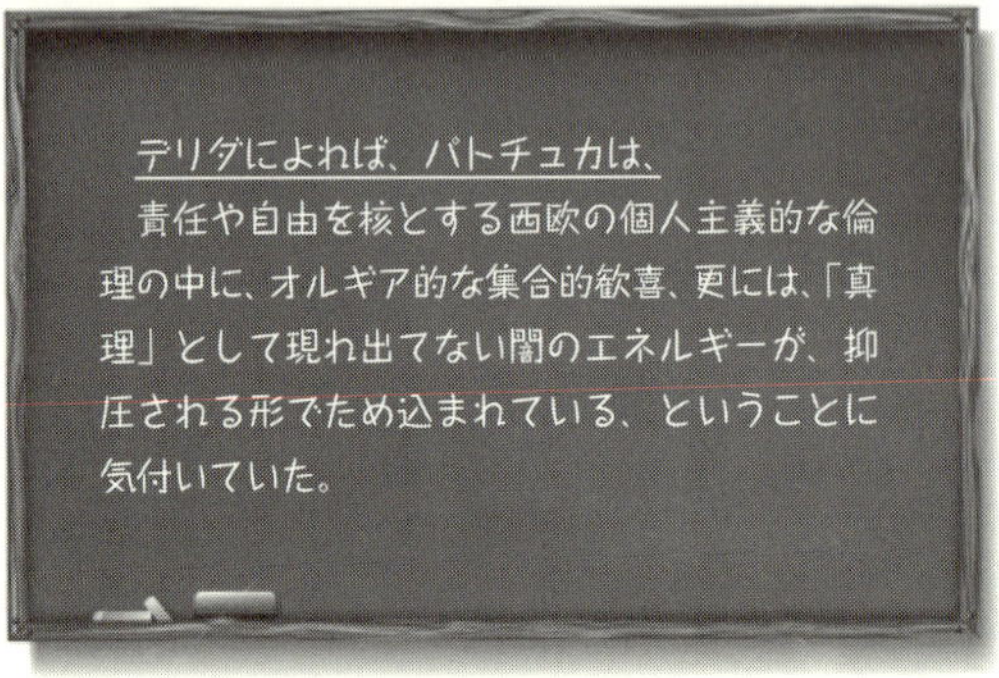

特徴とする「メランコリー」という状態の正体がよく分からないので、原因が分かっている「悲哀」と比較して論ずることで、ある程度分かりやすくするというのが、この論文の趣旨です。訳注で引用されている箇所で述べられているように、フロイトは「躁病 Manie」を、自我が対象の喪失を克服したことで、それまでメランコリーが対象へと差し向けていたエネルギーが一挙に解放され、別の用途に向けてどっと進んで行くこととして理解しています。メランコリーへの異常な傾きが、一気に逆の方向に振れるわけです。この説明でフロイトが、「対象の喪失 Verlust des Objekts」を「対象の喪失の悲哀 Trauer über den Verlust」と言い換えているので、デリダはこの議論が、「喪 Trauer」と「躁病」の関係にも当てはまると考えたのでしょうが、これはテクストの読み方としては強引でしょう。因みに、「生き残る」という意味のフランス語の〈survivre〉あるいはドイツ語の〈überleben〉は、ハイフンを入れて、〈sur-vivre〉〈über-leben〉とすると、「生を超える」とか「過剰に生きる」という意味に取れます。

とにかくデリダの読みによると、パトチュカは、責任や自由を核とする西欧の個人主義的な倫理の中に、オルギア的な集合的歓喜、更には、「真理」として現れ出てない闇のエネルギーが、抑圧される形でため込まれている、ということに気付いていた、ということになりそうです。デリダが自らの見方に合わせて、パトチュカのテクストの暗い面に焦点を当てすぎているのかもしれませんが。

三つのモチーフ

四八頁でデリダは、ダイモーン的な秘儀→プラトン的秘密→キリスト教的秘密の二重の移行をめぐるパトチュカの議論から、三つのモチーフが浮上してくると指摘しています。この三つを見ておきましょう。

――政治的な理由からもけっして忘れてはならないが、体内化され、そして抑圧された秘儀が破壊されることはない。この系譜学にはひとつの公理がある。それは、歴史はそれが隠しているものをけっして抹消しないという公理である。歴史はそれがクリプト化するものの秘密、おのれの秘密の秘密をみずからのうちに保持している。これは保持された秘密のひそかな歴史である。だからこそこの系譜はひとつのエコノミーなのだ。狂躁的な秘儀は際限なく回帰するものであり、つねに働き続けている。すでに確認したように、プラトン主義においてだけではなく、キリスト教においても、さらには啓蒙と世俗化の空間においてさえも働き続けているのだ。このことからパトチュカは今日のための、そして未来に向けての政治的教訓を引き出すよう、うながしている。彼は、革命というものは、たとえ無神論的であったり非宗教的なものであったりしたとしても、熱狂すなわち我々の内における神々の現前というかたちにおける、聖なるものの回帰を証言していると指摘する。

言い回しはやや難しいですが、これまで見てきたことから言わんとしていることは分かりますね。抑圧された秘儀は決して消滅することなく、何らかの機会に回帰してくる、ということですね。世俗の空間においてそれが「革命」という形で現れてくるわけです。「革命」が祝祭だという議論はよく聞きますね。フランス革命の時に、理性を神に見立てた祭典が行われたのは有名な話です。パトチュカは、オルギア的なものの回帰と見ているわけです。革命と祝祭の関係について、パトチュカは、フランスの社会学者デュルケーム（一八五八－一九一七）の『宗教生活の原初形態』（一九一二）から引用しながら、議論を進めています。この著作は、タイトル通り、未開社会に関する当時の文化人類学的知見に基づいて、宗教の原初的な形態を論じているものですが、この中でデュルケームは、原初的なものが、近代社会にも時として現れてくることを指摘しています。この後の箇所で引用されているように、フランス革命の祝祭的な雰囲気の中で、「祖国」「自由」「理性」などの世俗的概念が、「聖なるもの」に変質したというわけですね。因みに、少し前にちくま学芸文庫から、『宗教生活の原初形態』の新訳が出ましたね。

二　エピメレイア・テース・プシュケース〔魂への配慮〕のこうした解釈を、喪としての秘密あるいは秘密の喪の精神分析的エコノミーに、私が引きつけすぎてしまっていないとするならば、このエコノミーをハイデガーの影響から逃れさせてくれているのは、まさにその本質的なキリスト教的性格であると言えるだろう。ハイデガーの思想は、キリスト教からなんとか苦労して身を引き離そうといううたえざる運動であっただけではない（…）。同じハイデガーの思想は、とくに『存在と時間』の決定的に重要なモチーフのいくつかにおいて、非キリスト教化されたキリスト教的な主題やテクストを、存在論的な次元で反復しているのだ。その場合、こうした主題やテクストは、固有な根源的な可能性の存在論的な取り戻しの過程で頓挫してしまった、存在的・人間学的あるいは人為的な試みとして提示されている（…）。パトチュカが行なっているのはそれとは反対の対称的な動きであり、だからおそらく結局は同じことになるだろう。彼はキリスト教の歴史的主題をふたたび存在論化し、ハイデガーが引き離そうとした存在論的な内容を、啓示や〈オノノカセル秘儀〉の枠内で考慮しているのだ。

最初の文が分かりにくいですが、分かりやすく言い換えると、プラトン＝キリスト教的な「魂の配慮」をめぐるパトチュカの記述を、精神分析的エコノミーの問題として解釈しようとするデリダの試みが正しいという前提で考えた場合、パトチュカ＝デリダの想定するエコノミーは、先ほど見た、「気遣い Sorge」をめぐるハイデガーの議論の言い換えにすぎないようなものではない、ということでしょう。どうしてハイデガーの影響を気にする必要があるかと言うと、パトチュカもデリダもハイデガーの影響を強く受けているのは確かなので、この問題でもハイデガーに引っ張られすぎている可能性はあるからです。

違いがあるとすれば、それはキリスト教的な性格だろうと言っているわけですが、ハイデガーとキリスト教の関係がまた分かりにくいですね。ハイデガーは、元々修道士か神学者になろうとしたけれど、いろいろあってカトリック教会からは離れたけれど、プロテスタント神学には関心を持ち、同僚であったブルトマンと相互に影響を与え合った人です。キリスト教的な要素が、彼のテクストの随所に入り込んでいるけれど、ハイデガー自身はそれをできるかぎり、非キリスト教化した形で呈示しようとします。「非キリスト教化されたキリスト教的な主題やテクストを、存在論的な次元で反復しているのだ」、というのはそういうことです。「キリスト教的な主題やテクストをいったん非キリスト教化したうえで、存在論的な次元で反復しているのだ」、と補足的に言い換えると、すっきりするでしょう。「ひとへの頽落」とか、「本来的／非本来的」の区別とか、「自己への気遣い」、とかいかにも、キリスト教っぽいですね。『存在と時間』の中では何か所か、聖書やキルケゴールに言及しています。ハイデガーに言わせると、キリスト教的な主題やテクストの中には、存在論的に重要な問題にある程度肉薄したけれど、肝心のところで挫折しているので、自分はキリスト教の教義ゆえに検討外れになっている部分を取り除いて、より存在論的に本質的な議論をしている、ということになるわけです。無論、キリスト教神学の側からすると、神学が存在論のためにあるかのように言うハイデガーの発想の方がおかしい、ということになるでしょうが。

それに対してパトチュカの方は、キリスト教の歴史的主題を再び存在論化したというわけですが、これだとどこが違うのか分かりくいですね。その前の文で、「結局は同じことになるだろう」と言われているので、余計にそういう印象を受けます。これは、ハイデガーが、彼が関心を持つ哲学的なテーマを、キリスト教特有の教義から隔離することによって、存在論的な問いとして純化しようとした。それに対して、パトチュカはキリスト教にとって歴史的に重要だったテーマを内在的に掘り下げることによって、「再存在論化」しようとした。キリスト教とその歴史的影響に対するスタンスは逆だけど、「自己に対する配慮」の問題を存在論化しようとする方向は一緒なので、同じような結論になるのではないか、ということです。

三　だがパトチュカがこのようなことをするのは、教義に則ったキリスト教の正しい道に引き戻そうとするためではないだろう。彼の異教性は、あえて少々挑発的に言うならば、おそらくもうひとつの異教と呼ぶことができるものと交叉する。すなわち、ハイデガー的な反復がキリスト教に与えていた捩れや逸脱、という異教である。

パトチュカがキリスト教内在的に考えているということを強調した後で、彼の思考はやはり本のタイトル通り、「異教＝異端 hérésie」的なものであることを強調しているわけです。ここで言われている「ハイデガー的な反復」というのは、前回お話ししたように、全く同じことの再現ではなく、差異をもたらす反復です。ハイデガーもパトチュカもやり方は違っていますが、キリスト教的な思考を、差異化する形でなぞっていく戦略は共有しているわけです。パトチュカは、キリスト教がプラトン主義を抑圧しきれなかった、という見方をしているわけですね。A、B二つのポイントがあるようです。

キリスト教はプラトン主義を抑圧しきれなかった

A　一方では、責任ある決断は知に従属している。

これだけだと何のことだか分かりませんが、この後のパトチュカからの引用のところを見ると、プラトン主義はこの世界、自然を客観的に認識しようとする合理主義的志向を持っており、責任もそうした合理的な認識によって基礎付けようとしていた、ということのようですね。そうした態度は、キリスト教の本質と矛盾するという話のようですね。

パトチュカの眼には、「責任を認識の客観性へと従属させること」は責任を廃棄することだと映るにちがいない。彼がここで暗黙のうちに語っていることに同意しないでいられるだろうか。責任を持った決断はある種の知に則ったものでなくてはならない、と語ることは、責任の可能性の条件（知や意識がなければ、そして自分が何をしているのか、どのような理由で、何を目指して、どのような条件で行動しているのかを知らなければ、責任ある決断を下すことはできない）を規定すると同時に、その不可能性の条件（ある決断がこの知に従属し、それに従ったり、それを展開したりするだけで満足してしまったら、それは責任ある決断ではなく、認知的な装置の技術的な適用、定理のたんなる機械的な展開にすぎない）を規定することでもあると思われる。

ここは比較的分かりやすいですね。どういう時に、どういうことをしたら、どうなるのかに関する客観的な法則の知識に基づいて、機械のように自動的に自分の行動を決めていたら、「決断 décision」する必要などありません。自分で「決断」したのでないのならば、そこに真の意味での責任はありえません。無論、何らかの法則通りに行動するだけだとしても、その法則に従うということを〝決断〟しているのではないか、という議論をすることはできます。そこにはあまり拘らなくてもいいでしょう。法や正義につきまとう「決断」というのは、後期のデリダにとって重要なテーマになります。「責任」と「決断」の関係を強調しているのは、パトチュカ自身ではなく、デリダです。

B　だからこそ他方でパトチュカは、自分の倫理的あるいは法学的言説、そしてとりわけ政治的な言説を、キリスト教的な黙示録の観点に組み込みながらも、キリスト教においていわば〈思考され《アン》ていな《パン》いもの《セ》〉を見きわめる。倫理的であろうと政治的であろうと、キリスト教的な責任の意識（＝良心）は、抑圧されたプラトン的なものを思考することはできないし、また同時に、プラトン主義的な秘儀が狂躁的な秘儀から体内化したものも思考することはできない。このことは、すべての責任の場でもあり、主体でもあるようなもの、すなわち人格を決定しようとするさいに明らかになる。

ここで「思考されていないもの impensé」と言われているのが何のことか分かりにくいですが、これは、キリスト教の中核に取り込まれたプラトン的合理主義のことだと見ていいでしょう。何らかの神によって与えられた法則通りに思考し、行為することが、倫理的だとすると、倫理的主体としての個人の責任を問う余地はありません。各人は、機械のように、決まったコースを通っているだけだからです。そこについて、突き詰めて考えると、キリスト教的倫理は成り立たなくなるので、キリスト教はこのことについて突っ込んで考えることはできません。また、プラトン主義的秘儀の内に取り込まれたオルギア的な要素、つまり個としての自由や責任の意識を失って、集団に溶け込んで熱狂しようとする傾向についても突っ込んで考えることができません。それを認めると、キリスト教の優位性が崩壊してしまいます。責任の主体である「人格」について突き詰めて考えると、この問題が表に出てきてしまいます。「人格」というのが、神によって操作される自動機械のようなものであり、集団的な熱狂に溶け込む傾向を持っているとすれば、それはもはや、〝主体〟とは言えません。

> したがって、こうした主題化の不足は、責任の戸口《スイユ》にとどまってしまうことを意味する。責任ある人格《ペルソナ》とは何であるのか、すなわち何であるべきなのかは主題化されない。魂が他の人格の視線、他の超越者としての人格《ペルソナ》の視線、すなわち私に視線を向けはするが、私すなわち私という自己のほうは、それに到達することも、それを見ることも、視線の及ぶ範囲に入れることもできないような他者の視線に、魂がさらされていること、このことは主題化されないのだ。

デリダは、責任の主体の不在の問題を、先ほど見た「神の視線によって身をすくまされる」という問題に繋げて考えているわけです。キルケゴールやレヴィナスは、神のまなざしに見つめられることによって、倫理の主体が確立される、と考えるわけですが、その〝主体〟は、自分を見つめている神を見返して、その正体を見破ることができません。一方的に信じるしかない。神が合理的に把握できるような存在であれば、神との間の絶対的な信仰は成り立たない。しかし、そのことは裏を返すと、そういう絶対他者としての神は、私の幻想かもしれない。自分なりの〝合理的思考〟に神という名を付けて正当化しているだけか

もしれないし、実際には、オルギア的集団性に囚われている自分の思考を、神によって直接導かれている思考だと思い込もうとしているだけかもしれない。そこについて、キリスト教は突き詰めて考えようとしない。

> 責任とは何であるのか、何であるべきなのか、ということについての不十分な主題化は、無責任な主題化にほかならないことをけっして忘れないようにしよう。責任を負うということは何であるかということを知らないこと、それについての知も意識も十分に持たないこと、そのことはそれ自体で責任に違背することなのだ。責任を負うためには、責任を負うということがどういう意味なのかについて請け合うことができなければならない。

キリスト教的な倫理が、「責任」とはどういうものなのか突っ込んで考えることができないとすると、結局、キリスト教は無責任であり、自らが答えるべき問いに応答していないことになります。

> 責任の行使とその理論的な主題化、さらには教義《ドクトリン》的な主題化のあいだにかいまみられる異質性によって、責任は異教的になることも運命づけられているのではないか。〔異教 hérésie の語源である〕hairesis すなわち、選択、選抜、好み、傾向、立場へと、つまり決断へと運命づけられているのではないか。

キリスト教を信じる人が、「責任」について突き詰めて考えようとすると、キリスト教の教義の内に、こうした「異質性 l'hétérogénéité」を見出さざるを得ないというわけです。キリスト教自体が実は「異教」だったわけです。デリダが言うように、〈hérésie〉、英語の〈heresy〉の語源であるギリシア語の〈hairesis〉は、「選ぶ」とか「決定する」という意味の動詞〈hairein〉の名詞形です。「選ぶこと」から、異なる教義を選んで「分派」するという意味になったようです。ここにも、「決断」という要素が関わってくるわけです。

六〇頁で、責任の行使が、「逆説」「異教」「秘密」という、甚だ居心地の悪い要素を含んでいるとまとめられていますね。責任は不可避的に権威、伝統、正統性、規則、教義に対する離反を招く、ということですね。

視線における非対称性——私を見るものにおいて、私が見ることなく、私にとって秘密のままでいるのに、私に対して命令するような視線へと私を関係させるような不均衡、これこそが戦慄すべき秘儀、おそれさせ、オノノカセル秘儀であり、パトチュカによればこれはキリスト教的な秘儀において予告されるものである。このようなおそれは、プラトン的な責任をアガトンに関係させるような、超越の経験においては起こらないだろう。またプラトン的な責任が創設するような政治《ポリス》でも起こらないだろう。そしてこの秘密のおそれは、主体の客体とのおだやかな関係をはみ出し、それに先立ち、超過するのである。

「アガトン」とは「善」のことです。先ほどの、他者＝神の視線の話を、プラトン的な［秘儀→責任］との対比で、より詳細に述べているわけですね。プラトン的秘儀は、暗い洞窟の中で善のイデアに対して自分の魂を向け変える、それに向かっての超越を目指すことを特徴とします。これは、先ほど見たように、知によって自らの行動を決める合理主義的な性格を持っていて、本当の意味で、「決断」ゆえの「責任」とは言えません。それに対して、キリスト教的秘儀は、絶対的他者から見られている（かもしれない）という体験に起因する戦慄という側面も持っています。この意味では、合理主義を超えたところがあるのですが、これだと、人間の側の主体性がどうなるのか、より疑問になりますね。

六二～六四頁を見ると、パトチュカは〈オノノカセル秘儀〉をキリスト教に内在する矛盾として捉え、解体するというよりは、それを完遂することによって、新たな「責任」をもたらそうとしている、とデリダは解釈しているようですね。矛盾は矛盾なのだけど、〈オノノカセル秘儀〉を全面的に受け入れた時、

・**キリスト教的秘儀**：他者＝神の視線、絶対的他者から見られている（かもしれない）という体験に起因する戦慄という側面も持つ。この意味では、キリスト教的倫理は合理主義を超えているが、人間の側の主体性がどうなるのか、より疑問になる。

↕

・**プラトン的な［秘儀→責任］**：暗い洞窟の中で善のイデアに対して自分の魂を向け変え、それに向かっての超越を目指すことを特徴になる。知によって自らの行動を決める合理主義的な性格を持っており、本当の意味で、「決断」ゆえの「責任」とは言えない。

※パトチュカは〈オノノカセル秘儀〉をキリスト教に内在する矛盾として捉え、解体するというよりは、それを完遂することによって、新たな「責任」をもたらそうとしている。矛盾ではあるが、〈オノノカセル秘儀〉を全面的に受け入れた時、何か大きな変化が起こることを予期⇒ヨーロッパは新しいヨーロッパになる。新しいヨーロッパが持つであろう「新しい秘密」。⇐デリダ：「贈物ではないような贈与、到達不可能で、現前不可能で、それゆえ秘密にとどまるような何ものかの贈与」。何を贈与されたか自体が秘密。

パトチュカ：贈与の論理に徹したキリスト教は、オルギア的なものとも、プラトン主義的なものとも断絶していることを強調。
デリダ：「犠牲のエコノミー」、すなわちポトラッチ的なやりとりへののめり込みのようなものへと“退行”“変質”する危険がないか心配。

何か大きな変化が起こることを予期していたということでしょう。この秘儀を真に受け取ることで、ヨーロッパは新しいヨーロッパになる、というわけですね——これは、パトチュカ自身が言っていることではなくて、デリダによる解釈です。新しいヨーロッパが持つであろう「新しい秘密」の特徴についてデリダは六五頁で、「贈物ではないような贈与、到達不可能で、現前不可能で、それゆえ秘密にとどまるような何ものかの贈与」という言い方をしています。何を贈与されたか自体が秘密である、と述べられていますね。確かに絶対者他者によって一方的に与えられるのだから、私たちにはそれが何であるか分からないというのは、理屈として分かりますが、それだと、本当に神がいて、与えてくれたのかどうか確かめようがないです。まさに逆説ですが、パトチュカはその逆説を避けるのではなく、その中に突き進んで行こうとするわけです。パトチュカは、そうした贈与の論理に徹したキリスト教は、オルギア的なものとも、プラトン主義的なものとも断絶していることを強調していますが、デリダはそれが、「犠牲のエコノミー」、すなわちポトラッチ的なやりとりへののめり込みのようなものへと〝退行〟〝変質〟する危険がないか心配している感じですね。

六九頁で、ハイデガーの言う「良心の呼び声 Ruf des Gewissens」と、先ほど見たパトチュカの関係について論じられていますね。この「呼び声」というのは、「ヒト」へと頽落している現存在に対して、自己自身の本来的な在り方に気付かせ、「責め」を引き受けるように働きかける、自己自身の内から聞こえてくる声のことです。

呼び声（Ruf）によって現存在は、あらゆる特定の罪や限定された負債に先立って、自分を根源的に責任あるものとして、責めあるもの（schuldig）あるいは負債を負ったものとして感じるのであるから、現存在に視線を向けたり語りかけたりする限定された存在者には、まずは責任を負ってはいない。ハイデガーが、呼び声ないし呼び声の意味（Rufsinn）というものを、気遣いの経験として、そしてまた責任ある存在あるいは根源的に責めを負っている存在（Schuldigsein）である現存在の根源的な現象として記述するとき、彼が提唱する実存論的分析は神学的な観点を越え出ているものだとされている。この根源性のうちには、なんらかの至高の存在者への現存在の関係は含まれていないどころか、排除されてさえいる。良心 Gewissen に語りかける声や、道徳的な意識が前にする視線などの起源としての至高の存在者への関係は排除されているのだ。（…）それは完全に無規定なのである。責任の起源は、とりわけ至高の存在者には根源的には帰着しない。しかしここには神秘的《ミステール》なものはない。秘密もない。こうした無規定性や規定不可能性は隠し立て《ミステール》をしないのだ。この声が沈黙をまもり、とりわけ人格的な声とはならず、いかなる限定可能な同一性をも持たない声であること、このことが良心 Gewissen（これを道徳的な意識、つまり責任ある意識などと訳すのは誤りである）の条件であるが、

だからといってこの声が「秘密で神秘的な声」（geheimnisvolle Stimme）であるということにはならない。

最初の「呼び声によって現存在は、あらゆる特定の罪や限定された負債に先立って、自分を根源的に責任あるものとして、責めあるものあるいは負債を負ったものとして感じる」という部分が分かりにくいですが、これは、自分の在り方（の欠陥）に対して自分自身が責めがあるということを、自らの「決断」によって引き受けないと、個別の事柄に対する責任は成り立たない、ということです。では、そうした「決断」へと促す「呼び声」は、どこから聞こえてくるのか？　後期のハイデガーだと、「存在」それ自体が呼びかけてくる、という疑似キリスト教的な答えが返ってきそうな気がしますが、『存在と時間』では、絶対的な他者のようなものが登場するのではなく、「現存在」自身の内から声が聞こえてくる、という議論をしています。この声は、何か啓示のようなメッセージを伝えるわけではなく、自分自身が本来の在り方を喪失していることに気付かせるだけです。この声に、意志とか個性のようなものはなく、まるで、精神分析で言う「無意識」のように、非人格的です――この辺のことについて詳しくは、拙著『ハイデガー哲学入門――『存在と時間』を読む』（講談社現代新書）である程度細かく説明しましたので、関心があればご覧下さい。

そうしたハイデガー自身の言い分を受け入れる限り、そこにはいかなる神秘もなく、「神秘」から「責任」が生まれて来るとするパトチュカの議論とは異なります。先ほどもお話ししたように、デリダの解釈では、パトチュカは、ハイデガーの影響を受けながらも、キリスト教と存在論をどう関係付けるかについて対照的な態度を取っているわけです。

七二頁で、パトチュカの基本的なスタンスと、それに対するデリダの問題意識が、意外なほど分かりやすくまとめられています。

私にとって到達不可能でありながら、視線と手の内に私を掌握するような神によってなされる贈与、〈オノノカセル秘儀〉というおそろしくも非対称的な贈与が、私に応答すべき何かを与え、与えた責任を私に呼び覚ますのは、たんに死を与えることによって、死の秘密を、死の新たな経験を与えることによってなのである。

私たちが今や問わなければならない問いは、こうした贈与についての言説や死の贈与が、犠牲についての言説や他者のための死についての言説であるのかということである。責任の秘密についての問いかけ、責任と秘密の逆説的な結合についての問いかけは、きわめて歴史的で政治的であるだけになおさらである。この問いかけはヨーロッパの政治の本質そのもの、その未来にかかわっている。

プラトン主義も、肉体の死を恐れず、自らの魂への配慮に集中するよう説くわけですが、パトチュカが再発見したキリスト教の神は、「死の贈与」という形で、「死」により積極的な意味を与えるわけです。〈オノノカセル秘儀〉の闇に、神の「身をすくませる」ような「まなざし」が潜んでいて、それが、「死」を超える信仰を要求する（ように見える）というイメージで考えればいいでしょう。パトチュカ自身は〈オノノカセル秘儀〉と「死の贈与」を直接結びつけていません。これもデリダの解釈ですが、私なりの理解に従って説明すると、通常の人間的な合理性を超えて、それに向かい合う者を震撼させる、神の恐るべき働きかけの本質とは何か考えていくと、不可避的に各人の生と死を超えた究極の力、万物に生と死を与える根源な力のようなものを想定せざるを得なくなる、ということではないでしょうか。いったん「死」の試練を通り抜けないと、人知を超えた神と、本当の意味で遭遇することはできない。

デリダの解釈のように、パトチュカの議論が、神による「死の贈与」を含意しているとすると、それは、どういう形での誰のための死なのか、という疑問が出てきますね。無論、キリスト教には神は「善」であるという前提があるので、クリスチャンの立場からすれば、神が悪を命じるはずがない、たとえ自分の命を捧げるように命じたとしても、それは他の人たちのために犠牲になれ、ということのはずだ、ということになるのでしょうが、人間の側から神の意図を計り知ることができないとすれば、果たして、神の「死の贈与」は、私たちがイメージしているような隣人愛のための死なのか、という疑問が湧いてきますね。例えば、異教徒との戦いに自らの命を捧げることが、神の意志として啓示されるかもしれない。そういうことを信じて、十字軍戦争に従事した人たちもいたわけです。

近代文明と責任

第二節「死を——奪い取る《プランドル》べきものとして与えることと、死を与えることを学び取る《アプランドル》ことの彼方で」は、第一節を補足するような内容です。興味深そうなポイントだけ見ておきましょう。

試論のタイトル〔「技術文明は凋落している（úpadková）のか」〕が示すように、パトチュカはなぜ技術文明が凋落した文明なのか、そしてそれはなぜかと自問する。その答えは明快に見える。非本来的なものへの転落は、狂躁的なダイモーン的なものの回帰を具現しているというのだ。一般的な考えとは異なり、技術的な近代性は何ものも中和化せず、ダイモーン的なもののある種の形式を復活させている。たしかに技術的な近代性は、無関心や倦怠へと中和してしまうが、まさにこうした無関心や倦怠のゆえに、そしてそれらがあるかぎりにおいて、ダイモーン的なものの回帰を呼び求めるのだ。

パトチュカは、「技術的な近代性」が、「狂躁的なダイモーン的なもの」を復活させているという見方をしているわけです。両者は一見、真逆のように見えるけど、前者は、責任の主体であるべき個人の無関心や倦怠をもたらし、それによって個人を弛緩させ、個人の内に抑圧・体内化されたダイモーン的なものを復活させます。それは個人を、責任から遠ざけるということでもあります。

七八頁から八四頁にかけて、近代文明は、個人主義、技術、各人に割り振られた役割、倦怠などによって、秘儀的なものに一応の覆いをかけているけれど、それは本来的な覆いではないので、その力を解き放ってしまっている、という趣旨のことが述べられています。人間は、「存在」に対して適切な距離を取る必要があるけれど、近代文明は、「存在」を単なる物理的な「力」の総体と捉え、その「力」を自分のために利用するようになったので、恐れるべきものなどないような気になっている。「存在」に対する恐れ、距離感がなくなったせいで、私たちの主体性を再び喪失させつつある秘儀的なものの噴出に気が付かなくなっているということなのでしょう。このあたりのデリダの記述・解釈を信用すると、パトチュカは、「存在」と、オルギア的なものの間に深いところで繋がりがあると見ているようですね。デリダが指摘するように、自己自身の根源としての「存在」の忘却と、技術によって人間の主体性が掘り崩されていることを結び付けて理解しているところはハイデガーと似ています。八二頁で、「存在」が、「存在者」――この場合の存在者は、物理的に実在しているものとして観察可能なものという意味です――の総体へと還元されてしまうことで、「存在」そのものが見えなくなることが、ポー（一八〇九－四九）の『盗まれた手紙 The Purloined Letter』（一八四四）に譬えられていますね。ある大臣がある貴婦人から盗んだ手紙を、自分の部屋に他の手紙と一緒に一見無造作に置いていたため、捜査のプロにも見つけられなかったのを、名探偵デュパンが大臣の性格を読んで見つけ出すという話です。要するに盲点をめぐる単純な話なのですが、ラカン（一九〇一－八一）が、『エクリ』（一九六六）でこれについて詳細な分析をし、デリダが『葉書 La Carte postale』（一九八〇）でそれに論評したので、現代思想では有名です。物理的な意味での「存在（者）」の諸性質があちこちで露呈され、いろんなことが語られていることによって、かえってその本質が見えにくくなるという事態の譬えだということですが、手紙を同じ手紙の山で隠すというのとはかなり次元が異なるので、私はあまりうまい譬えではないと思います。

八四頁で、「プラトン的な形式における責任への最初の目覚めは、死の経験における転回に相当」し、

「哲学はこの責任において生まれ、それと同時に哲学者はみずからの責任に対して目覚める」と述べられていますね。「死」を主体的に受けとめ、それに向かって準備することから、「哲学」と結び付いた「責任」が生まれてくるわけです。それに対して、八五頁では、「〈オノノカセル秘儀〉はもうひとつ別の死、死を与えたり、みずからに与えたりするもうひとつの別の方法の端緒ともなっている」、と述べられていますね。こちらは、他者から一方に与えられる「死」に対する怖れから「責任」が生じるということです。「責任」には、そうした二つの意味合いがあるわけです。

八七頁以降、誰も「私の代わりに」「私の立場《プラース》に立って」（八七頁）死ぬことはできないという視点から、死の唯一性を強調し、「死は、それが『存在する』かぎり、本質的にそのつど私のものなのである」（八八頁）というハイデガーの立場が紹介されています。死の代理不可能性をめぐるハイデガーの議論を詳しく紹介した後、九八頁でそれに対するレヴィナスの反論が示されています。

> レヴィナスが指摘しようとするのは、責任とはまず第一には、私自身のために私自身の責任を持つことにあるのではないこと、自己自身の自身としての性格は他者から出発して打ち立てられるということである。それはあたかも、自身としての性格は他者よりも二次的なものであり、他人の前での私の責任、他人の死に対する、そして他人の死の前での私の責任のほうから、責任を持ち、可死的なものとしての自分自身に到来するかのようである。

「責任」は他者に対する責任だということですね。最初にお話ししたように、フランス語の〈responsabilité〉は、応答可能性という意味なので、応答する相手が必ずいます。他者の死に対する私の責任に関するレヴィナスからの短い引用があって、その後、「さようなら」という意味のフランス語〈adieu〉に関する議論が続きますね。レヴィナスはこのデリダの論文の元になる講演が行われた七年後に亡くなっており、デリダはその際に『アデュー――エマニュエル・レヴィナスへ』（一九九七）という追悼論文を書いてい

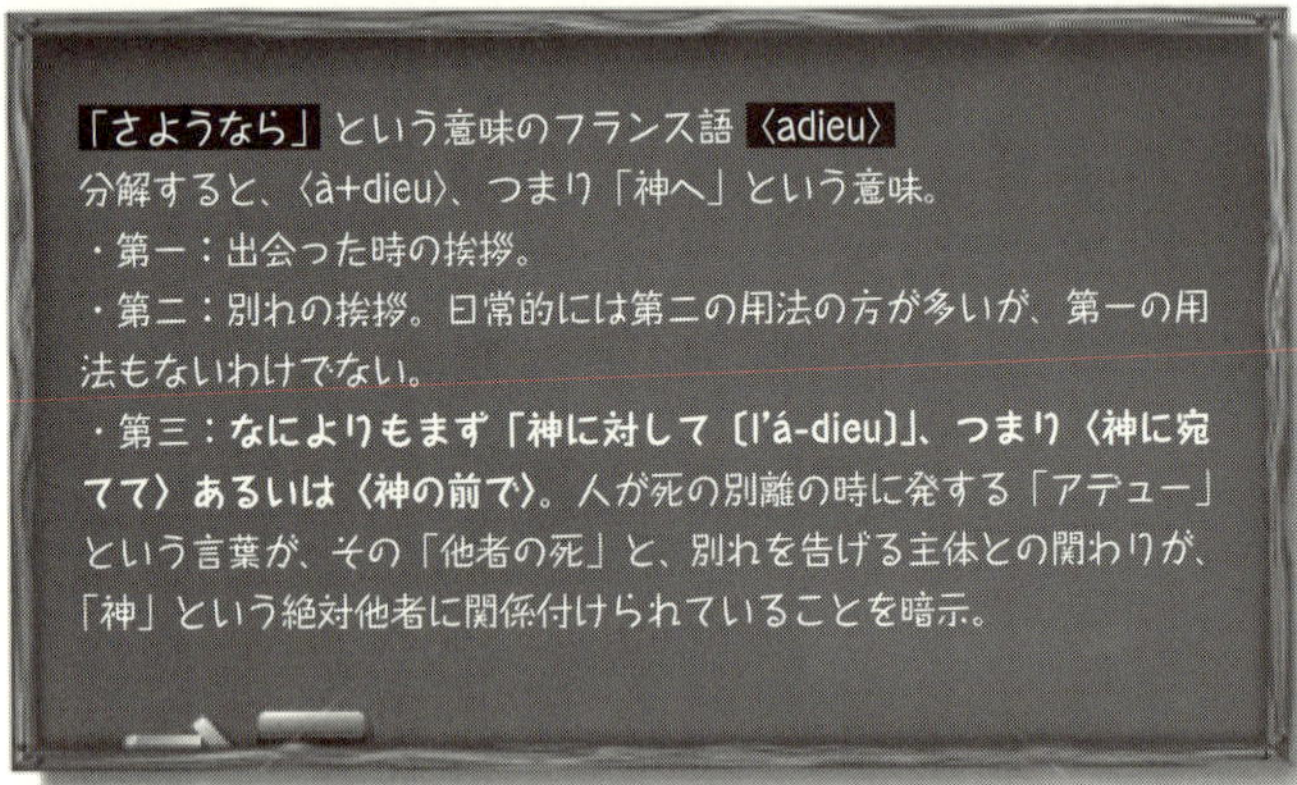
「さようなら」という意味のフランス語〈adieu〉
分解すると、〈à+dieu〉、つまり「神へ」という意味。
・第一：出会った時の挨拶。
・第二：別れの挨拶。日常的には第二の用法の方が多いが、第一の用法もないわけでない。
・第三：**なによりもまず「神に対して〔l'á-dieu〕」、つまり〈神に宛てて〉あるいは〈神の前で〉**。人が死の別離の時に発する「アデュー」という言葉が、その「他者の死」と、別れを告げる主体との関わりが、「神」という絶対他者に関係付けられていることを暗示。

ます。〈adieu〉は、分解すると、〈à+dieu〉、つまり「神へ」という意味になります。一〇〇頁でデリダはこの言葉の三つの意味について述べています。第一に出会った時の挨拶、第二に別れの挨拶。日常的には第二の用法の方が多いですが、第一の用法もないわけではありません。問題は第三の意味です。

三　なによりもまず「神に対して〔l'à-dieu〕」、つまり〈神に宛てて〉あるいは〈神の前で〉ということ。また、他者とのすべての関係においても、まったく別のアデューにおいても。他者とのすべての関係は、すべてに先立ち、すべての後で、ひとつのアデューである。

一見〈adieu〉の本来の意味をなぞっているだけのようですが、人が死の別離の時に発する「アデュー」という言葉が、その「他者の死」と、別れを告げる主体との関わりが、「神」という絶対他者に関係付けられていることを暗示しているわけです。デリダの理解では、パトチュカはデリダともハイデガーとも異なる立場を取っています。その違いは主に、パトチュカがキリスト教における「責任」の系譜学を探究し、歴史哲学的な視点から、「責任」を明らかにしようとしていることにあります。

どのような条件の下でならば責任がありうるのか。それは、〈善〉がもはや客観的な超越や、客観的事物のあいだの関係などではなく、他者への関係、他者への応答であるという条件の下においてである。それは人格的な善性の経験と志向的な運動である。すでに確認したように、このことは二重の分離を前提とする。すなわち狂躁的な秘儀からの分離と、プラトン主義からの分離である。どのような条件の下でならば、計算を超えた善性がありうるのか。それは善性がみずからを忘却し、運動が自己を放棄するような贈与の運動、すなわち無限の愛の運動となるという条件の下においてである。自己を放棄し、有限なものとなり、他者を愛するために、すなわち有限な他者としての他者を愛するために受肉するには、無限の愛が必要なのだ。こうした無限の愛の贈与は誰かからやって来て誰かに向けられる。責任とは、代替不可能な単独性を要求するものだ。この代替不可能性から出発してはじめて、責任ある主体や、自己や自我の意識としての魂などについて語ることができるが、この代替不可能性を与えることができるのは死だけ、というよりはむしろ死の把握（＝おそれ）だけなのである。

「善性」の経験を可能にする二重の分離が先ほどはネガティヴな感じで描かれていましたが、ここではそれが、「無限の愛の贈与」によって可能になる、ということが強調されています。「無限の愛の贈与」と、「代替不可能な単独性」がどう関係しているのか、この箇所の前後を読んでも、『異端的論考』の該当する箇所を読んでもはっきりしないのですが、恐らく、いったん神から「死を与えられる」という経験を通過しないと、その神が同時に無限の愛の源泉であることが分からない、ということでしょう。これは信仰の領域の話なので、哲学的な理屈として納得できるように説明することはできませんが、少なくとも、代理不可能な単独性の現れとしての「死」という限界点において初めて、自己ならざるもの（＝他者＝神）と真に遭遇することが可能になる、その限界的な体験は「おそれとおののき」を伴う、というキリスト教実存主義的なモチーフが働いているとは言えるでしょう。パトチュカ自身は、死と愛をめぐるキリスト教の教義の核心に拘っているかどうか微妙な感じですが、デリダは彼がそういう関心を持っているという前提の下で議論を進めます。一〇九頁から第二節の終わりの一一一頁にかけての議論を見ると、パトチュカ＝デリダは、「無限の愛の贈与」に対して各人は負い目がある、と考えているようですね。この「負い目」にというのは、恐らく、自らが存在していることそれ自体に対する「負い目」でしょう。この「負い目」に

まとめ
・ハイデガー：「死に対する先駆的決意性」をめぐる問題系から、「他者」を排除して、現存在自身が自己の在り方に対して責めがあることを強調。
・レヴィナス：特に「他者の死」に際して、私に応答を迫って来る「大文字の他者」（≒神）のことを強調。
・パトチュカ：正面から倫理の自己／他者の関係を論じるのではなく、「責任」の系譜という発展から、この問題にアプローチ。
⇒　いずれにしても、キリスト教的な意味での「責任」とは何か突き詰めて考えていくと、存在の限界としての「死」、他人という意味での「他者」、神とほぼイコールの「大文字（無限）の他者」、無限の他者から私への贈与といった問題が、複雑に絡み合って出てくる。

対して、「責任」が生じるわけですが、当然、我々は創られた存在者にすぎないので、絶対的な他者である神に対して、完全に応答しきることはできません。そこに非対称性があるわけです。

まとめ的なことを言っておきますと、ハイデガーは、「死に対する先駆的決意性」をめぐる問題系から、「他者」を排除して、現存在自身が自己の在り方に対して責めがあることを強調しましたが、それに対して、レヴィナスは、特に「他者の死」に際して、私に応答を迫って来る「大文字の他者」（≒神）のことを強調しました。パトチュカは、正面から倫理の自己／他者の関係を論じるのではなく、「責任」の系譜という発展から、この問題にアプローチしたわけです。いずれにしても、キリスト教的な意味での「責任」とは何か突き詰めて考えていくと、存在の限界としての「死」、他人という意味での「他者」、神とほぼイコールの「大文字（無限）の他者」、無限の他者から私への贈与といった問題が、複雑に絡み合ってきます。次回に読む第三節で、デリダは、アブラハムのイサク奉献に即して、「責任＝応答可能性」の問題を掘り下げて論じていきます。

■質疑応答

Q　訳者解説を見ると、マルセル・モース（一八七二－一九五〇）やレヴィ＝ストロース（一九〇八－二〇〇九）の「贈与」論の影響について書かれてありますが、私は精神医学をやっていることもあって、「エロス（生の欲動）」と「タナトス（死の欲動）」をめぐるフロイトの議論の解釈をデリダなりに進めているところが面白いなと思いました。自我を内から破壊しようとする「ダイモーン」というのは、無意識の奥に潜み、自己保存的な欲求と対立する「タナトス」のことではないかと思います。デリダは、精神分析にかなりコミットしている感じがします。

A　デリダが関心を持っているのは、個人の内に見られるタナトスへ向かって行くように見える欲動、自我を破壊してオルギア的な集合性へと回帰しようとしているかに見える欲動と、ヨーロッパに根付いたキリスト教的な「責任」の絡み合いでしょう。「無意識」をめぐるフロイトの議論を、社会現象の分析に応用しようとする社会哲学的な議論は、概して、「自由」とか「責任」といった概念を表面的なものと見なし、社会を動かしている真の原理は、意識の表面から隠され、無意識の中に抑圧されている欲動の中にある、と指摘しようとする傾向があります。フロム（一九〇〇－八〇）のように、無意識的なものをポジティヴに描き直して、「自由」と結び付けるような議論もありますが。デリダはパトチュカを深読みすることを通して、古い秘儀の二重の「抑圧」と、「責任－自由－主体」の倫理とがどのように絡み合い、微妙なバランスを保ちながら、「ヨーロッパ」の精神を形成してきたかを論じているわけです。抑圧による不安定さはあるけれど、それでも、他者に対する責任という概念が存続していること自体は肯定的に評価しようとしているのではないかと思います。

Q　フロイトも、「抑圧」については両義的な態度を取っていたと思います。パトチュカが「抑圧」とセットで使っている「体内化」は、「同一化 identification」と呼ばれることもあります。「同一化」というのは、自分にないものを取り込んでいくプロセスです。フランクフルト学派の社会理論では、「同一化」が逆にマイナスに働く場合に、全体主義的な同調のような危険なことが起こるとされているのでしょうが、デリダ、パトチュカはむしろ同一化が良いように働くという解釈をしているのでしょうか。

A　「責任」概念の成立という局面では、ポジティヴな評価をしていると言っていいでしょう。ただ、技術支配によって、人間の主体性が弛緩して、オルギア的なものへの退行の危険性をもたらすとも言っています。第二章の最初の方、七六頁で、技術が個人の単独性を「平板化 niveler」すると述べられていますね。これは、アドルノが『啓蒙の弁証法』などで、「同一化」と呼んでいる事態でしょう。アドルノたちが「同一化」と呼んでいるのは、必ずしも精神分析的な意味での同一化とか、投影性同一視とイコールではなく、この世界に見出される全てを同じ尺度――例えば、貨幣の等価性原理による価値評価――で把握し支配しようとする、啓蒙的理性の運動です。その同一化の過程で、諸事物や人間の間に見出される多様性は捨象されます。いわば、全てを「平板化」するわけです。拡大された意味での「体内化」と言えるかもしれません。先ほどお話ししたように、そうした「同一化」の運動の中で、抑圧されていた原初的なものが何らかのきっかけで噴出することによって、全体主義の暴力のようなものが発動します。初期フランクフルト学派は、初期マルクスの疎外論や物象化論に加えて、フロイトの概念を多く取り入れているので、パトチュカの系譜学の精神分析的な側面と似てくるのは、当然でしょう。

ただ、初期フランクフルト学派が、「同一化」の帰結として生まれて来た市民社会的な諸規範の効力をあまり高く評価しない、少なくともそこから正義論のようなものを構築しようとしないのに対し、パトチュカやデリダは、二重の「体内化」の帰結として生じた「責任」概念を無碍に否定しようとしません。「抑圧」に起源があるからといって、「責任」という概念の効力を完全に否定したら、ナチスによるホロコーストやソ連の全体主義支配を含めて、いかに多くの人が死んでも地球がいかに荒廃しても、それに対する「責任」を問うことができなくなる。初期フランクフルト学派、特にアドルノは、アウシュヴィッツの後では、積極的な形での倫理は不可能だといったん開き直ったうえで、社会的理想をめぐる諸幻想を批判することに徹するという立場を取った。デリダはそういう割り切った態度を取ることができず、パトチュカと共に、「抑圧」と「責任」、「死を前にしてのおののき」と「無償の愛」の間の、理論的には説明しにくい繋がりに拘り続けているわけです。本人も逡巡しながら議論を続けているので、責任という具体的なテーマを扱っている割に、分かりにくい話の流れになっているのだと思います。

〔講義〕 **第五回**

「絶対的責任」―非合理的決断と反復脅迫的な態度――『死を与える』2（第三節）

前回読んだところでデリダは、パトチュカの歴史哲学に即して、「責任の主体」がどのように生成し、それがどのように変容しつつあるか、プラトン主義とキリスト教によるオルギア的な秘儀の二重の抑圧と絡めて論じています。それに加えて、「責任」と「他者」の関係、更には両者の「死」との関係についても検討しています。

「責任」とは、「他者」に対する「応答可能性」です。相手がいなければ、「責任」を担うことはできません。自己自身の存在に対して「責め」を負うことを強調するハイデガーに対して、レヴィナスは、他者との関係性を強調します。レヴィナスは、私が直接応えるべき具体的な他者の背後に、絶対他者（≒神）を想定します。レヴィナスは「顔 visage」という言い方をします。自分に対して何かを問いかけており、無視できないように思える他者です。自我意識の閉鎖性を突き破って問いかけてくる、「顔」の切迫性を通して、私は他者性へと目を開かれます。そうした「顔」の切迫性が最も顕著になるのは、私自身あるいは他者が死に瀕している時です。私たちは、「死」をコントロールすることができません。「死」はある意味、絶対的他者です。「死」をめぐる緊迫した状況において、有限な「私」が、他者に向かって開かれるわけです。こうした他者の「顔」や「死」をめぐる議論の背景には、レヴィナス自身の収容所体験があったと私が、絶対他者の名において、自らを他者のために「犠牲」にすることは、実は、オルギア的な秘儀の中での没主体的な状態とあまり変わらないのではないか？　原初的な儀式の中での犠牲＝供犠と、信仰や愛ゆえの犠牲はほとんど違わないことではないか？

⇓

〈sacrifice〉＝原初的な儀礼における「捧げもの」「供え物」という意味と、他者のために、他者に対する応答の究極の形態としての「犠牲」、自発性に基づく「犠牲」という二通りの意味。

1、生贄的な意味での犠牲からは西洋は段々と遠ざかっているというのが西欧人たちの常識。

2、「責任ゆえの犠牲」は、オルギア的なものに回帰しようとする願望を含意しているようにも見える。

※デリダは、レヴィナスの言う「他者」が、主体を圧倒して、無力化してしまう危険があることを指摘。ただ、デリダは、オルギア的なものを抱え込んでいるからといって、「責任の主体」を単なる虚構扱いしたいわけではない。私たちの根源としての「大文字の他者」に帰一しようとする願望に抵抗しながら、「応答可能性」として「責任」に基づく倫理を保持していきたい。そこに彼の葛藤がある。

言われています。リトアニア生まれのレヴィナスは、第二次大戦で応召して、対独戦争に従軍しますが、捕虜になり、ユダヤ人用の収容施設に収監されています。

このような言い方をすると、応答せざるを得ない他者を前面に出すレヴィナスの方が、個人とその代理不可能な死の関係にだけ焦点を当てるハイデガーよりも倫理学的な理論としてすぐれていると感じる人が多いでしょうが、「他者」との遭遇によって喚起される「責任」を無条件に肯定していいのか、という懸念もあります。無限なる他者＝神の私たちに対して働きかける力が圧倒的になり、私たちがもっぱら受け身になると、私たちの主体性は「無」に等しくなります——英語の〈subject〉やフランス語の〈sujet〉は、元々「臣下＝従っている者」という意味です。簡単に言うと、神の啓示あるいは、それを代弁する者の言いなりになるような状態が想像できます。そうなると、私が、絶対他者の名において、自らを他者のために「犠牲」にすることは、実は、オルギア的な秘儀の中での没主体的な状態とあまり変わらないのではないか、原初的な儀式の中での犠牲＝供犠と、信仰や愛ゆえの犠牲はほとんど違わないことではないか、という疑問が生じます。〈sacrifice〉という言葉には、原初的な儀礼における「捧げもの」「供え物」という意味と、他者のために、他者に対する応答の究極の形態としての「犠牲」、自発性に基づく「犠牲」という二通りの意味合いがあります。生贄的な意味での犠牲からは西洋は段々と遠ざかっているというのが西欧人たちの常識であり、パトチュカもその前提で議論していますが、「責任ゆえの犠牲」は、オルギア的なものに回帰しようとする願望を含意しているようにも見えます。デリダは、レヴィナスの言う「他者」が、主体を圧倒して、無力化してしまう危険があることを指摘していましたが、パトチュカの歴史的考察を参照することで、その疑念をある意味、裏付けているわけです。ただ、デリダは、オルギア的なものを抱え込んでいるからといって、「責任の主体」を単なる虚構扱いしたいわけではない。私たちの根源としての大文字の他者に帰一しようとする願望に抵抗しながら、「応答可能性」として「責任」に基づく倫理を保持していきたい。そこに彼の葛藤があるわけです。

「誰に与えるか」

第三節は、「誰に与えるか（知らないでいることができること〔savoir ne pas savoir〕）」という非常に思わせぶりなタイトルです。「誰に与えるか」というのは、自分が犠牲をささげる相手が誰なのか、本当に神なのか、分からないということでしょう。「知らないでいることができる」というのは、相手が分からないでいる状態に耐えることができる、ということでしょう。〈savoir〉には「知る」という意味の他に、「〜することを心得ている」という意味もありますが、字面的には、「知らないことを知る」という感じになります。

Mysterium tremendum〔オノノカセル秘儀〕、おそるべき秘儀、おののかせる秘密。
おののくこと。おののくとき、ひとは何をするのだろうか。何がおののかせるのだろうか。

秘密がつねにおののかせる。震えさせたり、おびえさせたりするだけではない。もちろん時には震えさせたり、おびえさせたりすることもあるだろうが、秘密はおののかせるのだ。たしかに震えは、恐怖や不安や死のおそれを表現するかもしれない。たとえば、何かが来るのが予告されたときに、前もって身震いするときなどがそうだ。だが、震えが快楽や歓びを予告する場合には、それにすぐ反応して軽く震えるだけかもしれない。それはかりそめの瞬間であり、誘惑という宙づりにされた時間だ。震えはかならずしも深刻なものではなく、ささやかで、ほとんど感じ取れず、たんに随伴的な現象であることもあるだろう。震えは出来事の後にやってくるのではなく、準備するものなのだ。たとえば沸騰する前の水は震える、と表現される。また、誘惑と呼んでおいたものは、表に現れる沸騰以前の沸騰であり、事が起きる前の目に見える動揺のことなのだ。

「オノノカセル秘儀」は前回何度も見たように、ルドルフ・オットーの概念で、パトチュカやデリダはこの意味するところにかなり拘っています。ここでのポイントは、「おののかせる」という言葉を聞くと、私たちは恐怖や不安、死のおそれ等のようなものを連想しがちですが、必ずしもそうではなく、何かすごいものが現れそうな時に、その予兆のようなものによって、そこに引き付けられた時に感じる震えのようなものだということですね。

　地震〔＝大地のおののき〕の場合や、全身が震えおののく場合と同じように、おののきとは、少なくとも信号や症候としては、すでに生起しているもののことだ。おののかせるような出来事も、抑えがたい身震いを全身に伝えるほどまでに震え上がらせることによって予告したり、おびやかしたりするが、それはもはや出来事に先立つものではない。暴力はふたたび荒れ狂い、心的外傷は反復されることによってしつこく残り続けるかもしれないのだ。おそれ、恐怖、苦悩、恐慌、パニック、不安などは、おののきとはまったく違うものであり続けるが、それらはおののきにおいてすでに始まっても

——いる。

「地震」は、キルケゴールを意識した言い方でしょう。キルケゴールは、自分の生涯において「大地震」を経験し、それが彼が信仰をめぐる哲学的思考へ向かう契機になったとされています。具体的には、彼の父が若い時に神を呪ったことと、まだ結婚する前に彼の母親と関係を持ったことです。その呪いのせいで、彼の父は、自分の子供たちは、キリストの死んだ年である三三歳まで生きることはできないと信じていたようです。キルケゴール自身は、四〇歳過ぎまで生きていたわけですが。訳者注で〔大地のおののき〕と補足されているのは、原語のフランス語がそのように読めるからです。フランス語では「地震」を〈tremblement de terre〉と三語で表現しますが、これを直訳すると、まさに「大地の震動」あるいは「おののき」です。英語の〈earthquake〉の〈quake〉やドイツ語の〈Erdbeben〉の〈beben〉も基本的には同じことですが、フランス語では、「おののき」の部分が独立の単語になって際立っているし、〈tremblemet〉は、身震いとか動揺とか、人間に関係する意味で使われることが多いです。また、『おそれとおののき Crainte et tremblement』のフランス語訳のタイトルに〈tremblement〉が入っているので、意味深に聞こえるわけです。

この「おののき」は、圧倒的な出来事の予兆であると共に、それ自体が既にその出来事の一部になっているということですね。「心的外傷（トラウマ）」の話が出てきますが、これはデリダが、「おののき」を何か純粋に神秘的な現象ではなく、精神分析的なレベルからでも理解できる現象として見ようとしているからでしょう。

——たいていの場合私たちは、私たちに襲いかかってくるものの起源を知らないし、それを見ることもない。だから起源は秘密のものなのだ。私たちはおそれをおそれ、不安によって不安にさせられ、そうして私たちはおののく。私たちは奇妙な反復においておののく。この反復は、打ち消しがたい過去

> （一撃はすでに生起しており、心的外傷はすでに私たちを苦しめている）を、予想不可能な未来に結びつける。未来は予想されていると同時に予想不可能なものであり、危惧され＝把握されている〔ap-prêhender〕ものなのだが、まさにそれだからこそ未来があるのだ。

「不安」はキルケゴールの概念で、ハイデガーも『存在と時間』でこの概念に突っ込んだ解釈を加えています。キルケゴールは『不安の概念』（一八四四）という著作で、人間始祖であるアダムが堕落して、神との間に距離ができてしまって以来、人間の実存につきまとってきた感覚で、自らの本来の在り方が分からずに感じるめまいのようなものとして描いています。「不安」は、人間が自由であることと表裏一体の関係にあります。「反復」もキルケゴール－ハイデガー系の概念で、キルケゴールには『反復』（一八四三）という著作がありますし、『存在と時間』では、本来的な時間性における「過去」として捉え直されています。『反復』では、「反復と記憶は、方向が反対であるということを除いて同じ運動である。記憶するということは後ろ向きに反復することだから」、と述べられています。キルケゴールやハイデガーは「反復」を、過去に起こったことを単純に繰り返すだけでなく、自分の実存に関係付けてポジティヴに捉え直すというような意味合いで使っています。「反復する」という意味のドイツ語の動詞〈wiederholen〉は、「再び」という意味の接頭辞〈wieder〉と「取ってくる」という意味の〈holen〉から合成されていますが、〈wieder〉の部分が分離不可能な非分離動詞である場合は、単純に「反復する」とか「繰り返す」という意味ですが、分離可能な分離動詞として使われる場合、「取り返す」という意味になります。過去に起こったことを機械的に繰り返すのではなく、その意味するところを、自らの実存に引き付けて「取り戻す」。ハイデガーは「反復」にそういう意味を込めています。それに対して、デリダはむしろ、主体を苦しめる心的外傷（トラウマ）の「反復」という側面を強調しようとしているようですね。デリダは、そうした両義性を含んだ「反復」を、「未来」の予想不可能性と結び付けているわけですね。未来が「予想

「反復」
キルケゴール‐ハイデガー系の概念。
キルケゴールの『反復』（1843）。
『存在と時間』では、本来的な時間性における「過去」として捉え直されている。
「反復」は、過去に起こったことを単純に繰り返すだけでなく、自分の実存に関係付けてポジティヴに捉え直すような意味合いで使われている。
過去に起こったことを機械的に繰り返すのではなく、その意味するところを、自らの実存に引き付けて「取り戻す」。

↕

デリダはむしろ、主体を苦しめる心的外傷（トラウマ）の「反復」という側面を強調。両義性を含んだ「反復」を、「未来」の予想不可能性と結び付けている。未来が「予想不可能 inanticipable」だからこそ、「反復」は主体にとってポジティヴな展開、もしくは、苦しみになる。

不可能 inanticipable」だからこそ、「反復」は主体にとってポジティヴな展開になるかもしれないし、苦しみになるかもしれない。

フランス語の〈apprêhender〉という動詞は、普通は「危惧されている」という意味ですが、古い用法として、「把握する」という意味もあります。これは、「学ぶ」という意味の動詞の〈apprendre〉と共に、「摑む」とか「捕える」という意味のラテン語の〈apprehendere〉を語源としています。「未来」は予想不可能であり、どのような影響を及ぼすのか分からない不気味なものとして「把握」され、主体を捕らえているわけです。

あと、前回言い忘れましたが、〈Mysterium〉をこの訳書では「秘儀」と訳していますが、英語の〈mystery〉と同じく、「神秘」という意味もあります。ここで言われている〈Mysterium〉は直接的に儀礼的なものを伴っているわけではなく、それと同じような効果を持っている体験、あるいは、そういう体験をもたらす〝物〟という意味でしょう。そうしたいったん秘儀と関係なくなった、怖れを伴う神秘的な体験が、「トラウマ」のように反復・回帰してくるかもしれないというのが、このテクスト全体を通してデリダが拘っていることです。

――私がおののくのは、私の視覚《ヴォワール》や知《サヴォワール》を超えるものを前にしたときなのだが、それはじつは心の奥底まで、魂まで私にかかわってくる。いわば骨の髄までかかわってくるのだ。視覚や知を欺くものに向けられたものでありながら、おののきは秘密や秘儀《ミステール》の経験でもある。しかし別の秘密、別の謎、別の秘儀が、生きることのできない経験を封印しにやってくる。もうひとつの封印が加えられ、秘密を守るもうひとつの密封が tremor に加えられるのだ（tremor とは、おののきにあたるラテン語で、tremo に由来する。それはギリシア語でもラテン語でも「私はおののく」「私はおののきに身を震わす」ことを意味する。ギリシア語には tromeô という語もあり、「私はおののく」「私は震える」「私はおそれる」を意味する。また tremos とはおののき、おそれ、強い恐怖のことである。mysterium tremendum〔オノノカセル秘儀〕というときの tremendus または tremendum は、［tremo の動形容詞の］ラテン語で、おののかせるもの、おそろしいもの、苦悶を与えるもの、ぞっとさせるようなものを意味する）。

最初の方は分かりやすいですね。「おののき」が、通常の視覚や知を超えるものに起因し、それが秘密や秘儀の経験を引き起こすということですね。「別の秘密」というのは、恐らく、これから論じられるキリスト教の教義における秘密、「死を与える」ことをめぐる秘密でしょう。〈tremendum〉の元になった〈tremo〉や〈tromeô〉に関して、デリダらしからぬ少し細かい注釈を入れていますが、これは、〈tremendum〉に含まれている「震える」とか「震わせる」という要素を強調しておきたかったのでしょう。日本語にすると、ピンと来にくいですが、フランス語で〈tremblement〉と言うと、先ほどの「（大）地震」や、キルケゴールの本のタイトルとの関連が暗示されます。それによって、キルケゴールの問題にする、単独者としてのキリスト者が体験する、信仰の秘密へと連想を繋げているのではないかと思います。

〈オノノカセル秘儀〉においては何がおののかせるのだろうか。それは無限の愛の贈与であり、私を見る神的な視線と私自身のあいだの非対称性である。私自身は、私を見るものそれ自体を見ないのだから。それは代替不可能でかけがえのないものの与えられた死、耐え忍ばれた死であり、無限の贈与

と私の有限性、すなわち負い目としての責任、罪、救い、悔恨、犠牲などとの不均衡である。キルケゴールの作品の表題の『おそれとおののき』の場合にもそうなのだが、〈オノノカセル秘儀〉という言葉は、少なくとも間接的ないしは暗黙の内に聖パウロへの参照を求めている。「フィリピの信徒への手紙」（二章12）では、弟子たちはおそれおののきつつ救いのために勤めることが求められている。弟子たちは、神の決断をわきまえつつ、救いを得るよう勤めなければならない。〈他者〉は私たちに与えるべきいかなる理由や根拠も持たず、私たちに釈明すべきこともなく、私たちと分かち合うべきいかなる道理も持ってはいない。私たちがおそれ、おののくのは、すでに神の手の中にいるからであり、自由に働き勤めることができるにもかかわらず、見ることができない神の手の中にいて、その視線にさらされているからである。私たちは神の意志も、下されるべき決断も知ることができないし、あることを欲する理由や根拠も、私たちの生も死も、私たちの破滅も救いも知ることはできない。私たちは、私たちのために決断を下すような神の、接近不可能な秘密を前におそれおののく。にもかかわらず私たちには責任がある。つまり、自由に決断を下し、勤め、みずからの生と死を引き受けることができるのだ。

この箇所では、〈オノノカセル秘儀〉の意味をはっきりと、キリスト教的な文脈に移していますね。比較的分かりやすいですね。神と私の間にまなざしの非対称性があるわけです。神は全てお見通しだけど、私たちの側からは神を見ることができない。創造主である神は、「死」を含めて私たちに全てを与えるけれど、私たちの側からは基本的に神に何も与えることができない。

〈Mysterium〉「秘儀」

英語の〈mystery〉と同じく、「神秘」という意味。ここで言われている〈Mysterium〉は直接的に儀礼的なものを伴っているわけではなく、それと同じような効果を持っている体験、あるいは、そういう体験をもたらす“物”という意味。そうしたいったん秘儀と関係なくなった、怖れを伴う神秘的な体験が、「トラウマ」のように反復・回帰してくるかもしれないというのが、このテクスト全体を通してデリダが拘っていること。

ご承知かと思いますが、『新約聖書』の「フィリピの信徒への手紙」というのは、パウロ（五頃―六七頃）が、東マケドニアのフィリピという都市の信徒共同体に対する信仰指導の手紙として出したものです。そこで、「おそれとおののき」が信者たちの取るべき姿勢であると同時に、彼らが既に神によって捉えられている証拠でもあると述べられているわけですね。現代の疑い深い人であれば、妄想に囚われているだけではないかと思うところですが、信じている人にとっては、自分たちが、不可知のものによっておそれおののかされていること自体が、そのものの存在証明になっているわけです。

そのように、神は接近不可能であり、私の運命は既に神によって決定されているはずなのに、私たちには「責任がある」、「自由に決断を下し、勤め、みずからの生と死を引き受ける」、というのです。実際、キリスト教はそういう考え方をしますし、そう考えないと、信仰の実践をする意味がありません。しかし、その「責任」にはどのような意味があるのか。それが、キリスト教の秘密であり、逆説です。

一一八～一一九頁にかけてデリダは「私が共にいるときだけでなく、いない今はなおさら従順でいて、おそれおののきつつ、自分の救いを達成するよう勤めなさい」というパウロの言葉を引用しながら、孤独の中で自ら責任を引き受けることに伴う「おそれおののき」を、「おそれとおののき」の第一の意味だと述べています。デリダは、ギリシア語の原語と、それに対応するラテン語を挿入することで、この箇所の「おののき」の原語が〈tremor〉や〈tromeô〉であることを示していますね。これだと、日本語の武者震い、あるいは、そこまでいかなくても緊張による身震いのような感じですね。ただ、これだと、「秘儀」や「秘密」とは関係なさそうですね。

だがこのおののきの起源にはもっと重大なものがある。パウロは「別れ《アデュー》」を告げ、従順であることを求めながら、というよりはむしろ従順であることを命令しながら（従順であることは求めるものではなく、命令するものだ）みずからを不在とするのだが、それは神自身が不在であるということ、神自

身が――まさに神に従わなくてはならない瞬間に――隠されており、沈黙しており、切り離されており、秘密であるということなのである。神はおのれの根拠や道理を与えず、思うように振る舞う。神は私たちに根拠や道理を与える必要も、私たちに何かを分かち与《パルタジェ》える必要もない。たとえそんなものがあったとしても、動機も熟考の過程も、さらには決断さえも分かち与えてはくれない。そうでなければその者は神ではないだろうし、私たちがかかわっているのは、神としての〈他者〉やまったく他なるもの〔tout autre〕としての神ではなくなってしまうだろう。

先ほど見たように、「アデュー」は、「神へ」というのが原義ですが、信仰共同体にとっては、不在の神、アクセスすることができない神に従順に従う、ということを含意しているわけです。キリスト教においては、神は人間といかなる同質性も共有しない、絶対的な他者とされているので、その定義からして、人間は神のことを分かりようがないわけです。どうも、そういう人間の側の努力とか緊張感ではどうにもならない、〝主体〟が一方的に受動的にならざるを得ない関係のようなものに「秘密」がありそうです。

イサク奉献と名前

あなたがたの内に働いて、御心のままに望ませ、行わせておられるのは神であるからです〔「フィリピの信徒への手紙」二章13〕。

隠された神、秘密で、分け隔てられ、不在で秘儀的な神といういまだユダヤ教的な経験について考えるにあたって、キルケゴールが改宗した偉大なるユダヤ人すなわちパウロの言葉を自分の著作の題名として選んだのも理解できるだろう。この隠された神が、おのれの根拠や道理を明かすことなく、アブラハムに対して、このうえなく残酷かつ不可能で、もっとも支持しがたい行為を要求することを

イサク奉献

決断する。それは息子イサクを犠牲に捧げるという行為である。これらすべてのことは秘密裡に起きる。神はおのれの根拠について沈黙を守り、アブラハムもまた沈黙を守る。そしてこの書はキルケゴールではなく、「沈黙のヨハンネス」と署名されているのだ（これは「詩人たちの作品においてしか現れないような詩的な人物」である、とキルケゴールはテクストの余白に記している）。

神が「あなたがたの内に働いて」いるというパウロの表現から、デリダは、私たちがその正体を知ることができないけれど、密かに私たちに一方的に働きかけている神の〝存在〟というモチーフを読み取り、それを更に、ユダヤ教とキルケゴールを結ぶ、神の秘儀性というテーマに繋げています。デリダは、アブラハムのイサク奉献の意味について論じたキルケゴールの『おそれとおののき』と、パウロの言説における「おそれとおののき」を、ユダヤ教における、不在で秘儀的な神に結び付けているわけです。

イサク奉献がどういう話なのか確認しておきましょう。メソポタミアのカルデアのウルの地に生まれたアブラハムは一族と共に、カナンの地に向かって旅立ちます。途中で彼の父テラが死んだので、アブラハムが族長として一族を率いていくことになります。そのアブラハムに神が現れて、彼の信仰を認めて祝福し、お前と子孫にカナンの地を与えよう、お前の子孫は大地の塵のように増えるだろう、と啓示します。しかしその時、アブラハム自身は九九歳、妻のサライは九〇歳でした。この数字は、神話的な誇張でしょうが、二人とも、子供が期待できない高齢になっていたということでしょう。実際には半分くらいの年齢でしょうか。でも、それだと現代の感覚からすると、まだ可能性がありそうなので、微妙な感じがしますね。アブラハムは内心それを信じられなかったことが「創世記」に記述されています。アブラハムには、エジプト出身の召使のハガルという女性との間に既にイシュマエルという男の子が生まれていました。アラブ人の祖先となったとされる人です。アブラハムは、イシュマエルのことを言っているのでしょうと言って、それとなく修正しようとしますが、神は、いやサラとの間に生まれる子である、と主張します。サラは女性としての月のものも止まっているので、彼女自身その啓示が信じられませんでした。神が再び夫婦の前に現れて、来年の春、男の子が生まれだろうと告げられても、信じる気になれず、私も夫も老人なのにどうしてそんなことがあり得ようと笑ってしまって、そのことを神に咎められます。そういう葛藤を経て、ようやくサラとの間に生まれたのがイサクです。そのイサクが育っていったら、突然、理由も告げず、イサクをモリヤの山に連れていって燔祭として捧げよ、と命じられるわけです。到底理解できません。サラとの間に生まれた子が繁栄していくと言いながら、それを殺せと言っている。どう考えても理屈に合いません。

この不条理を通過して、宗教的実存としての自己を確立するプロセスをキルケゴールは、「逆説弁証法」と呼びます。ヘーゲルのような理性的な弁証法ではなく、理性的に見ると明らかな矛盾と、自己の生をかけて対峙する弁証法です。デリダは、その理解不可能な〝論理〟よりも、そこに含まれる沈黙や秘密に注目するわけです。そう言われて創世記の該当箇所を読んでみると、アブラハムは、子供が生まれるという啓示に関しては信じられないで葛藤したわりに、イサクの燔祭に関しては彼の内面については何も記述されていません。神の意図も、それを受け止めた彼の心情も、秘密に留まっています。そこに秘儀性が認められるわけです。デリダはそれと、「沈黙のヨハンネス Johannes de Silentio」という偽名と結び付けて考えます。キルケゴールが多くの著作を偽名で書いているのは有名な話ですが、この偽名は、秘儀と関係しているような感じがしますね。

――この偽名は沈黙を守っている〔＝保持している〕。それは守られ、保持された沈黙を語っている。

偽名一般がそうであるように、それは父の名〔＝姓〕〔patronyme〕としての真の名を秘密のままにしておくためのものであるように思われる。すなわち、作品の父の名、というよりは実は、作品の父の父の名を秘密のままにするのである。キルケゴールはさまざまな偽名を作りだしたが、この「沈黙のヨハンネス」という偽名は、ある自明の理を思い起こさせてくれる。すなわち、秘密の問題を責任の問題に結びつけるような思索は、はじめから名と署名に対して語りかけているということである。責任が問題になるとき、それはおのれの名において行動し、署名することだと考えられていることが多い。責任についての責任ある思索は、偽名、換喩〔métonymie 語源的には「名の変化」を意味する〕、同形異義〔＝同名〕〔homonymie〕などによって、名に関して生起するすべてのこと、つまり真の名がどのようなものとなりうるかということについての問いにあらかじめ関与させられているのである。公式で合法的なものである公的な父方の名などよりも、秘密の名前のほうがより有効で本来的なものとして名を語ることができるし、また、より有効で本来的であることを望むこともある。ひとは秘密の名によって自分自身を呼ぶ。ひとはみずからに秘密の名を与えたり、与えるかのように振る舞ったりする。偽名の場合の方が、より名づける力が大きく、また名づけられる力も大きいからだ。

「父の父の名 le nom du père du père」というのは、作品の父である著者の性（＝父から受け継いだ名前）ということです。先ほどお話ししたように、父親の罪がキルケゴールの「大地震」になったわけですから、彼にとって「父」は特別の意味を持ちます。「父の名」というのはラカンを意識した言い方でしょう。「父の名 le noms du père」の〈nom〉は、「ノー」という意味のフランス語〈non〉と同じ発音です。だから、「父の（語る）否」、と言っているように聞こえます。父親の名を継承することは、社会を代表・象徴する存在である父の口から発せられる、「〜してはならない」という掟を受け入れることを意味します。ラカンの用語で言うと、それまで想像界（l'imaginaire）で、母親や周囲の人たちと渾然一体化し、彼らを鏡像

として、様々なイメージを取り入れて自己のイメージを形成しつつあった子供が、言語的な秩序の世界である象徴界（le symbolique）に参入することで、自他の区別や、自分が主体として自己が存在し続けるうえで不可欠な論理的・社会的規範を受け容れるようになります。象徴界への関門となるのが、父の名＝否です。

その名前と、「責任」がどう関係するかなのですが、それは、デリダの重要な概念である「署名 signature」の問題と深く関わっています。この問題は、デリダとアメリカの言語哲学者ジョン・サールとの間の論争の中で提起されたもので、デリダは「署名　出来事　コンテクスト」（一九七一）でまとめて論じています。この論文は、論文集『哲学の余白』（一九七二）に収められています。論文全体を通してかなり複雑なことを言っているのですが、要は、私たちが文書（エクリチュール）に「署名」することの意味です。「署名」することによって、それは署名した主体によって生み出されたものだということになりますが、それが本人によって署名されたものであることはどうやったら分かるのでしょうか。本人か他の誰かが、確かに本人のものだと証言するしかありません。では、その証言はどうやって信用するのか。何百年も経ったら、直接の証人はいません。「それが○○さんによって書かれたのを私は見た」、という別の署名付きの文書しか残っていないかもしれません。筆跡鑑定すればいいと言うかもしれませんが、その同じような筆跡で署名している人物が、本当にその名前の人物かどうかまでは分かりません。ずっと偽名で署名していたのかもしれない。そもそも、本文（の内容）を書いた人と、署名した人が違うかもしれない。他人の文章をコピペして、それに〝署名〟だけしたのかもしれない――ネット上に散乱しているよく似た文章とか、盗作とかは全てそうですね。そういうことを考えると、「署名」というのは、その言語行為の主体を特定する決定的な基準とは言えません。「署名」というのが、エクリチュールが誰に帰属するか公共的に確定するためのものであり、一定の方式によってなされる以上、その形式を利用した偽造の可能性は常にあります。

具体的な「署名」だけの話だとすれば、コピペをめぐる無責任性の問題ではあっても、各人の「主体性」の本質をめぐる問題には繋がらないような気がしますが、このキルケゴールの「偽名」をめぐる文脈でデリダが問題にしているのは、「父の名で署名」することによって生じる〝責任〟の内実でしょう。法的契約に即して考えると、分かりやすくなると思います。私が契約書に、自分の戸籍上の氏名で署名すると、それが偽造だと証明されない限り、その契約の当事者の一人として法的責任を負うことになります。私たちは、通常、こうした法的関係をモデルにして、自分の言動に対する「責任」の問題を考えます。ネット上の匿名の書き込みが信用できないのは、それが間違っていた時、その悪影響に対して責任を負う主体がいないからです。噂が信用できないのも、誰の責任でその言説が作り出されたのか分からないからです。不特定多数の集団が行う暴力とか差別のようなものも、責任を問いにくいです。法的責任を問うには、少なくとも、固有の名前を持った行為主体を特定しないといけない。そういう固有名＝父の名による、責任の主体の特定を、広い意味での「署名」と考えると、個人を責任の主体とする、近代的な倫理の成立に、「署名」は不可欠です。デリダは、キルケゴールの「偽名」の問題を手がかりに、その常識を疑問に付そうとしているわけです。

これは、戸籍簿に登録されている氏名に基づくアイデンティティが全てであるかのように感じている私たち平凡な市民にはピンと来ない話ですが、特別な宗教的信仰を持っている人には、法的に認知された名前よりも、教団内の名前の方が重要かもしれません。オウム真理教のホーリー・ネームは有名ですし、仏教の僧名というのもありますね。クリスチャンの洗礼名というのもありますね。芸能人の芸名とか、作家のペンネームとかも、本人にとっては、戸籍上の固有名以上に大きな意味を持つかもしれません。芸名やペンネームによる「署名」の方が、本人にとってより本質的に重要かもしれないということです。文化人類学で、本当の名前を知られると、その相手に知られるので、隠しているという風習が話題になることがありますね。アニメで時々、そういう設定が出てきますね。日本の「大工と鬼六」とか、グリム童話のルンペルシュティルツヒェン（Rumpelstilzchen）とかも、その系統の話ではないかと思います。キルケゴールの偽名は、「真の名前」ではありませんが、彼なりに、公的に認知され通用している「父の名」では言い表すことのできない、自分の真のアイデンティティ、内的アイデンティティを「偽名」を通して表現しようとしたのかもしれません。

訳で〔 〕に挿入されている〈patronyme〉〈métonymie〉〈homonymie〉及び、「偽名」の原語の〈pseudonyme〉あるいは〈pseudonymie〉は、〈-onyme〉あるいは〈-onymie〉という部分が「名前」という意味のギリシア語〈onoma〉から派生した一群の言葉です。〈métonymie（換喩）〉がどうしてここで出て来るのかやや突飛な感じがしますが、これは比喩的な言葉を意味する「隠喩 métaphore」「直喩 comparaison」「提喩 synecdoque」などの中で、これだけが〈-onymie〉形になっていることや、名前に関連した換喩があることと関連しているのかもしれません。名前と関連した換喩というのは、シェイクスピア（一五六四―一六一六）の作品の一つを「シェイクスピア」と言ったり、ゲーテ（一七四九―一八三二）の『若きウェルテルの悩み』（一七七四）の主人公に似たタイプの人物を「ウェルテル」と呼んだりすることです。苗字自体が、場所や職業の換喩になっていることがあります。日本語だと田中さんとか山田さんとかが分かりやすいですね。ドイツ語だとバウアー（農民 Bauer）とかミュラー（製粉業者 Müller）とか。フロイトやラカンが、換喩による言葉の置き換えを、精神分析において重視していることも関係しているのかもしれません。

『おそれとおののき』のおののきは、犠牲の経験そのものであるように思われる。ただしそれはまずはヘブライ語の korban という意味での犠牲ではない。korban はむしろ接近を意味し、これを犠牲と訳すのは誤訳である。おののきが犠牲の経験であるというのは、犠牲が唯一のものを、その唯一性と代替不可能性と貴重さにおいて、死に供することを前提とするという意味においてである。したがってそれはまた不可能な置き換え〔=身代わり substitution〕、置き換え不可能なものの置き換えであり、人間に動物を置き換えることでもある――さらに何よりも、この不可能な置き換えそのものにおいて、聖なるものを犠牲に、また犠牲を聖なるものに結びつけるものでもあるのだ。

ホロコースト関連の文献で、時々「コルバン」という言葉が出てきます。通常「犠牲」と訳されていますが、この言葉は元々、「~に近付ける」という意味だったようです。つまり、供え物を捧げられる者がそれを通して、捧げられる神に近づくことを意味していたようです。「供え物」だと、それでいいような感じですが、キリスト教やキルケゴールが言っている〈sacrifice〉の意味は、そういうことではなくて、取り替えの利かない唯一のものを死に供することだと、デリダは言っているわけです。「神に近づく」ことではなく、「かけがえのないものを死へと捧げる」ことにポイントがあるわけです。しかし、そうだとすると、そうした意味での「犠牲」が、「不可能な置き換え」、「置き換え不可能なものの置き換え」だというのは、字面的に矛盾しているような感じがしますね。恐らく、「犠牲」という行為が、「~のための犠牲=~の身代わりとしての犠牲」という形を取るからでしょう。「~」の所に入るのは、かけがえのないものを犠牲にすべき何かです。いわば、「かけがえのないもの」を別の「かけがえのないもの」のために犠牲にするわけです。「神への信仰」のために、「命を捧げる」というのが典型でしょう。それと、「人間に動物を置き換える」というのは、次元が違うような感じもしますが、恐らく、人間の代わりに動物を犠牲に捧げるのも、本来は自分たちの命を捧げるべきところを、自分の身代わりとして捧げるので、そのつもりで捧げねばならない、ということでしょう。

こうした本来不可能な「置き換え」によって、「犠牲」が「聖なる」ものと結び付く、というわけです。

前回もお話ししたように、「聖なるもの」を意味する〈le sacré〉は、〈sacrifice〉と語源的に繋がっています。語源であるラテン語の〈sacrificium〉は、「聖なる」という意味の〈sacer〉と「成す」という意味の〈facere〉から合成された言葉で、「聖なるものにされたもの」というのが原義です。「置き換え不可能」なはずのものの「置き換え」を経ることによって初めて、有限な人間による捧げ物が、聖性を帯びることになるわけです。因みに、ジョルジョ・アガンベン（一九四二－　）の『ホモ・サケル Homo sacer』（一九九五）は、共同体的な生から排除されて、生物としての生だけになった人が、逆説的に聖性を帯び、犠牲の役割を担うことができるようになる、という議論です。

イサク奉献と「秘密」

犠牲のための子羊はどこにいるのか、とイサクに尋ねられたときのアブラハムの奇妙な答えについて、沈黙のキルケゴールは注意をうながす。アブラハムはイサクに答えなかったと主張することはできない。彼は神が準備してくださる、燔祭の子羊は神が備えてくださると言うのである。だからアブラハムは秘密を守るが、イサクに答えはする。沈黙もしないし嘘もつかない。彼は非真実《いつわり》を言うことはない。『おそれとおののき』（「問題三」）でキルケゴールはこの二重の秘密について熟考している。神とアブラハムのあいだの秘密、そしてまたアブラハムとその家族のあいだの秘密である。アブラハムは、神が彼だけに命じたことについては語らない。〔妻〕サラにも語らないし、〔執事〕エリエゼルにもイサクにも語らない。彼は秘密を守らなければならない（それが彼の義務である）が、それは彼が守らなければ〔＝保存しなければ〕ならない秘密でもある。これは二重の必要性である。結局のところ彼は秘密を守ることしかできないからである。彼はその秘密を知らない。秘密があることは知っているが、その究極の意味も理由も知らない。アブラハムは秘密に引き留められている、ひとり秘密

――の場所に閉じ込められているために。

ここは、イサク奉献をめぐる創世記第二二章の記述の要約ですが、デリダは、アブラハムが「秘密」を守ったことに注目します。この秘密を、「秘儀」と関係付けようとしていることは分かりますね。二重の秘密のうち、アブラハムと家族の間の秘密というのは、具体的には、イサク以外の家族に何も告げず出発し、しかも、犠牲にする子羊を持って行かなかったので、家族に対して一体どこに行って何をするのかを秘密にし、イサクに対して何を犠牲にするのか秘密にしたということです。その意味で秘密の儀式であったわけです。神とアブラハムの間の秘密というのは、イサクを捧げよという命令と、イサクの子孫に与えられたはずの祝福の間の矛盾をめぐる秘密です。こちらについて、アブラハムは当然、それが不条理だということを知っていますが、その不条理の意味を知りませんし、それについて神に問いただそうともしません。

語らないことによって、アブラハムは倫理的なものの次元を踏み越える。なぜなら、キルケゴールによれば、親族や近親者（それは家族であってもよいし、友人や民族《ネイション》などの具体的共同体であってもよい）に私たちを縛りつける、ということが倫理の最高の表現だからだ。秘密を守ることによって、アブラハムは倫理を裏切る。彼の沈黙、あるいは少なくとも、要求された犠牲の秘密を明かさないという事実は、イサクを救うためのものでないこと、このことはたしかである。

キルケゴールが前期の著作において人間の実存を、「美的実存」「倫理的実存」「宗教的実存」の三つに分けていたことはご存知ですね。「倫理的実存」は、他の人間との関係における倫理ですが、アブラハムは「秘密」を守ることによって、この倫理と断絶したわけです。この状況で、「秘密」を守ることは、イサクを自らの手で殺害し、一族の血統を断絶すること、自らが最も関係を持つ他者たちとの関係を破壊することを意味します。自分と同じ人間である他者に対して一切何も告げないで、彼らの運命に関わる重大な事柄を決行することとは、相手に「応答」しないという意味で、「責任」を負わないということです。私たちの普通の倫理的な感覚では、アブラハムは「責任」を果たしていません。では、そこに「責任」は存在しないのかというと、そうではないようです。

本質的なことすなわち神とのあいだの秘密を言わず、語らないかぎりにおいて、アブラハムは一つの責任を引き受けている。それは、決断の瞬間につねにひとりでいて、おのれの単独性＝特異性に引きこもっているという責任である。誰も私の代わりに死ぬことができないのと同じように、私の代わりに決断をすること、決断と呼ばれるものをすることはできない。だが口を開いてしまった瞬間、つまり言語という場《ミリュウ》に入りこんでしまった瞬間に、ひとは単独性を失う。そうして決断する可能性や権利を失う。結局のところ、およそ決断というものはすべて、孤独であり秘密であると同時に、沈黙したものにとどまるべきなのだろう。語ることは私たちの心をなぐさめる、なぜならそれは〔私を〕普遍的なものへと「翻訳」してくれるから、とキルケゴールは記している。

「責任」の重点を、応答可能性から、誰にも代わってもらうことのできない単独での「決断 decision」をすることへとシフトさせているわけです。それと共に、「言語」による伝達は、単独で行われるべき「責任」に際しての自らの心境を、他者に伝達して〝普遍的〟なものにしようとするので、「決断」に基づく「責任」とは相いれないことを、キルケゴールに即して指摘しているわけです。他者との関係を規制する倫理は普遍性を志向するが、絶対的な他者との関係における「責任」は、それとは逆に単独＝特異性（singularité）を志向するということです。前回見た、このテクストの第一節の最初の方でデリダは、「責任の発生は、『私』と語る主体の系譜学、主体の自己自身との関係の系譜学と混じり合うことになるだろう。この系譜学は、自由や単独性や責任の審級としての自己自身との関係の系譜学、他者を前にした存在としての自己との関係の系譜学である」、と述べていました。それとの関係で言うと、通常の倫理の次元では、自己の考えていることを具体的な他者に向かって語り、普遍化する必要があるけれど、絶対的他者である神との関係では、むしろ、単独の主体としての「私」が責任を引き受けると「決断」する必要があるわけです。「応答可能性」としての「責任」を直接的には否定していないけれど、少なくとも、具体的な他者に対する言語化され得る、あるいは、されねばならない責任と、絶対他者である神との関係における、言語化不可能な「責任」という、二つの異なる位相がありそうですね。これは、「顔」に対する「応答可能性」という点から、二つの他者に対する関係を重ね合わせる、言い換えれば、人間の間での倫理と、神との関係である宗教を連続的に捉えているように見えるレヴィナスの議論を、内側から解体に追い込む、脱構築する論点ではないかと思います。レヴィナス的思考と、キルケゴール的思考は根本的なところで対立しているのだと思います。

言語の第一の効果ないしは第一の使命《デスティナシオン》、それは私から私の単独性を奪うと同時に、私を私の単独性から解放してくれることである。私の絶対的な単独性を言葉で中断することによって、私は同時に自分の自由と責任を放棄する。語り始めてしまったとたん、私はもはやけっして私自身ではなく、ひとりでも唯一でもなくなってしまう。奇妙で逆説的で、おそろしくさえある契約だ。無限の責任を沈黙と秘密に結びつける契約であるからだ。これはごく一般的な考えにも、きわめて哲学的な考え方にも逆らう。常識においても、また哲学的理性においても、もっともよく分かち与えられている自明の理に従えば、責任は公表性や非−秘密と結びつけられている。つまり他者たちの前で自分の身ぶりと言葉を説明し、正当化し、引き受ける可能性、さらにはそうした必然性と結びついているのだ。ところがこの場合にも同じように必然的なものとして現れてくるのは、私の行為の絶対的な責任がまさに私のものであり、単独なものであり、また誰も私の代わりにすることができないことについての責任であるかぎりにおいて、秘密を前提としているということである。それればかりではない。他者たちに

語りかけないことによって、私は何も釈明せず、何も責任をもって保証せず、また他者たちに対して、そして他者たちの前で何も応答しないということをも前提としているのである。これは躓き《スキャンダル》であると同時に逆説でもある。

言語による普遍化・共有化を許容しないキルケゴール的な「責任」観と、具体的な他者に対する公表性(la publicité)や伝達可能性を特徴とする常識的な「責任」観が対比されているわけですね。デリダは、後者の場合も、「私の行為の絶対的な責任がまさに私のものであり、単独なものであり、また誰も私の代わりにすることができないことについての責任であるかぎりにおいて、秘密を前提としている」と主張していますね。私が単独で決めることによって責任が生じるというのは分かりますが、「秘密を前提としている」のがどうしてなのかがいまいち分からないですね。恐らく、「決断」に至るプロセスが普遍的合理性に基づいて誰にでも理解できるようなものだとすれば、誰が〝決断〟しても同じということになるので、法的な責任はともかく、倫理的責任を問うことに意味はなくなる、ということでしょう。たまたま、その人がその時、その立場にいたにすぎないわけですから。そういう誰が決定しても同じような〝責任〟もあるかもしれないけれど、本来の「責任」の本質はむしろ、どうすべきか合理的に判断する決め手がない、決定不可能な状況において、どちらかに決めることにある、とデリダは考えているようです。従って、説明したくても、他の人に分かる言葉で説明しようがない。それを「秘密」と言っているのでしょう。日本で一時期、不祥事を起こした企業の社会的責任に関連して、責任において大事なのは、どうしてそういうことになったか説明すること、つまり「アカウンタビリティ accountability」だという言説がありましたが、それとは真逆の発想ですね。

「躓き」に「スキャンダル」というルビが振ってありますが、〈scandal〉の語源であるギリシア語の〈skandalon〉は、敵をひっかけるために仕掛けておく罠という意味ですが、新約聖書で、「躓きの石」と

「責任」の重点　応答可能性　→　誰にも代わってもらうことのできない単独での「決断 decision」をすることへとシフト
⇒

・具体的な他者に対する公表性（la publicité）や伝達可能性を特徴とする常識的な「責任」観。「言語」による伝達は、単独で行われるべき「責任」に際しての自らの心境を、他者に伝達して“普遍的”なものにしようとするので、他者との関係を規制する倫理は普遍性を志向。

・言語による普遍化・共有化を許容しないキルケゴール的な「責任」観。

「決断」に基づく「責任」。絶対的な他者との関係における「責任」は、単独＝特異性（singularité）を志向する。

具体的な他者に対する言語化され得る、あるいは、されねばならない責任

↕

絶対他者である神との関係における、言語化不可能な「責任」

※人間の間での倫理と、神との関係である宗教を連続的に捉えているように見えるレヴィナスの議論を、内側から解体に追い込む、脱構築する論点。レヴィナス的思考と、キルケゴール的思考は根本的なところで対立。

※キルケゴール＝デリダ：そうした普遍性志向は、結局の所、決断の根拠を自分以外の所に移そうとする振る舞いなので、その根底において、無責任に通じる。人と人の間の倫理は、自らの依って立つ根拠を示すことができない。
⇒デリダ：キルケゴールに即して、「絶対的な責任」に伴う「秘密」は、プラトンからヘーゲルに至るまでの哲学とは相いれない、と指摘。

いう意味で使われています。キリスト教をある程度知っておられる人はご存知だと思いますが、「躓きの石」とは、信仰を妨げるもの、あるいは、信仰者にとっての試練です。イエスの教えの突拍子のなさに付いていけない人にとっては、イエス自身が躓きの石となります。神に対する「責任」の本質は「秘密」であり、それは他の人間に伝達不可能だとすれば、ユダヤ教やキリスト教が存在すること自体が矛盾ですから、これは、まさに躓きの石＝スキャンダルです。

> キルケゴールによれば、倫理的要請は普遍性に従うものである。だからそれは語ること、つまり普遍性の媒体に入り込んで、自分を正当化したり、自分の決断を釈明したり、自分の行為をみずから保証したりするという責任を定めるものである。それでは供犠が近づいたとき、アブラハムは何を教えてくれるのだろう。倫理の普遍性は、責任を保証するどころか、無責任へと駆り立てるものだということである。それは語り、答え、釈明するように仕向けるのであり、要するに私の単独性を概念という媒体《エレメント》において解体してしまうのである。

法律とか取引の論理に慣れている人は、相手に対してちゃんと説明できることが責任だと考えがちです。ハーバマス（一九二九－　）の討議倫理は、普遍的な正当化可能性を倫理の基準にしています。ハーバマスの議論のベースにある、「汝の意志の格率が常に普遍的立法として妥当するように行為せよ」というカントの定式も、普遍性を志向しています。キルケゴール＝デリダは、そうした普遍性志向は、結局の所、決断の根拠を自分以外の所に移そうとする振る舞いなので、その根底において、無責任に通じると言っているわけです。人と人の間の論理は、自らの依って立つ根拠を示すことができないということです。

「絶対的責任」

――ここに責任のアポリアがある。つまり、責任の概念を形成しようとしても、それに到達することができないおそれがある、ということである。というのも責任（もはやあえて責任という普遍概念とは言うまい）は、一方では普遍的《ジェネラル》なことについて普遍者《ジェネラル》の前で説明したり、みずからの言動を保証したりすること一般《ジェネラル》、すなわち置き換え〔＝身代わり〕を要求するのだが、他方で同時に、単一性、絶対的な単独性、すなわち非－置き換えと非－反復を、そして沈黙と秘密をも要求するからである。ここで責任に関して言えることは決断にもあてはまる。倫理的なものは、語ることと同じように、置き換えへと私を駆り立てる。このことから逆説の破廉恥さが生じる。アブラハムにとって、倫理的なものは誘惑《まどわし》であるとキルケゴールは宣言するのだ。だからアブラハムはそれに抵抗しなければならない。彼は道徳的な誘惑《まどわし》の裏をかくために黙り込む。道徳的な誘惑《まどわし》は、責任や自己正当化をうながすという口実の下に、彼を破滅させ、彼の単独性も、彼の究極の責任、すなわち神の前の正当化不可能で秘密で絶対的な責任をも失わせてしまうからだ。無責任化としての倫理、これは普遍的な責任と絶対的な責任のあいだの解決不可能で逆説的な矛盾である。

ここでまた、「置き換え〔＝身代わり〕」の話が出てきますね。「責任」を普遍的な概念として言語化することは、自分の立場が「置き換え」可能なものにしてしまうわけです。少し具体的に考えてみましょう。アブラハムは、自分の息子イサクを殺せと言われています。身内の者に相談すれば、当然、思い留まるよう説得されるでしょう。その説得をアブラハムが受け入れようと拒絶しようと、神からの命令を、他人の意見と比較する、つまり同じレベルに置くことになります。いったん同じレベルにおいて比較考量することになります。それでは絶対的他者である神に対して、絶対的に応答していることになりません。こういう考え方から、誰がその立場に立っても基本的に同じことになるはずなので、置き換え可能かつ伝達可能な「普遍的な責任 la responsabilité en général」と、人間の理性によってその帰結とか意義を忖度することが許されない「絶対的な責任 la responsabilité absolue」を対置しているわけです。

デリダは更に、キルケゴールに即して、「絶対的な責任」に伴う「秘密」は、プラトンからヘーゲルに至るまでの哲学とは相いれないと指摘します。一三〇頁から一三二頁にかけて、『おそれとおののき』の一節が引用されていますね。長い引用ですが、前半分は先ほどまでの話と基本的に同じです。後半の方で、ヘーゲル弁証法との対比で、難しいけど面白そうなことを言っています。

ヘーゲルとキルケゴールの対立は、［秘密 vs. 顕れ］
・ヘーゲル：哲学、倫理、政治はいかなる「秘密」も許容しない。「顕れ le manifeste」が肝要。
・キルケゴール：「神への義務」は純粋に内面に留まり、外化して伝達することは不可能。
※ハイデガーの「アレテイア aletheia」。ハイデガーは、真理を意味するギリシア語の「アレテイア」が「隠蔽されている状態」を解除すること、「非隠蔽性」を意味していたことを念頭において、暗闇の中に隠れている「存在」それ自体の一部が現れることとして、「真理」を捉え直した。

もし個別者が個別者として普遍的なものよりも高くにあるということに根拠をもつ隠れというものがないならば、アブラハムの態度は弁解の余地がない。なぜなら、彼は倫理的な中間審級を無視したのだからである。それに反して、そのような隠れがある場合には、わたしたちは、媒介せられない逆説の前に立つ。なぜなら、逆説はつまり、個別者が個別者として普遍的なものよりも高くにあるということに基づくものであるが、しかるに普遍的なものは媒介にほかならないからである。ヘーゲル哲学は正当な隠れをも、正当な測りえないものをも認めない。だから、ヘーゲル哲学が啓示を要求するのは、首尾一貫しているが、しかし、アブラハムを信仰の父と見なしたり、信仰について語ったりしようとするのは、つじつまの合わないことである。

「普遍的なもの」という言葉から私たちは、神とか絶対者とかを連想しがちですが、先ほどからのデリダの説明から分かるように、ここで「普遍的」というのは、他の人間と共有可能で、立場を置き換え可能だということです。いわば、水平的な普遍性です。「普遍的なものよりも高くにあるということに根拠をもつ隠れ」というのは、他の人間に対して秘密に保たれねばならな

・キルケゴール：「逆説弁証法」⇔ヘーゲル：理性的な弁証法
宗教的実存としての自己を確立するプロセス。
理性的に見ると明らかな矛盾と、自己の生をかけて対峙する弁証法。
⇒デリダは、その理解不可能な“論理”よりも、そこに含まれる沈黙や秘密に注目。
※アブラハムは、子供が生まれるという啓示に関しては信じられないで葛藤した。しかしイサクの燔祭に関しては彼の内面については何も記述されていない。神の意図も、それを受け止めた彼の心情も、秘密に留まっている。

い、神からの指図です。キルケゴールの言わんとしていることは分かりますね。そうした隠れた関係を背景として持っていないなら、アブラハムはただの狂った人でなしです。「中間審級」というのは「普遍的なもの」のことで、これが、個人としてのアブラハムの振る舞いを、他の人にとって倫理的に了解できるように「媒介」してくれるはずですが、神から直接指示を受けているアブラハムは、その「媒介」を超越していることになります。「媒介」という言葉はヘーゲル哲学では、ある事物を概念化し、他の事物と関係付ける、あるいは、その概念を通して他者に理解可能にするというような意味合いで使われます。

　キルケゴールは、普遍性を志向するヘーゲルの弁証法が、矛盾・対立を止揚し、「あれもこれも」取り込む傾向があることを批判し、真の弁証法は、実存としての各人が矛盾に直面し、決定の根拠がないなかで、「あれか、これか」の究極の選択をすることにあると論じたことが知られています。彼の初期の著作に、『あれか、これか』（一八四三）というタイトルのものがあります。ヘーゲルは、絶対精神の自己展開の運動の中で、全てが媒介され、合理的に明らかになるという前提で議論を展開するので、「隠れ」のようなものは認めません。そのヘーゲルは、『精神現象学』（一八〇七）で宗教的な「啓示」を、絶対精神の現前化として肯定的に評価しています。ヘーゲルの合理主義からすると、宗教を肯定するのはおかしいような気もしますが、ヘーゲルは少なくとも、自然崇拝などの原初的な形態の宗教や、ギリシアやローマの芸術宗教に比べて、ユダヤ教やキリスト教のように、「啓示」に基づく宗教は、絶対精神の発展のより高度の段階に対応しているという見解を示しています。ヘーゲルの言う「啓示＝解明 Offenbarung」が、無意識レベルにあったものを概念化して明らかにしていくことを意味するのであれば、それなりに一貫性はあるわけですが、キルケゴールにしてみれば、（ユダヤ教とキリスト教の共通の祖先である）アブラハムの〝宗教〟は、ヘーゲルが絶対精神の歴史的自己展開と絡めて考えている倫理の普遍的発展とは相いれないのは明らかなので、アブラハムを批判すべき、ということになります。キルケゴールは、『法哲学要綱』（一八二一）で示されている人倫（Sittlichkeit）＝倫理の普遍化可能性と、アブラハムの態度は相いれないことを指摘して、ヘーゲルはアブラハムを批判すべきだと言っているわけです。

完璧な首尾一貫性の模範的な形式としてヘーゲル哲学は、顕在化の、現象化の、開示の反論の余地のない要求を代表する。したがって、哲学と倫理をそのもっとも強力な地点において突き動かしているような、真理の請願を代表していると考えられているのだ。哲学的なもの、倫理的なもの、政治的なものにとっては究極の秘密はない。顕れは秘密より価値の高いものであり、普遍的な一般性は個別的な単独性よりすぐれたものである。（…）しかし信仰の逆説は、内面性が「外的なものとは同じ尺度を持たない」ということにある。どのような顕在化も、内面を外化したり隠されたものを顕わにしたりすることではありえない。信仰の騎士は何かを伝達することも、他人に理解してもらうこともできないし、他の信仰の騎士を助けることもできない。神への義務を負わせるような絶対的な義務は、義務と呼ばれる普遍性の形式を持ちえないのだ。

ここは分かりやすいですね。ヘーゲルにとって哲学、倫理、政治はいかなる「秘密」も許容せず、「顕れ le manifeste」に価値を置くのに対し、キルケゴールの言う「神への義務」は純粋に内面に留まり、外化して伝達することは不可能です。このように見ると、ヘーゲルとキルケゴールの対立は、「秘密 vs. 顕れ」ということになります。まるで、ハイデガーの「アレテイア aletheia」の話のようですね。前回お話ししたように、ハイデガーは、真理を意味するギリシア語の「アレテイア」が「隠蔽されている状態」を解除すること、「非隠蔽性」を意味していたことを念頭において、暗闇の中に隠れている「存在」それ自体の一部が現れることとして、「真理」を捉え直しました。それにしても、信仰の騎士がお互いに助け合うことができないとすると、宗教が存在すること自体が矛盾していることになりますね。信仰を共有することができないわけですから。

> 人間的な普遍性の次元では、憎しみの義務が帰結する。キルケゴールはルカ伝（一四章26）の言葉を引く。「もし、だれかがわたしのもとに来るとしても、父、母、妻、子供、兄弟、姉妹を、更に自分の命であろうとも、これを憎まないなら、わたしの弟子ではありえない。」この「言葉は過酷である」ことを認めつつ、キルケゴールはあくまでもその必然性を主張する。彼はそのスキャンダラスで逆説的な性格を弱めようとはせず、その厳格さを先鋭化するのだ。

「ルカによる福音書」のこの有名な箇所は、神に対する信仰と、普通の人が常識的に理解している〝隣人愛〟の対立を示しているように見えます。通常、キリスト教は神への愛と隣人愛が両立しているかのように教えを説きますが、キルケゴール＝デリダの観点からすれば、両者は根底において対立しているわけです。神に絶対的に従おうとすれば、その決断の瞬間には、隣人との関係は遮断しなければなりません。

「決断の瞬間は狂気だ」

> 異端で逆説的なこの信仰の騎士は、はたしてユダヤ人なのかキリスト教徒なのか、ユダヤ＝キリスト＝イスラム《ムスリム》教徒なのか。イサク奉献は、かろうじて共通の財産と呼びうるようなものに帰属している。すなわち、アブラハム的な民族の宗教としてのいわゆる三つの啓典の宗教〔ユダヤ教、キリスト教、イスラム教〕に特有な〈オノノカセル秘儀〉のおそるべき秘密に帰属しているのだ。信仰の騎士

は、誇張的なまでに要求と厳格さを突きつめることによって、残虐とも見えるような（また残虐でなくてはならないような）ことを言い、行なうに至る。それは道徳一般やユダヤ＝キリスト＝イスラム教的な道徳や愛の宗教一般を引き合いに出す者たちを憤慨させなければならない。だがパトチュカが言うように、おそらくキリスト教はまだみずからに固有な本質を思考していないし、またユダヤ教、キリスト教、イスラム教を到来させるに至った、打ち消しがたい出来事をも思考していないのだろう。「創世記」のイサク奉献を無視したり消し去ったりすることもできないし、「ルカによる福音書」のあの言葉を無視したり消し去ったりすることはできない。このことを確認しなければならない、そうキルケゴールは提案しているのだ。アブラハムは口を閉ざすことによって近親者を憎むに至る。たったひとりの愛する息子に死を与えることを受け入れることによって、彼を憎むに至るのだ。たしかに、アブラハムが近親者を憎むのは、憎しみからではなく、愛からである。だがそれで憎しみが減るわけではないし、その反対なのだ。アブラハムは、息子に死を与え、倫理では憎しみや殺人と呼ばれていることをするに至るために、息子を絶対的に愛さなければならない。

三つの宗教が、教典の重要な部分を共有しているので、啓典の宗教と呼ばれているのはご存知ですね。この共有部分にアブラハムが登場するので、彼は三大宗教の信仰の祖であると見ることができます。「かろうじて共通の財産」と言っているのは、イスラム教における、アブラハムの位置づけがそれほど大きくないので、微妙だからでしょう。ただ、何故神がイサク奉献を要求したのかは、どの宗教の教典にも述べられていない。

「近親者を憎むのは、憎しみからではなく、愛からである」というのは、分かったようで少しもややする言い方ですね。何か人情ドラマでありがちの設定のようにも聞こえますが、それだとキルケゴールの議論にはそぐわない気がしますね。ポイントはその後の、「息子に死を与え」るために、「息子を絶対的に愛さなければならない」ということでしょう。これだけだとまだ分かりにくいですが、恐らく、イサクを絶対的に愛さないと、犠牲にする意味がないということでしょう。自分が絶対的に愛しているもの、かけがえのないものを捧げるからこそ、犠牲としての価値があるわけです。

一三六頁のキルケゴールからの引用で、この点を確認することができます。

……なぜなら、イサクに対するこの愛こそ、この愛と神に対する彼の愛との逆説的な対立によって、彼の行為をひとつの犠牲たらしめるものにほかならないからである。しかし、人間的にいえば、アブラハムが自分を他人に理解させることがまったくできないということが、この逆説における苦悩であり、不安である。彼の行為が彼の感情と絶対的な矛盾におちいる瞬間においてのみ、彼はイサクをささげることができるのである、しかし、彼の行為が現実となると、彼は普遍的なものに属することとなる、そして、そこでは、彼は殺人者であり、どこまでも殺人者なのである。

今までの流れを踏まえると、キルケゴールの言わんとしていることは分かりますね。これまで見てきたように「イサクに対する愛－人間としての感情と倫理」と、「神に対する愛－信仰に基づく行為と義務」が対立しているわけですが、まさにその対立ゆえにアブラハムが葛藤していることが、重要だということが分かります。アブラハムが人間的な感情や倫理を完全に脱却していて、何の葛藤もなくイサクを殺せるような人だったら、犠牲の意味がありません。人間的な関係を大事にする人だからこそ、神は試練（だと後になってから分かるもの）を与えるわけです。だとすると、神の愛の深さを示しているようにも見えるし、余計に残酷にも思えます。それを、逆説と言っているわけです。

瞬間という語を強調したのは私である。「決断の瞬間は狂気だ」と別のところでキルケゴールは言っている。この逆説を時間や媒介において捉えることはできない。つまり言語によっても、理性によっても捉えることはできないのだ。贈与と同じように、そして、贈り物《プレザン》を贈ることがけっしてなく、

現前《プレザンス》と現前化《プレザンタシオン》に還元されることもないような「死を与える」と同じように、逆説は瞬間の時間性を要求する。それは非時間的な時間性、捉えることのできない持続に所属する。逆説とは、安定させたり、確立させたり、統握したり、捉えたり《プランドル》することができないものであり、そしてまた理解する《コンプランドル》ことのできないもの、悟性や共通感覚や理性では begreifen つまり把握したり、概念的に捉えたり、悟性で理解したり、媒介したりすることのできないものでもある。それは媒介することができないのだから、否定したり否認したり、否定的なものの労働〔ヘーゲル〕へと巻き込んだり、労働させたりすることもできない。だから、死を与えるという行為において、犠牲は否定的なものの労働のみならず、労働そのものを中断するのであり、さらには喪の労働〔フロイト〕をも中断するだろう。悲劇的英雄は喪を受け入れることができる。だがアブラハムは喪の人間でも悲劇的英雄でもないのである。

「決断の瞬間は狂気だ」というキルケゴールの言葉を、デリダなりに「瞬間 l'instant」という視点から解釈しているわけです。「狂気」というのを、理性的な媒介による範囲外という意味で取っているわけですね。問題はそれが「時間性 temporalité」とどう関係しているかです。

「贈与と同じように comme le don」というのがどういうことかピンと来ないですが、これは、「交換」、特に「等価交換」の対極にある「絶対的贈与」のことだと考えればいいでしょう。つまり、一切の見返りがない「贈与」です。〝見返りがない贈与〟、と口で言うのは簡単ですが、厳密に考えてみると、これは生身の人間にはほぼ不可能なくらいに難しいことです。単に、物質的・物理的対価を求めない贈与であれば、できないことはありません。しかし、相手に対して何か善いことをしてやったという満足心が見返りとして期待できるのであれば、その相手に対しては無償でも、〝与える〟側にとっては完全な「贈与」とは言えません。前回出てきたポトラッチでも、やっている人が自分の気前良さの証明をしようとしているのであれば、完全な贈与とは言えません。では、相手に知らせないで、相手にいいことをしてあげればいいで

「死を与える」

「死を与える」ことは、「純粋な贈与」とは全く異質であるように見えるが、「与える」という行為が「現前化」してはならない、あるいは、「現前化 présenter」し得ない、ということは共通。　⇒「死を与えた」ら、その瞬間に、受け取る相手はもはやいないので、「与える」という行為は未完に終わる。
その意味で、「死を与える」行為は、「現前化」し得ない。
※「現前 présence」と、「贈り物 présent」をかけている。これらの語源は、「手前に prae」＋「ある esse」＝「現にある」という意味のラテン語の動詞〈præesse〉⇒「呈示＝現前化する」という意味のフランス語の動詞〈présenter〉が派生。それが、儀式などで何か贈り物のようなものを差し出すという意味に転化。
※「現前化」しないということは、時系列の中に現れないこと。

はないか、と言うかもしれませんが、その行為をすること自体によって、自分が善人であることが証明されることになると心のどこかで予期しているのであれば、純粋な贈与とは言えません。また、そういう善行をすることを、掟のようなものとして教え込まれていて、その掟を果たすことで、安心するというのでも、見返りがあることになります。そのようにして、見返りとしての自分の心の平静のようなものも排除するとなれば、完全な「贈与」など、ほぼ不可能になります。私たちは、自分の行為の社会的意味を知っているからです。「贈与」であることを知らずに「贈与」しないといけない。こう言うと、狂気めいて聞こえますね。

「死を与える」というのは、そうした「純粋な贈与」とは全く異質であるように見えますが、「与える」という行為が「現前化」してはならない、あるいは、「現前化 présenter」し得ない、ということは共通しています。「死を与えた」ら、その瞬間に、受け取る相手はもはやいないので、「与える」という行為は未完に終わります。その意味で、「死を与える」行為は、「現前化」し得ないわけです。この「現前 présence」と、「贈り物 présent」をかけているわけです。これらの語源は、「手前に prae」+「ある esse」=「現にある」という意味のラテン語の動詞〈præesse〉です。これから「呈示=現前化する」という意味のフランス語の動詞〈présenter〉が派生して、それが、儀式などで何か贈り物のようなものを差し出すという意味で使われるようになったようです。いつもの言葉遊びのようにも見えますが、「贈与」は「現前化」し得ないという議論の文脈を考えると、単なるレトリックとは言えない深い意味があるようにも思えますね。

「現前化」しないということは、時系列の中に現れないということでもあります。「死を与える」の場合、はっきりしていますね。まさに「死」の瞬間に、受け手がいなくなるわけですから。純粋な「贈与」の場合も、その行為の意味を与え手自身が理解した瞬間、贈与ではなくなってしまいます。「理解する」という意味のフランス語〈comprendre〉は、「捉える」という意味の動詞〈prendre〉に、「共に」とか「一緒に」という意味合いの接頭辞〈con(com)-〉を付加した形になっています。ドイツ語だと、「捉える」という意味の動詞〈greifen〉に、対象との関わりをより直接的なものにする、接頭辞〈be-〉を付加した〈be-greifen〉は、「(概念的に) 把握する」という意味です。アブラハムが直面した、イサクを通して自分の子孫が繁栄するという預言と、イサクを殺せという命令の間の矛盾は、この現実の世界の論理では理解できません。前者は嘘だったと思えば、人間としては辛くても、辻褄は合いそうですが、それだと神を疑うことになる。まさに逆説です。

「喪の労働（作業）」というのは、前回見たように、対象の喪失を自分の中で位置付け、その事実と距離を取ることですが、ヘーゲルに由来するという「否定的なものの労働 le travail du négatif = die Arbeit des Negativen」というのがどういうことか分からないですね。ヘーゲルは、「否定」を、対象が概念的に限定されてより明確になることとして捉えています。例えば、生物という概念の内、植物という部分を否定すると、動物が残ります。ヘーゲルは、スピノザ（一六三二―七七）を引用して、「あらゆる否定は限定である」、と言っていることが有名です。アブラハムにとっては、自らの直面している逆説を、概念的に把握できるように対象化することは不可能です。

一四〇頁から一四三頁にかけて、デリダは、ヘーゲル的な意味での倫理を基盤とする道徳の抱える矛盾・弱点を意外と分かりやすく説明しています。見ておきましょう。

デリダの倫理

道徳性の道徳性について、お説教くさい道徳家や潔癖な良心の持ち主たちが忘れがちなことをここで強調しておこう。彼らは、新聞や週刊誌やラジオやテレビで、毎日のように、そして毎週のように、倫理的あるいは政治的責任の意味について、自信ありげに語り聞かせる。倫理学の本を書かない哲学者は義務を果たしていないという声もよく聞かれる。哲学者の第一の義務は、倫理について考え、著書にかならず倫理についての一章を加えることであり、そしてそのためにはなるべく多くの機会をとらえてカントに回帰すべきだというわけだ。潔癖な良心の騎士が見逃していること、それは「イサク奉献」が、責任のもっとも日常的でもっともありふれた経験を（このように夜の闇に満ちた秘儀《ミステール》について、以下の言葉をあえて使ってみるならば）照らし出しているということである。たしかにこの話はおそろしく、前代未聞のものであり、ほとんど思考することができないようなものだ。父は愛する息子に、かけがえのない愛する者に死を与えようとする。それは〈他者〉が、大いなる〈他者〉が、まったく理由も示さずに要求し、命じたからである。（…）

しかしこれはごくありふれたことでもあるのではないか。責任の概念を少しでも吟味してみればかならず確認されるようなことなのではないか。義務や責任は私を他者に、他者としての他者に束縛する。他者としての他者に対して、絶対的な単独者としての私を束縛するのだ。神とは他者としての、そして唯一のものとしての絶対他者の名である（一にして唯一のアブラハムの神）。絶対他者との関係に入るやいなや、私の単独性は責務や義務という様態で神の単独性との関係に入る。私は他者としての他者の前で責任があり、他者としての他者に対して、そしてその他者の前で応答する。

しかし当然のことながら、単独者としての私を他者の絶対的な単独性に対して束縛するものが、すぐさま絶対的犠牲の空間や絶対的犠牲の危険へと私を投げ入れる。無限の数の他者たちがおり、他者たちの無数の普遍性がある。同じ責任が、一般的で普遍的な責任（キルケゴールが「倫理的次元」と呼ぶもの）が、他者たちに私を束縛する。私が他者の呼びかけや要求や責務さらには愛に応えるためには、他《ほか》の他者を、他の他者たちを犠牲にしなければならない。（…）他者との関係、他者の視線や要求や愛や命令や求めとの関係に入ってしまうと、私は次のことを知る。倫理を犠牲にすることなく、すなわちすべての他者たちに対しても同じやり方で、同じ瞬間に応えるという責務を与えるものを犠牲にすることなく、それらに応えることができないことを。

最初の段落は、イサク奉献の話を、日常的な道徳レベルでの哲学的言説にぶつけようとしているように見えて、大袈裟すぎないかという感じがしますが、次の段落を読んでいくうちに主旨がはっきりしますね。誰かに対して絶対的に責任を負おうとすれば、それ以外の他者には責任を負わない、切り捨てるということになります。神という絶対者に対する責任を果たそうとすれば、他の人間に対する通常の倫理的な責任を果たせなくなるというのは、ある意味、理屈としては分かりますが、普通の人間に対する責任でもそれを絶対的に果たそうとすれば、その他の人を排除することになります。マイケル・サンデル（一九五三―）の「白熱教室」で例に出された、トロッコ問題はそうですね。暴走しているトロッコに乗っている人を助けるべく線路を切り替えるという決断をすれば、その「瞬間」に、別の線路上で作業している人の命を無視し、犠牲にするという決断をしたことになります。両者に対する責任を同時に果たすことはできません。これは究極の選択ですが、よく考えてみれば、私たちは同じようなことを日々無数回繰り返しています。どこかの国で、飢えている子がたくさんいて、何万円か寄付すれば、その国の多くの人が助かると分かっていても、私たちは、自分のため家族のためにそのお金の寄付をしぶります。一瞬、そういうことを考えても、すぐに忘れます。リベラル系の人たちは、政府が、海外の飢え死にしかけている人よりも、国内の相対的に貧困な人のために予算を使うことを黙認します。ラディカルな左派であれば、その逆を言うかもしれませんが、それはそれで国内の弱者を犠牲にすることを意味します。コミュニタリアンであるサンデルは、『これからの「正義」の話をしよう』（二〇〇九）で、自分の家族や民族など、自分に近いものに対する責務は第一義的なものであり、他の人間に対する普遍的な責務よりも優位にあるのではないか、という問題を提起しています。赤木智弘氏（一九七五－　）の『論座』に掲載された論文「『丸山眞男』をひっぱたきたい――31歳、フリーター。希望は、戦争。」（二〇〇七）で提起されたのも、この問題です。左派の普遍的正義対右派の国民優先の正義はどちらがましなのか。

あれこれと例を探すのはやめよう、あまりにも多すぎる。一歩進むごとに、ひとつの例がある。たとえそれに時間をかけ、注意を払ったとしても、いまこの瞬間にしていることのほうを選ぶことによって、そして自分の仕事、市民としての活動、教師としての、職業としての哲学の活動を選ぶことによって、たまたまフランス語である公用語を書き、話すことによって、私はおそらく義務を果たしているのだろう。だが他のすべての責務をおのおのの瞬間に裏切り、犠牲にしている。私が知らない、あるいは私が知っている他《ほか》の他者たち、飢えや病のために死ぬ無数の「同類」たちを犠牲にしている（同類たちよりさらに他者である動物たちについては言うまでもない）。私は他の市民たち、フランス語を話さない人たち、私が声をかけることもなく、また応答することもない人たちへの忠実さと責務を裏切っている。聞き、読む人たち、私が適切な方法で応答したり、声をかけたりすることがない人たち、つまり特異な方法で応答したり声をかけたりすることがない人たちもいる（これはいわゆる公共空間の話で、そのために私はいわゆる私的空間を犠牲にしている）。だから私が私的に愛する人たち、私の近親者、家族への、そして息子たちへの忠実さや責務を裏切っている。私の息子たちのおの

おのは唯一の息子であり、一方を他方ゆえに犠牲にする。私たちの毎日の、そしておのおのの瞬間における住まいであるモリヤの地において、一方を他方のために犠牲にしているからだ。

ここはデリダの文章と思えないくらい分かりやすくて、〝倫理〟っぽいですね。フランス語を話している時点で既に、フランス語が通じない人たちを応答責任の対象から外しているというわけです。デリダがフランス語で倫理的に重要な問題について語っているということは、フランス語を母国語とし、彼の哲学的なテクストを理解できるような人を、最優先しているわけです――ちゃんと理解できる人はそんなにいないので、フランス語のネイティヴの大多数も、応答責任の範囲から外されているのかもしれません。当然フランス語を母国語とする人は、フランス語的な思考をしているはずですから、それと合わない考え方は排除されることになるでしょう。言葉が通じないどころか、存在を知らないので、その人たちが幸福なのか苦しんでいるのかさえ知らない人もいます。当然、動物は最初から、考慮に入りません。『精神について』などでデリダが「動物」の問題に拘っているのは、こうした私たちが、無自覚的にやっている〝決断〟と〝選択〟を際立たせるためなのかもしれません。

このように言うと、私たちの通常の「倫理」の狭さをデリダが強調しているように見えるかもしれませんが、逆の見方をすれば、私たちは全知全能の神ではないので、そういう限定をしない限り、具体的に他者の苦しみを想像し、応答しようとすることさえできません。デリダは、私たちの「倫理」を基礎付け、その起点となる〝決断〟と〝選択〟についてメタレベルでの考察を促しているのではないのかと思います。「イサク奉献」は、そのことの象徴とします。一四四頁から一四六頁にかけて、そのことの宗教史的意義が述べられています。

（…）与えられた死の場は、ソロモンがエルサレムにヤーウェの家を建てた場所であり、また彼の父ダヴィデに神が出現した場でもある。ところでこの場所は、エルサレムの大きなモスクのある場所でもある。それはアル・アクサーの大モスクの近くの岩のドームと呼ばれる場であり、そこでイブラーヒーム〔『コーラン』でのアブラハムの呼び名。ユダヤ教でもキリスト教でもない絶対一神教の祖とされる〕の犠牲が行なわれたと言われ、またマホメットは死後にこの場から馬に乗って昇天したという。エルサレムの破壊された神殿や嘆きの壁のすぐ上にあり、十字架の道〔ヴィア・ドロローサ（嘆きの道）〕からもそう遠くない。

旧約聖書の「歴代誌下」の記述によると、ソロモン王がエルサレム神殿を建てたのは、このモリヤ山です。それによって、この場所は三大宗教の重要な聖地になったわけですが、それは十字軍戦争をはじめとする、宗教間の流血の中心地になったということです。〝決断〟と〝選択〟の裏返しとしての切り捨てによって、「宗教」が生まれたことが悲劇の遠因になったわけです。

イサクの犠牲の読解と解釈と伝統は、それ自体血にまみれた犠牲、焼き尽くす献げ物《ホロコースト》の犠牲となっているのだ。イサクの犠牲は毎日のように続いている。惜しみなく死を与える兵器が、前線なき戦争を仕掛けている。責任と無責任のあいだに前線はなく、ひとつの犠牲をめぐるさまざまな横領〔＝固有化〕のあいだにこそ前線があるのだ。それはさまざまな責任の次元、他のさまざまの次元のあいだの前線でもある。

ここで「燔祭」を意味するギリシア語〈holokauston〉が「ホロコースト」の語源であることに注意を促して、ナチスのホロコーストに代表される、様々な宗教的対立に話を拡大しているわけですね。ナチスのホロコーストでは、ユダヤ人が一方的に犠牲になりましたが、宗教・道徳史的な起源を遡っていくと、ユダヤ教の原点はまさにホロコーストであり、その原点となった出来事が人間間の倫理的な責任＝応答可能性には限界があることを暗示しているわけです。

この連続講義の二回目でもお話ししたように、「横領〔＝固有化〕」の原語は〈appropriation〉です。

「固有の」という意味の形容詞〈propre〉をいったん動詞化したうえで、名詞化した言葉です。自らの所有物にするという意味と共に、他人から横領するという意味もあります。この場合、直接的には、イサク奉献によって生まれた聖地を自分のものだと三つの宗教が主張して争っているということを指しているのでしょう。加えて、そこを起点にしてそれぞれに固有の教義の体系を確立し、信仰ゆえに争わざるを得なくなったということも含意されているでしょう。

犠牲の戦争は、イサクやイシュマエル〔コーランではアブラハム（イブラーヒーム）の息子のイスマーイール。父とともにカーバを建設されたとされる〕やアブラハムの犠牲にはっきりと言及するいわゆる啓典宗教やアブラハム的な国家のあいだだけでなく、それらと残りの飢えた世界とのあいだでも猖獗をきわめている。残りの飢えた世界は、人間の大半、いや生き物の大半を占めている。死んでいたり、生きていなかったりする他の者たち、死んでいたり、これから生まれる他の者たちについては言及するまでもあるまい。これらすべての他の者たちはアブラハムやイブラーヒームの民族には属さない。アブラハムやイブラーヒームの名など彼らには何も思い出させない。それらは何ものにも応答せず、何ものにも対応しないのだから。

三大宗教に属する人にとっては、自分たちの原点になった教典をめぐる争いなので、全く預かり知らぬことに巻き込まれたとは言い切れません。イサク奉献から排除されたイシュマイルの子孫とされるアラブの人にとっては、一くくりにされること自体が屈辱かもしれませんが。しかし、それらとは全く関係ない人、そういう教えの存在について知りもしない人たちも、宗教間の争いの産物として生まれた、グローバル経済や科学技術、大国の覇権争いなどの影響で苦しんでいます。イサクの命は救われたけれど、その代わりに、無数の命が犠牲になっていると見ることができます。

私は他の者を犠牲にすることなく、もう一方の者（あるいは〈一者〉）すなわち他者に応えること

〈一者 l'Un〉＝神
決断は、一方の他者にだけ応答し、その他者との関係を軸とする倫理を確立することの反動として、もう一方の他者との関わりを切り捨てることを意味する。
切り捨てられた相手との間に意志の疎通はありえない。
その遮断された関係が、遮断された側から見ると、「秘密」になる。

はできない。私が一方の者（すなわち他者）の前で責任を取るためには、他《ほか》のすべての他者たち、倫理や政治の普遍性の前での責任をおろそかにしなければならない。そして私はこの犠牲をけっして正当化することはできず、そのことについてつねに沈黙していなければならないだろう。望もうと望むまいと、一方の者（他者）を他方の者より好んだり、犠牲にしたりすることをけっして正当化することはできない。そのことについて何も言うべきことはないのだから、私はつねに秘密の場所にいて、秘密を守るべく束縛されている。

〈一者l'Un〉とは神のことですね。ここで、決断によって特定の他者を選ぶことと、「秘密」の関係がはっきりしてきましたね。決断は、一方の他者にだけ応答し、その他者との関係を軸とする倫理を確立することの反動として、もう一方の他者との関わりを切り捨てることを意味するわけですから、切り捨てられた相手との間に意志の疎通はあり得ません。その遮断された関係が、遮断された側から見ると、「秘密」になるわけです。

次に、アブラハムの信仰が神から認められる瞬間について論じられています。

神は犠牲のプロセスを中断しようと決断し、アブラハムに語りかける。アブラハムは「我ここに」と言ったところだ。「我ここに」、それは他者の呼びかけへの唯一可能な第一の応答であり、責任＝応答可能性の根源的な瞬間である。それは特異な他者、私に呼びかける者に私をさらすものとして、根源的な瞬間なのである。「我ここに」はすべての責任が前提する唯一の自己紹介（＝自己現前化）である。私は応答する準備ができています、応答する準備ができているとお応えします、というわけだ。アブラハムが「我ここに」と言い、息子の喉をかき切ろうと刀を振り上げると、神は言う。「その子

に手を下すな。何もしてはならない。あなたが神を畏《おそ》れる者であることが、今、わかったからだ。あなたは、自分の独り子である息子すら、わたしにささげることを惜しまなかった。」このおそろしい宣言は、引き起こされた恐怖を目にしたときの満足を語っているようにも思われる（「あなたが神を畏れる」ことがわかった、あなたはわたしの前でおののいている）。この宣言は、その唯一の根拠としてそれが引き起こす畏れとおののきによって、おののかせる（あなたがわたしの前でおののいたのはわかった、よし放免してやろう、義務から解放してやろう）。だがこの宣言を別のかたちで翻訳したり議論したりすることもできる。絶対的義務とは何を意味するのか、すなわち絶対的な絶対他者に応え、その呼びかけや要求や命令に応えることだとあなたが理解したのはわかった、というわけである。

「我ここに Me voici」を強調しているのがどうしてかピンと来にくいですね。これは、応答というのが、まず相手の発した声を声として受けとめることにある、という点をデリダが重視しているためではないかと思います。声を声として聞こえるのは当たり前だと思うかもしれませんが、理解できない外国語とか方言だったら、雑音とか動物の咆哮と大差ありません。不気味な外人だと思って聞いたら、不快な音にしか聞こえません。聞くつもりがなければ、母国語の分かりやすい発声でも、動物の咆哮より不快な雑音です。私は、学生やおばさんの下品な大声でのおしゃべりを不快な雑音として受けとめます（笑）。「私はここに」というのは、あなたの言葉を、（人格的な存在者によって発せられた）言葉として受けとめていますというメッセージです。

「あなたが神を畏れる者であることがわかった」、という神の言葉は、普通は、神がやはり善なる神であることを証しする言葉だと受け取られますが、デリダはこの「畏れる craindre」という言葉を文字通り、「畏れる」という意味に取ることができることを指摘しているわけです。神の言葉は、おまえが神を怖がるようなものだと分かったから、目的は達せられた、という単純な意味に解釈できます。神の言葉についてのそうした解釈の可能性に言及したうえで、もう一つのより宗教的に思える解釈も示していますね。それは、「絶対他者」である神の呼びかけに応えることが「絶対的義務」だということを、アブラハムが理解していることを、神が了解した、ということです。後者の場合は、「畏れ」の感情ではなく、神と人の間の応答関係を把握しているかどうかが問題になるわけです。後者の方がまともに聞こえますね。だったら、最初から、後者の解釈だけ示せばいいではないか、という気がしますが、恐らくデリダは、「畏れ」と絶対的義務が表裏一体の関係にあるのではないか、という問題を提起したいのでしょう。前回読んだところで、彼は、パトチュカの秘儀の二重の抑圧論に即してこの問題を論じていましたね。

これら二つの様態〔の解釈〕は結局同じことに帰着する。息子を犠牲にすること、神にその死を与えながら息子に死を与えること、それは二重の贈与である。この二重の贈与において、〈死を与えること〉とは、誰かに刀を振り上げて死をもたらすことであり、そして犠牲にささげるために死〔死んだ息子〕を持っていくことでもある。これを命令することによって神は、アブラハムが自由に拒絶できるようにする。それが試練なのだ。命令は要求する。この要求は神の祈り、すがるような愛の告白のようなものだ。わたしを愛していると言っておくれ、わたしの方を、唯一の者、唯一者としての他者であるわたしの方を向いていると言っておくれ。そして何よりもまず先に、何にもまして、無条件にわたしの方を向いていると言っておくれ。そしてそのために死を与えておくれ、唯一の息子に死を与えておくれ。そしてわたしが求めているその死を、わたしに与えておくれ、わたしがあなたに要求することによってあなたに与えている死を。要するに神はアブラハムに次のように言っているのだ。唯一者への絶対的な義務が何であるのか、すなわち要求すべき釈明《レゾン》や与えるべき道理《レゾン》もないのに応答しなければならないことが絶対的な義務であることをあなたが理解した瞬間に、わたしはわかった。あ

なたがそれを頭で理解しただけではなく、（これこそが責任なのだが）行動し、実行し、すぐさまその瞬間に行動に移る準備ができていたのがわたしにはわかったのだ。

文章自体は明瞭ですが、どういう意味で同じことに帰着するのかよく分からないですね。恐らく、二重の意味で「死を与える」ようにという要求に、無条件に応えようとするかどうかに全てがかかっている、ということでしょう。しかも、道理＝釈明＝理由（raison）なしにです。理由なしに、自分の息子を犠牲として差し出すのであれば、義務として理解したかどうかは最初から問題にならず、「畏れ」による行為と区別が付きません。神を、相手の返事をはらはらしながら待っている求愛者のように描いているのが面白いですね。「あなたが神を畏れる者であることが今わかった」、という神の言葉から、（万能であるはずの）神も、アブラハムが決断する瞬間まで、彼がどういう態度を取るか予測し切れなかったということが読み取れますね。言い換えれば、神はアブラハムの心を読み取れなかったということです。神にも、アブラハムが従った動機が畏れなのか、絶対的義務なのか分からなかったわけです。あと、神がこういう情緒不安定な状態にあるとイメージされるとすると、その神に対する捧げ物にも、オルギア的な感じとは違うような気もしますが、非合理的な供犠という感じが出ますね。

一五一〜一五二頁にかけて、アブラハムが神への義務のおかげで、人間に対する義務から解放されたと述べられていますね。

一なる神へと束縛する唯一の義務の絶対性によって、自分が赦免されたように感じるのだ。絶対的な義務は彼をあらゆる負債から自由にし、すべての義務から解放する。これは絶対的な赦免〔ab-solution 解き－放たれること〕だ。

「絶対」という意味のフランス語の〈absolu〉、英語の〈absolute〉の語源になった、ラテン語の〈absolutus〉は、「解き放つ」とか「分離する」という意味の動詞〈absolvere〉の過去分詞形です。「緩める」とか

ラテン語の〈absolutus〉（「解き放つ」とか「分離する」という意味の動詞〈absolvere〉の過去分詞形）
＝〈ab-〉（「分離」を意味する接頭辞）＋〈solvere〉（「緩める」とか「解く」という意味の〈solvere〉）
・「絶対」という意味のフランス語の〈absolu〉、英語の〈absolute〉の語源。
・〈solvere〉は、「解答する」という意味の英語の〈solve〉の語源。

※「絶対」というのは元来、他のものから「隔絶」され、自由になっている状態を意味する。
・〈absolution〉は、現代フランス語では、無罪放免になるとか、カトリックの告解の後での罪からの赦免という意味。
⇒神に対する「絶対的 absolu」義務に従うと決定したことによって、アブラハムは、他の全ての人間に対する義務を「赦免 absolution」された状態になる。

「解く」という意味の〈solvere〉に、「分離」を意味する接頭辞〈ab-〉を加えた形ですね。〈solvere〉は、「解答する」という意味の英語の〈solve〉の語源です。「絶対」というのは元来、他のものから「隔絶」され、自由になっている状態を意味するわけです。〈absolution〉は、現代フランス語では、無罪放免になるとか、カトリックの告解の後での罪からの赦免という意味で使われます。神に対する「絶対的 absolu」義務に従うと決定したことによって、アブラハムは、他の全ての人間に対する義務を「赦免 absolution」された状態になるわけです。キリスト教には、人は神の法に従うことによって真に自由になるという考え方がありますが、それを、この〈ab-solution〉という視点から理解することもできるでしょう。ただ、そのように理解すると、神の法と、人間の倫理の相いれなさが際立ってしまうわけですが。

バートルビー

この後、しばらくアブラハムが神との間に使う言語が、共同体にとっての言語に翻訳不可能であるという話が続いた後、一五五頁で、唐突な感じで話題が変わります。

『書記バートルビー』の法律家である語り手は「ヨブ記」を引用する（「地の王や参議らと共に」）。たんなる興味本位の比較を超えた次元で、バートルビーの姿はヨブの姿に似かよっているようにも考えられる。ただし、いつか死んだ後に王や参議と共にいたいと願うヨブではなく、生まれてこなかったことを夢見るヨブにである。だがこの場合には、神がヨブに受けさせる試練ではなく、アブラハムのことを考えることもできる。

現代思想にも、ちょっと凝った文学にも慣れてない人には、急に何を言い出すんだ、という感じだと思います。『書記バートルビー Bartleby the Scrivener』（一八五三）は、『白鯨 Moby-Dick』（一八五一）で有名なハーマン・メルヴィル（一八一九―九一）の中編です。メルヴィルは、リアルな描写の中に寓意的な含意がいろいろ織り込んでありそうな作品が多く、現代思想やポストモダン系の批評でよく引用されます。一番人気があるのは、遺作で、陰謀に巻き込まれて死刑になった船員の物語である『ビリー・バッド』（一九二四）とこの『バートルビー』でしょう。『ビリー・バッド』は、アーレント（一九〇六―七五）の『革命について』（一九六三）で参照されていますし、ポストモダン系の批評の標準教科書とも言うべきジョナサン・カラー（一九四四― ）の『ディコンストラクション』（一九八三）でも、この作品の解釈の可能性についてかなり本格的に論じられています。『バートルビー』に対して訳注が付いていますね。見ておきましょう。

ハーマン・メルヴィル

法律事務所を営む語り手は、法律の写本を作る「学士」（scrivener 聖書で言う「書記」でもある）としてバートルビーを雇うが、仕事を言いつけるたびごとに、彼は「ぼく、そうしないほうがいいのですが」とのみ返答する。さらには仕事もしなくなり、事務所の一角に生き霊のようにとどまり続ける。たえかねた語り手はみずから事務所を移転してしまうが、それでも立ち退かない。ついに彼は投獄され、面会に行った語り手は中庭で眠るように死んでいるバートルビーを発見する。そのとき語り手は差し入れ屋と次のような会話を交わす。「ヨブ記」が引用

ヨブ

されるのはそのときのことである。『『へえ！ ——眠っとるんでしょうな、旦那？』／『地の王や参議らと共に』と、私が呟きました」（邦訳二三九頁）。ジル・ドゥルーズはすでに一九八九年にこの短編の序文を執筆している（「バートルビー、または決まり文句」谷昌親訳『批評と臨床』河出書房新社所収）。

本文でデリダが述べているように、この「ぼく、そうしないほうがいいのですが I would prefer not to」、という台詞が、いかにも謎めいていて、それがアブラハムの語る神の言葉と通じているように見えるというわけです。ちなみにこの作品に関しては、ジョルジョ・アガンベンが『バートルビー——偶然性について』（一九九三）という本格的な評論を書いています。この評論と小説本体を合わせたものが、高桑和巳さん（一九七二―　）という人の訳で月曜社から出ています。

「地の王や参議ら kings and counselors」というのは、訳注（46）に出ているように、かつて栄えていて、今は廃墟となっている都市を築いたとされる人たちのことです。苦しんでいるヨブは、こんなに苦しむくらいなら、すぐに死んで、さっさとそういう人たちの仲間入りしたいと嘆いたわけです。無論、いつか死ねば仲間入りするわけですが、ヨブは、いっそのこと生まれてこず、最初からそういう死者と一緒に眠りについたまま、つまり事実上存在しない方がよかった、とまで言っているわけです。

旧約聖書の「ヨブ記」によると、ヨブは神の言いつけに背くことなく、完全に義の人として生きたのだけれど、ある時、サタンが神に向かって、「それは神がいろいろな物を彼に与えているからでしょう。全てを奪い去って試練に合わせたら、必ずあなたを呪いますよ」と言ったので、神がサタンにヨブを迫害することを許します。ただし、命だけは奪わないという条件付きでヨブは息子や娘、しもべ、財産を失い、自分の体にもいろいろな病気を受けて苦しみます。ヨブは、神を呪うことはなかなかしませんが、どうし

バートルビー〈I would prefer not to ～〉
〈would〉：未来の助動詞の〈will〉の仮定法の婉曲用法だが、こういう使い方をすると、一体何を婉曲に言おうとしているのかさえ分からない。
デリダはこれを、「応えなき応えという責任 la responsablité d'une réponse sans réponse」、「予言も約束もない未来 l'avenir sans prediction ni promesse」といった表現で形容する。
※これが非言語、秘密の言語、「異言」を思わせるという意味で、アブラハムの言語に通じているように見える。

⇒二人とも、何か常人に対しては言語化して説明できない“理由”によって不可思議な行為を続行せざるを得ず、その意味で「秘密」を抱えている。

て自分はこういう目に遭うのか嘆き、自分の生まれた日を呪います。自分の友人たちや、神自身と、この試練の意味について語り合います。最終的に、神によって大地の塵より創られた自分が神の意図を忖度するのは不遜なことですとヨブが述べたので、彼の信仰は認められ、彼は健康と財産を取り戻し、また子宝に恵まれます。ヨブの苦難はイエスの受難の先駆のように見えますし、ヨブの嘆きと問答は、ユダヤ教とキリスト教の本質に関わっているように思えるので、様々な思想家や文学者によって題材にされています。『〈帝国〉』（二〇〇〇）で有名なネグリ（一九三三―　）もヨブについて『ヨブの労働 Il lavoro di Giobbe』（一九九〇）という本を書いています。この本の私による訳が、『ヨブ――奴隷の力』というタイトルで情況出版から出ています。

　バートルビーは最初の契約でやると決めた仕事はやるけれど、そうではないことをやらせようとすると、〈I would prefer not to〉と、応答しているのかしていないのか分からないような妙な反応をします。日本語訳では「そうしないほうがいいのですが」となっていますが、〈not to ～〉の後の動詞が欠けているので、どういうことを言いたいのか本当のところ分かりません。〈would prefer〉と言っているだけなので、はっきりした拒絶ではなさそうですが、実際のところ、別の仕事をする気配はない。そのうちに、本来の仕事もしなくなります。日本人がこんな台詞を口にしてぼうっとしていたら、「英語にそんな曖昧な表現はない。日本語じゃなくて、英語で考えなさい」、と叱られる、というのがよくあるパターンですね（笑）。それをアメリカ人で英語のネイティヴであるはずのバートルビーが口にする。〈would〉というのは、英語の授業で習ったように、未来の助動詞の〈will〉の仮定法の婉曲用法ですが、こういう使い方をすると、一体何を婉曲に言おうとしているのかさえ分からないですね。デリダはこれを、「応えなき応えという責任 la responsablité d'une réponse sans réponse」、「予言も約束もない未来 l'avenir sans prediction ni promesse」といった表現で形容していますね。これが非言語、秘密の言語、「異言」を思わせるという意味で、アブラハムの言語に通じているように見える、ということですね。

しかしながら、一般的なことや決定するようなことは何も言わないにもかかわらず、バートルビーはまったく何も言わないわけではない。I would prefer not to は不完全な文に似ている。この非決定は緊張を作り出す。つまりそれは留保《レゼルヴ》つきの不完全性に対して開かれており、一時的な留保あるいは蓄えとしての留保を予告するのだ。ここには、なんらかの読解不可能な摂理や慎重さを仮言的に参照するという秘密があるのではないか。バートルビーが何を望んでいるのかも何を言いたいのかもわからないし、彼が何をしたくないのかも何を言いたくないのかもわからないが、彼ははっきりと「ぼくはそうしないほうがいい」という言葉を聞かせる。この答えには内容の影《シルエット》がつきまとっている。死を与えること、そして息子に与える死を神に与えることをアブラハムがすでに受け入れたとするならば、そして神が止めないかぎりそうすることを彼が知っていたとするならば、まさにアブラハムは「そうしないほうがいいのですが」という状態にいると言えないだろうか。いったい何が問題になっているのかを世界の人に対して言うことができず、「そうしないほうがいいのですが」という状態に。アブラハムは息子を愛しており、神が何も彼に要求しなければよかったと思っている。彼にとっては、神がアブラハムのするままにさせず、腕を止めてくれ、燔祭の子羊を備えてくれたほうがよい。犠牲が

受け入れられてしまったあとで、決断という狂気の瞬間が非－犠牲のほうに傾いてくれたほうがよい。彼はそうしないことを決断しないだろう。彼は〔そうする〕ことを決断する――でもそうしないほうがいい。神が、〈他者〉が彼を死へと、与えられた死へと導き続けたとしたら、彼はもはや何も言えず、何もしないだろう。そしてバートルビーのI would prefer not toもまた、彼を死へと導く犠牲的な受苦《パッション》である。掟が与える死、自分がなぜそう振る舞うのかもわかっていない社会が与える死へと。

デリダの言い回しが回りくどくて、バートルビーとアブラハムの繋がりがピンと来にくいですね。ポイントは「なんらかの読解不可能な摂理や慎重さを仮言的に参照するという秘密」です。この仮言（仮定）というのは具体的には、後に続けて述べられているように、「もし神がイサクを犠牲に捧げるのを中止せよ、と言ってくれるとしたら、～」ということです。聖書はアブラハムの内心について語っていませんが、確かに、もし彼が英語を母国語としていたら、〈I would prefer not to ～〉、と心の中でつぶやいていそうですね。恐らく内心ではためらいながら、息子の奉献に向かって黙々と進んでいったのではないか、と想像できますね。それと、つぶやき続けて実際には何もしなかったバートルビーでは真逆のように見えますが、どうして自分がそう振る舞うべきかよく分からない状態で、「死」への道を黙々と歩んでいるように見えるところが共通している、とデリダは見ているようです。先ほど訳注で見たように、バートルビーは〈I would prefer not to ～〉と言い続け、事務所に居座り続けた挙句、投獄され、死んでしまいます。恐らく本人もそうなることは分かっていながら、異なった振る舞いをすることができず、運命に従います。『バートルビー』という小説を読むとき、私たちはどうしても、苛々している常識的な語り手の視点に同化してしまうので、バートルビーは、〈I would prefer not to do that task（その仕事はしない方がいいのですが）〉と言おうとして、語尾を濁していると想像してしまいますが、ひょっとすると、〈I would prefer not to behave like this（こういう風には振る舞いたくないのですが）〉、と言いたいのかもしれない。そして言外に、「もし神（運命）が許してくれるのなら」という条件節が隠れているのかもしれない。あと、私たち日本人は、自分たちは仕事中毒だけど、アメリカ人は仕事をさぼって遊びたがるので、バートルビーのような不埒な奴がいてもおかしくないのではないか、という先入観を持ってしまいそうな気がしますが（笑）、もしバートルビーが典型的な我の強いアメリカ人なら、〈I would prefer not to〉なんて曖昧なことではなく、もっと小理屈を並べるでしょうし、そういう受動的な抵抗の状態で、事務所を移転されてもそこに居続け、刑務所に入れられるというのは、アメリカ人であろうと日本人であろうとかなりきついでしょう。解雇されてしまって、その場所に居続けるのは、普通の人間の感覚では堪えがたいことでしょう。そういう風に考えると、アブラハムとバートルビーがぐっと近づくような気がしませんか。二人とも、何か常人に対しては言語化して説明できない〝理由〟によって不可思議な行為を続行せざるを得ず、その意味で「秘密」を抱えているわけですから。

一五七～一五八頁にかけて女性の不在が問題になっていますね。アブラハムの物語では正妻のサラは何も聞かせてもらえません。イシュマイルの母であるハガルは最初から蚊帳の外です。バートルビーの物語には女性は一切出てきません。絶対的な責任の論理から女性が排除されているかのようだ、ということですね。つまり女性は、（責任の主体である男性が）応答すべき相手として一切想定されておらず、物扱いを受けているわけです。

バートルビーの応えなき応えはひとを面食らわすものであると同時に不吉でもあり、また喜劇的でもある。尊大にも、そして巧妙にもそうなのだ。彼の応えは一種の崇高なアイロニーを練り上げている。何も言わないために、あるいは予想されることとは別のことを答えるために語ること、当惑させたり面食らわせたり問いただしたり（法や「法律家」を）話させるために語ること、それはアイロニーによって語ることだ。アイロニー、とりわけソクラテスのアイロニーとは、何も言わず、いかな

る知も表明しないにもかかわらず、そのことによって問いただし、語らせ、考えさせることにほかならない。〔ギリシア語の〕エイローネイアーとは隠蔽することである。それは無知を装いつつ問いただすような活動のことだ。I would prefer not to もアイロニーを欠いていない。それはなんらかの状況的なアイロニーを思い起こさせずにはいないからだ。状況的なアイロニーは、突飛であると同時に親しみ深い（unheimlich, uncanny）物語の喜劇性と無縁ではない。そして『アイロニーの概念』の著者〔キルケゴール〕は、アブラハムの責任を示す応えなき応えのなかにアイロニーを看破している。

バートルビーの意味があるのかないのか分からない曖昧な言葉を「アイロニー」と呼ぶのは、少しヘンな感じがしますが、この場合の「アイロニー」は単なる皮肉ということではなく、ソクラテスの問答のように「いかなる知も表明しないにもかかわらず、そのことによって問いただし、語らせ、考えさせること」を意味します。「アイロニー」の語源のギリシア語は〈eironeia〉で、これは、「質問する」あるいは、それからの派生で「無知を装って質問する」という意味の動詞〈eromai〉の現在分詞形〈eiron〉を名詞化したものです。ドイツロマン派の文芸理論家であり、ポストモダン系思想にも間接的に影響を与えているフリードリヒ・シュレーゲル（一七七二―一八二九）は、それに接する人を創造的反省へと誘うソクラテス的アイロニーを、哲学及び詩的想像の共通の原理として位置付けています――これについては拙著『モデルネの葛藤』（御茶の水書房）をご覧下さい。キルケゴールは学位論文『アイロニーの概念について――ソクラテスへの絶えざる言及と共に』（一八四一）で真理探究の方法として高く評価しています。

ソクラテスが無知を装って質問することによって、相手を自分の立場について反省せざるを得ない状況に追い込んだのと同じように、バートルビーも意味の分からない中途半端な台詞を言うことによって、相手を自分の立場や価値観を反省せざるを得ない立場に追い込むわけです。反省へと追い込まれるからこそ、私たちはバートルビーのような人間に苛立つのかもしれません。

あと細かい話ですが、ドイツ語の〈unheimlich〉や英語の〈uncanny〉は「不気味」という意味です。「突飛であると同時に親しみ深い insolite et familier」という言い換えは当たっていないように思えますが、これはドイツ語の〈unheimlich〉という言葉に関する、フロイトの論文『不気味なもの Das Unheimliche』(一九一九)を念頭に置いているのだと思います。フロイトはシェリングの議論などを引き合いに出しながら、本来なら「慣れ親しんでいる heimlich」はずだけれど、意識の下に抑圧されていて表に出ないものが、表面に出てきてしまう時に、「不気味に unheimlich」感じるのだと指摘しています。この論文の英訳タイトルが《The Uncanny》です。英語の形容詞〈canny〉は、「利口な」とか「慎重な」とかいう意味ですが、語根の〈can〉は古代の英語で、「知っている」という意味です。現代の英語の助動詞〈can〉もこれから派生しています。フランス語の場合、〈unheimlich〉にそのまま対応する言葉がないので仕方なく、「突飛である」と「親しみ深い(慣れ親しんでいる)」という対立するように見える二つの言葉を並べたのでしょう。バートルビーの物語は、私たちが本当はよく知っているはずだけれど、無意識に抑圧しているもの、私たちの生に課されている不条理性のようなものを象徴しているので、不気味だということでしょう。

アブラハムとバートルビー

アブラハムの言動がどういう意味でアイロニーなのか説明されています。

アブラハムが語るとき、彼は比喩にも、寓話《ファーブル》にも、たとえ話《パラボル》にも、隠喩《メタフォール》にも、省略法にも、謎にも頼らない。彼のアイロニーは超《メタ》-修辞的である。何が起きるのかアブラハムが知っていたとしたら、たとえばヤーウェが彼に使命を与え、イサクを山上に連れて行くように命じ、そこで神がイサクに雷を落とすことを知っていたのだったら、謎めいた言葉を使うのが正しかったことになるだろう。だがバートルビーの意味があるのかないのか分からない曖昧な言葉の「アイロニー」
・「アイロニー」は単なる皮肉ということではなく、
・ソクラテスの問答のように「いかなる知も表明しないにもかかわらず、そのことによって問いただし、語らせ、考えさせること」を意味する。

■「アイロニー」の語源
ギリシア語〈eironeia〉
これは、「質問する」あるいは、それからの派生で「無知を装って質問する」という意味の動詞〈eromai〉の現在分詞形〈eiron〉を名詞化。

・ドイツロマン派の文芸理論家であり、ポストモダン系思想にも間接的に影響を与えているフリードリヒ・シュレーゲル（1772－1829）は、それに接する人を創造的反省へと誘うソクラテス的アイロニーを、哲学及び詩的想像の共通の原理として位置付けている。
・キルケゴールは学位論文『アイロニーの概念について――ソクラテスへの絶えざる言及と共に』でアイロニーを真理探究の方法として高く評価。

※ソクラテスが無知を装って質問することによって、相手を自分の立場について反省せざるを得ない状況に追い込んだのと同じように、バートルビーも意味の分からない中途半端な台詞を言うことによって、相手を自分の立場や価値観を反省せざるを得ない立場に追い込む。反省へと追い込まれるからこそ、私たちはバートルビーのような人間に苛立つのかもしれない。

> アブラハムは知らないのだ。だからといって躊躇するのでもない。非－知は彼自身の決断をまったく中断せず、彼の決断はきっぱりとしたものでありつづける。信仰の騎士は躊躇しない者でなくてはならない。知の彼方において、他者の絶対的要求に従うことによって、責任を引き受けるのだ。彼は決断する。しかし彼の絶対的決断は知によって導かれたり統制されたりしてはいない。まさにこれこそがあらゆる決断の逆説的な条件である。つまり、決断はなんらかの知のたんなる結果や結論だったり、それを解明するものであったりするかもしれないが、その知から演繹されてはならないということだ。要するに、知から構造的に切り離され、それゆえ非－顕現に運命づけられたものとして、決断はつねに秘密のものである。決断はまさにその固有の瞬間において秘密のものである。

私たちが知っているアイロニー（皮肉）は通常、何らかの修辞的な表現を伴っています。日常的には反語的な表現が多いですね。どうしようもないバカなアイデアに対して、「独創的ですね」と言うとか、下手な絵に対して「ピカソですね」という隠喩を使うとか。そういうのは、本当はどう言うべきか知っていて、言葉によって偽装しているわけです。だから、その真意を言語的に説明することができます。しかし、アブラハムは神がどうするつもりか分かっていません。自分でもその意味するところが分かっていない義務に絶対的決断によって従っているアブラハムの言動が示す理解不可能性によって、彼の物語を読む者は、倫理や責任の意味を問い直すよう強いられます。知的に理解できない行為だけど、いや、そういう行為だからこそ、どうしてそういう理解不可能な行為を黙々と実行できるのか、そこに我々が理解できない「義務」の本質があるのではないかと思わせるところに、アイロニーが働いているわけです。

> 悲劇的英雄は偉大で、賞讃され、世代を超えた伝説的存在である。それに対してアブラハムは、まったく他なるものへの唯一の愛に忠実であったからこそ、けっして英雄とはみなされない。涙を流させることも、賞賛を呼び起こすこともなく、むしろ呆然自失の恐怖を、またしてもひそかなおそれを呼び起こす。このおそれは絶対的な秘密に私たちを接近させるからだ。この秘密を私たちは分かち合う《パルタジェ》ことなく分かち合う。それは他者と他者とのあいだの秘密である。すなわち、他者としてのアブラハムと、他者としての神、まったく他なるものとしての神とのあいだの。アブラハム自身もまた、人間たちからも神からも切り離され、秘密のうちに置かれている。

この箇所は確かに逆説的な意味で分かりやすいですね。私たちが悲劇的英雄に感動するのは、その人物が運命に立ち向かった理由が分かるし、その心情がある程度想像できるからです。しかしアブラハムの行為は、それ自体として見れば、理解不可能で、なかなか感情移入できません。もし、これが人類の幸福とか生き残りのためにイサクを犠牲にするという物語であれば、納得できるでしょう。旧約聖書の人物でもノアとかモーセ、サムソンとデリラのサムソンとかだったら、何のために苦難の道を歩んだのか分かりやすいですが、アブラハムのイサク奉献は何のためか分からないですね。ヨブの試練の場合のように、敵役としてのサタンが出てくればまだしも、「創世記」のアブラハムの物語にはサタンは出てきません――因みに、私が若い時に入信していた統一教会は、聖書の意味の分からない試練は、全てその背後に神とサタンの争いがあるということで説明していました。自分に対する信仰を試すために、息子を殺せと言う神と、それに無条件に従おうとするアブラハムも不気味で、恐ろしいですね。キリスト教の信仰の核を探っていくと、そういう「オノノカセル」のような秘密に出くわすわけです。

(…)最高の情熱の伝達不可能性は、秘密と結びつくような信仰の正常な条件である。にもかかわらずそれは、つねにやり直さなければならない、と私たちに命ずる。ある秘密を伝えることはできるかもしれない、だが秘密にとどまるような秘密としての秘密を伝えるなどということは、伝えるという言葉に値するだろうか。それは歴史を作るだろうか。そうでもあり、そうでないとも言える。『おそれとおののき』の「結びのことば」では、各世代は先立つ世代のことを考慮しないで、信仰という最高の情熱に入り込むことを始めること、そして再び始めるべきことが繰り返し述べられている。こうしてキルケゴールは反復されるもろもろの絶対的な始まりの非-歴史を描き出す。それは絶対的な始まりのたえざる反復において、一歩進むごとに新たに発明されるような伝統を前提する歴史性そのものの記述なのである。

「つねにやり直さなければならない」のは何故か分かりますね。信仰の核になる、絶対的義務に向けての絶対的選択の理由が伝達不可能だからです。だから、本当のところ、「宗教」は成立しません。信仰の核になるものを伝承できないからです。いわば、各人が先人たちの〝信仰の伝統〟と関係なく、新たに始めねばなりません。不可避的に、「反復」が行われ、差異が生じることになります。

この章の最後の部分を見ておきましょう――訳者の廣瀬さんは、恐らく『死を与える』が「死を与える」と「秘密の文学」の二本立てだということを念頭に置いて、訳注で「節」という言い方をしています。
『おそれとおののき』の本文の最後の部分の引用です。

しかしアブラハムを理解することは何びとにもできなかった。それにしても、何を彼はなしとげたというのであろうか？　彼はどこまでも彼の愛に忠実であり続けたのだ。しかし彼を愛するものは、彼を必要としない。驚嘆を必要としない、彼は愛において苦悩を忘れる、いや、もし神みずからがそれを思い出させたもうのでなければ、彼が苦痛になやんだことを夢にも感じさせるような跡を残さないほど完全に、彼はそれを忘れたのである。なぜなら、神は隠れたことを見たまい〔傍点デリダ〕〔次節で論じられる「マタイによる福音書」六章6参照〕、苦悩を知りたまい、涙を数えたまい、そして、何ものをも忘れたまわぬからである。

かくして、個別者が個別者として絶対者にたいして絶対的な関係に立つという逆説が現実に存在するか、それとも、アブラハムは空《むな》しいか、そのいずれかである。

最後の問いの二者択一で、アブラハムは空しいかもしれないという可能性が示されているのは、人間が絶対者を知ることができないとすると、アブラハムは無に対して応答しているかもしれないからです。仮に神がいるとしても、先ほどお話ししたように、創造主であり、全知全能の神は何も必要としないので、アブラハムが神への愛のつもりで、自分の妄想に従って、独り相撲していただけかもしれない。信仰の祖とされるアブラハムのイサク奉献をめぐる物語の核にある逆説を、キルケゴールは信仰の本質として抽出したわけですが、デリダはその逆説につきまとう「秘密」、「オノノカセル秘儀」に繋がっているように見える不気味さを改めて強調することで、信仰がその中核において「空しい」ものであるかもしれないことを示唆しているわけです。

■質疑応答

Q　先ほども出て来た「反復」という概念に興味を持ちました。一一三頁～一一四頁にかけて、「私たちは奇妙な反復においておののく。この反復は、打ち消しがたい過去（一撃はすでに生起しており、心的外傷はすでに私たちを苦しめている）を、予想不可能な未来に結びつけている。未来は予想されていると同時に予想不可能なものであり、……」という辺りを読んでいて、「死の欲動」をめぐるフロイトの議論と関係あるのではないかと思いました。フロイトは『快感原則の彼岸』（一九二〇）で、「外傷性神経症 traumatische Neurose」によって生じる「反復強迫 Wiederholungszwang」を、「死の欲動」と関連付けて捉えようとしています。不快でいやな思い出が反復されることを、快感原則から直接導き出すことは難しいけれど、生の苦しみの彼岸、生まれる前の状態、言い換えれば、タナトス（死）に向かおうとする「死の欲動」が働いているとすると、それなりに説明がつく。「心的外傷」と、フロイトの言う「外傷性神経症」は厳密には違うと思いますが、密接な関係にあるのは間違いないと思います。デリダの言っている「予想不可能な未来」に結び付けられた「反復」は、タナトス的なものを感じさせます。一四九頁の「このおそろしい宣言は、引き起こされた恐怖を目にしたときの満足を語っているように思える」という言い回しや、理解することのできない神に対する「畏れ」という表現などからも、タナトス的なものが読み取れるような気がします。

A　おっしゃって頂いたように、デリダがフロイトを念頭においているのは明白だし、「死の欲動」と、「心的外傷による反復強迫」という、フロイト的な視点から、このテクスト全体を読み解くことができると思います。イサク奉献はまさに死をめぐる物語です。大地震の体験に起因する反復強迫に囚われ、「死」

に魅せられてしまったキルケゴールが、不可知の神＝生を超えた存在に遭遇した「畏れ」の中で、「死」の命令を実行しようとするアブラハムの態度に関心を持つ。そういう「死への欲動」という繋がりで『おそれとおののき』を読み直すと、自らの「死」を望むかのようなバートルビーの〈I would prefer not to〉の反復も、きれいに重なってきます。「アブラハム－キルケゴール－バートルビー」を繋ぐ、反復強迫と死への欲動という精神分析的な視点は非常に刺激的ですし、デリダ自身そういう線で考えていると見ていいでしょう。ただ、それだけだと、責任や義務との関係がはっきりしません。精神分析的問題と、責任や義務を絡めて論じているところに、このテクストの一筋縄でいかない難しさがあるような気がします。

「死への欲動」を、自分という個体の限界を超え、より大いなる何かに帰一しようとする願望だと考えると、「宗教」と繋がってくると思います。我を忘れて、オルギア的に集団に溶け込んでいく「オノノカセル秘儀」を思わせるような、絶対他者との畏るべき遭遇を体験した個人は、その畏れを反復的に思い出し、「死」の試練を実行しようとする。自らが反復的に実践している「死の試練」を、事後的に、神からの命令に「応答」する「義務」として意味付けする。そう考えると、「オノノカセル秘儀」に対する欲望を二重に抑圧することを通してキリスト教的な責任の倫理が生まれて来たとするパトチュカの議論とも繋がってきます。

そういう風に考えると、「死への欲動」をその中核部に抱える宗教は非常に危険である、その欲動を、単なる習慣的な儀礼ではなく、秘密の決断に基づく絶対的義務という形へ変換したキリスト教はとりわけ危険である、ということになりそうです。恐らくデリダは、そのことを指摘すると同時に、「死を与える絶対他者」に向かっていくような欲動がなければ、私たちは、自分の属する共同体の慣習を超えた、普遍的な義務や責任の観念を持ちえないし、自分を主体と見なすこともできない。キルケゴールは宗教と倫理の違いを強調しますが、パトチュカ的に見れば、キリスト教とプラトン主義が、倫理的な主体性の原型を提供したわけです。倫理を支えているのが、フロイトの言う「超自我」的なものだとすれば、倫理もまた、「死への欲動」だとは言えないことはない。「死」を切望する宗教が危ないからといって、その非合理的な部分だけ切り捨てて、そこから派生した倫理的普遍性だけ活かしていくような器用なことができるのか？ それが、デリダが問題にしたいことでしょう。

分析哲学の影響を強く受けた現代の倫理学者は、人間を合理的・理性的主体と見なし、宗教的な危険性とは隔絶された次元で議論をしようとします。しかし、「死への欲動」と結び付いた宗教的な不可解性と隔絶されたところで、倫理的判断が成され得るという想定自体には根拠がない。そのことを想起させるのが、ユダヤ＝キリスト教的な義務の観念の原点となったイサク奉献の物語と、自分なりの戒律に従っているように見えるバートルビーの物語である、ということになるでしょう。

Q２　高橋哲哉さんが靖国問題を論じる文脈で、デリダの「責任」論に関係付けながら、死者への応答可能性に言及されていますが、それについてどうお考えになりますか。

A２　高橋さんはデリダの研究者として有名ですが、靖国問題での「応答可能性」をめぐる彼の議論は、実際にはデリダとはあまり関係ない、デリダの名前を出す必然はなかったと思います。ご存知だと思いますが、高橋さんの靖国問題への関わりは、文芸批評家の加藤典洋さん（一九四八－　）との九〇年代後半の論争から始まっています。加藤さんは、日本の右派が、植民地支配や第二次大戦での被害に関してアジア諸国に対する謝罪を拒否するのは、日本の戦死者のことがないがしろにされているのではないかと思っているからではないかと指摘し、日本の戦死者に対する哀悼の意を示し、日本国民としてのアイデンティティを確認したうえで、国民全体でアジアの死者に対する哀悼を示すべきだと主張します。それに対して、高橋さんは、レヴィナスやデリダに依拠する形で、「責任」の本質は「応答可能性」であるが、加藤氏の国民を優先する議論では、「応答可能性」を狭めてしまい、従軍慰安婦のように、自ら声を出すことが難しい人の声を聞き逃すのも仕方ないということになりかねない、という主旨の批判をしました。それで両者の間で、哲学と現実の入り混じった論争がしばらく続きました。デリダは基本的に左派で、晩年は、ナショナリズムに反対する立場を鮮明にしていたので、この問題について発言を求められたとしたらどちらか、と言うと、高橋さん側に立った発言をしていたと思いますが、人間に「応答可能性」の能力が備わっているかのように論じることや、「責任」の普遍性を前提にすることには疑問を呈するのではないかと思います。今日読んだ箇所から分かるように、理性を突き破って聞こえて来るかのように思える他者の声に応答するのは、危険なことでもあります。他者の声に応答しようとして、宗教戦争・十字軍戦争をしている人も現にいるわけですから。デリダが「責任」概念が両刃の剣になることを強く意識していたことを高橋さんは分かっていないはずはありません。しかし、政治的な配慮からか、哲学的に突っ込んだ議論をしようとはされませんでした。デリダもいろいろな活動をしていますが、哲学者として議論する時は、自分の政治的立場を掘り崩してしまうかのような方向に掘り下げていくことをためらいません。先ほどのアブラハムの話に引き付けて言えば、デリダ自身が無に向かって応答しようとしているようなもので、空しいかもしれないこと、空しいどころか、ブラックホールのような危ない領域に踏み込もうとしているかもしれないことを示唆します。それがデリダです。

Q3　先ほどの質問で出て来た、「死への欲動」と「反復」の話は個人レベルの話だったと思いますが、今の先生のお話にもあったように、それは、信仰の共同体でもある宗教の話でもあるわけですね。デリダは、「反復」という言い方をしていますが、もし、絶対他者に対する応答が、他の人間には伝達不可能だとすれば、どうやって宗教が可能なのでしょうか。先生の先ほどの表現で言うと、どうやってブラックホールのようなものが伝達されていくのでしょうか。

A3　ざっくり言ってしまうと、畏れおののいている人を見て、畏れが感染するのかもしれません。アブラハム親子の場合、イサクは、神に対する畏れから自分を殺そうとして迫って来る父を目撃したわけです。それによって、イサクもまた畏れを感じたのかもしれない。聖書というのは、神の霊に導かれたと称して異常な行動を取った人たちの記録です。目撃した人たちが、その行動に、畏れおののかせるものを感じたから、記録したのでしょう。畏れおののくべき出来事があり、それに遭遇した人が周りの人を畏れおののかせる行動をしたという記憶が、「父の名」を冠して、次の代に伝えられていく。その記憶を継承した人の中から、祖先と〝同じ畏るべき経験〟をしたという人が出てきて、信仰が再活性化される。無論、本当に反復したのか、刷り込みに基づく思い込みか分かりません。原初の記憶だって、思い込みに基づく狂った行動が、周りの人を畏れさせ、オルギア的な連想をさせただけかもしれない。

宗教というのはそうやって、人間に内在する「死への欲動」、あるいはオルギア的一体化への願望を利用して、世代を超えた、反復強制を作り出しているのかもしれません。「死への欲動」というフロイトの仮説の真偽は分かりませんが、少なくとも、「畏れとおののき」が何らかの形で伝染すると仮定しないと、宗教の名の下に自分自身や身内を犠牲にする人たちが次々と出て来る原因を説明できないでしょう。理性的な解明を拒みながら、再生産されていく「畏れとおののき」の連鎖にデリダも関心を持ったわけです。

［講義］第六回

〈Tout autre est tout autre.〉、「差異と類比の戯れ jeu de la différence et l'analogie」、「エコノミー économie」

——『死を与える』3（第四節）

前回見たところでは、アブラハムのイサク燔祭における犠牲の問題に即して、「絶対的責任」の中核にある、非合理的な決断と、それにつきまとう畏れや反復脅迫的な態度が問題になりました。アブラハムのイサク燔祭は、捧げる相手である神が実在して声を発しているか疑問だし、仮に神の声が聞こえたとしても、それに何で従うべきなのか分かりません。仮に「神の○○の命に従えば、▽▽の利益がある」という条件付きで従うのであれば、絶対的義務ではありません。何となく、そういうのを予測しているというのでもダメです。理性では絶対理解できない、そのご利益を想像することさえできないような命令に従うのでないと意味がない。息子イサクの子孫を約束しながら、その息子を殺せというのは理解しがたい命令です。

> かくして、個別者が個別者として絶対者にたいして絶対的な関係に立つという逆説が現実に存在するか、それともアブラハムは空《むな》しいか、そのいずれかである。

というのが、前章の〝結論〟でした。人間は、絶対者を表象できないし、それに対して責任を負うと言っても、絶対者に何かを与え返すことなどできないわけです。絶対者にアクセスすることはできない。そのことを端的に表現するフランス語の表現が、今日読む第四章のタイトル「tout autre は tout autre である

〔およそ他者というものは／まったく他なるものは、あらゆる他者である／まったく他なるものである〕」です。〈Tout autre est tout autre.〉フランス語の〈tout〉は、「全て」あるいは「あらゆる」という意味の形容詞と取ることも、「全く」という意味の副詞と取ることもできます。英語の〈other〉に当たる〈autre〉は、「他者」という意味の名詞と取ることも、「異なる」という意味の形容詞と取ることもできます。英語の〈all〉や〈each〉には、〈quite〉や〈completely〉の意味はないので、同じような言い回しはできません。英語フランス語特有の表現です。

責任と倫理

「tout autre は tout autre である。」この定型表現のおののきゆえに、問題が核心で変質をこうむっているように見える。おそらくこの定型表現はあまりに節約的《エコノミー》で省略的なままであろうし、また切り離された定型表現がすべてそうであるように、コンテクスト〔文脈〕の外へと伝達することができ、合言葉の暗号化された言語に似ていると言ってもよいほどだ。規則をもてあそび、不意に中断し、ひとつの言語の領野を乱暴に切り取る。これがすべての秘密の秘密である。シボレートを脱神秘化し、世界のすべての秘密を見抜くためには、能天気にもコンテクストと呼ばれているものを変化させるだけで十分なのではないだろうか。

「おののき」の原語は、前回も出て来た「揺れ」という意味の〈tremblement〉です。デリダが『おそれとおののき』の「おののき」、あるいはキルケゴールの「大地震 grand tremblement de terre」体験を意識してこの言葉を使っているので、「おののき」という大袈裟な訳語を使っているのだと思いますが、要は、意味が変動するということです。また、「エコノミー（節約）」という表現は、ここでは単なる比喩的に過ぎないのですが、後で「エコノミー」という言葉がもう少し重要な意味を持ってきます。

難しい言い方をしていますが、言語表現には自らの意味を変容させる要素を内に含んでいて、それが〈Tout autre est tout autre.〉という文に現れている、と言っているわけです。どういう風に変動するか具体的に考えてみましょう。「全き他者（絶対的他者）は、全く異なったものである」、と同義反復的に繰り返している可能性があります。その場合の実質的な意味は、「絶対他者は、その字義からして、私たち人間には知ることが（アクセス）できない」、ということになるでしょう。主語の〈tout autre〉が「あらゆる他者」だとすると、「あらゆる他者は全く異なっている」、という人間相互の個性、多様性を強調する文だと取れるでしょう。あるいは、主語が「全き他者」のままで、述語が「あらゆる他者」だとすると、「絶対的他者は、相互に異なる個々の人間の間に姿を現す」、というような意味になるでしょう。あとそれぞれの場合に関して、修辞的に主語と述語の位置が転倒することになる。

どうしてこの同語反復的な表現を意味の揺らぎの例として引き合いに出したのかと言うと、恐らく、「絶対他者」という、いかにも絶対不動であるように思える概念でさえ、文の読み方によって、意味が変動することを示唆できるからでしょう。「絶対他者」と言いながら、実際には、人と人の文化の違いのようなものをイメージして語っているかもしれない。言葉というのは、その言葉に含まれる意味の多様性を分かったうえで、一番的確な意味で正確に使っているつもりでも、母国語として多用していると、いつの間にか意味がズレていることがあります。そういうことを示唆したいのではないかと思います。

「シボレート」という謎めいた言葉に訳注が付いていますね。見ておきましょう。

（53）Schibboleth. 旧約聖書に由来する言葉。エフライム人が戦に敗れたとき、敵は彼らが川を越えて逃げないよう、この語を発音することを求めた。彼らはこの語の Schi という音を正しく発音できないので、正体を見破られてしまう。ここからこの語は「合言葉」という意味も持つ。デリダは『シボレート――パウル・ツェランについて』（飯吉光夫・小林康夫・守中高明訳、岩波書店）において、

この語を出発点に、強制収容所で家族を失ったユダヤ系詩人ツェランの詩を読み解き、秘密、日付、ユダヤ性、割礼など、本書にも関係する主題を論じている。

パウル・ツェラン

「シボレート」の元の意味は、穀物の穂あるいは枝ということのようです。エフライム人は、イスラエルを構成する十二支族の一つです。旧約聖書の「士師記」、イスラエルが士師と呼ばれる指導者によって治められていた時代の話です。エフライム人が士師エフタに対して反乱を起こして敗れた時のことです。同じ民族でも、方言の違いで識別できるという話なのですが、その後の歴史で、見かけや言語が近くて、見分けにくい敵を見分ける手段として、よそ者には発音しにくい言葉を発音させるということがあったようです。移民排斥運動の人が、この手を使うこともあるようです。

ツェラン（一九二〇－七〇）は、現在ウクライナ領になっているルーマニアのブコビナ地方のチェルノヴィッツに、ドイツ語を話すユダヤ人の家庭に生まれた詩人で、ホロコーストを詩にしたことと、哲学的な作風で知られています。晩年のハイデガーと交流があったことも知られています。彼には「シボレート Schibboleth」と題した作品がありますし、「すべては一つに In Eins」という作品にも「シボレート」という言葉が出て来ます。デリダの『シボレート――パウル・ツェランについて Schibboleth: pour Paul Celan』（一九八六）は、これらの作品を起点にツェランを読み解くことを試みた評論です。

「シボレート」の話を出してきたのは、言語というのは、何の変哲もない「シボレート」のような言葉でも、友／敵を弁別する暗合にもなり得るということを示したかったからでしょう。

「tout autre は tout autre である」という定型表現は、まずはたしかに同語反復《トートロジー》である。すでに知られていることは以上のことは何も意味しない。少なくとも、主語がたんに属詞〔ふたつめの tout autre〕として再現されていると理解するならばそうである。つまり tout と tout という二つの同音異義語を

区別し、ひとつめのtoutを代名詞的な不定形容詞（ある、なんらかの、あるなんらかの他者）として理解し、ふたつめのtoutを量の副詞（完全に、絶対的に、根本的に、無限に他であるようなもの）として理解するような解釈でこの定型表現を取り囲まないかぎり、この定型表現は同語反復的なのだ。しかしなんらかの文脈的な記号による補足《シュプレマン》を加えることによって、同じ一つのtoutという語と思われるもののあいだに、二つの文法機能や意味を判別することが求められたならば、二つのautreも区別せざるをえなくなる。ひとつめのtoutが代名詞的な不定形容詞だとすれば、ひとつめのautreは名詞〔他者〕になり、ふたつめは形容詞か属詞〔他であるような、他なるもの〕になる確率が高くなる。こうして同語反復《トートロジー》から抜け出し、根本的な異語反復《ヘテロロジー》、このうえなく頑強な異語反復であるような文章が発せられることになるのだ。

難しい言い方をしていますが、先ほど私が説明したことの別の側面です。二つの〈tout autre〉が別の意味だと思って解釈しなければ、当然、同義反復になります。「属詞 attribut」というのは、フランス語の文法用語で、英文法の「補語 complement」に当たります。「代名詞的な不定形容詞 un adjectif pronominal indéfini」の説明として、（ ）内に「ある、なんらかの、あるなんらかの他者 quelque, quelconque, un quelconque autre」という説明が入っていますが、これは〈tout〉がそういう意味だということではなく、代名詞的に使われることもある不定形容詞の例示です。

「補足 supplément」にわざわざ原語を示すルビが付いていますが、これはこの連続講義の三回目にも出て来た「代補」の意味も込められていると訳者が判断したからでしょう。私もそう思います。「代補」というのは、不可視で捉えどころのないオリジナルを記号として再現前化＝表象することで、それに具体的な意味を付与するのが「代補」です。ただし表象されることによって、オリジナルなものは、その純粋なオリジナル性を失うことになります。この場合は、文字の連なりとして見れば何の変哲もない言葉に、その文の外側から、他の文字や記号、文脈を「補足」することで、その意味を変動させることが可能である、という話です。

> この謎めいた文句（「tout autre は tout autre である」）をいろいろな角度からひっくり返してみたり、引き立たせてみたりして遊ぶのはやめよう。この奇妙な定型表現やこのキーセンテンスの形式に面白半分に軽い注意を向けているのは、〔tout と autre という〕二つの語の機能にかかわるわずかな移動が、めまいがするほどに異なった二つの楽譜を、あたかも同じ一つの譜面の上に出現させているからにほかならない。不安をかきたてるような類似の中に、両立不可能な二つの楽譜を出現させるのだ。
>
> 一方の楽譜は、まったく他なるもの、つまり無限に他なるものという性格を、神ないしは唯一の他者のために取りのけ《レゼルヴェ》ておくという可能性を貯蔵《レゼルヴ》している。もうひとつの楽譜はこのまったく他なるもの〔tout autre〕の無限の他性を、あらゆる他者〔tout autre〕に与えたり、認めたりする。言い換えるならば、各人に、おのおのひとりひとりに、たとえばおのおのの男や女に、さらには人間であろうとなかろうとおのおのの生物に無限の他性を与えたり、認めたりするのである。倫理と普遍性という主題に関するキルケゴールの思想に対する批判に至るまで、レヴィナスの思想は神の顔と私の隣人の顔のあいだ、神としての無限に他なるものと他の人間としての無限に他なるものとのあいだの戯れ——差異と類比の戯れ——のうちに身を置いている。おのおのの人間がまったく他なるものであり、おのおのの他者またはすべての他者がまったく他なるものであるとするならば、もはや倫理のいわゆる普遍性と信仰とを区別することはできない。

言葉遊びっぽい話であることは一応認めたうえで、「全き他者（絶対的他者）」は、全く異なったものである」と、「あらゆる他者は全く異なっている」の違いにどういう意味があるのかを論じているわけです。前者だと、「全き他者」は、人間と隔絶していて、理解不可能であるので、人間の間の倫理と神に対する信仰は全く次元が異なるという、キルケゴール的な話になります。後者だと、森羅万象の内に神を見ることができる、という汎神論っぽい話になります。レヴィナスは、他者の「顔」という言い方をしますが、それは具体的な他者の顔でありながら、絶対他者の顔であるかのように、応答しようとする主体に迫ってきます。強制収容所に入れられ極限状況で苦しんでいる人の顔の内に、人間的な想像力を超えた、神の現前を感じる、というような話です。デリダは、レヴィナスのテクストに見られる具体的な他者と、絶対他者の重なりを、「差異と類比の戯れ jeu de la différence et l'analogie」と呼んでいるわけです。

・「全き他者（絶対的他者）は、全く異なったものである」
＝「全き他者」は、人間と隔絶していて、理解不可能であるので、人間の間の倫理と神に対する信仰は全く次元が異なるという、キルケゴール的な命題

・「あらゆる他者は全く異なっている」
＝森羅万象の内に神を見ることができる、という汎神論っぽい命題

〈tout autre〉が、神と同時にあらゆる個別の存在者を意味するとなると、具体的な他者に対する応答である倫理と、神に対する応答である信仰の差がなくなる、つまり具体的な他者に対しても神に対するのと同じように応答しなければならなくなるわけです。そうなると、信仰と関係ないと言って切り捨てるべき関係性はなくなります。

> 倫理とは犠牲において犠牲をささげるものであり、信仰とは人間的な義務から目をそらし、まったく他なるものとしての神の方のみに向かうものである。しかしレヴィナスも神の無限の他性と、それと「同じ」他性である、おのおのの人間や他人一般の他性との区別を放棄しないので、キルケゴールと違うことを言うことすらできないのだ。キルケゴールとレヴィナスのどちらも、倫理的なものと宗教的なものの首尾一貫した概念を確保することはできないし、したがって何よりも二つの次元の境界を確保することができない。レヴィナスが指摘しているように、倫理はたんに普遍性や同一者の反復ではなく、絶対的な特異性の次元でもあり、絶対的な特異性の尊重でもあることを、キルケゴールも認めざるをえないだろう。したがってキルケゴールはそう簡単には倫理的なものと宗教的なものを区別でき

なくなるだろう。しかしその一方でレヴィナスのほうも、絶対的な特異性すなわち他の人間への関係における絶対的な他性を考慮することによって、神の無限の他性とおのおのの人間の他性とを区別できなくなるだろう。レヴィナスの倫理はすでに宗教なのだ。どちらの場合にも倫理的なものと宗教的なものの境界、そして同時にそれに関する言説のすべては、このうえなく問題をはらんだものとなるのである。

「倫理とは犠牲においてて犠牲をささげるものであり」、というのが分かりにくいですが、これは訳の問題でしょう。原文では、この文とその前の「おのおのの人間がまったく他なるものであり、おのおのの他者またはすべての他者がまったく他なるものであるとするならば、もはや倫理のいわゆる普遍性と信仰とを区別することはできない」とが一文になっていて、「するならば、〜」以下は、〈alors on ne peut plus distinguer entre une prétendue généralité de l'éthique, qu'il faudrait sacrifier dans le sacrifice, et la foi qui se tourne vers Dieu seul 〜〉となっています。〈qu'il faudrait sacrifier dan le sacrifice〉が、〈une prétendue généralité de l'éthique〉にかかっている関係文で、後者が前者の目的語になっているとすると、「もはや倫理のいわゆる普遍性――それは犠牲を捧げるに際して犠牲にされねばならないことになろう――と信仰を区別することはできず、〜」と訳すべきでしょう。これでもまだ分かりにくいかもしれませんが、前回見たように、誰かに応答することはその他の全ての人たち、存在者を犠牲にすることを含意しています。自分自身を犠牲に捧げるのだとしても、その犠牲を捧げた相手以外の全てを、少なくともその瞬間は、犠牲を捧げる相手から除外したことになります。つまり具体的に誰かに向かって犠牲を捧げる瞬間に、〝倫理の普遍性〟は破綻する、犠牲にされるわけです。

この「区別することはできない」という指摘自体は、この区別が可能だとするキルケゴールに対してレヴィナスを優位に置いているように見えます。キルケゴールを優位に置いているように見えた、前回のところとは論調が異なっているような感じですね。

しかし、そう思ったら今度は、レヴィナスは「神の無限の他性」と「おのおのの人間や他人一般の他性」の区別を放棄していないので、キルケゴールと違う立場だと言えない、つまり、彼もまた、信仰と倫理を連続的に捉える立場を取っているとは言えない、と言っているわけです。キルケゴール、レヴィナスの双方が、宗教と倫理の区別に失敗しているということですが、レヴィナスの方はいいとしてキルケゴールがどうして両者をはっきり区別していると言えないのか、分かりにくいですね。ポイントは、倫理が単なる普遍性や同一者の反復ではない、ということでしょう。キルケゴールは、倫理の本質が同一の基準を普遍的に適用することにあるのに対して、宗教の本質は、単独者として絶対的他者に――理解可能な理由なしに――相対することだと主張したわけですが、先ほど復習した、倫理に伴う犠牲の問題に見られるように、それぞれの具体的な他者との関係も「絶対的な特異性 la singularité absolue」を示しています。誰を応答する相手として選ぶかについて合理的に説明できる基準はありません。そこに何らかの決断と、その決断固有の責任があるはずです。そのように考えると、私と他者の関係の「絶対的特異性」を、信仰の本質と見なすキルケゴールの定義はうまくいきません。その点で、倫理と宗教を連続的に捉えているように見えるレヴィナスの方に分があるようですが、レヴィナス自身は先ほど確認したように、神の絶対的他性を、人間など諸々の存在者の相対的他性を区別しようとしています。しかし、単に二つの他性は異なると言っただけでは、区別したことにはなりません。デリダから見てレヴィナスは、二つの他性がどう異なるのか説明しきれていない。両者とも、宗教と倫理の間にクリアな境界線を引けていないわけです。

では、そのことがどう問題なのか？　この後を読んでいくと徐々に明らかになりますが、最初に考えられることとして、倫理の〝普遍性〟の中に、不可避的に、宗教の信仰に通じる秘密性あるいは特異性が入り込んできてしまうということがあるでしょう。倫理が恣意的になってしまう。翻って考えると、宗教が、

「決断」と「責任」

「責任」は恣意性を伴う。

ある特定の他者に、特定の仕方で応答するのが「決断」。
⇒「責任」が生じるとすると、それ以外の他者へのそれ以外の応答の仕方は排除される。

※他者に対する「応答可能性」は無限に広がる可能性があるが、どこかで決断しないと結局何もできないので、相手を限定して、「責任」を成立させる。

特定のローカルな倫理によって支配されている可能性があるわけです。自分の属する文化の慣習にすぎないことを、神との間の絶対的関係と思い込んでしまうこともありうる。

> このことは政治的または法的なことについてはよりいっそううまく妥当する。決断の概念とともに、責任という普遍的概念も一貫性や重要性さらには自己同一性を失う。それは二律背反《アンチノミー》というよりはアポリアとでも呼ぶべきものによって麻痺させられてしまうのだ。だからといって責任の概念は「機能する」ことをやめるわけではない。それどころか、それは深淵を隠蔽したり、根拠の不在を埋めたり、またカオス的な生成をいわゆる慣習的取り決め《コンヴェンション》に固定化したりすべきものとして、ますます活発に働くのである。カオスはまさに深淵や開かれた口について語る。話すためばかりではなく、飢えを伝えるためにも開かれた口を。毎日の言説や正義の行使、そしてまず私的・公的・国際的な法の公理論、内政や外交や戦争の遂行などにおいて働いているもの、それは責任の語彙である。責任の概念がいかなる概念にも対応しないとは言えないとは思うが、それは概念を見いだすことができずに、厳密性を欠きながら浮遊してしまっている。それは否認に対応してしまっている。周知のように、そうした否認のための方策はかぎりがない。たとえばアポリアや二律背反を根気よく否認し、潔癖な良心を不安がらせ続けるようなものはすべて無責任だとか、ニヒリストだとか、相対主義だなどとし、さらにはポスト構造主義、そして最悪の場合には脱構築主義者などとみなすだけで十分なのである。

「決断」と「責任」がペアになっているとすると、「責任」は恣意性を伴います。ある特定の他者に、特定の仕方で応答することを「決断」することによって、「責任」が生じるとすると、それ以外の他者へのそれ以外の応答の仕方は排除されることになります。他者に対する「応答可能性」は無限に広がる可能性があるわけですが、どこかで決断しないと結局何もできないので、相手を限定して、「責任」を成立させることになります。

例えば戦後責任や公害・薬害、原子力災害などの問題で、国や企業に対して、被害者の受けた財産的な被害だけでなく、身体や心に受けた被害までも償えと言われる。身体の被害は元の状態に戻すのが難しいことが多いですし、心に受けた傷はどうしようもないことが多いです。しかも、そういう被害を受けた人の範囲はどこまで広がるか分からない。原発事故で、事故の起こった場所から遠く離れた所に住んでいながら自主的に避難して職を失った人とか、避難しているうちに精神的に不安定になった人、更にその人の家族とかが、自分たちは被害者だ、責任を取れと言ったらどうするのか。更に言えば、具体的には、何か具体的な被害を受けたとは立証できないけれど、国が人権を無視する政策を行っているせいで、安心して暮らせなくなった、どうしてくれるのかという人はどうするのか。本当の当事者と、大袈裟に騒いでいるだけの人の境界線を引くのは困難です。何か不祥事があると、それを引き起こした企業や個人に対して、「責任を果たせ!」と糾弾する人が出てきますが、糾弾している人は恐らく、相手が何をやっても、責任を果たしたとは認めないでしょう。追及しすぎて、その団体が消滅したり、その人物が死んでも、責任を果たしたとは認めないでしょう。責任は無限に追及することができます。近年、「説明責任」という言葉をよく聞きますが、聞いている方が納得しなければ、説明責任は果たしたことになりません。どのように言っても、納得しないことはできます。

きりがないので、これくらいの被害にはこれくらいの賠償額という風に決めておいて、それを果たしたら、終わったことにする。それが法律です。法の決定は合理的に見えて、その根底に、応答の可能性を打ち切る「決断」を含んでいます。デリダは、『法の力』（一九九四）でこの問題を徹底して論じています。これは、カール・シュミット（一八八八－一九八五）の決断主義的法理解にも通じる論点です――これについては拙著『カール・シュミット入門講義』（作品社）をご覧下さい。私は法が恣意的な決断を内包しているのは仕方ないことだと思いますが、デリダはそこに拘ろうとしているようですね。内政・外交・戦争ということでデリダが念頭に置いているのは、アメリカが国際的責任だといって、ベトナムとか中東の地域紛争に介入するような事態でしょう。あるいは、国民に対する責任だといって、移民を排除する政策のことかもしれません。それらは応答可能性を限定し、他の可能性を遮断する決断に基づいているわけです。常識的な人は、責任をめぐるアポリアや二律背反の存在を「否認」し、それをしつこく指摘する人たちを、相対主義者、ニヒリスト、ポスト構造主義者、脱構築主義者とレッテル貼りして、相手にしないようにするわけです。デリダ自身が、そうしたレッテル貼りをされてきたわけです。彼がポスト構造主義者と呼ばれるのを好まないのはそういうレッテル貼りのせいでしょう。

この殺害の情景は、同時に世の中でもっとも日常的でもあるのではないか

一七五～一七六頁にかけて、今日イサク燔祭を実行したら犯罪者として裁かれるだろう、中東専門家や精神分析家もそれが犯罪であることに同意するだろうという当たり前のことが述べられていますが、その一方「この殺害の情景は、同時に世の中でもっとも日常的でもあるのではないか。それは私たちの実存の構造に書き込まれているために、ひとつの出来事をかたちづくることさえないほどなのではないのか」、という謎めいた指摘をしていますね。どういうことでしょうか。

あらゆる文明社会の法廷が確定判決としてこの男を有罪とするように、すべては組み立てられてしまっているのだ。だがその一方でこの文明社会の正常な機能も、道徳や政治や法についての単調な言説

のおしゃべりも、この法（公法、私法、国内法、国際法）の施行そのものも、次のような事実によってまったく攪乱されはしない。すなわち、この文明社会が制定し、規定している市場の構造や法則ゆえに、そして外的な負債や同様の非対称性のメカニズムゆえに、この同じ「社会」が何千万もの子供（倫理や人権についての言説が語る隣人たち）を飢えと病気で殺させていること、あるいは殺すがままにしていること（両者の違いは、危機にある人への救済がない場合には二次的なものだ）、にもかかわらずいかなる道徳的ないしは法律的な法廷もこの犠牲――すなわち自分自身を犠牲にしないために他者を犠牲にすること――について裁く能力を欠いていること、こうした事実によって攪乱されることはないのだ。こうした社会はこの計算不可能な犠牲に加担しているばかりではなく、それを組織している。

ここはデリダの左派的なスタンスがはっきり出ていますね。よく聞く話ですが、市場のグローバル化の負の影響で犠牲者が出ても、それが法的に正当な契約に基づいてなされている限り、基本的には誰も責任を問われません。普遍性を志向してきた、西欧の法システムは、それに加担しているというわけです。そう考えると、アブラハムの信仰ゆえの狂気を封印したはずの西欧の普遍的な法と倫理が、狂気を秘めているのではないか、という気もしてきます。

無数の犠牲者たちのおのおのの特異性は、そのつど無限に特異なものである。イラク国家の犠牲者の場合であれ、イラクが法を尊重しなかったと非難する世界的同盟の犠牲者の場合であれ、およそ他者というものはすべて、まったく他なるものなのだから。そしてこうした戦争における言説では、宗教的なものと道徳的なもの、法的なものと政治的なものを見分けることは、どちらの陣営においても絶対に不可能である。交戦国はすべてのいわゆる啓典の宗教の和解不可能な同宗者たちだった。このことは私たちがすでに指摘した死闘に収斂するのではないか。すなわち、けっして何も語らないアブラ

——ハムの犠牲の秘密を我がものにするために、モリヤ山の上で荒れ狂い続ける死闘に。それを神との契約のしるしとして我がものにし、殺人者とみなされる他者に押しつけるための死闘に。

時事的な話になりましたね。デリダの単著としての『死を与える』は一九九九年に刊行されましたが、元になった論文集が出たのが一九九二年で、更にその元になるコロキウムが行われたのが一九九〇年の一二月です。イラク軍がクウェートを占領して、湾岸危機が勃発したのがこの年の八月、アメリカを中心とする多国籍軍がイラクを空爆し、戦争が始まったのが、九一年一月ですから、今まさに戦争が始まろうとしている時期です。イラクを侵略者として責めている多国籍軍側も、イラク以上にこれまで多くの犠牲者を出してきたではないかと皮肉を言っているわけです。これも左派の人が言いそうなことですが、デリダはこうした対立において宗教と道徳、法と政治の境界線が曖昧になる、つまり普遍的な基準と、特異的なものを選び取る決断の区別をつけることができなくなると指摘しているわけです。そのうえで、イラク戦争が実は啓典の宗教の民同士の争いであることを指摘します。湾岸戦争の時、イラクはイスラエルをミサイル攻撃して、イスラエルを巻き込み、ユダヤ・キリスト教対イスラム教という図式に持ち込もうとしました。モリヤの山でのアブラハムと神との契約を自分のものにしようと三宗教が争ってきた、という話は前回出てきましたね。

一七八頁から一八一頁にかけて、〈Tout autre est tout autre.〉に代表される母語ゆえの「秘密」、つまり、文化的他者には通じない秘密が論じられ、それと、『おそれとおののき』の末尾の部分で引用されている、「マタイによる福音書」の第六章六節、「神は隠れたことを見たまう」との対応関係が示唆されています。一八一頁から一八四頁にかけて、このことを考える前提として、「秘密」というのは、必ずしも物理的に見えなくなっているということではなくて、他言語で書くとか、読みにくい字で書くとかして、暗合（クリプト）化するというやり方もあることが指摘されています——私は一度、彼のある著作の翻訳の許可をもらうためにデリダに連絡して、許可の返事を肉筆の手紙でもらったことがありますが、かなり読みにくかったです。これはデリダに言われないでも当たり前のことですが、彼はそれだけにとどまらず、「不可視 invisible」であることと、「読解不可能 illisible」あるいは「解読不可能 indéchiffrable」であることの間に一定の関係があることを示唆します。「非可視的 in-visible」であることには、二つの意味があるということですね。

　一　まず可視的な不−可視なもの、可視的なものの次元にある不可視なもの、視覚から逃れさせることによって秘密のままにできるような不可視なものがある。こうした意味での不可視なものは人為的に視覚を逃れうるが、いわゆる外在性と呼ばれるものの中にとどまることができる（…）。

回りくどくて分かりにくい言い方をしていますが、この後の例にあるように、地下に格納されている核兵器とか爆弾のように、肝心な物は見えないようにしているが、それを格納している容器とか場所は見えるし、外に取り出せば、それ自体を見ることが可能です。

　二　だが他方では絶対的な不可視性、絶対的に見えない不可視性がある。これには視覚の領域に帰属しないすべてのものがある。すなわち音声的なもの、音楽的なもの、声、音響的なもの（そして厳密な意味での音韻学的なものまたは談話《ディスクール》的なもの）などがあり、さらには、触覚や香りなどもそうだ。また、欲望、好奇心、羞恥心の経験、秘密が暴かれて裸になる経験、pudenda〔恥じるべきこと〕の暴露、あるいは「隠れたことを見ておられる」（videre in abscondito）ことなどもある。

視覚以外のところで意味が構成されるものや、心の中にあるので直接見ることができないもののことですね。先ほどの一の「隠された可視的なものとしての不可視のもの」と、これらの絶対的な不可視性が複合的に作用することで、「秘密」が機能する、ということですね。

―　沈黙《シレンチオ》のキルケゴールがほとんど隠し《クリプト》もせずに「マタイによる福音書」に言及するとき、「隠れたことを見ておられる（qui videt in absconditio, ho blepôn en to kryptô）あなたの父」という言葉へのほのめかしは、複数の五線譜上で響くのである。

　このほのめかしは、まずはまったく他なるものとの関係、つまり絶対的な非対称性を描き出している。それは〈オノノカセル秘儀〉のおののきを引き起こすのに十分であり、視線の次元にみずからを組み込んでいく。神は私を見る、私の内なる秘密を見る、だが私は神を見ない、神が私を見るのを私は見ない、神のほうは、私が背を向ける精神分析医とは違って、正面から私を見るというのに。神が私を見るのを私は見ないのだから、私は神の声を聞くことができるだけであり、またそうしなければならない。だが多くの場合、誰かが神を、聞かれるべきものとして私に与えてくれなければならない。神が私に言うことを、私はある他者の声を通して語られるのを聞く。別の他者を通して、つまり使者、天使、預言者、メシア、知らせの配達人、知らせをもたらす人、福音伝道師、神と私のあいだで語る仲介者などを通して聞くのだ。神と私のあいだ、他者と私のあいだには、対面関係もなく、視線の交叉もない。神は私に視線を向けるが私は神を見ない。そして私を見るこの視線から、私の責任が教えられる。そのとき「それが私に視線を向ける〔＝それは私の問題だ〕」がまさに切り開かれ、発見されるのだ。

「私」：絶対他者である神に関しては、五感で知覚できないだけでなく、何を神の意図の現れと見なし、どう解読していいか分からない。

↕

神：私の内面の秘密は神に対して筒抜けになっている。

「神＝それ」に「見られる」ことによって、私の内に「応答可能性＝責任」が生じる。

※他の人間には知覚しようがないので、秘密になる、というより、秘密があるかどうか自体外からは分からない。しかし、それは、私を見ている神にとっては秘密ではない。

　ポイントが分かりにくい文章ですが、要は、絶対他者である神に関しては、五感で知覚できないだけでなく、何を神の意図の現れと見なし、どう解読していいか分からない、にもかかわらず、私の内面の秘密は神に対して筒抜けになっている、ということです。神の秘密の仲介者というのは怪しいですね。本当に神の意志を仲介しているかどうか確かめようがないわけですから。「それが私に視線を向ける＝それは私の問題だ」の原語は、訳注に出ているように、〈Ça me regarde.〉です。通常は、「それは私の問題だ」という意味ですが、〈regarder〉という動詞は、第一義的には「見る」という意味です。あと、「それ」という意味の〈ça〉は、ドイツ語の〈es〉に相当し、精神分析用語「エス Es」の訳語として使われるので、その意味も込められているかもしれません。「神」は、「エス＝無意識」のように、直接の解読を許してくれません。

「神＝それ」に「見られる」ことによって、私の内に「応答可能性＝責任」が生じます。それは他の人間には知覚しようがないので、秘密になる、というより、秘密があるかどうか自体外からは分からないわけです。しかし、それは、私を見ている神にとっては秘密ではありません。いわば、私にとっての秘密です。といっても、私自身は、それがどういう責任なのか本当のところ理解することはできません。正体を摑むことのできない「神＝それ」によって与えられたものなので、私にとってもその「責任」に何の意味があるのか、非可視です。「それ」が私の内で働き、私を動かしているとしか言いようがない。一八七〜一八九頁で、前回見たフロイトの「不気味なもの」論や、ハイデガーのそれと関係付けられながら、「秘密」について少し込み入った考察が展開されています――ハイデガーの「不気味なもの」論と、精神分析の関係については、拙著『ハイデガー哲学入門――「存在と時間」を読む』で論じました。

カントとキルケゴール

この視線の非対称性は、パトチュカが犠牲について示唆していること、そして〈オノノカセル秘儀〉mysteriun tremendum へと私たちを立ち戻らせる。『おそれとおののき』とカントの自律性の論理、すなわち純粋な倫理や、犠牲における絶対的な義務がその彼方に身を置かなくてはならないようなカントの実践理性とのあいだには多くの対立点があるのにもかかわらず、キルケゴールはなおもカント的な伝統を展開し続けている。純粋な義務への到達は「犠牲」でもある。これはカントの言葉である。それは、情念や情動的触発、すなわち「パトローギッシュ〔受動的情感的〕」と呼ばれる利害関心の犠牲である。これらは、私の感性を経験世界や計算や仮言的命法の条件性へと縛りつける。法則に対する尊敬の無条件性は犠牲（Aufopferung）をも命じるのだ。この犠牲はつねに自己の犠牲でもある（息子を殺そうと身構えるアブラハムにとってさえそうである。そのときアブラハムは最大の苦しみを自分に課し、息子に与える死、そして神にも別のかたちで与える死を思い描く〔＝みずからに与える〕からである。つまり、アブラハムは息子に死を与え、そして与えられた死を神に捧げるのだ）。カントによれば、道徳的な法則の無条件性は、自己自身の束縛（Selbstzwang）、すなわち自分の欲望や利害関心や情動的触発や衝動などを束縛するものとして行使される暴力を命じるという。ただし、ひとが犠牲を強いられるのは、ある種の実践的な衝動によって、衝動的でもあるような動機によってであるが、この衝動は純粋に実践的な衝動であり、道徳的な法則に対する尊敬こそが、その顕著な場となっているのだ。『実践理性批判』（第三章「純粋理性の動機（Triebfedern）について」）では、Aufopferung すなわち自己犠牲と、責務や負債や義務とが密接に結びつけられている。そしてこの責務や義務は、負い目（Schuldigkeit）とけっして切り離すことができない。すなわち、けっして〔債務を返して〕免れることができず、いつまでも支払い続けなければならないような負い目と切り離すことができないのだ。

パトチュカの言う（責任の起源としての）「オノノカセル秘儀」と、イサク奉献をめぐるキルケゴールの考察は、「秘密」と「無意識」ということで繋がっているように見えますが、デリダはそれが、カントの「自律 Autonomie」の理論と表裏一体の関係にあると言っているわけです。自己否定によって成り立つ絶対者への信仰を説くキルケゴールが、カントの「自律」の論理を継承しているというのだから、逆説的ですね。カントの「自律」は、「仮言命法」を超えた、「定言命法 der kategorische Imperativ」によって表現されます。「〜したいならば、〜せよ」という形を取る仮言命法は、経験世界に縛り付けられています。「〜したい」という主体の欲求によって制約されている、逆に言えば、それに左右されます。定言命法は、無条件に「〜せよ」と命じます。それをしたら主体が幸福になるとか満足できるか、といった損得のエコノミーとは一切関係ありません。そういうことを念頭に置いたら、定言命法ではなくなります。理性的主体である私たちは、「定言命法」で表現される道徳法則を見出し、それに無条件で自発的に従わねばならない。自らが発見した法則で自己を律するのが「自律」であり、「自律」が自由の本質です。カントは、その道徳法則を理性で見出すことができると言っていますが、どういう思考過程を経て、どういう具体的法則を見出すことができるかという肝心なところは論じていません。そもそも、そんな道徳法則があるとどうやって分かるのか？ そこを突っ込んで考えると、それは実は、神の啓示のようなものなのではないか、と思えてきます。カントの道徳哲学は、彼の両親の敬虔派（Pietismus）の信仰を脱宗教的にアレンジしたものではないか、というのはよく言われることです。

そういう風に考えると、カントが要請する、個人的な利害・関心・幸福を超越した無条件の道徳法則と、キルケゴールの言う神に対する――当然、無条件である――絶対的義務が、同じものを指しているのではないかと思えてきます。カントのように自律性を極限まで突き詰めていくと、宗教にまで達するのではないか。カントの「自律性」は、いかなる物質的な欲求からも自由であるわけですから。カントは、定言命法の第一定式として、「汝の意志の格率が常に普遍的立法の原理として妥当するよう行為せよ」、と述べているので、その点で、キルケゴールの信仰の「秘密」性とは対照的であるようにも見えますが、「普遍的デリダ：パトチュカの言う（責任の起源としての）「オノノカセル秘儀」やイサク奉献をめぐるキルケゴールの考察は、「秘密」と「無意識」は、カントの「自律 Autonomie」の理論と表裏一体の関係。

カントの「自律」

「仮言命法」を超えた、「定言命法 der kategorische Imperativ」によって表現。
「～したいならば、～せよ」という形を取る仮言命法は、経験世界に縛り付けられる。「～したい」という主体の欲求によって制約されている、逆に言えば、それに左右される。
定言命法は、無条件に「～せよ」と命じる。それをしたら主体が幸福になるとか満足できるか、といった損得のエコノミーとは一切関係ない。
理性的主体である私たちは、「定言命法」で表現される道徳法則を見出し、それに無条件で自発的に従わねばならない。自らが発見した法則で自己を律するのが「自律」であり、「自律」が自由の本質。カントは、その道徳法則を理性で見出すことができると主張。

⇒それは実は、神の啓示のようなものなのではないか？
↓
※カントが要請する、個人的な利害・関心・幸福を超越した無条件の道徳法則と、キルケゴールの言う神に対する――当然、無条件である――絶対的義務は、同じものを指すのでは？

立法」というのが、万人にとって理解可能・受け入れ可能な法則ではなく、本人が「普遍的」だと常に確信できるような法則を打ち立てるという意味だとすれば、実質的な違いではなくなります――ハーバマスは、カントの定式を、道徳法則についての普遍的合意可能性として理解しています。

それに加えて、デリダはカントが「道徳法則」にコミットするための「犠牲」について語っているくだりがあることを指摘し、キルケゴールとの更なる近さを強調していますね。『実践理性批判』（一七八八）の第一部第一編第三章に該当箇所があります。該当する箇所を岩波のカント全集から引用しておきましょう。（　）内に原語を補います。

仮に理性的被造物がいつかすべての道徳法則をすみずみまで進んで行うような境地に達したとすれば、それは取りもなおさず、その被造物のうちにはそれを刺激して道徳法則から逸脱させようとする欲求の可能性すらも見いだせないだろう、ということを意味すること

になるだろう。というのも、そのような欲求を克服するためには、主体にとってつねに犠牲（Aufopferung）が必要であり、それゆえ自己束縛（Selbstzwang）、すなわちひたすら進んでするとはかぎらないことにたいする内的な強制が必要とされるからである。

道徳法則に従うことは、「主体」にとって、自らの様々な欲求を「犠牲」にすることが前提になっているわけですね。「犠牲」というのは、前々回、前回と見てきたように、本来宗教的な概念です。「パトローギッシュ pathologisch」という言葉はこの少し前の箇所に出てきます。「受動的情感的」と訳すと、何か根源的な「パトス」に関わるような高尚な意味で使われているような感じがしますが、カント全集では単に「生理心理的」と訳されています。身体の感覚的欲求に縛られているかどうかという話なので、「生理心理的」という訳の方がいいでしょう。

負い目と犠牲のエコノミー

今読み上げた箇所の少し後で、もう一度「犠牲」という言葉が〈Schuldigkeit〉とセットで出てきます。道徳法則それ自体に対する尊敬（Achtung）からではなく、そうすることが自分の功績になると思ってやっているだけなのに、それを自覚していない人たちを批判する文脈で、カントは次のように述べています。

かれらはこうした仕方で、軽薄で高踏的で空想的なこころがまえを、つまり拍車も手綱も必要とせず、たえて命令を必要としないくらい心が自発的に善であると気負う心がまえを生み出し、そのためにみずからの責務（Schuldigkeit）にいさおし（Verdienst）よりも先に思いをいたすべきところを、そうしたものを忘れ去ってしまうからである。たしかに他人の行為は、それが多大の犠牲（Aufopferung）を伴い、しかももっぱら義務（Pflicht）のためになされた場合は、高貴で崇高な行いと呼ばれて賞賛されるが、とはいえそれも、この行いがすべてをあげてみずからの義務にたいする尊敬（Achtung）

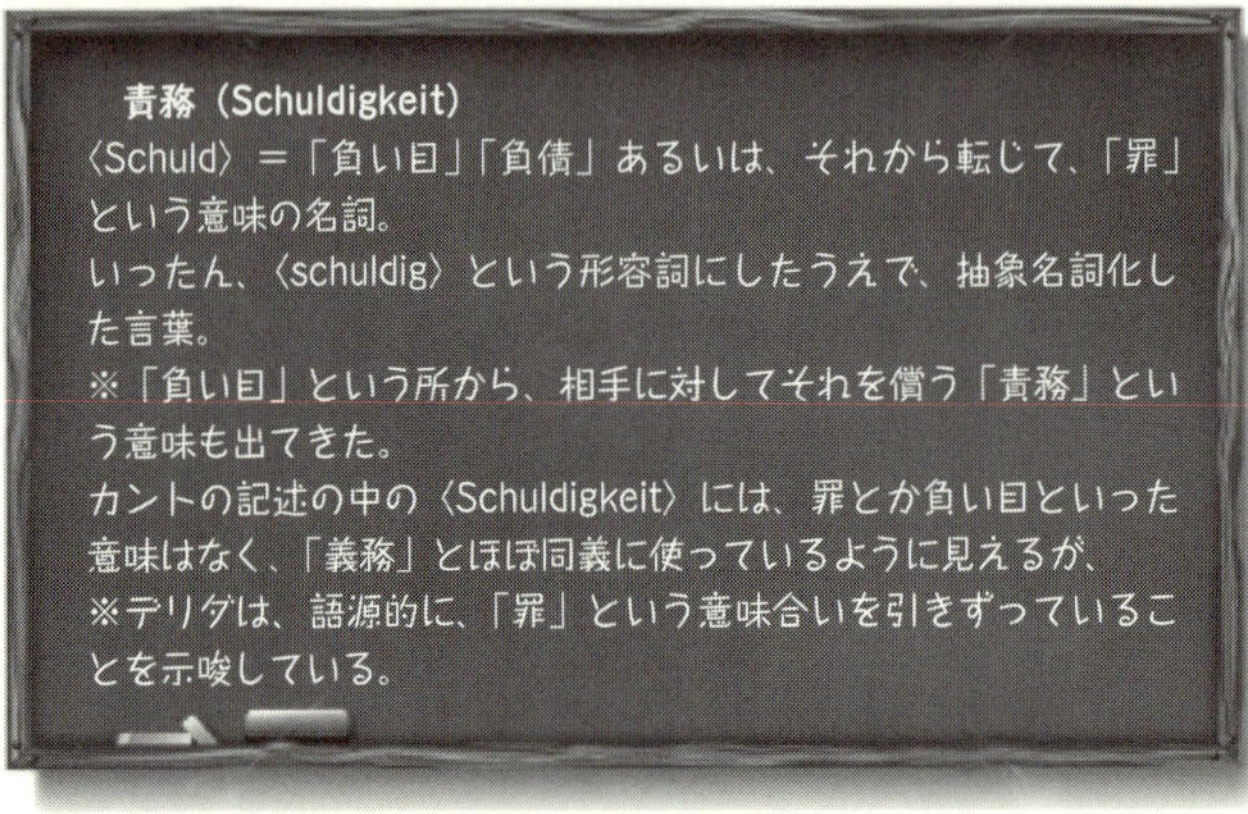
責務（Schuldigkeit）
〈Schuld〉＝「負い目」「負債」あるいは、それから転じて、「罪」という意味の名詞。
いったん、〈schuldig〉という形容詞にしたうえで、抽象名詞化した言葉。
※「負い目」という所から、相手に対してそれを償う「責務」という意味も出てきた。
カントの記述の中の〈Schuldigkeit〉には、罪とか負い目といった意味はなく、「義務」とほぼ同義に使っているように見えるが、
※デリダは、語源的に、「罪」という意味合いを引きずっていることを示唆している。

> からなされたもので、心の沸騰からなされたものではない、ということを推測させる痕跡があるかぎりにおいてのことである。

「いさおし」というのは古めかしい言葉ですが、「勲し」あるいは「功し」と書くようです。「功績」とか「手柄」とかいう意味です。手柄だからやるんではなく、それが道徳法則に基づく「義務」だから従わないといけないわけです。何か利益があるからやるのではなく、神の命令だから絶対的義務なのだ、という、キルケゴールがイサク奉献に見たものと通じている感じですね。〈Schuldigkeit〉がここでは「責務」と訳されていますね。「負い目」「負債」あるいは、それから転じて、「罪」という意味の〈Schuld〉という名詞をいったん、〈schuldig〉という形容詞にしたうえで、抽象名詞化した言葉です。「負い目」という所から、相手に対してそれを償う「責務」という意味も出てきたわけです。先ほどのカントの記述の中の〈Schuldigkeit〉には、罪とか負い目といった意味はなく、「義務」とほぼ同義に使っているように見えますが、デリダは、語源的に、「罪」という意味合いを引きずっていることを示唆しているようです。こういう見方をすると、宗教と倫理の区別がかなり曖昧な感じがしてきますね。

デリダはここでもう一度パトチュカの議論を参照します。

> 　パトチュカはキリスト教的な主観性の到来とプラトン主義の抑圧を記述するために、いわばひとつの形象〔＝顔〕を持ち出している。この形象〔＝顔〕が、交換されることのない視線という非対称性の中に、犠牲を組み込むのだ。ご記憶であろうが、パトチュカは少なくとも二度にわたって、文字通

りのかたちでこの形象を持ち出す。「〔秘儀は〕おののかせる tremendum。なぜなら、責任はもはや人間の視線が到達できるような、〈善〉や〈一者〉といった本質にあるのではなく、至高で絶対的で到達できないような存在者との関係のうちにあるからである。この至高の絶対者は、私たちを外的にではなく、内的に掌握するような存在者である。」それ自身では眼ではないが、叡智的な可視性の不可視の源であるような〔プラトンの〕〈善〉は、こうして哲学の彼方、キリスト教の信仰において、ひとつの視線となる。これは人格的な視線すなわち顔貌《ヴィザージュ》や顔《フィギュール》であって、太陽ではない。〈善〉は人格的な善性となる——私は見ることはないが、私を見る視線となる。

これは前々回読んだ、プラトン主義からキリスト教の転換に関する話ですね。今読み上げた箇所に出てくるパトチュカからの第一の引用は、二〇頁でも引用されています。〈善〉や〈一者〉というのは、プラトンのイデアのようなものということです。そういう抽象的・非人格的なものが想定されているだけだと、私たちは自分の内面が掌握されているような気がしません。先ほどの話のように、私たちの内面の秘密を一方的＝非対称的に見抜いている、人格的なもの、「顔」が想定されている必要があるわけです。「顔」というのは、当然、レヴィナスを念頭に置いた表現です。

次に、五五頁でも引用されていた箇所が再度引用されています。

もう少し後でパトチュカは、ボードレールなら「対象の抹殺」と言ったようなことを記している。「けっきょくのところ、魂はたとえどのような高いところ（たとえばプラトン的な善）に昇ろうとも、ひとつの対象との関係ではない。そうではなく、魂を視線で貫きながら、自分は魂の視線の及ぶ範囲の外にとどまっているような人格との関係なのだ。人格とは何かという問いについて言うならば、それはキリスト教的な観点からは十全で適切な主題化を受けていない。」交差することのないこの視線は、根源的な負い目と原罪の場を位置づける。それは責任の本質である。だが同時に責任は、犠牲に

—おける救済の探究へと入り込ませるものでもある。

パトチュカと、一九世紀の近代化された都市パリの頽廃的な雰囲気の中での「美」を謳った『悪の華』（一八五七）で知られるボードレールを結び付けているところが面白いですね。「対象の抹殺 la suppression de l'objet」という表現は、「異教派 L'École païenne」（一八五二）という短い評論に出てきます。ボードレール（一八二一―六七）について抱かれている一般的なイメージからすると、

ボードレール

物事を非キリスト教的な目で見る「異教派」と呼ばれる人たちを称賛しそうな気がしますが、その逆で、安っぽい異教趣味を批判する文章です。該当箇所に、このパトチュカ―デリダの議論に関係していそうな記述があるので、見ておきましょう。ボードレールは、キリスト教と、（物質的なものを肯定する）異教の双方に対して、かなり複雑な態度を取っており、徹底した反キリスト教なのか、ディープなところではキリスト教擁護なのか単純には決められないのですが、ここで拘る必要はないでしょう。筑摩書房のボードレール全集第Ⅱ巻に収められている、仏文学者の阿部良雄さん（一九三二―二〇〇七）の訳から引用します。

形態《フォルム》に対する無節操な嗜好は、怪奇な未知の無秩序へと駆り立てる。美への、面白いものへの、綺麗なものへの、画趣《ピトレスク》ゆたかなものへの――というのも、いろいろな段階があるからだが――凶暴な情熱に吸収されて、義と真との観念は消え去る。芸術への熱狂的な情熱は、余の部分を食らいつくす下疳である。そして芸術における義と真との明白な不在は芸術に不在に等しいがゆえに、全人格が消失する。一能力の過度の専門化は虚無に到達する。画像《イマージュ》に対する画像破壊者や回教徒の憤怒が、私にはよく分かる。眼のあまりにも大きな快楽について聖アウグスティヌスの感じた呵責の念のすべてを、私は容認する。危険の大きさゆえに、対象の抹殺を赦してもいいと思うほどだ。

これは、芸術的な美が、人間を圧倒して、人格を崩壊させてしまうので、ユダヤ教やイスラム教は偶像を禁止し、キリスト教の初期の教父たちも警戒感を示していたということです。そもそも感性的な刺激の多い対象は抹殺した方がいい、ということになります。キリスト教は、対象との関係を排除して、神とだけ向き合うことを要請します。しかし、その神というのは、パトチュカやデリダによれば、私の内面を一方的に見通し、私に「負い目」を負わせる、理解不可能な〝存在〟です。私の人格を圧倒し、自律性を抑圧する〝存在〟のように思えます。芸術的な対象の美も、その対極にあるはずの神のまなざしも、いずれも、私を虜にし、自由にしてくれそうにありません。感性的な美と、キリスト教の神は、ライバル関係にありそうに思えます。

「負い目」と、神の一方的な「まなざし」がどういう関係にあるのか、デリダが説明していないので、はっきりしませんが、恐らく、神のまなざしによって、自分の中の負の部分、恥ずかしいことをしてしまった記憶、不埒な欲望、あるいは不安、葛藤のようなものが見透かされ、かつ、本来はどうあるべきかも見抜かれていることが、「負い目」になる、ということでしょう。あるいは、神に常に見守ってもらい、自らの過ちや足りなさを許してもらっているという感覚が、負債感に繋がるのかもしれません。

罪の意識ゆえのおののきが、贖いのための自分を犠牲にすることに繋がることを示唆している箇所をパトチュカから引用したうえで、いよいよ犠牲のエコノミーをめぐる議論に入ります。

すでに述べたように、犠牲の一般的エコノミーは、複数の「論理」ないしは複数の「計算」に基づいて配分されることになるだろう。計算、論理、そして厳密な意味でのエコノミーなどは、それらの限界から出発して、このような犠牲のエコノミーにおいて賭けられ、宙づりにされ、エポケー〔判断中止〕されているものを指し示すのだ。こうしたさまざまなエコノミーは、それら相互の差異を貫いて、唯一の同じエコノミーを解読〔＝脱クリプト化〕したものであろう。だがエコノミーと同じよう

犠牲のエコノミー
【第五回を参照】
罪の意識ゆえのおののきが、贖いのための自分を犠牲にすることに繋がる。

犠牲のバランスシートをまじめに計算しようとするのであれば、自分の対応能力は限られているので、考慮に入れることなく放っておかざるを得ない他者たちがいること。
⇒自らの計算の限界を認識しなければならない。

デリダは、「エコノミー」という言葉を少なくとも、「犠牲のエコノミー」、損得のバランス、家の運営＝家政術という三つの意味で使っているので注意。

に、「同じことに帰着する」ということは、汲み尽くすことのできない働きであり続けることもありうるのだ。

「すでに述べた」というのは、前回出て来た、そして今回も、飢えている子供たちの問題に即して提起された、誰に対して応答するか決断するという話です。応答する＝責任を果たすことは、何らかの形でその相手に対して犠牲を捧げることですが、その他の存在者にはその犠牲を捧げないことを選択したという意味で、〝犠牲〟にしたことになります。決断する人が、何らかの論理や計算に基づいてそうしているというのは分かりますね。「計算、論理、そして厳密な意味でのエコノミーは、それらの限界から出発して、このような犠牲のエコノミーにおいて賭けられ、宙づりにされ、エポケー〔判断中止〕されているものを指し示すのだ」というのが分かりにくいですが、これは、犠牲のバランスシートをまじめに計算しようとするのであれば、自分の対応能力は限られているので、考慮に入れることなく放っておかざるを得ない他者たちがいることを、つまり自らの計算の限界を認識しなければならないということでしょう。様々なエコノミーが「唯一の同じエコノミー」を解読したものだというのは、個々の犠牲のエコノミーは、それぞれ自己完結的に成立しているわけではなく、全宇宙の存在者を包摂する犠牲のエコノミーの一部を抽出したものである、ということでしょう。一部だけに注目して、犠牲のエコノミーを計算しているわけです。「同じことに帰着する revenir au même」というのは、個々のエコノミーの他のエコノミーとの相関関係を順に辿っていくと、どこまでも果てしなく続いていき、全宇宙的なエコノミーの連鎖が見えてくる、ということでしょう。細かいことですが、廣瀬さんは〈le《revenir au même》, comme économie〉の〈comme économie〉を「エコノミーと同じように」と訳していますが、ここは「エコノミーのように」あるいは「エコノミーとして」と訳した方が意味的にすっきりするでしょう。

> こうしてあたかもイサクの犠牲がキリスト教を「準備」していたかのように、決然とそれを再キリスト教化ないしは前キリスト教化するにあたって、キルケゴールは結論として、その名を挙げることなく「マタイによる福音書」を思い出させる。「なぜなら、神は隠れたことを見たまい、苦悩を知りたまい、涙を数えたまい、そして、何ものも忘れたまわぬからである。」神が隠れたことを見ている、神は知っている、だが神はあたかも、アブラハムがしようとしていること、決断すること、しようと決断していることが何なのかを知らないかのようだ。神は、アブラハムがすべての希望を捨て、取り返しのつかないようなかたちで愛する息子を神に捧げようと決断しておののいたのを確かめたのちに、アブラハムに息子を返す。

「神が隠れたことを見たまう」と言う一方で、「神はあたかも、アブラハムがしようとしていること、決断すること、しようと決断していることが何なのかを知らないかのようだ」と言っているので、矛盾しているような感じがしますが、後者は、神がアブラハムの現在の心の秘密を見通せないということではなくて、アブラハムがこれからどう決断するか神にも予見できないように見える、ということでしょう。そもそも未来にわたって全てお見通しだったら、試練を与える必要などありません。ただ、そうだとすると、神の全知全能性が時間的な制約を受けていることになり、やはり矛盾が生じます。これはキリスト教神学にとっては、解かねばならない難問ですが、私たちがここで拘る必要はないでしょう。

> アブラハムは死を、いや死より悪いものを耐え忍ぶことを受け入れた。それも計算もなしに、投資もなしに、再び自己に回収する当てもなしに受け入れたのだ。だから一見したところ、報酬や褒美の彼岸で、エコノミー〔＝経済〕の彼岸で、報い《サラリー》を期待することなく受け入れたようにもみえる。エコノミーの犠牲がなければ、自由な責任も決断もない（決断はつねに計算の彼岸にある）のだが、この場合にエコノミーの犠牲とは、〔ギリシア語の〕オイコノミアすなわち家《オイコス》の掟、住まいや特有財産《プロプル》〔＝夫婦共有財産制における夫婦の特有財産〕や私有財産、近親者の愛や情愛などの法などの犠牲にほかならない。ある瞬間に、アブラハムは絶対的犠牲のしるし、すなわち近親者に与えられた死、もっとも大切な唯一の息子への絶対的な愛に与えられた死のしるしを与える。ある瞬間に、犠牲はほとんど成就される。なぜなら、瞬間だけが、時の非‐経過だけが、殺害者の振り上げられた手を殺害そのものから隔てているからだ。だから絶対的な切迫という捉えがたい瞬間には、アブラハムはもはや決断したことを変えることはできず、またそれを中断することさえできない。したがって、この瞬間に、つまり決断を行為から隔てることさえないような切迫において、神はアブラハムに息子を返し、至高者〔＝主権者〕としての絶対的な贈与として、犠牲をエコノミーの中に再び組み入れようと決断する。そのときこの絶対的な贈与は報酬に似たものである。

「エコノミーの犠牲がなければ、自由な責任も決断もない」というのは、損得勘定という意味でのエコノミーの計算に基づいて決めるのだとしたら、そこに自由な意志決定のための主体性が働く余地はなく、従って、それに伴う〝責任〟も発生しないということでしょう。デリダはこうした収支計算的な意味での「エコノミー économie」と、その原義である、ギリシア語の〈oikonomia〉、つまり「家政術」をかけているわけです。アブラハムのイサク奉献においては、自分のやったことに対する損得についてのエコノミー思考を放棄することが、神から与えられた「家」の繁栄を放棄するということでもあります。この前後の文脈でデリダは、「エコノミー」という言葉を少なくとも、「犠牲のエコノミー」、損得のバランス、家の運営＝家政術という三つの意味で使っているので、気を付けて読み分けないと、混乱させられます。「瞬間 un instant ＝非経過 un non-laps-de-temps」についての記述が何か難しそうですが、これは単に、アブラハムの決断した瞬間と、その未遂に終わった実行の間に、ほとんど間がなかったので、アブラハムは犠牲を捧げたのと同じと見なすことができる、ということです。神が止めるのが一瞬遅れて本当にイサクを犠牲に捧げていたら、アブラハムにとってもはや家族的な利益はないわけですが、間にあったので、犠牲をエコノミーの中に再度組み込むことが可能になったわけです。つまり、アブラハムの犠牲に対して、報いを与えてやることが可能になったわけです。創世記の物語では、イサクの代わりに、雄羊を犠牲に捧げることになります。「絶対的贈与 un don absolu」というのは、すごいプレゼントというようなことではなくて、地上におけるあらゆるエコノミーのサイクルからも解き放たれている＝隔絶されている（ab-so-lu）ものを、エコノミーの外部から与える、ということでしょう――〈absolu〉の原義をめぐる議論は前回出てきましたね。「絶対的贈与」とは、エコノミーが循環するサイクルから出て来ようがないものと考えればいいでしょう。

山上の垂訓のエコノミー

それで、「マタイによる福音書」がこれとどう関係しているかですが、

「マタイによる福音書」を出発点にして、私たちは「返す〔rendre〕」とは何を意味するのかと問うことになる。（「隠れたことを見ておられるあなたの父が報いて〔＝返して〕くださる（reddet tibi, apodôsei soi）」。）エコノミーなき贈与、死の贈与――それも値がつけられないほど価値がある者の死の贈与――が、交換や報酬や循環やコミュニケーションの希望なしに果たされることが確実に思われ

た瞬間に、神は返すことを、生命を返すことを、愛する息子を返すことを決断する。アブラハムと神のあいだの秘密について語ること、それは犠牲としての贈与があるようにするために、両者のあいだであらゆるコミュニケーションが中断されなければならないことを意味する。言葉、記号、意味、約束の交換としてのコミュニケーションであれ、財産や物や富や所有物の交換としてのコミュニケーションであれ、すべてのコミュニケーションは中断されなければならない。アブラハムはあらゆる意味とあらゆる所有物を放棄する——そのときにこそ絶対的な義務としての責任が始まるのだ。アブラハムは神と非―交換の関係にある。彼は神に語ることはなく、神から応答も報酬も期待しないからこそ、秘密の中に閉じ込められている。応答すなわち責任はつねに、お返しすなわち報酬や報いなどを求める危険を冒しがちだが、それはみずからを失う危険でもある。応答や責任は、それが待ち受けていると同時に、当てにしたり〔＝期限前に引き渡してもらったり〕、排除したり、望んだりはできないような交換という危険を冒すのだ。

福音書の「あなたの父が報いてくださる」という言い方は、通常は何の引っかかりもなく素直に読めますが、信者が「〇〇したら、神は▽▽の報いをしてくださる」という期待の下に〝善行〟をしているのだとしたら、それはエコノミーによる行為ということになり、［アブラハムの決断↓神の絶対的贈与］とは根本的に異なります。「応答すなわち責任は……みずからを失う危険でもある」というのが分かりにくいですが、恐らく、自らの理性による計算によって判断できるエコノミーの領域の外に引きずり出される、神の絶対的贈与と対峙しなければならなくなる、ということでしょう。「それが待ち受けていると同時に、当てにしたり、排除したり、望んだりはできないような交換という危険を冒すのだ」というのも、そういう意味でしょう。「当てにする＝期限前に引き渡す」という二重の訳語を当てられているのは、〈escompter〉という言葉で、金融や取引の用語として、指定された期日の前に支払いをすませて引き渡してもら

うとか、手形を割り引きする、という意味で使われます。神との〝交換〟は、そういう操作が不可能なわけです。近代の法や倫理では、「責任」というのは、理性的に判断する主体と相性がいい概念と考えられてきましたが、デリダの議論からすると、絶対他者である神への応答＝責任の問題に象徴されるように、他者への「責任」は、〝主体〟をエコノミー的計算の外部に連れ出す可能性が高いわけです。

しかし、そう言っておいて、デリダは計算を超えているように見えるアブラハムの応答が、より高次の計算に従っていると見ることができることも示唆しています。

> 返してもらえたのは、アブラハムが計算しなかったからである。「上出来だ」と、この上級で至高の計算を脱神秘化する者は言うだろう。この上位の計算とは、もはや計算しないことにある。父の法の下で、エコノミーは贈与の非エコノミーをふたたび自分のものにする。生命の贈与、あるいは結局同じことだが、死の贈与という非エコノミーを。

ここは言い回しが回りくどいですが、言わんとしていることは分かりますね。計算を放棄する（という身ぶりを示す）ことによって、神が報いてくれると期待できる、ということです。身を捨ててこそ浮かぶ瀬もあり、という諺がありますが、そう思って〝身を捨てている〟のであれば、高度な計算をしていると見ることもできます。相手が、いるのかいないのか分からない神であれば、本当に身を捨てているような気もしますが、神を、自分の師匠とか上司、世間とかに置き換えて考えると、何かずるい計算っぽい感じがしますね。

「生命の贈与」と「死の贈与」が結局同じだというのは、それが究極的には人間のエコノミーでは制御できない、ということでしょう。バイオテクノロジーが進歩して、人間の生死をコントロールできるようになったら、話は違ってくるかもしれませんが。

――「マタイによる福音書」（六章）に戻ろう。強迫観念的な反復のようにして、一つの真理が三度にわたって回帰してくる。「隠れたことを見ておられるあなたの父が報いて〔＝返して〕くださる（redder tibi, apodôsei soi)」という文のことである。この真理は暗誦する＝心で学ぶ〔apprendre par cœur〕べきだ。これが「暗誦すべき」真理だというのは、第一に、反復される定型表現、反復可能な定型表現を、理解することなく学ばなくてはならないような気がするからである（…）。これが、意味の彼方において、「暗誦する」ということである。

「隠れたことを見ておられるあなたの父が報いてくださる」は、実際、「マタイ」の第六章で三回繰り返されています。難しそうな表現を使っていますが、言わんとしていることはシンプルです。聖書は、神が私のことを知っていて報いて下さる、ということについて論理的に論証しようとしているのではなく、このフレーズを「暗唱する apprendre par cœur」よう誘導しているわけです。どういうエコノミーに基づいているのか考えるのではなく、とにかくそう信じて行動する暗示を与えるテクストになっているわけです。宗教に根本的に懐疑的な人には洗脳効果を狙ったテクストだ、ということになるでしょう。ただ、フランス語の〈apprendre par cœur〉は訳にも出ているように、「心で学ぶ」という意味にも取れます。

この〔聖書の〕一節は、心についての、心とは何であるかについての省察ないしは説教であるからだ。さらに正確に言うならば、心がおのれの正当な場に回帰したとするならば、どのようなものであるべきなのかについての省察あるいは説教なのである。心の本質、すなわち心がそれに固有なかたちで、あるべきものとなるような場所、心がそれに固有なかたちで場を持つような場所、すなわちみずからの正当な所在地〔＝用地〕において場を持つような場所、こうしたことはなんらかの経済《エコノミー》論的なものを連想させる。なぜならば、心の場所とは、真の富の場、財宝の場、もっともよい資本蓄積の場所である、というよりはむしろ、そのような場所であるべく求められ、そう運命づけられているからである。心の正しい所在地《アンプラスマン》とは、もっともよい資本投資《プラスマン》の場なのである。

ここも表現は難しいけれど、ポイントは分かりますね。一九九頁から二〇〇頁にかけて、「マタイによる福音書」からの、つまりイエスの言葉（とされるもの）からの引用で分かるように、心とは真の富を蓄積する場だということが述べられているわけですが、それをデリダは単なる比喩ではなく、「心」をめぐるエコノミーの言説として読もうとしているわけです。次の段落で述べられているように、デリダは、イエスが、「地上のエコノミー l'économie terrestre」と区別される、「天上のエコノミー l'économie céleste」が営まれる場所として、「心」を位置付けようとしていると示唆しています。当然、まともなクリスチャンなら激怒しそうな、強引な読解です。「正当な所在地（＝用地）」の原語は〈juste emplacement〉です。〈emplacement〉は、特定の用途のための「場所」という意味ですが、わざわざ「用地」というより狭い意味も訳語として挿入されているのは、工場の用地のようなニュアンスがあると訳者が判断したからでしょう。これから、〈en-〉という接頭辞を取った、〈placement〉は、資本などを「投資」するという意味になるわけです。

あなたがたは地上に富を積んではならない（Nolite thesaurizare vobis thesauros in terra）。そこでは、虫が食ったり、さび付いたりするし、また、盗人が忍び込んで盗み出したりする。富は、天に積みなさい（Thesaurizate autem vobis thesauros in caelo）。そこでは、虫が食うことも、さび付くこともなく、また、盗人が忍び込むことも盗み出すこともない。あなたの富のあるところに、あなたの心もあるのだ（Ubi enim est thesaurus tuus, ibi est et cor tuum, hopou gar estin o thesauros sou, ekei estai kai e kardia sou）。

普通に読めばこれは比喩でしかないのですが、よく考えてみると、どうして、「心」を「富＝宝 thesaurus」で譬えるのか不思議な気もしますね。一つ目と二つ目の（　）はラテン語だけですが、三つ目にはラテン語とギリシア語が入っていますね。「宝」と「心 cor ＝ kardia」が並んで出て来る肝心の箇所なので、念を入れたのでしょう。

　心はどこにあるのか。心とは何か。心とは、真の宝を未来において隠しているような場所にあるだろう。その真の宝は地上では見えない。その資本は、目に見え、感じ取ることができるような地上のエコノミーの彼方で蓄積されている。地上のエコノミーは、堕落しており、腐りやすく、虫が食ったり、さび付いたり、盗人に盗み出されたりしやすい。このことは、天上の資本の価格《プリ》なき価格をほのめかしているばかりではない。天上の資本は見えない。価値が下落することもなく、盗まれることもない。天上の金庫のほうが安全で、封印を破られることもなく、強盗からも、売買の計算からも完全に守られている。価値が下落することのないこの資本は、無限に利潤を生みつづける。それは無限に安全な投資であり、最上のものよりさらによい投資、価格なき富なのだ。

「心」の中での天上の宝の蓄積が、絶対的に確実な投資であるかのように描かれているというわけですね。二〇一頁で、この箇所で「目」と「光」のメタファーが使われていることが指摘されています。これは、神が「秘密」を見通すという話に通じていますね。神の眼にだけ見える〝エコノミー〟があるわけです。二〇二頁で、この〝見えないエコノミー〟とキリスト教的な「正義」が関係付けられます。

正しくあるとはどういうことか、義をなす（justitiam facere, dikaiosynen poiein）とはどういうことかを論じているのだ。イエスは「心の貧しい人々」（pauperes spiritu, ptokhoi tô pneumati「霊において乞食である者たち」）をたたえていた〔五章3〕。

　この説教〔いわゆる山上の垂訓〕は貧しさ、乞食をすること、施し、慈善などを中心に展開する。すなわちキリストにとって＝キリストに宛てて〔pour le Christ〕与えるということは何を意味すべきなのか、すなわち、キリストにとって与えるということが何を意味するのか、そしてキリストに宛てて、キリストに対して、キリストの名において、キリストに宛てて、キリストとの新たな兄弟愛において与えるということは何を意味するのか、ということであり、このように与えることによって、キリストのために、キリストにおいて、キリストに従って正義であるということは何を意味するのか、ということなのである。天の国は心の貧しい人々に約束されている。悲しむ人々、義に飢え渇く人々、憐れみ深い人々、心の清い人々、平和を実現する人々、義のために迫害される人々、キリストのためにののしられる人々と同じように、心の貧しい人々は大いに喜び（beati, makarioi）、幸いである。これらすべての人々には報い、報酬、担保（merces, misthos）が、大きな報いや豊かな報い（merces copiosa, misthos polus）が天において、約束されている。こうして、地上における犠牲や断念に対して支払われた報いや代価をもとに、真の天上の財宝がつくりだされるだろう。より正確に言えば、律法学者やファリサイ派の人々の地上の正義、〔律法の〕文字による正義より高いところに上ることができた人々に、このような報いや代価が支払われる。あなたがたの正義が、精神の人ではなく文字や身体や地上の人である律法学者やファリサイ派の正義にまさっていなければ、あなたがたは天の王国に入ることはできない〔五章20〕。「あなたがたは天の王国に入ることはできない」を「あなたがたは報い（mercedem）を受けることができない」とも翻訳できるだろう。

「心の貧しい人は幸いである」という表現はクリスチャンではない人にも知られていますが、よく考えるとヘンな表現ですね。キリスト教抜きの普通の日本語だと、「心が貧しい」というのは、心のゆとりがないとか、自分のことしか考えられない、という意味にしかならないでしょう。無論、西欧人にとっても、聖書抜きにしたら理解できないへんてこな表現です。恐らく、神学に詳しくない普通のクリスチャンに聞いても、ちゃんと説明できないでしょう。謙虚な姿勢であれ、というような意味で取ると理解しやすいのですが、それだとあまりにも平板な感じになります。自分が自発的に行っている日々の行為とその帰結に満足することができず、自分の虚しさを知り、神によって一方的に与えられるしかない、天の宝を求めているというような意味で取ると、深い感じがしますね。自分という存在に自信がないので、謙虚にならざるを得ないと考えれば、キルケゴール的に突き詰めた信仰論と、通常道徳っぽい理解が両立していいかもしれません。その問題含みの表現を、ギリシア語原文から直訳すると、「霊における乞食」という表現になるわけです。デリダは、ここにもエコノミーのメタファーを読み取ろうとしているわけです。

デリダがちゃんと説明していないので、この部分でのエコノミー系のメタファーが何を示唆しているのか分かりにくいですね――デリダ自身はむしろ、エコノミー系のメタファーにちゃんと注目しながら読解しようとすると、訳が分からなくなることを示唆したいのかもしれません。大筋としては、「霊における乞食」は、先ほど確認したように、地上の宝には関心を持たず、かつ、自分が心の宝を積んでいるかどうか自信がないので、神による不可視・不可知・無条件の「絶対的贈与」に頼らざるを得ないということになるでしょう。

地上において自分たちが実践している「正義」の形式に拘る律法学者やパリサイ人は、「心が貧しくない」、つまり、心が満ち足りていて、そのため本当の意味で、神の絶対的贈与を、心に容れる余地がない、自分を無にできない、ということになるでしょう。日本語の「正義」は、経済とは関係なさそうな言葉ですが、英語の〈justice〉には、裁判の判決とか司法の判断という意味もあることから分かるように、「公正さ」、つまり当事者の利益や権利を平等に扱うというようなエコノミー的な意味合いを含んでいます。民事裁判とエコノミーが関係していることははっきりしていますね。〈justice〉の大本の語源であるラテン語の〈ius〉は「法」「権利」「正義」の三つを意味します。というより、この三つは、もともと同じ概念でした。ロールズ（一九二一－二〇〇二）が『正義論 A Theory of Justice』（一九七一）で論じている「正義」、アリストテレスが『ニコマコス倫理学』などで論じている「正義」は、市民の間にエコノミー的な公正さをもたらすための原理です――この辺のことは、拙著『いまこそロールズに学べ』（春秋社）などをご覧下さい。律法学者たちが、人間に理解可能な形に形式化された「正義」によって、地上的なエコノミーを実現しようとしているのに対し、イエスは自分の教えを求めている人たちに、人間にはどうしようもできない、天のエコノミーに目を向けさせようとしているわけです。実際に、こういう読み方が可能かどうかは、ご自分で新約聖書の該当箇所に当たってみて下さい。

二〇五頁から二〇六頁にかけて、山上の垂訓のエコノミーの特徴について論じられています。最初に、先ほどの「目」「光」「秘密」の話があって、その次に有名な「施しをするときは、右の手のすることを左の手に知らせてはならない」とか、「もし、右の目があなたをつまずかせるなら、えぐり出して捨ててしまわなければならない」といった表現についてのエコノミー的な注釈がありますね。前者は、神の「報い」についてエコノミー的な計算をするな、という話なので分かりやすいですね。後者は、自分の身体が、地上の欲望を満たそうとするなら、その部位を切り捨てた方が、天上のエコノミーの観点から見てましだろう、ということでしょう——こう言ってしまうと、やはり計算しているではないか、という感じがしますね。

このようなエコノミー的な計算は絶対的な喪失を統合する。それは交換や対称性や相互性を破壊する。たしかに絶対的な主観性は、無限に計算やせり上げを繰り返すが、それは有限な商取引として理解された犠牲を犠牲にすることによってである。merces すなわち商業主義と言ったら言い過ぎならば、報いや商品はあるし、支払もある。しかし、商取引というものが、報いや商品や報酬などの相互的かつ有限な交換を前提とするものであるとするならば、商取引はないのだ。非対称性はこうした犠牲のエコノミーという別のエコノミーを意味する。だからキリストはもう少し先の箇所で次のように語ることができる。問題になっているのはまたしても目、右と左であり、ペアになったり対になったりしている状態の崩壊である。

あなたがたも聞いているとおり、「目には目を、歯には歯を」（ophtalmon anti ophtalmou, oculum pro oculo）と命じられている。しかし、わたしは言っておく。悪人に手向かってはならない（me antistenai tô ponerô, non resistere malo）。だれかがあなたの右の頬を打つなら、左の頬をも向けなさい。〔五章38〜39〕

「このようなエコノミー的な計算」というのは普通のエコノミーではなくて、心に蓄える宝のエコノミーのことです。後者のエコノミーでは人間の理性による、交換、対称性、相互性といった要素が破壊され、何をすればどうなるかということが読めなくなります。「絶対的主観性 la subjectivité absolue」という言葉がやや唐突に出てきますが、これは、右の目が罪を犯したら、それをえぐり出すというように、天上のエコノミーで宝を積むべく、通常のエコノミーの合理的・客観的な相場を度外視して、犠牲の水準を際限なくエスカレートさせていくような主体性ということではないかと思います。ポトラッチ的な狂躁状態にはまって、どんどん高揚していく〝主体〟ということかもしれません。前々回お話ししたように、バタイユが注目したポトラッチは、通常のエコノミーと、そのエコノミーのサイクルを尽き崩しかねない蕩尽の行為の間の微妙なところに位置しているわけですが、デリダの言う「天上のエコノミー」は、ポトラッチ的な蕩尽をより徹底して、地上のエコノミーが完全に解体したところに現れる（ように見える）、別次元の〝エコノミー〟という感じですね。

通常の主体であれば、プラスであれマイナスであれ、お互いに対して等価交換的に振る舞うことでバランスを取ろうとするけれど、それを脱しているということでしょう。因みに、フランクフルト学派のアドルノは、等価交換の原理と共に、理性的に計算する主体が生成したという理論を展開しています——これについては拙著『現代ドイツ思想講義』（作品社）をご覧下さい。

「地上のエコノミー l'économie terrestre」

律法学者たちは、人間に理解可能な形に形式化された「正義」によって、地上的なエコノミーを実現しようとしている。

地上において自分たちが実践している「正義」の形式に拘る律法学者やパリサイ人。「心が貧しくない」、つまり、心が満ち足りていて、そのため本当の意味で、神の絶対的贈与を、心に容れる余地がない、自分を無にできない。

※「正義」; 英語の〈justice〉＝「公正さ」、つまり当事者の利益や権利を平等に扱うというようなエコノミー的な意味合い。〈justice〉の大本の語源であるラテン語の〈ius〉は「法」「権利」「正義」の三つを意味する。というより、この三つは、もともと同じ概念。

「天上のエコノミー l'économie céleste」

「心」の中での天上の宝の蓄積が、絶対的に確実な投資であるかのように描かれている。神が「秘密」を見通すという話に通じている。神の目にだけ見える"エコノミー"がある。

イエスは自分の教えを求めている人たちに、人間にはどうしようもできない、天のエコノミーに目を向けさせようとしている。

「心の貧しい人は幸いである」; ギリシア語原文から直訳すると、「霊における乞食」。

; 地上の宝には関心を持たず、かつ、自分が心の宝を積んでいるかどうか自信がなく、神による不可視・不可知・無条件の「絶対的贈与」に頼らざるを得ない。

※デリダの言う「天上のエコノミー」は、ポトラッチ的な蕩尽をより徹底して、地上のエコノミーが完全に解体したところに現れる（ように見える）、別次元の"エコノミー"？

山上の垂訓のエコノミーの特徴

・神の「報い」についてエコノミー的な計算をするな。
・自分の身体が、地上の欲望を満たそうとするなら、その部位を切り捨てた方が、天上のエコノミーの観点から見てましだろう。

やはり計算しているではないか？

「目には目を、歯には歯を」という同害報復の原理は、等価交換の原理と表裏一体の関係にあると見ることができますが、キリスト教はそうした対称性を中断して、別のエコノミーへ移行するよう命じるわけです。

復讐の相互性を中断し、悪に抵抗しないことを命ずる論理は、言うまでもなく生命と真理、すなわちキリストという論理、ロゴスそのものである。パトチュカが言うように、自己をかえりみない善性そのものであるキリストは、敵を愛することを教える。なぜなら、まさにこの節において「敵を愛し、自分を迫害する者のために祈りなさい（Diligite inimicos vestros, agapate tous ekhtrous humôn）」と命じられているからだ。

カール・シュミットと「友／敵」

有名な「汝の敵を愛せよ」という教えも、デリダは、天上のエコノミーで宝を積むための原理、そのための絶対的主体性の発現と見なしているわけです。これまでの流れからして当然の主張のようにも思えますが、彼はここで、「敵」という言葉に相当するラテン語とギリシア語に少し拘りたいようです。

カール・シュミットの指摘を念頭に置きながらのことではあるが、この場合にはギリシア語とラテン語の引用を付けておくのが、何にもまして必要なことである。カール・シュミットは『政治的なものの概念』（三章）において、ラテン語の inimicus と hostis が異なり、ギリシア語の ekhtros と polemios が異なっていることを強調したうえで、次のように結論する。イエスの教えは、私的な敵、すなわち主観的あるいは個人的な情念によって憎んでしまうような敵に向けるべき愛について言われているのであって、公的な敵に向けるべき愛についてのものではないということである。（シュミットもついでに指摘しておく必要を感じていることであるが、inimicus/hostis, ekhtros/polemios という区別に厳密に相当するものは、他の言語、少なくともドイツ語にはない。）この文のキリストの教えが道徳的、心理学的さらには形而上学的なものであって、政治的なものではないこと、シュミットにとって重要なのはこのことである。彼にとって、限定可能な敵（hostis）に対する限定的な戦争、つまりいかなる憎しみをも前提としない戦争や敵対関係こそが、政治的なものの発生の条件であるからだ。そして彼は指摘する。イスラム教徒がキリスト教のヨーロッパを侵攻したとき、どのようなキリスト教的な政治も、イスラム教徒を愛せ、と忠告したことはなかった、と。

カール・シュミットの名前が出てきましたね。デリダには、シュミットの「友 Freund／敵 Feind」理論について論じた『友愛のポリティックス Politiques de l'amitié』（一九九四）という著作があります。みすず書房から翻訳が出ています。中心的に論じられているのは、「友／敵」の区別をすることが、「政治的なもの das Politische」の本質であると論じたシュミットの『政治的なものの概念』（一九三二）です。シュミットの基本的な考え方については、拙著『カール・シュミット入門講義』で紹介したので、細かくは繰り返しませんが、法や正義が機能するには、根源的な「決断」が不可欠であるというシュミットの決断主義（Dezisionismus）は、『死を与える』でデリダがキルケゴールに即して論じている、無根拠の状態での「決断」から生じてくる「責任」と「義務」という問題と密接に関わっています。

デリダが問題にしているのは、「友／敵」には、公的な意味でのそれと私的な意味でのそれがあるというシュミットの指摘です。ラテン語の〈inimicus〉とそれに対応するギリシア語〈ekhtros〉が私的な「敵」です。イエスが、山上の垂訓で「汝の敵を愛せ」と言っている時の「敵」はこの「敵」です。それに対して、ラテン語の〈hostis〉と、それに対応するギリシア語の〈polemios〉は、公的な「敵」、つまり政治的共同体にとっての「敵」です。シュミットはこのことに注目して、キリストは政治的に対立する「敵」を愛せと言っているわけではなく、個人的な「敵」を愛せと言っているだけだと主張します。その証拠が、イスラム教徒に関しては敵を愛せと言われなかったことだ、というわけですが、イエスの説教と教会の〝政治的〟発言を連続的に捉えるのは詭弁のような感じもしますね。実際、聖書でこのような区別が厳密になされているのか、たまたまイエスの言葉に〈ekhthros〉が当てられているだけで、〈polemios〉との違いは念頭に置かれていなかったのではないか、という批判があります。デリダもそれは承知でしょう。シュミットを持ち出したのは、恐らく、先ほどの「天上のエコノミー」が、現実の世界における「政治的 politisch」な対立を排除するわけではなく、それと両立可能であること、少なくともそういう解釈が可能であることを示唆するためでしょう。両立可能だとすると、〝天上のエコノミー〟の論理が、宗教間の〝政治的〟闘争を正当化するために利用されるかもしれません。そういうことは現実に、これまでに何度も起こってきました。その意味で、「天上のエコノミー」の論理は危険かもしれません。

このことはとりわけ、福音書に一致したキリスト教的な政治という問題をあらためて提起する。パトチュカとは大きく異なった意味においてではあるが、シュミットは、キリスト教的な政治、ヨーロッパ・キリスト教的な政治が可能だと考えていた。政治的なものの概念は世俗化された政治神学的な概念なのだから、政治的なものそのものが、その近代性において、ヨーロッパ・キリスト教的な政治に結びついている。だがそのためには、シュミットによる「敵を愛しなさい」の読解が、まったく議論の余地のないものであること、あえて言うならば、まず民族学的・文献学的な反論の余地がないものであることを前提としなければならないだろう。というのも、一つだけ例を挙げるならば、イスラム教徒に対してなされた戦争は、シュミットの言う意味での政治的事実であり、キリスト教的な政治の存在、すなわち「マタイによる福音書」と正式に適合し、すべてのキリスト教徒と教会を一つのコンセンサスの下にまとめあげることのできるような、首尾一貫した企ての存在を確証するからだ。「敵を愛し、自分を迫害する者のために祈りなさい」のシュミットによる読解を前にしたときの当惑

カール・シュミット
法や正義が機能するには、根源的な「決断」が不可欠であるというシュミットの決断主義（Dezisionismus）は、『死を与える』でデリダがキルケゴールに即して論じている、無根拠の状態での「決断」から生じてくる「責任」と「義務」という問題と密接に関わっている。
※デリダ：「友 Freund／敵 Feind」理論について論じた『友愛のポリティックス Politiques de l'amitié』（1994）。

デリダが問題にしているのは、公／私の敵概念があるというシュミットの指摘。

・公的な意味（ラテン語〈hostis〉、ギリシア語の〈polemios〉）
・私的な意味（ラテン語〈inimicus〉、ギリシア語〈ekhtros〉）

※イエスが、山上の垂訓で「汝の敵を愛せ」と言っている時の「敵」は私的。
シュミットはこのことに注目して、キリストは政治的に対立する「敵」を愛せと言っているわけではなく、個人的な「敵」を愛せと言っているだけだと主張。

が消えないのと同じように、このこともおそらく疑わしい。というのも聖書は次のように述べているからだ。

> あなたがたも聞いているとおり、「隣人を愛し、敵を憎め」と命じられている。しかし、わたしは言っておく。敵を愛し、自分を迫害する者のために祈りなさい。

ここは比較的分かりやすいですね。前々回見たように、パトチュカの言う「政治」は、人々をポリス的な秩序や集合性の中に――原初において狂躁的な秘儀がそうしていたように――統合することに重点があるのに対し、シュミットの「政治」は友・敵の分離に重点がありますが、いずれの場合も、「キリスト教的政治」は可能であるわけです。シュミットの場合、先ほどの二つの「敵」概念の違いが、根拠になるわけです。汝の個人的な敵を愛するよう命じる宗教が、自分と対立する宗教と政治的に敵対することに矛盾はありません。「政治神学 Politische Theologie」というのは、政治の根底にある神学ということです。シュミットは、『政治神学』（一九二二）で、人間の基本的な在り方を規定する政治と神学は同根源的なものであり、近代の政治哲

学・思想は、神学と同じような構造をしており、政治的共同体はそれが存続する限り、政治的なものから逃れることはできない、と主張しています。この辺のことについても、先ほど紹介した拙著をご覧下さい。

「シュミットによる『敵を愛しなさい』の読解が、まったく議論の余地のないものであること、あえて言うならば、まず民俗学的・文献学的な反論の余地がないものであることを前提としなければならないだろう。というのも、〜」というくだりが、どういう論理的な繋がりになっているのか分かりにくいですが、恐らく、十字軍戦争のような極端な例を「政治的事実」として素朴に受けとめ、それがキリスト教共同体全体のコンセンサスであるかのように言おうとすれば、当然、それに対して文献学や民俗学の観点から、それは一般化しすぎだという反論があるだろうから、シュミットの解釈にのっかるには、そういう反論は無効だということにしておかないといけないだろう、ということでしょう。原文も確認してみましたが、ここは単純にデリダの説明不足になっているような気がします。「汝の敵を愛せよ」の語源的解釈それ自体も、その例として十字軍を出すのも、疑問があるということを、デリダは指摘しているわけです。

その後、再びイエスからの直接引用がありますが、重要なのは、「あなたがたも聞いているとおり」という部分です。つまり、イエスの前にいるイスラムの民が既に聞いているはずのことが問題になるわけです。

イエスが「あなたがたも聞いているとおり、『隣人を愛し、敵を憎め』と命じられている」と述べるとき、彼はとくに「レビ記」を参照している。後半部分（「敵を憎め」）ではそうではないが、少なくともこの文の前半（「隣人を愛せ」）については「レビ記」が参照されている。そこでは「自分自身を愛するように隣人を愛しなさい」と命じられている。しかし一方で、すでに「レビ記」で復讐は禁じられており、「敵を憎め」とは述べられてはいない。他方、「レビ記」は隣人という言葉を「同胞」すなわち「同じ民（'amith）の人々」の意味で使っており、すでにシュミットのいう意味での政治的

なものの領域に入り込んでいる。隣人と敵の対立があったとしたら、それを私的なものの領域に閉じ込めておくのは難しいと思われる。

「レビ記」は、旧約聖書の三番目の書で、神がモーセに示した律法の諸規定が示されています。この中で神はモーセに、「同じ民に属する人々に恨みを抱いてはならない」と言ったすぐ後で、「自分自身を愛するように隣人を愛しなさい」、と命じています。ということは、「隣人」というのは、イスラエルという民族共同体ということになります。それは政治的単位です。イエスもその意味で「隣人」と言っているとすれば、その「隣人」の対立項である「敵」が、私的な敵であるというシュミットの解釈はおかしくなってきます。無論、まともなキリスト教の立場からすれば、イエスの言う隣人が民族同胞だというのは、曲解ですが、シュミットの言語論的アプローチが許容されるのであれば、デリダが示しているような解釈の可能性もあるわけです。「レビ記」には、「敵」も出てきますが、同胞は全て隣人ということになれば、これは必然的に異邦人ということになるでしょう。イエスが、この「レビ記」の語彙に基づいて語っているとすれば、公的な友＝民族同胞だけでなく、公的な敵＝異邦人も愛しなさい、と言っていることになります。ちょっと差別している感じが残りますが、一応博愛主義的な感じになります。デリダは「レビ記」の記述における「隣人」と「民族同胞」の結び付きを指摘することで、シュミットの言う〈inimicus〉と〈hostis〉も実は密に結び付いているのではないか、相互浸透しているのではないかと示唆します。つまり、異民族だからこそ私的にも敵になり、私的に憎い相手が異邦人になるのではないか、ということです。

ここで問題になっているのは、政治的なものを基礎づけ、なんらかの分離によって、政治的なものの種的特性の厳密な概念を手に入れようという、概念的かつ実践的な可能性である。なんらかの分離によって、というのは、公的なものと私的なもののあいだの分離だけではなく、公的な存在《エグジスタンス》と共同体的な情念《パッション》や情動《アフェクト》のあいだの分離でもある。後者は、同じ家族の成員、同じ民族的・国家的《ナショナル》・言語的などの共同体の成員として、各人を他者に結びつける。国家的あるいは国家主義的な情動、共同体的な情動は、それ自体で政治的なものであるのか、ないのか。それはシュミットのいう意味で私的なものなのか公的なものなのか。こうした問いに答えることはむずかしい。おそらく問題を練り上げ直すことが必要なのだろう。

先ほど私が言ったことを前提にすると、それほど難しくはないと思います。シュミットは民族や言語とは関係なく、政治的共同体への所属という点だけから、友／敵が区別されると考えましたが、デリダの言うように、政治的共同体は言語や民族が同一であることによる情動的な親近性によって成り立っている面があるので、私的な友／敵と、公的な友／敵は不可分の関係にあります。細かいことですが、訳文では「国家的」という言葉が使われていますが、ルビから分かるように、原語は〈national〉です。「国家」というのは、法的・政治的な組織・機構を意味することが多いので、これは英語の〈state〉やフランス語の〈état〉の訳語とし、言語を中心とした文化共同体である〈nation〉の訳語としては「国民」を当てるのがいいと思います。

二一四～二一六頁にかけて、二つの「報い」という話が出てきます。この二つの「報い」は、二つの「民 peuple」の違いに対応しています。二つの「報い」というのは、普通の等価交換的なエコノミーの「報い」と、天上のエコノミーの「報い」です。二つの「民」というのは、「民族」という意味での「民」と、キリスト教の教えを受け入れる信仰の「民」です――廣瀬さんは、〈peuple〉を「民族」と訳して、「二つの民族」としていますが、それだと、区別が分かりにくくなります。山上の垂訓は、お互いに隣人として助け合っている――同じ父から生まれた――同胞の間での閉じたエコノミーから、相手との間の交換の等価性とは関係なく、唯一の父である神の目から見た宝を積む、普遍的なエコノミーへの転換を促す言説です。後者のエコノミーで、各人の贈与や施しを評価するのは、隠れたことを見ておられる者としての父です。

デリダは神を信じるか？

こういう言い方をすると、デリダが神の存在を素朴に信じているような感じがします。どうもそうではないようです。デリダは、神を私たちの意識の構造として捉えようとしているようです。二二〇頁で、「神とは、内部では見えるが、外部では見えないような秘密を、私が守ることができるという可能性に付けられた名である」と言っています。

このような意識構造、すなわち〈自分とともにある存在〔être-avec-soi〕〉の構造があるとき、また、語るという構造、すなわち見えない意味を生産する、という構造があるとき、そして、見えない言葉そのもののおかげで、私が私の内に、他者には見えない証人を持ちえたとき、私が神と呼ぶものがあるのだ。この証人は、私とは別の者であると同時に、私以上に私に対して親しいような証人である。私が私と秘密の関係を保持し、すべてを語らないことができたとき、私の内に、そして私のために、秘密があり、秘密の証人がいるとき、私が神と呼ぶものがあり、私が私の内なる神を呼ぶことが〈ある〉のであり、〈私が自分を神と呼ぶ〔＝私は神という名である je m'appelle Dieu〕〉という〈ことがある〉のだ。この〈私が自分を神と呼ぶ〉という文を〈神が私を呼ぶ〉という文と区別するのはむずかしい。なぜなら、私が自分を呼んだり、ひそかに呼ばれたりするのには、〈神が私を呼ぶ〉という条件が必要だからだ。神は私の内にある、神は絶対的な「自己」である、神とは、キルケゴール的な意味で主観性とよばれる、不可視の内面性の構造のことである。

言い回しは難しいですが、言わんとしていることは分かりますね。私の中に、私自身にとって不可視の部分があり、それが天上のエコノミーに基づく私の行為の評価をしてくれる証人になっていれば、あるいは、そのように思えれば、それが「不可視の内面性の構造」としての「神」である、ということです。「キルケゴール的な意味で主観性」というのが、少し分かりにくいですが、恐らく、客観的真理を追求するヘーゲル的な主体に対して、自らの在り方に対する実存的な内省を徹底して行おうとする主体性ということではないかと思います。キルケゴールは『哲学的断片への結びとしての非学問的あとがき』（一八四六）で、「主体（主観）性こそ真理」と言っています。

そして、神がみずからを顕現《マニフェスト》し、みずからの非顕現性を顕現するのは、生物と実存者の構造の中に、その系統発生的および個体発生的歴史をとおして、秘密の可能性が現れたときなのだ。もちろんこの秘密の可能性もまた、さまざまに分化し、複雑で、複数的で、多元的に決定されている。

少し難しそうな言い方をしていますが、先ほど述べられていたような、不可視の内面性に対応するように見えるものが、この世界に具体的に存在するものの上に現れているように見える時、神の現れが感じられる、ということです。私たちの心の中で、私たちに自分の行為を自分に分からないように評価しているように思えるものと同じものが、世界に調和とか愛とか正義とか栄光とかをもたらし、秩序を保っているように見える、ということでしょう。神というのを、そういう風に、私の内にあって密かに働いているものと、外の世界を背後で動かしているものの対応関係と見るわけです。

二二二〜二二三頁にかけて、神の視線の下で成立する「もうひとつ別のエコノミー」が、ヘーゲルの初期の著作『キリスト教の精神 Der Geist des Christentums und sein Schicksal』（一七九九／八〇）に即して読み替えられています。「精神について（De l'esprit）――精神そのものについて。若きヘーゲルの著作の題名を借りるならば、『キリスト教の精神』について」という少しもって回った言い方で、この講義の前半で読んだ『精神について』を示唆していることが分かりますね。この著作でヘーゲルは、ユダヤ教という一つの民族の宗教の「精神 Geist」が、イエスの登場によって民族の制約を超えて人間を普遍的に把握する「精神」へと発展したこと、しかしそれが「精神」のみの統一で、現実の国家との繋がりを欠いていたため自ずと限界があるという議論を展開しています。ヘーゲルは、ユダヤ教からキリスト教への転換を、「精神」の発展という視点から描いています。後に『精神現象学』や『歴史哲学講義』（一八三七）などで呈示される、「精神」の普遍的発展図式を先取りするような議論になっています。

> ヘーゲルは、キリスト教という啓示宗教の顕現、その降臨に、みずからの真理すなわち絶対知の予告を見た。可能なかぎり全能なキリスト教の王朝は、もはや限界を知らず、おのれの限界を食い破り、みずからに打ち勝つことができるということと引き替えに、みずからの不敗性をしょいこむことになる。秘密のひそかな市場において、みずからを駆り立てる能力を。

ヘーゲルは、あらゆるものを自らの体系の中に取り込んで位置付ける貪欲さを持った、運動体として「精神」を描いているわけです。自らの限界を食い破って、不敗性をしょいこむというのは、精神が自己自身を否定しながら次の段階へと自己を「止揚」していく、弁証法のことです。自分で自分の限界を超えることができるのであれば、不敗であるわけです――こういう言い方をうさんくさいと思う人は少なくないでしょうが。「秘密の市場」が、精神をそうした弁証法的運動へと駆り立てるというのは、先ほどのキリスト教的エコノミーの話に出て来たように、価値評価の真の基準が不可視なので、既存の制度化されたエコノミーを、それは真に公正なエコノミーでないと言って否定し、新たなエコノミーを生み出すことが可能であるということでしょう。マルクス主義の［原始共産制社会→奴隷制社会→封建制社会→資本主義社会→社会主義社会→共産主義社会］という発展図式を念頭におけば、分かりやすいでしょう。マルクス主義の場合、既存のエコノミー（経済）の不公正さが、唯物論の法則に従って明らかになることで、次のステージに移行するわけですが、ヘーゲルの場合は、それ自体としては顕現しない絶対精神が、既存の法や道徳、芸術、文化を変容させる機動力になるわけです。自らの現れとして地上にあるものを、不可視の絶対精神自身が否定し、次の段階にシフトしていく。

このヘーゲルの議論の枠組みを、ニーチェがキリスト教批判の形で継承したわけです。「ニーチェが『キリスト教の精髄《ジェニー》』について語る。ニーチェは、シャトーブリアンの文学作品をパロディー化するにあたって、無限というこの市場や商品において、信じること、信じさせること、信用すること〔＝掛け売りをすること faire crédit〕といった言葉が何を意味しているのか知っていると信じるという素朴さを残していたのかもしれない」、と述べられていますね。シャトーブリアン（一七六八―一八四八）は、フランスのロマン主義文学の先駆者として知られる小説家で、ウィーン体制下の復古王政で政治家としても活動しています。彼の著書『キリスト教の精髄 Génie du christianisme』（一八〇二）では、フランス革命の原因を作った啓蒙主義を批判して、キリスト教を擁護し、キリスト教だけが文学と芸術を進歩させることが主張されています。この著作のドイツ語訳のタイトルが《Der Geist des Christentums（キリスト教の精神）》なので、先ほどのヘーゲルの著作と繋がってきます。シャトーブリアンのキリスト教擁護論をパロディ化していると思えるニーチェの著作は結構ありますが、ここでデリダが念頭に置いているのは、「信じる」という言葉をいじって、「信仰」をからかっている『道徳の系譜 Zur Genealogie der Moral』（一八八七）でしょう。英語の〈crédit〉やフランス語の〈crédit〉は、「信仰する」とか「信用する」「信じる」という意味のラテン語の動詞〈credere〉から派生した言葉で、ニーチェはこの点について語源論的な考察を加えています。『道徳の系譜』のことは、少し後でまた出てきます。

シャトーブリアン

デリダとキリスト教

二二四～二二五頁にかけて、ユダヤ＝キリスト教は、唯一の父によって唯一の息子だけが救われる、男たちの物語であり、女性が基本的に排除されているということが指摘されていますね。確かに、常に神によって召命された男性が、苦難に遭遇しても、最終的に神に救われるパターンで話が進んでいき、女性が中心的な役割を担う局面はあまりありません。ベタなフェミニズム的問題提起のようにも見えますが、デリダが言いたいのはそれよりもむしろ、ユダヤ＝キリスト教の本質が、神の救いの条件に適っている人物を救って、それ以外の者を切り捨てているように見える、ということではないかと思います。天上のエコノミーが人間にとって秘密だとすれば、誰がどういう善や義の行為によって救われたのか分かりません。ユダヤ教やキリスト教にとって、都合のいい人物が、天上のエコノミーにおいて宝を積んだという物語を、後付けで作ることはいくらでも可能です。

二二六～二三一頁にかけてボードレールが先ほど出てきた「異教派」で、キリスト教のそうした排他的な側面を皮肉っていることが指摘されています。二二七～二二九頁にかけて、「異端派」からの長めの引用がありますね。先ほどの「対象の抹殺」の部分も含まれていますね。最後の方で、自分が受け取った贋金を貧乏人のためにとっておいてやろうとする芸術家のことが意味ありげに述べられていますが、肝心なのはここです。直接的には、異端派が、偽物の美を趣味の悪い貧乏人向けに流布させてやろうとしている、ということの比喩でしょうが、少なくともデリダの読みでは、それだけの話ではないようです。

デリダも言及しているように、ボードレールには、彼の死後出版された『パリの憂鬱 Le Spleen de Paris』（一八六九）という散文詩集があり、その中に、「贋金 La fausse Monnaie」という作品が含まれています。「私」とその友人の二人が主要な登場人物です。友人が煙草屋の釣銭を細かくえり分けていたので、私がそのことが気になっていたところ、二人の前に乞食が現れます。友人が多額の金を与えたので、私が驚いたところ、友人は贋金だったのさ、と言ってのけます。その時私の内に、もしこのような行為が許されるとしたら、乞食が贋金を使ったことによって、どのような帰結が生じるか知りたいという願望がある場合だけだろう、という考えが生まれます。乞食はこの贋金を使ったことで逮捕されるかもしれませんが、乞食がこれを相場師のようにうまく使うことで、大きな利益を得られるかもしれません。このことは、貨幣というのはそれが現に通用しているという事実によって価値を得ているのであって、それが元々価値があるものだったか否かというのは関係ないことを暗示しているように思えます。紙幣は元々それ自体としてはあまり価値がないのに、それを発行している国家あるいは中央銀行に対する信用＝信仰（credit）があるので流通しているわけですが、その保証の主体が崩壊すると、とたんに無価値になります。怪しい国家の発行する金と、贋金の区別は紙一重のような感じもしますね。絶対的に安定した国家などないので、本当に価値ある貨幣と、贋金の違いは紙一重です。デリダはこの点について、『時間を与えるI　贋金 Donner le temps 1. La fausse monnaie』（一九九一）で突っ込んで論じていますし、それについて拙著『貨幣空間』（世界書院）で、マルクスなどの貨幣論と関連付けて解説しているので、ご覧ください。

しかし、先ほどの「私」の想像を聞いた友人は、なるほど相手が期待している以上のものを与えてびっくりさせてやるのは面白い、と無邪気に言ってのけます。それで私の見方が変わります。そこが面白いので紹介しておきましょう。先ほどと同じく筑摩のボードレール全集の阿部良雄さんの訳から引用します。

> 私はその時、彼は慈善をほどこし同時にうまい取り引きをしようと考えたのであることを、はっきりと見てとった。四十スーの得《とく》をし、〈神〉の御心をも得よう、経済的に天国をわがものにしよう、さらに慈悲深い男の免許を無料《ただ》でせしめようと考えたのであることを。私が先ほど、この男にもそういう能力があると仮想したような、犯罪的な享楽への欲望をもったのであるならば、私はほとんどそれを赦しもしたであろう。彼が貧しい者たちを危険にさらして楽しむのを、面白くも珍しくも思ったであろう。だが、彼の打算の愚劣さというものは、断じて容赦するわけにはゆかない。邪《よこしま》であるのはいかなる場合にも赦しようのないことだが、己が邪であると自覚するのは、いささか取柄のあることだ。

――そして、最も償《つぐな》いがたい悪徳は、愚かさから悪をなすことである。

ここでは見事に、現実世界の贋金の話と、天上のエコノミーの贋金の話がオーバーラップしていますね。最後の「償いがたい irréparable」も経済の言葉です。話を「異教派」に戻しますと、表面的には、芸術的な贋金を問題にしているようで、宗教的贋金の話をしているように思えます。ボードレールは、「異教派」を責めているようで、実は救いのエコノミーに関してインチキをやっているキリスト教を責めているのではないか。デリダはそういう読みをしているようです。デリダの読みに従えば、ボードレールの評論「異教派」は、芸術、経済、宗教の三重の贋金を脱神秘化することを目指しているわけです。

つまり脱神秘化とは、秘密の秘儀伝授的な欺瞞を暴き立て、でっち上げられた秘儀《ミステール》や、秘密の条項を備えた契約の訴訟をすることである。すなわち、隠された秘密を見ることによって、神は無限に多くの報いを返すことができるが、その神がすべての秘密の証人であり続けるからこそ、私たちはますます簡単に秘儀《ミステール》を受け入れてしまうのである。

神は分かち与え、神は知っている。神が知っていると私たちは信じるべきである。この知がキリスト教的な責任や正義の概念を、それらの「対象」と同時に基礎づけるとともに、破壊するのである。

「神」を証人にすることによって、つまり、「神が知っている」というフレーズによって、天上のエコノミーが成立しているというのは分かりやすいですね。「神が知っている」ことによってキリスト教的な責任や正義が成立するというのはいいとして、そのことが同時に、それらの概念を、その適用対象と共に破壊してしまう、というのがどういうことか分かりませんね。この点は、すぐ次の箇所で再登場するニーチェをめぐる議論によって明らかになります。

――ニーチェが『道徳の系譜』で「責任（Verantwortlichkeit）の由来の永い歴史」と呼んでいる責任の系譜《ジェネアロジー》は、道徳的および宗教的な良心の系譜《フィリアシオン》をも記述している。それは残酷と犠牲の芝居、ホロ

コーストの芝居でさえあり（これらはニーチェの言葉である）、責務ないしは負い目（Schuld この語は道徳上の「主要概念」Hauptbegriff だ〔とニーチェは言う〕）、エコノミーの投資、債権者（Gläubiger）と債務者（Schuldner）の「契約関係」である。この契約関係は、総じて権利主体（Rechtssubjekte）が登場すると同時に現れ、この契約関係それ自体がまた「売買、交換、交易などの根本形式」に還元されるのである。

犠牲、復讐、残酷さ、これらが責任や道徳的な良心の発生に刻み込まれている。「老カント」の「定言命法」には残酷さの臭いがする〔とニーチェは言う〕。だが残酷さという診断は同時に、道徳と正義の確立における、エコノミーや投機や商業的交易（売買）にもねらいを定めている。それはなお対象の「客観性」を目指しているのだ。『すべて事物はその価格をもつ、ありとあらゆるものが支払われうる』〔……〕――これがすなわち正義の最古の、最も素朴な道徳規範であり、地上におけるあらゆる〈好意〉の、あらゆる〈公正〉の、あらゆる〈善意〉の、あらゆる〈客観性〉の始まりであった。」

あえて言うならば、ニーチェはこうした正義が支払能力のない者、返済能力のない者、絶対者をも組み入れるような瞬間さえも、計算に入れているということなのである。だからニーチェは、交換としてのエコノミー、返礼金〔re-merciement〕の取引を逸脱するようなものを、計算に入れているのだ。そしてニーチェは、こうしたことを純粋な好意や信仰や無限の贈与の功績《クレディ》とみなすかわりに、対象の抹殺こそを看破し、それと同時に、恩赦における正義の自己破壊を見て取るのである。それは正義の自己破壊という、キリスト教固有の瞬間である。

少しごちゃごちゃしていますが、先ほどお話ししたように、ニーチェは『道徳の系譜』で、西欧の言語における宗教・道徳の基本的語彙と、経済のそれが重なっていることを指摘し、宗教的エコノミーが、地上のエコノミーと無縁ではないことを暴露します。細かい問題ですが、「系譜 Genealogie」という言い方は、先ほどの男子中心の家系を中心に、神のエコノミーが働いていたことを暗示しているように見えますね。フランス語で〈filiation〉と言い換えると、「息子 fils」の連なりというような意味合いになります。

先ほど確認したようにドイツ語で「罪」とか「負い目」という意味の〈Schuld〉には、「負債」という意味もあります。語源的に「負債」の方が本来の意味のようです。これから派生した、「Schuldner」という言葉は「債務者」という意味ですが、「罪人」という意味もあるように見えます。「債権者」という意味の〈Gläubiger〉は、「信じる」という意味のドイツ語〈glauben〉から派生した言葉です。形容詞形の〈gläubig〉だと、「信心深い」という意味になります。これは、債権者が、債務者を信じて貸すというところから来ています。英語の〈creditor〉も、原義は「信じる人」です。語源は、先ほどのラテン語の動詞〈credere〉です。ニーチェは、債権者と債務者の契約関係から、〈Recht〉、つまり「権利」や「正義」といった観念、更には宗教的な罪の概念が生まれてきたと示唆しているわけです。

ただ、これらの契約的な概念と、それに根ざした契約主体、等価性による合理的エコノミーを追求する主体が誕生する以前には、人間の世界は犠牲、復讐、残酷さに支配されており、それが契約的な主体性にも刻印されているとニーチェは言っています――合理性の根底に、原初の残酷さが潜んでいるというのは、パトチュカの言うプラトン主義による、オルギア的なものの抑圧、体内化に対応しているように思えます。その「残酷さ Grausamkeit」の名残が、自らが〝理性〟で見出した道徳法則に例外なく絶対的に従わねばならない、というカントの定言命法に現れている、というわけです。「定言命法」というのは、「汝の意志の格率が常に同時に普遍的立法の原理として妥当するよう行為せよ」、という定式で表される、道徳法則の無条件性のことです。オルギアに由来する「残酷さ」はそれに加えて、商売におけるやりとりの厳格さ、それを保証する法の厳格さ、延いては、人間が負っている「罪＝負債」の返却を徹底的に追及するキリスト教の厳格さに現われているわけです。

「ニーチェはこうした正義が支払能力のない者、返済能力のない者、絶対者をも組み入れるような瞬間さえも、計算に入れている」、というのが少し分かりにくいですが、「支払能力のない者」「返済能力のない者」というのは、神に対して生まれた時から背いているとされる「人間」のことです。キリスト教は、この罪＝負債は神に対して返済しきれないのだけれど、神の子であるイエスが十字架で苦しむことによって、その負債を返済した、という信仰者でないと分からない理屈で、自らの教義を説明します。キリスト教は、イエスの死による贖いは、「純粋な好意」「無限の贈与」であり、地上のエコノミーとは異質なものであるということを強調するわけですが、ニーチェはそれをむしろ、キリスト教のエコノミーの自己矛盾と見ているわけです。まず率直に考えて、地上に生きる普通の人間が返済できない負債＝罪があるとすると、神と人類の間の契約関係は既に破綻しているはずです。人間が何をやっても、原罪に相当するものを返済したことにはならず、債務がそのまま残るのであれば、債務の返済によって実現されるはずの「正義」はいつまで経っても実現されません。というより、何をやっても、神に対して負っている罪に影響はないのであれば、個別具体的な行為ややりとりにおける〝正義〟も成り立ちません。これが先ほどの「神は（私の罪を）知っている」が、正義や責任の概念と、その適用対象の破壊につながるということの意味です。私は無に等しいので、私が自力で何をやっても、神の正義という観点から見れば無価値です。

キリスト教は、原罪という負債を設定することで、信仰する人々を巨大なエコノミーに取り込み、彼らを教会の教える正義や責任に従属させようとしてきましたが、その内部に自己解体的な契機を孕んでいるわけです。そうしたニーチェの道徳の系譜学によるキリスト教の脱構築を、デリダが「エコノミー」という視点から再構成しているわけです。

―― 正義はその Selbstaufhebung〔自己止揚〕によって、特権でありつづけている。Gerechtigkeit〔正義〕

は Jenseits des Rechts〔法の彼岸〕として Vorrecht〔特権〕でありつづけるのだ。このことは Selbst〔自己〕一般の構成、すなわち責任のひそかな核心において、この Selbstaufhebung の Selbst とは何なのかを思考するよううながしてくれる。

この場合の「正義」は、文脈から分かるように、法や契約における正義ではなく、神の目から見た正義でしょう。「特権」だというのは、それが通常の権利（Recht）や正義、法（Recht）を超えたものであり、かつ、それを人間に一方的に贈与することは、神のみに与えられている権限だからでしょう。キリスト教の正義は、そうした意味で、必然的に、債務と債権のやりとりにおけるバランスという正義の通常の意味を超えていく、言い換えれば、自己止揚するわけです。この場合の自己というのは、直接的には正義のことですが、正義が自己止揚されることによって、責任の主体としての各人の「自己」の意味も変容せざるを得ないことをデリダは示唆しているわけです。特権付与者である神との関係では、借りたもの（負債）と等価のものを返すという意味での「責任」は成り立たなくなります。

道徳的義務、良心のやましさ、負い目としての良心などとして、債務のメカニズムを道徳化してしまう抑圧（Zurückschiebung〔押し戻し〕）の概念を検討することによって、この抑圧の誇張化の過程を追うこともできるかもしれない（たとえばパトチュカがキリスト教的抑圧について語っている一節などとも比較しながら）。この犠牲的なヒュブリス〔傲慢さ〕のことを、ニーチェは「キリスト教の天才的な詭策」と呼ぶ。この詭策が、債務者への愛によるキリストの犠牲において過剰な地点にまで至るエコノミーを支えている。おなじ犠牲のエコノミー、おなじ犠牲の犠牲のエコノミーを。

おまえには債務＝罪があるとして、道徳的義務を押し付けるキリスト教の戦略を、デリダは「抑圧 refoulement」と捉えているわけです。「抑圧」に対応するニーチェのテクストの原語〈Zurückschiebung〉は、「押し戻すこと」というのが本来の意味ですが、この「押し戻す」というのは、他者との関係においてしか成り立たない「負債」の問題を、各人の内面へと「押し戻す」ということでしょう。この「押し戻し」は、パトチュカの二重の抑圧論の第二ステージと対応していると見ることもできるでしょう――その場合、先ほどの、残酷さの良心への封じ込めは第一ステージに対応しているということになるでしょう。払い切れない負債を、キリストが私たちに代わって支払ってくれたという前提の下に、キリスト教はその信者たちに、肩代わりしてくれたキリストに自己を捧げるよう促します。代わりに払ってもらったというより、キリストあるいはその代理である教会が、債権を購入して、新たな債権者になった感じですね。それをニーチェは、キリスト教の「天才的な詭策 Geniestreich des Christentums」と呼んでいるわけです――シャトーブリアンの著作のタイトルに入っていた〈Genie〉という言葉が入っていて、彼の著作をパロディにしているような感じになっていますね。

「おなじ犠牲のエコノミー」というのは、恐らく、ユダヤ教以来の犠牲のエコノミーを拡大・強化した同一のエコノミーというような意味合いで、「犠牲の犠牲のエコノミー」というのは、少し前に出て来た「犠牲を犠牲にする」という表現の場合と同じように、個別具体的な犠牲のエコノミーを〝犠牲〟にして、それを超えた所に成立するエコノミーというような意味合いでしょう。

もしそのようなものがあるとして「天才的な詭策」は、秘密の無限な分かち合いの瞬間にしか到来しない。もしかりに、魔術的な秘密、なんらかの能力《プヴォワール》が持つ技術、一種の作法の策略などとして、この「天才的な詭策」を、「キリスト教」と呼ばれる誰かあるいは何かに帰属させることができたとしても、そこにもうひとつの秘密を包み込むべきであろう。それはこれまでになくもっとも深い秘密にとどまるようなものに対する責任や、信用《クレディ》と信仰《フォワ》のあいだにある、信《クロワイヤンス》という消し去りがたい経験や、債権者（Gläubiger）の債権《クレアンス》（＝信頼）と信者の信（Glauben）とのあいだに宙づりになっている〈信じること〉などを、神や「他者」に対して、あるいは神の名において付与するような、転倒や無

限化のことである。こうした信や債権者の歴史をどうやって信じればよいのだろうか。このことが最後《イン・フィネ》にニーチェが問い求めていること、すなわち彼が自問していること、他者によって、あるいは彼の言説の亡霊によって求められるがままになっていることである。

「魔術的な秘密」というのが説明がなくて分かりにくいですが、これは恐らく、「債務＝罪」があることを信じさせることをめぐる秘密でしょう。この箇所全体がそれを問題にしていると言ってもいいかもしれません。確かに、各人には返済しきれない「債務」があるのだけれど、神と人の仲介者であるキリストがそれを代理返済してくれたということを信じさせることができれば、強烈な信仰心を持ち、贖い主のために実践する信者を作り出せるので、教会にとってものすごく好都合ですが、どうやってそう信じさせることができるのか本当のところ分かりません。その「債務」なるものも、債権者である神も、目に見える形で示すことはできないわけですから。取引における債務／債権関係と、宗教的罪の間に関係があるとしても、商売をやっている人間が、した覚えがない借金を神に対してしていると、どうして思うのか？　神は、私たち自身の内の不可視の部分だとしても、その部分と、顕在化している自己の間に債務／債権関係が生じ、後者が良心の呵責を覚えるというのはどういうことなのか？　どうして、そんな訳の分からない貸借関係が自分の内で生じるのか？　「神が知っている」というのは、「世間＝超自我が知っている」ということだ、というように精神分析的に説明するにしても、それで払い切れない無限の債務ということまで説明できるのか？　ニーチェは、「天才的畸策」を批判しますが、それがどうやって機能しているのか明らかにしていません。

　デリダはここまで宗教によって支えられる「責任」や「正義」について批判的な議論を展開してきましたが、それらが実際にどうやって人々の心の中に入り込み、機能しているかについては彼自身も迷っているのではないか、と思います。分かったのは、「天上のエコノミー」が、「地上のエコノミー」とは無関係ではなかろう、ということだけです。

■質疑応答

Q　非－エコノミーをも統合するエコノミーという視点が非常に面白かったです。人間には、道徳的に善いことや悪いことをすれば、「報い」がある、もしくは、あるはずだ、という発想は、キリスト教以外の信仰の人も共有されていると思います。無神論の人も、そういう考え方をしているのではないか、と思います。そういう報いの思想や実践を含んだエコノミーが作用しているからこそ、私たちの社会は成り立っているのかもしれません。

A　重要なご指摘だと思います。「報い」という言葉を使うと、善人や悪人がそれ相応の報いを受けていない――ように思える――ケースが多々あることが気にかかりますし、「私は別に報いを得たくて善行をしているわけではない」、と言う人もいるでしょう。しかし、悪人が「報い」を受けないでのうのうとのさばっているのを見ると、いらいらしてきたり、絶望的な気持ちになったりするというのは、宗教や信念の違いを超えて普遍的な現象だと思います。誰が真に賞賛されるべき善人なのかについては世間の意見が分かれても、誰が罰せられるべき悪人であるかについては、意見が一致しやすいですね。安倍首相が「イスラム国に報いを受けさせる」という言い方をしたことが多少物議を醸しました。日本の首相の発言として政治的にまずいとか、表現が幼稚だということはあるかもしれませんが、悪いことをした奴が何のペナルティも受けないままだと、世界の中で帳尻が合っていないと感じるのは、割と普通のことではないでしょうか。善悪の基準を示したうえで、帳尻はどこかで必ず合うという教えを説くのが宗教だと思います。

アドルノやパトチュカ、デリダが示唆するように、私たちの主体性が等価交換の原理に基づく合理性に根差しているとすれば、自分自身にとっての債権／債務関係だけでなく、世界全体の帳尻に関心を持つのは自然なことでしょう。世界全体の帳尻が合っていなければ、自分の帳尻も怪しくなる可能性があるからです。一方的に自分に都合のいいことばかり起こるのならそれに越したことはありませんが、どこかで余計にもらった分を返さないといけないのではないか、と心配になりますね。悪いことをしたのに何も制裁を受けなかったら、後で何かお返しがないか心配になります。しかし、世界の帳尻について心配しているだけでは、埒が明かない。そこで人知を超えたところで、世界の帳尻を合わせてくれる全能の神がほしくなる。人間は、世界の中で生じることをプラスとマイナスに価値付けし、収支計算する能力を身に付けてしまったせいで、バランスを取ってくれる絶対的な神を求めるようになったのかもしれません。

Q　「エコノミー」という経済学的な言葉は、エネルギーが循環的なサイクルを形成しているような印象を受けますが、それは閉じたサイクルではないわけですね。

A　一度契約関係の基本的なルールのようなものを作って、それを整然と運用していけば、閉じたサイクルになるはずですが、人間は常に規則通りに行動しているわけではなく、ルールを意図的に破るやつもいるし、様々な偶然が介入してきますし、どうしても帳尻が合わないことがあります。穴が見つかってしまう。先ほど言ったように、人間自身の力ではどうしようもない。そこで宗教を作ります。宗教を信仰しても、地上では帳尻が合わないから、キリスト教のように、神の目にだけ見える、天上のエコノミーのようなものを想定して、そこでは帳尻が合っていることにする。

いでしょうか。

Q　通常の倫理や道徳も、言葉によって、この世界が合理的であるかのように取り繕っているのではないでしょうか。

A　その通りだと思います。私たちは、言語によって規範を作り出し、それに従って生きようとします。「善／悪」「正／不正」「快／不快」「美／醜」……。しかし、どのようにうまく規範の体系を作っても、それを完全に順守することはできませんし、規範相互の矛盾が明らかになったりします。サンデルが白熱教室でやっているように、人間が作り出した諸規範は相互にぶつかり合い、どちらを取るか迫られることが少なくありません。そのため、規範体系を構成する言語は絶えず変容し続けます。差延です。

Q　現実が実数だとすると、規範の世界はそれを外部から支える虚数のようなものでしょうか。言語や記号は、現実の不可解さを外部から説明するものなので、どうしても現実とはきれいに重ならない。

A　デリダが言おうとしていることはまさにそこです。人間が言語できれいに線を引こうとするけれど、それは現実とずれているので、規範の言語の方を差異化し続けるか、ＳＦのような完璧な状態を定義してそれを実現するアーキテクチャを作り出して、それによって現実を管理するしかない。曖昧さを許容できないで、現実と規範が一致する完全な状態を求めると、そういう極端なことになってしまう天上のエコノミーというのも、人間を管理するためのヴァーチャルなアーキテクチャかもしれません。無限の負債があると信じ込ませることによって、信仰者を規範に無条件に従う存在にしてしまう。世界の帳尻を合わせたくて、無自覚的に極端な方向に走ってしまう、合理的主体性を獲得してしまった人間の性みたいなものを、デリダは描き出そうとしているわけです。

Q　絶対的な主体性はあり得ないですよね。自分で決めたつもりでも、様々な外的状況に左右されて、何となく流されて物事を決めている。どうして、それをしたのかと聞かれても答えようがない。

A　そういう曖昧さがあると分かっていても、何か負の価値があることをしでかした人間を見ると、「おまえ、責任あるだろう。どうして、やったんだ。答えろ?」と言いたくなる。

Q　それは絶対的な意味での責任ではない。

A　にもかかわらず、厳密な「責任」の概念を確立し、それに基づいて法や道徳を構築しようとする。そこが厄介です。厳格な法規範の体系に盲従することになると、自分の主体性を発揮する余地はなくなる。私たちは、「主体性」の幻想からなかなか逃れられない。

Q　実は、何もしないということが、主体性を発揮することなのかもしれませんね。

A　前回、バートルビーの話が出てきましたが、あれはまさに今おっしゃったようなことを指しているのではないかと思います。積極的に何か行動を起こそうとすると、必ず何らかのエコノミーを想定し、全てをそれに当てはめて合理的に理解したくなる。そうすると、そのエコノミーの中で自己を喪失してしまう。そのエコノミーを破壊しようと〝主体性〟を発揮しようとしても、結局、同じことになってしまう。ソ連のマルクス主義が資本主義のエコノミーを壊すためのエコノミーを構築しようとしたように。それを回避するには、バートルビーのように、極めて曖昧な、抵抗とも言えないような抵抗をするしかない。

Q　エコノミーが閉じていると考えるから、そうなるんじゃないですか。

A　その通りです。

Q2　責任主体という概念主体がアポリアを含んでいるというのは納得できる話だと思いました。帳尻を合わせようとすると、人間は動物に寄っていく。帳尻をより大きな生において統括していこうとすると、各個体が自律的に判断するのではなく、種として合理的に行動することになる。そうなると、人間も他の動物とほとんど変わらないことになる。生き生きしたパロールではなく、エクリチュールとしての言葉が支配的になることに問題があるのかと思います。規範をエクリチュールとして固定化して、そのエクリチュールの中で辻褄を合わせようとすると、「神」を目指すことになってしまう。エクリチュールは自分たち自身の運動、あがきの「痕跡 trace」でしかないはずなのに、「痕跡」を辿っていくと、神に到達できるかのような幻想を持ってしまう。絶対的な神を中心とする大きなエクリチュールを目指すのではなく、曖昧さを残す形で開かれたエクリチュールの中で戯れていく、というような感じが必要ではないかと思いました。

A2　動物は意識的に行動しないし、自分の行動を記憶しない。だから、デリダの言うような意味での「痕跡」はないし、エクリチュールの内部で帳尻を合わせる努力もしません。人間は、帳尻を合わせるべく自分たち、その祖先が努力したことの「痕跡」を記憶し、エクリチュールの中に書き込む。そうやって

「歴史」が生まれるわけですが、そうすると、歴史の帳尻を合わせようとする。

日本の戦後補償をめぐる問題というのは、まさに歴史の帳尻を合わせる問題です。日本の場合、国民国家以降の帳尻が問題になっているわけですが、イスラエルとアラブ諸国は、旧約聖書の時代からの帳尻を合わせるために争っています。イスラエルにとってカナンの地が、アブラハムがイサク奉献の代償として神から与えられたものだとすれば、それを全て自分のものにしない限り、帳尻は合いません。現実のイスラエル国家の安定を考えれば、ヨルダン河の西岸などを、パレスチナに譲って、和解すればいいと思えても、そういう妥協をすると、神との約束のエクリチュールを神話的なものとして相対化し、自分たちの民族としての存在の根拠を否定することになりかねない――現実的には軍事的・経済的理由があると思いますが、文化的側面に限定して話をします。彼らが目指していた歴史的正義全体が、崩壊することになりかねない。

歴史のエクリチュールの中で帳尻を合わせ、歴史的な正義を実現しようとすると、どんどんややこしいことになっていきます。

Q2　前々回のオルギア的な供犠は、パロール的なものと結び付いているような気がしました。「神が見ている」というのは、パロールというか、身体的な感覚とより密着していて、パロール的なものの痕跡かなという気もします。

A2　直接的感性的なものに圧倒されて、各人の自律性が失われる状態から脱するべく、エクリチュールが導入されたはずですが、それによって、大きなエコノミーの幻想に囚われ、それにはまってしまった人は、かえって、〝主体性〟を失い、ニーチェやデリダが言うように、エクリチュールの奴隷になる。おっしゃっていただいたように、エクリチュールは、人間を悪い意味で動物的にしてしまいます。〝単なる言葉〟にすぎないはずのものに、機械的に反応するようになる。ネット住民たち、特にツイッタラーは、ネット上に書き込まれた単なる言葉に、自分の感性に頼って、脊髄反射します（笑）。まるで、そこに真理があるかのように。

今回の連続講義の締めくくりになる次回は、『声と現象』をベースとして、『グラマトロジーについて』を少しミックスした形で初期のデリダの思想を再構成してみたいと思います。それで、『精神について』や『死を与える』での議論の前提になっている考え方がもう少しクリアになると思います。デリダの初期の代表的著作である『声と現象』と『グラマトロジーについて』では、まさにパロールとエクリチュールの関係がメインテーマになります。

［講義］第七回

デリダの音声中心主義批判について
——スピヴァックとヘーリッシュを参考に

デリダの出発点は、音声中心主義を根底において支えている「書かれたもの（書字）」をめぐる問題です。後期の倫理に関する考察も、「音声 parole」と「書字 écriture」の対立をめぐって展開していると見ることができます。

人間の言語で、「話し言葉（パロール）」と「書き言葉（エクリチュール）」のどちらが実際に優位に立っているのかという言語学的な話ではありません。言語学的な話だと思ってしまうと、根本的な誤解をすることになります。私たちは言語学的な予備知識がなくても、「話し言葉」は「書き言葉」に先行するのが自明の理だと考える傾向がありますが、そう考える時に、私たちは「話し言葉」「書き言葉」それぞれについてどういうイメージを抱いているのか？　そこを曖昧にしないで、掘り下げて考えようとするわけです。そんなのどうでもいいことではないかと思うかもしれませんが、その一見どうでもよさそうなことに拘って、〝重大〟な帰結を引き出してくるのが、デリダの脱構築的思考であり、フランスの現代思想系の批評の特徴です。先取り的に説明すると、「パロール」は、対象が目の前にありありとリアリティと共に現れてくる、生き生きと現前している状態と繋がっています。「エクリチュール」は、ロゴスや体系化された知に繋がっています。「音声中心主義」というのは、そうした「エクリチュール」と対比される

「音声 parole」

「パロール」は、対象が目の前にありありとリアリティと共に現れてくる、生き生きと現前している状態と繋がっている。

「書字 écriture」

「エクリチュール」は、ロゴスや体系化された知に繋がっている。

・「音声中心主義」というのは、そうした「エクリチュール」と対比される「パロール」が、人間の思考や活動において中心的な役割を果たしている、という見方。

哲学は基本的には、体系化され客観化された知を求める営みなので、主体ごとの差が大きく、状況ごとに異なる「パロール」的なものよりも、「エクリチュール」を重視する傾向がある。

「パロール」が、人間の思考や活動において中心的な役割を果たしている、という見方です。

哲学は基本的には、体系化され客観化された知を求める営みですから、主体ごとの差が大きく、状況ごとに異なる「パロール」的なものよりも、「エクリチュール」を重視する傾向があります。実際に、哲学は体系化された文章を書いたり読んだりします。しかし、難しい文章に拘っていると、どうしても普通の人間の生き生きした体験からかけ離れていき、現実の何に対応しているのか分からなくなっていきます。カントの三批判書は、真善美に関する人間の能力をリアルに記述することを試みた著作ですが、彼の概念や記述はあまりにも抽象的すぎて、普通の人間の感覚とは乖離しています。ヘーゲルは、カントにはなかった人間の精神の歴史的展開という視点を入れることで、観念と現実を統一しようとしましたが、そのせいで余計に文章が分かりにくくなっています。そこで一九世紀にマルクスや、ニーチェが登場します。マルクスは労働者の生活の現実を、ニーチェは現実の身体的欲望を描き出すことで、哲学をもう一度、生身の人間に即したものにしようとした、と言えます。ただマルクスやニーチェの思想が影響を強めると、それをエクリチュールとして厳密に解釈しようとする学者が現れます。マルクスの場合、教条的に解釈してそれを実践の指導原理にしようとした人たちがいましたね。

偉い哲学者のテクストを厳密に解釈すべきものとして、物神的に扱う

・カントの三批判書：真善美に関する人間の能力をリアルに記述することを試みた著作だが、彼の概念や記述はあまりにも抽象すぎて、普通の人間の感覚とは乖離。
・ヘーゲル：カントにはなかった人間の精神の歴史的展開という視点を入れることで、観念と現実を統一しようとした。
・マルクス：労働者の生活の現実。
・ニーチェ：現実の身体的欲望。
※マルクスやニーチェの思想が影響を強めると、それをエクリチュールとして厳密に解釈しようとする学者が現れる。
・フッサールの現象学：デカルトの原点への回帰。
・ハイデガーの存在論；プラトンやアリストテレスの原点回帰。

・デリダ：音声中心主義の前提に疑問を呈し、「エクリチュール」は単なる「パロール」からの派生物ではなく、実は、「パロール」を根底において支配しているのではないかということを指摘。

人たちばかりが目立つようになると、必ず、それは本来の道から外れている、○○の哲学は人間の生きた現実に密着していたと主張する人たちが原点回帰という形での哲学刷新を標ぼうします。フッサールの現象学はデカルトの原点への回帰、ハイデガーの存在論はプラトンやアリストテレスの原点回帰を目指しています。ハイデガーのテクストは無茶苦茶難解ですが、本人は、これまでの形而上学のエクリチュールの伝統を解体し、ギリシア人たちの生活に密着した素朴な存在観に回帰しようとしました。

そういう哲学史・思想史の基本的パターンを見る限り、人々の肉声を伝える「パロール」の方が、「エクリチュール」よりも根源的であるように見えます。芸術や文学はもっとその傾向が強いですね。哲学が芸術や文学にヒントを求める場合、生き生きした言葉、身体性に依拠しようとする傾向がより強まっていきます。まるで、文字だけに頼って哲学するのが罪であるかのような感じで。でも、「パロール」が「エクリチュール」よりも人間にとって根源的なものである、後者に拘るのではなく、絶えず前者に返るべき、という考え方でいいでのしょうか？ デリダは、そういう音声中心主義の前提に疑問を呈し、「エクリチュール」は単なる「パロール」からの派生物ではなく、実は、「パロール」を根底において支配しているのではないかということを指摘します。

「エクリチュール」と「パロール」

デリダ自身は、「エクリチュール」が「パロール」を支配しているということの意味をあまり具体例に即して語っていないのですが、私がドイツに留学した時にお世話になったヨッヘン・ヘーリッシュ（一九五一－　）というドイツ文学の先生が、うまい具体例を出してくれています。彼は、これから取り上げる『声と現象 La Voix et le Phénomène』のドイツ語訳をした人ですが、それに付けたかなり長い訳者序論で、ゲーテの『親和力 Die Wahlverwandtschaften』（一八〇九）という小説を、「エクリチュール」論という視点から読み解いています。『親和力』は、中年の夫婦に男女それぞれ一人ずつ加えた四人の人物の間で起こる不倫関係とその帰結としての悲劇を、化学反応のように描き出した作品です。AB＋C＋D→AC＋BD。「親和力 Wahlverwandtschaft」というのは、化学物質同士の結合力のことです。ゲーテは、人間関係の変化が、化学変化のような法則性に基づくことをこの作品を通して証明しようとしたわけです。そこには、当然、人間自身、あるいは、その行動や所有物を、入れ替え可能な記号として見る視点が介在しています――ゲーテの狙いや作品の全体的構造については、現在、執筆中の拙著で論じる予定です。ヘーリッシュによると、四人の登場人物は、自分の名前によって呪縛され、それぞれの名前の綴りが暗示する通りに、「死 Tod」に向かっていきます――詳しいことは、私が翻訳したヘーリッシュの当該解説論文「記号の存在と存在の記号 Das Sein der Zeichen und die Zeichen des Seins」が『デリダを読む』（情況出版）に入っているのでそちらをご覧ください。

そうした小説における記号の役割と、パロール／エクリチュールがどう関係するのか？　ヘーリッシュの議論を私なりに更に圧縮すると、以下のようになります。小説は、生の現実をなるべく生き生きと描き出すことを目指し、読者にリアリティを感じさせるものほど、優れていると評価される傾向があります。作品批評でよく聞く、「人間が描けている／いない」という言い方は、人間にとっての生きた現実を前提にしているわけですね。登場人物のナマの声（パロール）が聞こえてくる感じなのがいいということでしょう。しかし、穿った見方をすれば、小説が紙に書かれたもの（エクリチュール）であって、現実そのものではなく、生きた現実そのものを紙の上で全て再現するのが不可能なことは最初から分かっています。私たちが人間や物を知覚する際、五感が同時に働き、視覚なら視覚の中にも同時に多くのものが入れ替わり立ち替わり入ってきます。ある瞬間を切りとって、その瞬間の内で観察しうるものをできるだけ細かく描写するしかありません。そうなると、描写のうえで時間差が生じます。しかし、いくら細かく描写しても、全ての要素を拾いあげることはできないし、仮に、可能な限り全ての知覚可能な要素を細かく順を追って描写することを試みる作品があったとしたら、かえって〝リアリティ〟を感じられなくなるでしょう。人間は可能な限り全ての細部を意識的に観察することなどしないし、できないからです。そう考えると、小説は、生き生きした現実をそのまま再現しているというより、一定の約束事に基づいて、リアリティを作り出していると考えた方がいいのではないか、と思えてきます。推理小説とか恋愛小説は、漫画と同じように、記号的な約束事に従って書くことで、リアリティを出している面が多いことははっきりしていますね。そこから翻って考えると、私たちの知覚も実は記号的に構成されているのではないか、と思えてきます。つまり、「エクリチュール」によって「パロール」が構成されているかもしれないということです。

ヘーリッシュはこうした「パロール／エクリチュール」関係を、西欧の哲学に決定的な影響を与えたソクラテスやイエスをめぐる物語に即して説明しています。ソクラテス自身は自らの著作を書き残していませんが、町で若者たちと生き生きと語り合ったことが、プラトンの対話篇によって伝えられています。対話篇はエクリチュールです。ソクラテスの生き生きした姿を我々はエクリチュールを通してしか知ることができないわけです。その生き生きした姿を描いたエクリチュールが、その後の西欧の哲学史全体を支配することになりました。イエスも自身では、自分の教えを体系化したものを書き残していません。彼は、「死んだ文字」＝律法に囚われているパリサイ人を批判し、生きた神の言葉を語りました。この場合、「文字」は、ロゴスもしくは法（ノモス）の象徴です。ノモスもロゴスも秩序を作り出します。イエスのパロールは、既成のエクリチュールによって硬直化した秩序を解体して、神との生き生きした繋がりを回復するためのものでした。しかし、彼の生きた言葉は、初期のキリスト教会の指導者たちによって文書化され、パウロによって教義として体系化されたものです。死んだ文字（エクリチュール）によって生きた言葉（パロール）が生かされているわけです。パウロ以降の教会指導者の多くは、プラトン主義、つまりプラトンによってエクリチュール化されたソクラテスのパロールの影響を受け、ロゴス中心主義的な発想をしています。そして、キリスト教神学者やギリシア哲学の研究者たちは絶えず、自分の先駆者によるテクスト解釈を批判し、原典を読み返すことを通して、ソクラテスやイエスの生き生きした声を再現しようとしてきました。そうやって、本当に実在したのかどうかよく分からない、〝生き生きしたパロール〟を中心にして、エクリチュールが増殖し、〝真の生き生きしたパロール〟の探究が動機付けられるわけです。

こうしたことを視野に入れると、生き生きした経験を重視するスタンスと、死んだ文字に拘るスタンスは、実は表裏一体だということになるでしょう。「音声中心主義 phonocentrisme」は「エクリチュール」によって支えられている。そうした奇妙な構造があるわけです。

パロールとエクリチュールの関係については、デリダの初期の著作、先ほど挙げた『声と現象』や、同じ年に出版された『グラマトロジーについて De la Grammatologie』で集中的に論じられています。デリダはフッサール研究から出発し、『フッサール哲学における発生の問題』（一九五三－五四、九〇）という修士論文を執筆します。次いで、一九六二年にフッサールの『幾何学の起源 Vom Ursprung der Geometrie』（一九三六）という論文をフランス語訳して、それに本文の四～五倍の分量の「序文」を付けたものを刊行しています。デリダは、フッサールをいじるところから、独特の思考法を発展させたと言えそうです。この二冊とも日本語訳が出ています。『声と現象』の副題は、「フッサールの現象学における記号の問題入門 Introduction au problème du signe dans la phénoménologie de Husserl」です。この副題が示しているように、この本は、フッサール現象学を、通常のフッサール研究者がさほど注目しない「記号 signe」という観点から読み直すことで、パロールとエクリチュールの問題を浮上させることを狙っています。

一九六七年にはこの他、有名な『エクリチュールと差異 L'Écriture et la différence』も刊行されています。これは論文集で、この中にこの連続講義の中で何度か話題にしたフーコー論、レヴィナス論、アルトー論、バタイユ論など、デリダより年長の現代思想家たちに対する論評が含まれています。現象学についての論考も含まれています。「脱構築 déconstruction」や「差延」等の主要概念が出て来る著作で、現代思想の中でのデリダの立ち位置を解説する際に、よく引用されるのですが、論文集ということもあって、テーマが分散しているので、今回は『グラマトロジーについて』と『声と現象』の二冊に絞って話をしたいと思います。

タイトル自体が示しているように、この二冊は「パロール」と「エクリチュール」を話題にしています。〈grammatologie〉の〈gramma〉というのは、「綴り」という意味のギリシア語です。したがって、「グラマトロジー」というのは、通常は、「書かれたものについての学」というような意味です。筆跡学とか習字、金石（銘文）学、タイポグラフィ（活字印刷術）、古文書学などの意味で使われます。デリダはそれを、文字通り、文字として書かれたものだけでなく、心の中に書き込まれたもの、模様として刻み込まれたものまで含めた、「書き込まれたもの」についての学という意味で使います。『声と現象』に比べて、『グラマトロジーについて』の方がはるかにヴォリームがあります。翻訳で言うと、『声と現象』がちくま学芸文庫の短めの一冊に収まっているのに対し、『グラマトロジーについて』はハードカバーの二巻本です。分量がある分、かなり細かい議論をしているのですが、目次を見ると、何を話題にしているのかは比較的分かりやすいです。文体も、デリダにしては分かりやすいです。『グラマトロジーについて』は、ルソーの『言語起源論』（一七八一）と、文化人類学者のレヴィ＝ストロースの『悲しき熱帯』（一九五五）を批判的に検討した著作です。まとめて言うと、両者を結ぶ、〝未開社会〟に対する西欧人のまなざしを問題にした著作です。

『言語起源論』は、ルソーの死後刊行されたテクストで、自然状態、あるいは自然状態に近い文明化されていない段階における人間の言語とはどのようなものだったのか論じています。要するにロゴス化されていない言語、感情を直接表出するような言語があるという想定で、言語の起源を探っています。一八世紀には、言語起源論が哲学の重要なテーマになっていました。ルソー自身、『人間不平等起源論』（一七五五）でも言語の起源についての推測を述べていますし、ルソーと同時代のフランスの認識論哲学者コンディヤック（一七一四－八〇）が『人間認識起源論』（一七四六）の中で展開しています。ルソーたちより少し後に、ドイツ語圏で、民族ごとの文化の多様性を論じたことで知られるヘルダー（一七四四－一八〇三）等が言語の起源をめぐる考察を行っています。この時代、動物に育てられた子供の発見とか、ヨーロッパ大陸の外での未開社会との遭遇を通して、人間がどのようにして理性を発達させ、言語を獲得したのかに関心が持たれるようになったのだとされています。その裏には、神によってアダムに言語が与えられたということで納得してしまう、正統キリスト教的な言語観が無条件には通用しなくなった、ということがあります。

『人間不平等起源論』や『言語起源論』でルソーは、理性をまだ働かせていない野生人の情念の叫びから言語が生まれたという論を展開しています。他の著作を見ても、ルソーは記号化された言語の媒介によらなくて、魂同士が直接共鳴するような状態、透明なコミュニケーションの状態を理想としていたようです。ルソー研究者として著名なスタロバンスキー（一九二〇－　）が『透明と障害』（一九五七）というスタンダードな研究書で、透明なコミュニケーションを求めるルソーの欲望と、彼の言語論、それをベースにした社会理論の繋がりを明らかにしています――この辺のことについては、拙著『今こそルソーを読み直す』（NHK出版）で説明しています。

『グラマトロジーについて』でデリダは、『透明と障害』の記述も参照しながら、ルソーの言語観を再構成したうえで批判しているので、かなり細かい議論になっていて読みにくいのですが、要はルソーが「自然言語 langue naturelle」と呼ぶものが、エクリチュールによってフォーマット化されている、という話です。考えてみれば当たり前のことです。仮に自然な感情に基づく「自然言語」の言葉が発せられた瞬間があったとしても、それがどのようなものだったか再現するための記録媒体などありません。後の時代の人間が想像するしかありません。その後代の人間というのも、自分が今現在話したり聞いたりしている言語にはその痕跡がほとんど残っていない、〝言語の起源〟なるものに関心を持つのだから、かなり変わった抽象的な思考をする人、学問のエクリチュールにかなり深く感染している人でしょう。そういう人が想像する〝原初のパロール〟であるわけですから、学者のエクリチュールの中で構築されてきた〝純粋性〟を再現している可能性が高いです。ルソーは、他の啓蒙の知識人たちと対立していたけれど、彼自身、古代ローマからのいろんな古典に通じているインテリです。

更に言えば、これは原初の言語をめぐる議論に限らず、パロールがエクリチュールに転写されることに伴って、不可避的に生じる問題です。物心がついたばかりの幼児は、大人のしゃべっている言葉を真似しようとしてもちゃんと再現できず、何度も矯正されていくうちに、だんだん通じるしゃべり方ができるようになります。最初は直接文字によって教育されるわけではありませんが、文法や標準発音のフォーマットに合わせるよう矯正されます。そのフォーマットは、大人たちが学校教育で身に付け、彼らの心身に刻み込まれたものです。これも、自然なパロールとは異質で、硬直化した形で伝承されていくという意味で、エクリチュールだとすると、私たちのパロールはエクリチュールに深く浸透されていると言えます。母国語を話している時は、あまり「文字」を意識しませんが、外国語を習って話そうとする時は、どうしても教科書を見てどういう音か理解してからでないと、口がちゃんと動かない。また、自分の母国語を外国人に教える時も、教科書的なものがないとうまくいかない。日本語の「ラリルレロ」は西欧の言語のLでもRでもない、西洋人からすると妙な音です。それを自然に発音している私たちが、LやRを発音しようとすると、LやRという文字を意識し、その標準的な発音を真似しないといけないわけです。実際に文字として書くかどうかは別にして、文字に対応するように音を固定しておかないと、私たちははっきりと音を認識できません。

仮に〝原初の言語〟あるいはそれに近い〝野生の言語〟を話す人が現存する――どうやって、そういう言語だと確証するかが先ず問題になりますが、その問題は置いておいて――としても、私たちはそれを自分の知っている音韻とか文法の体系のエクリチュールに当てはめないとちゃんと認識できないでしょう。テープレコーダーやICレコーダーがあるではないか、と言う人もいるでしょうが、音として物理的に再生できても、それを自分の言語と同じように、エクリチュール（フォーマット）化された形で認知できないとすれば、動物の鳴き声や物音と同じです。

デリダはこのように、言語のオリジナルな形である音声が文字によって補われた形でしか認識できないという逆説的な現象を、「代補 supplément」という概念で説明します。この概念は、『声と現象』にも出てきます。〈supplément〉は普通のフランス語の単語としては、「補填物」や「付録」「補遺」といった意味です。綴りから分かるように、英語の〈supplement〉と同じ系統の言葉です。「サプリメント」というのは元々、補完物という意味です。「補完」は、補完されるべき〝本体〟があってこそ補完として機能するはずですが、原初のパロールを、書字的な記号の補完によって再現するという場合、肝心の〝本体〟がどこにあるのか、そもそも存在したのかさえわかりません。むしろ、〝本体〟の代わりに書字的な記号が現前する形になります。そういう単なる補完を超えた「代理」の意味が込められているので、デリダ関係では、「代補」と訳されます。

ルソーは『言語起源論』を書いたわけですが、彼が原初の言語を知っているはずはありません。スタロバンスキーの『透明と障害』によると、その生涯において様々なコミュニケーション不全を経験してきたルソーは、私たちが通常使っている言語が外見だけ装い、心と心の繋がりを阻害していると考え、心の中の思いが純粋に顕現するパロールを、私生活においてだけでなく、『言語起源論』のような理論的著作、『新エロイーズ』（一七六一）のような文学的著作でも探究したわけですが、純粋なパロールを求めれば求めるほど、エクリチュールによる代補性がかえって強まり、純粋なものから遠ざかっていきます。考えてみれば、当たり前のことです。生きた言葉による純粋なコミュニケーションなど私たちの身近にないどころか、経験したこともないのに、それを再現すべく、様々な技巧を凝らすのだから、エクリチュールの〝再現力〟に頼らざるを得なくなります。そのため余計にエクリチュールの作り出す偽の〝自然さ〟に幻惑されることになります。スタロバンスキーはそれをルソー個人の思想形成の問題として論じているわけですが、デリダはルソーのエクリチュールが依拠している前提を明らかにしながら、それを、「パロール／エクリチュール」関係をめぐって展開する、西欧思想全般の問題へと敷衍しました。

現代思想とデリダ

デリダはこの問題を、レヴィ＝ストロースの『悲しき熱帯』や『野生の思考』（一九六二）にも見出し

レヴィ＝ストロース

ボーヴォワール

ます。レヴィ＝ストロースはフランス現代思想の発展史において重要な位置を占めているので、少し寄り道して、説明しておこうと思います。レヴィ＝ストロースは、デリダより二二歳年長で、メルロ＝ポンティやボーヴォワール（一九〇八－八六）と同い年です。一九三〇年代にブラジルの大学教授になり、ブラジルの各地でフィールドワークをしています。その時の思い出を綴ったのが、『悲しき熱帯』です。第二次世界大戦に際してフランス軍に応召します。すぐにフランスが敗戦して、除隊になりますが、ユダヤ系だったので、ナチスの迫害を懸念して、アメリカに亡命し、ニューヨークのニュースクール・フォー・ソーシャル・リサーチ（New School for Social Research）で教鞭をとります。ここは、亡命者をたくさん受け入れた研究機関で、アーレントもここで教鞭を執っています。ここでレヴィ＝ストロースは、ソシュールの構造主義言語学の影響の下で音韻論の研究をしていたロマン・ヤコブソン（一八九六－一九八二）と出会い、構造主義を知り、それを未開社会の構造分析に応用しました。構造主義言語学は、私たちが世界で遭遇する諸事物を行き当たりばったりに表象しているわけではなく、一定の基本的な「構造」、例えば、「上／下」「左／右」「プラス／マイナス」といった二分法（二項対立）の組み合わせによって世界を切り分け、諸事物をその中に位置付けているという前提で研究を進めます。「言語 langue」は、「差異の体系」です。そうした言語の基本単位としての「構造」を私たちは明確に意識していないことが多いですが、それによって、私たちの世界に対する見方は規定されています。英語では、〈rat〉と〈mouse〉という言葉があり、両者は差異化されているので、英語のネイティヴは両者の違いを比較的はっきりと意識していますが、私たちには「鼠」という言葉しかないので、理系の研究者でもない限り、両者の違いをはっきり認識していません。対象に対する関心が、言語的な構造によって規定されているわけです。フランス語では、「犬」も「狸」も〈chien〉と言うので、フランス人は両者の違いをあまりはっきり認識していないと言われます。

レヴィ＝ストロースは、言語に限らず、事物を差異化する各種の基本的な「構造」によって、私たちの世界との関わりが規定され、社会が出来上がっていると考えます。親族関係や経済的交換、トーテム動物の分類体系、集落における建物の配置とかを規定する基本的な「構造」があり、それらは分野ごとにばらばらに成立しているわけではなく、相互に対応しており、その関係は論理的に定式化することができる、という想定に基づいて、研究を進めました。数理的な概念を使って議論が整理されていて、それまでの文化人類学とはかなり違った装いの論文を書いています。

レヴィ＝ストロースが構造主義的な文化人類学の論文を多く書いて、分野を超えて有名になるのは一九五〇年代ですが、彼に続いて、精神分析のラカンが「無意識」を規定している「構造」の問題を提起し、バルト（一九一五－八〇）が文学作品の構造分析をやり、アルチュセール（一九一八－九〇）がマルクス主義の下部構造／上部構造論を構造主義的な視点から改編した新しいマルクス解釈の可能性を呈示します。そうやって、五〇年代から六〇年代にかけて構造主義ブームが起こります。

それ以前のフランスの現代思想で影響力を発揮していたのは、サルトルの実存主義と、メルロ＝ポンティの現象学でしょう。サルトルは文学者でもあり、政治的論争にもコミットしていたので、その影響は圧倒的でした。そのサルトルとレヴィ＝ストロースの間で、論争がありました。サルトルが『弁証法的理性批判』（一九六〇）で、人間の主体的実践が疎外され客体化されたことを通して、生産様式や政治機構などの「実践的惰性態 pratico-inerte」が出来あがり、それらの中で各人の活動は規定され、受動的になるが、新たな目標に対する集合的実践によって能動性を再び獲得できると主張しました。それに対してレヴィ＝ストロースは『野生の思考』の最終章「歴史と弁証法」で、サルトルの思考は歴史を動かす理性的主体に

「脱構築 déconstruction」
ある概念の輪郭を描き出し、それが依って立つ諸前提を明らかにすることで、同時にその限界を露呈させる。
限界付けるという意味のフランス語〈délimiter〉
ハイフンを１本入れて、〈dé-limiter〉とすると、「脱限界化」するという意味
［脱構築＝（脱）限界化］

期待しすぎており、西欧中心主義であると批判しました。それに対してサルトルが、レヴィ＝ストロースは「歴史」というものを理解していないとして反論します。その後、フーコーが『言葉と物』（一九六六）で、「人間」という概念をはじめ、私たちが自明のものと思っている概念や表象の多くが、西欧の歴史的な知の体系の中で言説的に構成されたものであると論じます。これは、構造主義の頂点であると共にポスト構造主義の萌芽と見なされる著作です。サルトルとボーヴォワールが、この著作に見られるフーコーのスタンスをブルジョワ的と呼び、フーコーの方は、彼らを一九世紀の思想であるマルクス主義の遺物呼ばわりし、構造主義論争の第二ラウンドが始まります。サルトルが敵役になる形で構造主義ブームが続きました。

構造主義の先駆者であるレヴィ＝ストロースの議論を、『グラマトロジーについて』でデリダが「脱構築」したことが、ポスト構造主義と呼ばれる新たなトレンドのきっかけになりました。「脱構築 déconstruction」というのは、ある概念の輪郭を描き出し、それが依って立つ諸前提を明らかにすることで、同時にその限界を露呈することです。限界付けるという意味のフランス語〈délimiter〉が、ハイフンを一本入れて、〈dé-limiter〉とすると、「脱限界化」するという意味にもとれるので、［脱構築＝（脱）限界化］と説明されることが多いです。レヴィ＝ストロースの未文字社会に対する眼差しの中に、ルソーが野生人に対して向けていた眼差しと重なるものがある、とデリダは指摘しました。実際レヴィ＝ストロースは、ルソーの影響を強く受けており、ルソー的な視点で南米の未開社会を観察し、彼らの社会を規定している構造を発見したわけですが、そのレヴィ＝ストロースの中に、「代補」を介して、生き生きした〝パロール〟を見ようとするルソー的な眼差しがあるというわけです。

先ほどお話ししたサルトル批判の視点から分かるように、レヴィ＝ストロースは、西欧の理性中心主義について批判的な態度を取っており、「エクリチュールなき社会 société sans écriture」の人々の「野生の思考」に本当の人間らしさを見出そうとしてフィールドワークをしたわけですが、デリダは、そういう彼の前提自体が、エクリチュール的に形成されてきたものではないか、端的に言えば、ルソーの影響の下で生まれて来たものではないか、と示唆します。そもそも、現地の人たちは、自分たちのことを、「エクリチュールなき社会」だと認識しているかどうか分かりませんし、そういう自己主張はしないでしょう。無論、西欧的な言語について ある程度教えられたら、そういう抽象的な観念を持つかもしれませんが、その時点で、その人は〝エクリチュールなき社会〟の人ではなくなっているので、無意味でしょう。「エクリチュールなき社会」という観念自体が、西欧社会の中で形成されたもので、レヴィ＝ストロースは彼らを観察する際に、その観点を持ち込んでいます。そもそも他の〝文化〟を観察して記録して本にする（＝書き込む（inscrire））という行為自体が、西欧のエクリチュールから生まれてきたものです。

レヴィ＝ストロースは、「エクリチュール」は、南米の先住民にとって外部から持ち込まれる暴力であると断じ、自分の見たことをその視点から意味付けします。例えば、レヴィ＝ストロースは、先住民が自分の固有名を隠していることに注目します。『悲しき熱帯』での記述によると、友達と喧嘩した女の子が仕返しとして彼に、相手の名前を告げにきました。それに味をしめた彼は、わざと仲間割れへと誘導して、全ての子供の名前を知り、更にその共犯感情を利用して大人の名前まで調べようとしたけれど、大人にばれてそこで頓挫したことを、罪意識のようなものを込めた感じで告白しています。ところが、『野生の思考』では、固有名を使用するには、自己自身を「抽象物 abstrait」として思考する必要があると述べています。だとすると、先住民がそれぞれ自分たちに割り振られた固有名＝アイデンティティを強く意識した〝主体〟であることになります。具体的な名前を持つものとして各人の差異が、社会の言語体系の中に書き込まれ、それが各人に意識されているわけです。そのような「差異の体系 un système de différences」は、自然には存在しません。それは、自己の社会的アイデンティティをエクリチュールへと「書き込む」準備段階ではないのか、とデリダは指摘します。

レヴィ＝ストロースはまた、ある小集団の首長に対して紙とペンを渡して意志伝達することを試みた時のエピソードを紹介しています。レヴィ＝ストロースは、それに絵とか図を描いてもらうつもりだったけど、その首長は、紙に何か線らしものを描きます。観察していると、どうも文字を描いているつもりで、それをレヴィ＝ストロースに無理に理解させようとしている、あるいは、それを理解したふりをさせようとしているように見えた。彼は本当の意味でまだ文字を知らないけど、その機能を半ば理解していたようです。そのレヴィ＝ストロースとの疑似コミュニケーションで話が終わったわけではありません。その首長はその後、仲間たちに対して、紙にその疑似文字を描いたものを取り出し、そこに白人たちとの交換で得られた物のリストが書き込まれているかのような装いで、それを読み上げるふりをします。レヴィ＝ストロースは、それを、エクリチュールの暴力がその集団を汚染した瞬間として残念そうな感じで述懐しています。しかし、デリダに言わせれば、エクリチュールというのは、そんなに瞬間的にある共同体の中に侵入するものではなく、いくつかの準備段階があります。現にレヴィ＝ストロース自身、先住民たちが、自分たちの世界に関する表象を、模様にして道具や呪物に「書き込む」習慣を持っていることを報告しています。レヴィ＝ストロースは、そういう書き込みを、自分たち西欧人の文字とは全く異質のものであるとしていますが、どうしてそう言えるのか。むしろ、エクリチュールへの準備がある程度整っていたと見るべきではないのか。「彼らの書き込み」を、西欧人のエクリチュール的な思考・文化とは異質なものだと最初から決めつけているレヴィ＝ストロースのスタンスを問題視します。他者と区別される自分のアイデンティティをはっきり意識する主体が存在し、かつ、人々の振る舞いを規制して、同一の言葉（＝ラング（langue））に基づく思考へと導くエクリチュールの原型に当たるものがあるとすれば、西欧と決定的に異なるとは言えないはずです。

こういう脱西欧化しようとする問題意識自体の西欧性、わざとらしさという問題は、現代では、文化人類学の専門家ではなくてもかなり広く認識されていることですが、この当時はまだ、〝現地でフィールドワークする研究者〟の姿勢に対する自己批判の必要性が、それほど尖鋭に問題視されていませんでした。二〇世紀に入ってからようやく、きちんとしたフィールドによる研究が確立されるようになったこともあって、フィールドワークという発想自体の問題性はなかなか意識されにくかったのだと思います。レヴィ＝ストロースは、フィールドワークに内在する問題をかなり意識した人であり、『悲しき熱帯』の中で、「原初の人間らしさを失った西欧人／原初の人間らしさを保っている未開人」という（西欧産の）二項対立で思考しがちな文化人類学の自己矛盾に言及しているけれど、それでも、固有名や文字についてかなりナイーヴな思い入れで議論をしている。デリダはそうした文化人類学に内在する自己矛盾を指摘するにとどまらず、自らがその中で形成されたエクリチュールを通してしか、「生き生きしたパロール」にアクセスできない、西欧的主体の抱えている問題一般を浮上させたわけです。エクリチュールの「代補」によって生まれた〝主体〟は、その外部に出ることはできません。

サルトルを西欧中心主義と批判したレヴィ＝ストロースは当時、脱西欧化の視点を最も先鋭に追求した思想家だったわけですが、その彼のエクリチュールが、自らのエクリチュールを通して西欧的エクリチュールの外部を探求しようとしたルソーの自己矛盾を、より具体的な形で反復しているわけです。それは、単にレヴィ＝ストロースがルソーのファンだというレベルでは済まないような、西欧哲学・思想にとって根本的な問題です。デリダは両者のテクストを細かく分析することで、そのことを明らかにしたわけです。

デリダとポストコロニアル

デリダのこうした問題提起は、ポストコロニアリズムに継承されます。インド出身のアメリカの文芸批評家にスピヴァク（一九四二―　）という人がいます。『グラマトロジーについて』の英訳者で、一九七六年に刊行されたその英訳にかなり長い序文を書いています。西欧哲学のロゴス中心主義とそれを解体しようとする試みの歴史の中にデリダを位置付け、レヴィ＝ストロース、フーコー、ラカンなど他の現代思想家と比べて評価しながら、そのデリダ自身もある程度自覚的に西欧中心主義に留まっているのではないかと示唆する――そういうオチになるのは十分予想できますね――議論を展開しています。デリダの本文に勝るとも劣らないくらい難しい文章です。この文章の邦訳は、平凡社ライブラリーに『デリダ論』というタイトルで入っています。

その後彼女は、この「グラマトロジー」をめぐる問題意識の延長で有名な『サバルタンは語ることができるか Can the Subaltern speak?』（一九八八）という論文を書きます。この論文の翻訳はみすず書房から出ています。〈subaltern〉というのは元々、イタリアのマルクス主義者で、西欧マルクス主義の理論的源泉とされるグラムシ（一八九一―一九三七）の概念です。西欧諸国でプロレタリアートの蜂起による革命がなかなか成功しない現状を分析する中でグラムシは、市民社会においてはブルジョワを中心とする支配階級がジャーナリズムや教育機関で文化的ヘゲモニーを握っているのに対し、従属民（i subalterni）は自分たちの現状を把握し、表現するための手段を欠いているということを指摘しました。それをスピヴァクは、英国の植民地のインドにあって最下層のカーストの女性という、少なくとも三重に従属的な立場にある女性たちの問題へと応用することを試みました。植民地のインドでは、公式の歴史は英国から来た官僚たちによって書かれるので、インドの人たち自身がどう考え、行動したかはあまり記録されません。上層階級の人、王族の女性とかだったら、少しぐらいは記録に残るかもしれませんが、最下層の女性だったら、その生きた痕跡はどこにも書き込まれません。彼女たちは、恐らく教育を受けていないし、貧しくて行動範囲が限られるので、〝自分たち〟の歴史を伝える手段もない。そもそも、自分と同じような立場の人たちがいるということが、ちゃんと把握できていないかもしれない。考えてみると、インドの最下層の女性に限らず、自分たちに固有の歴史を語り伝えることができない集団の人はたくさんいそうですね。そういう観点からスピヴァクは、非西欧社会の弱者っぽい人を代弁したつもりになっている、西欧の知識人の傲慢を暴露するわけです。文章はやたらに捻っていて読みにくいですが、最後まで読み通すと、ポイントは意外なほどシンプルです。それほど長いテクストではありません。

現象学とデリダ

『グラマトロジーについて』では、思想史的な文脈を踏まえて議論が展開されているので、デリダの戦略が分かりやすいですが、それに比べると、『声と現象』は、フッサール現象学の脱構築に徹しているので、何を言いたいのか分かりにくいです。『声と現象』のテーマを説明するには、まずフッサール現象学とは何かという話をしなければなりません。ごく簡単にお話ししましょう。フッサールは最初は数学者として出発し、初期の著作『算術の哲学』（一八九一）では、数字や算数の概念を心理学的な視点から論じました。しかし、論理学の基礎を論じた『論理学研究』（一九〇〇、〇一）では、論理を心理学によって基礎付けようとする、ジョン・スチュアート・ミル（一八〇六－七三）のような心理学主義の立場を批判しました。心理学主義というのは、人間の心が物理的因果関係に誘導されて、論理学的法則を構築するという考え方をしますが、フッサールは、人間の意識には、自分の身体が従っている物理的な欲求とは独立に、事物のアプリオリな性格を直観し、それを対象へと構成する作用が備わっていると想定し、そこに論理の諸法則の起源を見出そうとしました。

論理学には、同一律や矛盾律など、論理学の教科書で習うような基本的法則を大前提にしていますが、それらの大前提は証明する必要のない公理として扱われます。フレーゲ（一八四八－一九二五）やラッセルによって確立された、数学基礎論と結び付いた数理論理学や記号論理学こそが論理学の唯一の形であると考えている、現代の論理学者は、記号の表記の仕方や数理的厳密性にだけ関心を向けますが、ミルとかデューイ（一八五九－一九五二）、パース（一八三九－一九一四）が参入していた一九世紀の論理学では、帰納法やアブダクションなどの発見・探究のための論理が探究され、論理の起源のようなことにも関心が持たれていました。

論理の起源について考えようとすると、ついつい生理学とか心理学の知見に基づいて、経験的なデータを脳内でうまく処理するための方式に基づいて、論理の法則が生まれて来る、というような考え方をしがちです。だとすると、人間の脳の仕組みに合わせて、論理が構築されていることになります。そうすると、純粋にアプリオリに成り立つ論理法則などないことになります。数学出身のフッサールは、それはおかしい、対象には、数学の法則のように、生物としての人間を動かしている因果関係とは別個に成り立つ、アプリオリな性質が内在しており、意識はそれを対象として直観しているのではないか、と主張します。『論理学研究』は、従来の心理学主義的な論理学を批判し、対象のイデア（理念）的性質、つまり経験的条件に左右されることなく常に妥当する普遍的な性質と、それを志向する純粋意識の関係を探求する、「純粋論理学」の構想を打ち立てました。普遍的な性質というのは、算術とか幾何の法則、対象の連続性のように、どのような物質に関しても成り立つと想定されるようなもののことです。

ただ、それをやるには、意識が対象にどう関わっているのか、本当にアプリオリに妥当する本質を直観しているのか確認する必要があります。そこで、一二年後に『イデーンⅠ』（一九一三）と呼ばれる著作を著しました。正式名称は、『純粋現象学と現象学的哲学のための諸構想Ⅰ Ideen zu einer reinen Phänomenologie und phänomenologischen Philosophie I』です。Iがあるのだから、IIやIIIもありそうですね。実際IIとIIIも書き進められていますが、フッサールが何度も推敲を重ねすぎて生前には刊行されませんでした。間主観性とか身体性とかに関して論じた重要な論考とされています。『イデーンI』でフッサールは、経験的な慣習に囚われる〝以前〟の「純粋意識」が、対象のイデア的な本質を直観する場面を描き出そうとしました。そのため、対象の実在性に関する既成の概念をいったん効力停止にして、純粋意識と対象の関わり方を記述しなければなりません。そこで、有名な「現象学的還元 phänomenologische Reduktion」という方法論が登場し、どうやってそれを遂行するのか、それを遂行したら、物体、精神、空間、世界、他者等、我々の思考を規定している基本的なカテゴリーが、意識に対してどのように現れてくるかをめぐって、現象学が展開することになります。

現象学の最初の著作である『論理学研究』は、みすず書房から翻訳が出ていますが、一冊三〇〇頁前後の四巻本です。率直に言って、私でも読み通すのが大変で、頭痛がしてきます。現象学の専門家でない、哲学・思想史研究者にとってはかなりハードルが高いと思います。邦訳の第一分冊に当たる第一巻は心理学主義批判が主題なので、話がはっきりしていてフォローしやすいのですが、三つの分冊から成る第二巻になると、心理主義的でない形での、意識と対象の関係を、抽象化作用とか部分と全体とか、細かな論点について独特の用語を作りながら論じているので、すごく分かりにくいです。

『イデーンI』は一九一三年に最初に出版され、その後フッサールが何度か手を入れ、二二年、二八年に改稿が出されているのですが、新しい著作はしばらく出ていませんでした。二八年に、一九〇五年に行った講義「内的時間意識の現象学」がハイデガーの編集で刊行されます。その翌年、もう一度論理学の基礎に立ち戻った著作、『形式論理学と超越論的論理学』(一九二九)が刊行されます――この著作は少し前(二〇一五年一月)に翻訳が出ています。その後、ナチスの政権獲得でフッサールは活動の場を制限されますが、講演活動などを続け、一九三六年に、フッサールの生前最後の著作『ヨーロッパ諸学の危機と超越論的現象学』、いわゆる「危機書」が刊行されます。この著作では、何故彼が現象学を研究したのかその動機が述べられているので、現象学的な関心があまりない人でもとっつきやすいです。一九世紀末から二〇世紀初頭にかけての数学の基礎をめぐる論争に象徴されるように、それまで専門領域ごとに高度に発達した諸科学が、自らの大前提が何であったか分からなくなり、方向性を見失い、「危機」に陥っている。フッサールに言わせると、それは、諸科学の前提がそこから立ち上がって来る「生活世界 Lebenswelt」との接点を見失ったからです。「生活世界」とは、自我による対象の知覚や意味形成の背景になっている世界です。私たちが、対象を認識する時、それを何らかの形で自分自身もその中で生きている世界の中に位置付けています。現象学は還元という方法を通して、超越論的主観性によって世界と諸対象が構成されてくる根源的な場面を記述することで、諸科学を改めて基礎付けることに貢献しようというわけです。「超越論的 transzendental」というのは、この場合、認識主体がその中で生きる世界それ自体を産出するものとしての、というような意味合いです。そういう超越論的主観性を探求するので、「超越論的現象学」というわけです。

先ほどお話しした、『幾何学の起源』もこれと似たような問題意識に基づいています。タイトル通り、幾何学が古代のギリシアでどのように生まれたか、その起源を問うている著作ですが、認識を成り立たしめているアプリオリな本質を問題にするフッサールは当然、測量をしていた職人が、ニーズに迫られていろいろ工夫しているうちに幾何学の法則を見つけた、というような当たり前の歴史の話をしているわけではありません。ある一人の人間の主観の内で、実在する諸対象のアプリオリな性質に関する諸理念が「創設」され、それを起点にして幾何学が体系化されていく起源があったはずだ、ということをフッサールは認めます。具体的な発見者がいることは前提です。しかし、それはその人間個人の経験に基づいて、図形を処理する便利な方法が見つかった、という話ではなくて、その後の人間も、彼と同じような思考の経路を辿りさえすれば、彼が見出したのと〝全く同じ〟理念的な構築物を見出すことができる、イデア的な対象の性質が見出されたということです。そうでなかったら、幾何学はアプリオリな前提に基づく知とは言えません。こういう言い方をすると、抽象的でピンと来ないかもしれませんが、学校で習う、平行線は交わらないとか、三角形の内角の和が一八〇度だというような公理から、幾何学の定理を導き出す場面を思い出して下さい。あのような基本的な前提に基づくアプリオリな構造は、ユークリッド（紀元前三世紀頃）、あるいはそれ以前の誰かによって見出されたはずだけど、後の時代の人間もきっかけさえ与えられれば、それと同じ構造を見出すことができるはずですね。少なくともそういう前提で教わります。フッサールは幾何学の基本的な構造を見出し、それを記号によって再現可能にした原初の行為を「原創設 Urstifung」と呼びます。私たちは、幾何学の基本的な概念や記号を使うことによって、「原創設」を再現し、自らも「創設」の行為に参与することができます。フッサールは、職人さんの苦労話のようなことではなく、「原創設」の場面を明らかにすることが現象学の課題だと考えます。

ただ、改めてそういう風に主張されると、本当にそうなのか、幾何学の公理というのは、ユークリッドとかの特定の個人が幾何学の図形について考えやすいようにするために決めた約束事にすぎないのではないか、現に非ユークリッド幾何学の体系が発見されて、それに基づいて相対性理論が展開されたりしているではないか、という疑問が湧いてきます。デリダが例の「序文」で提起しているのは、基本的にそういう問題ですが、頭からそう断言するのではなくて、フッサールの言説を関連する著作も参照しながら細かく分析したうえで、「記号」の問題に話を収斂させていきます。

フッサールは、「原創設」は、普遍的に認識し得るアプリオリな構造に対応しているので、それを「記号」によって再現できる、という前提で議論を進めているが、実はその逆ではないのか。反復可能性を持った「記号」によって論理を展開しているので、使われている記号を辿っていけば、〝同じ思考〟をしたことになるが、そこで再現される思考が、文字通りの意味で、アプリオリなものに対応していると言えるのか？　同じテクスト（エクリチュール）を読めば、そこに表現されている思考を後追い的に再現することはできますが、そのテクストなしで、別の誰かが、原創設者が発見したのと〝全く同じアプリオリな構造〟を発見することは可能なのか？　数学とか物理学の法則だと、テクストなしでも同じ構造を発見することが可能であるような気がしますね。自分には無理でも、どこかの天才少年だったら、教えられなくても、ユークリッド幾何学とかリーマン幾何学と同じものを発見できるのではないか。しかし、〝全く同じ〟かどうか確かめるには、（思考の反復可能な媒体としての）共通の記号や言語を利用しないといけません。同じ記号や言語を使って、〝思考の同一性〟を再現できたとしても、どのように表記されるかに関係なく、普遍的に妥当する〝真のアプリオリな構造〟を発見したとは言えません。そういう風に考えていくと、実は記号の反復可能性のおかげで、〝アプリオリ性〟が構成されているのではないか、と思えてきます。だとすると、〝アプリオリ〟という言葉で私たちが理解しているものの意味が根本的に変わってきます。〝アプリオリ〟というのは、具体的経験や社会的慣習と関係なく成立する、ということですが、慣習によって生まれてきて、私たちが経験を通してその使用法に習熟している記号や言語のおかげで、〝アプリオリ〟が成立する、というヘンなことになってしまいます。

こういう風に一気呵成に説明すると、いやそんなことはないのではないか、頭がいい人がじっくりと時間をかけたらユークリッド幾何学やリーマン幾何学の世界を見る──フッサール用語で言うと、「直観する」──のではないか、と思う人もいるでしょう。しかし、先ほどお話ししたように、点とか線とか角度とかについて、言語によって定義して共通の了解事項にしておかないと、どんなに頭のいい人でも自分の「見た」ことを表現できません。エクリチュールの代補作用なしに、あらゆる人が、幾何学の普遍的な構造を見つけることができるのかどうか確かめる手段はないわけです。私たちは、記号を通してしか、アプリオリな構造にしかアクセスできません。

お気付きだと思いますが、これはまさに、「パロール／エクリチュール」をめぐる問題です。幾何学の起源のようなややこしい問題から始めなくても、先ほどのヘーリッシュのように聖書やプラトンの対話篇あたりから始めたら分かりやすいのではないかと思うかもしれませんが、それだと、特殊な例のような感じがしますし、哲学や宗教における〝生きた言葉〟がエクリチュールに支配されるのは当たり前のような感じもします。幾何学のように、普遍的な理性によって発見されるアプリオリな法則に依拠していると信じられているものがエクリチュールに依拠していることを明らかにしてこそ、エクリチュールの支配の根深さを証明できるとも言えそうです。初期のデリダは、幾何学の原創設の生き生きした経験を再現することを粘り強く試みたフッサールのエクリチュールを脱構築的に読解し、アプリオリの記号的性格を明らかにして、それを突破口にしようとしたわけです。

『声と現象』の「序論」の冒頭部を見ると、脱構築の対象になっているフッサールのテクストが挙げられています。『論理学研究』『イデーンI』『形式論理学と超越論的論理学』『幾何学の起源』『危機書』が挙げられていますが、メインは『論理学研究』の第二巻の第一研究「表現と意味 Ausdruck und Bedeutung」です――ちくま学芸文庫の『声と現象』の訳では、第一部と表記されています。

先ほどの『幾何学の起源』の「序文」での問題提起から分かるように、デリダはフッサールの現象学的還元を記号論的な視点から疑問に付しているわけです。フッサールは、幾何学の公理のような基本的諸概念が超越論的主観性に対して生き生きと立ち現れてくる場面を想定し、現象学的還元によって誰もがその場面に遡行することが可能だという前提で議論を展開しているが、それは記号による再現前化ではないのか、本当にそういうナマの場面があるのかを疑問視しているわけです。『声と現象』というタイトルの声

「la voix」というのは、広い意味での「パロール」のことです。「現象 le phénomène」とは、フッサール現象学で問題にされている、原初的な現れのことです。「パロール」と、現象学の対象となる「現象」は根底において深く結び付いており、いずれも〝生き生きとした現前性〟を前提としているが、その〝生き生き〟とした感じは、記号によって生み出されているのではないか。それを掘り下げて論じたのが、この著作です。

先ほどお話ししたように『論理学研究』は二巻構成で、みすず書房の訳で三分冊になっている第二巻は、第一研究から第六研究までの六つの各論から成っています。その第一研究「表現と意味」では、タイトル通り、言語や記号の問題が扱われています。第一巻で既成の論理学の心理学主義を批判した後、これからいよいよ自らの純粋論理学の構想を肉付けしようとする時、冒頭で言語の問題を扱っているのは意味深ですね。フッサール自身としては、意味作用は常に言語を介して行われ、言語によって基本的な概念が固定化されることは確かなので、その言語の問題を自らの現象学のプロジェクトに組み込むことが不可欠だと考えたのでしょう。論理学者は、言語を論理の表現媒体にすぎないものと考え、言語それ自体の性質については本格的に論じようとしない傾向がありますが、フッサールは、言語それ自体についての現象学的考察が必要だと考えました。私たちが、対象のアプリオリな性質を把握し、理念化するに際して、言語はどのような働きをするのか、そして、言語それ自体は、主体に対してどのように現れてくるのか。そういう言語についての考察をすることで、現象学を完璧なものにしようとしたわけですが、デリダからしてみれば、それは、言語によって、フッサールの現象学的プロジェクト全体が支えられており、第一研究にプロジェクト全体の成否がかかっているということです。そこで、その最も肝心なテクストの「脱構築」を試みたわけです。

繰り返しになりますが、フッサールは、現象学的な「還元」によって世界のアプリオリな構造、人間のような知性を備えた存在が世界にアプローチする際に必ず遭遇するような構造に到達することができるという前提で議論を進めます。「還元」に際しては、私たちが様々な対象について抱いている既成観念、先入観、知識は除去されていきます。不純物を取り払って、対象のアプリオリな性質が現れてくる原光景に立ち合おうというわけです。フッサールやその支持者は、思考の訓練によってそうした「還元」が可能だと主張しますが、懐疑的な人にとっては、何だか心を無にして……という禅の瞑想のような話に思えてしまいます。あるいは、フッサールが勝手に厳しい――実行不可能な――ルールを作って、その通りに実行できて初めて、「還元」したことになる、と強弁しているだけではないか。それで現象学を最初から受け付けないという哲学研究者が少なくないのですが、デリダは表向きは、フッサールの議論の精密さを信用するふうを装って、その議論を追っていきながら、フッサール自身が思っている以上に、言語の問題は現象学のアキレス腱であることを示したわけです。

ちくま学芸文庫の訳者林好雄さん（一九五二― ）は訳者解説（三二八頁以下）で、デリダは「現象学的還元」の西洋哲学史上の意義を十分に評価しているけれど、彼は「その『還元』が、『論理学研究』における記号の『単純化』あるいは『純粋化』に決定的に、根底から立脚したものだということを示そうとしている」、と述べています。これが最も重要なポイントです。林さんは、この「純粋化」の意味するところとして四つのポイントを挙げていますね。この整理は便利なので、これに即して話を進めましょう。

第一点として、「記号」から「指標作用」を区別（還元）する、という点が挙げられています。これだけだとピンと来にくいので該当する箇所を見ておきましょう。訳者が断っているように、フッサールはこの文脈では「還元する」ではなく、「区別する」とか「除外」するという言い方をしています。「還元」は、現象学の専門用語として取っておいたのでしょう。「還元」という言葉はご存知のように一般的には、酸化物から酸素を取り除くような化学反応を指しますし、もっと一般的には、何かを取り去ったり分解したりして小さくしていくという意味ですね。デリダはわざと、一般的な意味で「還元」と言っているのでしょう。では、第一章「記号、いくつかの記号」の冒頭を見てみましょう。

> フッサールはまず、一つの混同を告発することから始める。「記号《シーニュ》」（Zeichen）という語は、日常言語においてはつねに、ときには哲学言語においても、二つの異質《エテロジエヌ》の概念を包含している。すなわち表現（Ausdruck）という概念、つまりしばしば誤って記号一般の同義語だと見なされている概念と指標（Anzeichen）という概念である。ところでフッサールによれば、何も表現しないいくつかの記号がある。なぜなら、そうした記号は――再度ドイツ語で言わなければならないが――Bedeutung とか Sinn〔ともに「意味」の意、訳注（23）参照〕と呼ぶことができるようなものを何も運ばないからである。それが、指標である。たしかに指標は、表現と同様に一つの記号である。しかしその記号は、指標として、表現とは違って、Bedeutung や Sinn を欠いている。つまり、bedeutungslos であり sinnlos〔ともに「無意味な」の意〕である。だからといってそれは、意味作用《シニフィカシオン》〔記号作用〕のない記号《シーニュ》ではない。記号作用のない記号、意味され《シニフィエ》るもののない意味する《シニフィアン》ものなどというものは、本質的にありえないのである。そういうわけで Bedeutung をフランス語で記号作用《シニフィカシオン》と訳す伝統的な翻訳のし方は、慣用的に定着していてほとんど避けられないものではあるが、フッサールのテクスト全体を混乱させ、それをその中軸の意図において理解不可能なものにし、その結果、初めの「本質的区別」に依存するすべてのことを理解不可能なものにしてしまうおそれがある。

とっつきにくい文章ですね。まず、ドイツ語の〈Zeichen（記号）＝signe〉という言葉に、「表現 Ausdruck＝expression」と「指標 Anzeichen＝indice」の二つの〝意味〟があるということを確認しましょう。後者は前者と違って、何も「表現」しない、つまり Bedeutung や Sinn を欠いていると述べられていますね。〈Bedeutung〉も〈Sinn〉も、「意味」という〝意味〟のドイツ語で、日常語的にはあまり区別されていないのですが、フレーゲは、『意義と意味について Über Sinn und Bedeutung』（一八九二）という論文で、この二つを明確に区別しています。例えば、「明けの明星 Morgenstern」と「宵の明星 Abendstern」という名称は、同じ対象を指示しているので「意味 Bedeutung」は同じだけれど、異なった文脈で使われるので「意義」は異なるわけです。分析哲学系の人にはお馴染みの話です。フッサールはこの区別に拘らず、表現された〈Sinn〉が〈Bedeutung〉である、というような言い方をしています。それで、訳注（23）でも述べられているように、みすず書房から出ている邦訳では、両方とも、「意味」と訳されています。

「指標」は、その広い意味での意味を欠いているというわけですが、フッサールはその具体例として、奴隷の記号としての烙印、国家の記号としての旗、記憶の記しとしてのハンカチの結び目、チョークの目印などを挙げています。「表現」というのは、主として言葉（Rede）やそれを構成する品詞（Redeteil）、あるいはそれと同じ機能を担う記号を指します。こういう風に言うと、いや、ハンカチの結び目はその記憶を〝表現〟しているではないか、と思う人がほとんどでしょうが、フッサールは自分の言う「表現」は普通の意味より、かなり狭い意味で使っていると断っています。ある人の心の状態（Seelenzustand）、思想（Gedanken）を他の人に理解可能な形で伝達するものを「表現」と呼ぶ、ということです。つまり、話す主体とそれを聞いて理解する主体の存在を前提にしているわけです。「指標」は、何か具体的に存在する事物を指示しますが、そこに主体の「思想」や「意図」は関与しません。

フッサールはそのように言っているわけですが、デリダは、しかし意味＝記号作用（signification）のない「記号」はないはずだ、と主張します。つまり、主体が「言わんとしていること」を伝達しているかどうかで記号を区別するフッサールに対して、デリダは、いや「記号」が記号である以上、意味作用がないなどということはありえないという立場を取ります。もっと端的に言うと、主体の意図がはっきり働いていなくても、記号は意味作用をする、というのがデリダの立場です。

そういうデリダの立場をはっきりさせようとすれば、フランス語への翻訳が重要になります。〈Bedeutung〉は〈signifcation〉と訳すのが普通ですが、これは「記号」という意味の〈signe〉から派生した言葉で、「意味すること＝意味作用」の他に、「記号作用」という〝意味〟もあります。「意味作用」と「記号作用」の区別が付かないと、「指標」としての「記号」には「意味作用」がないというフッサールの主張が〝意味〟するところがはっきりしなくなります。「記号」に「記号作用」がない、というのではいくら何でも訳が分かりませんね。そこがはっきりしないと、フッサールに反対して、「記号作用」があるところには「意味作用」があると言いたいデリダの議論の趣旨も曖昧になります。

あまり語学に関心のない、あるいは嫌いな人は、「そんなのは翻訳の話だろ！　哲学の本質に関係ない！　注で述べれば十分じゃないか！」、と思うでしょう。しかし、デリダからしてみると、フランス語だとフッサールの「言わんとしていること」を適切に〝表現〟できないとなると、そもそもフッサールの現象学の記述はドイツ語の特殊性に依拠している可能性が出てきます。現象学は、表現媒体である言語によって左右されており、言語の違いを超えて、現象の本質を純粋に記述することが不可能だとすると、現象学とはそもそも何なのか、それどころか、〝主体〟や〝理性〟とはそもそも何なのか、という根本的な疑問が浮上してきます。

林さんは、デリダが理解するフッサールの〝還元〟の第二点として、「表現」の純化を挙げています。「表現」を「指標」から区別しても、「表現」には表情や身振りなどの「指標作用」がまとわりついており、汚染されているので、それを取り除いて純化する必要があります。訳の本文で言うと、四二頁から四七頁くらいにかけての箇所です。伝達的な言述（discours）においては、どうしても、主体の「意味作用」が「指標 Anzeichensein」と「もつれ合っている verflochten」とフッサール自身認めています。しかし、身振りや表情それ自体には、主体による〈Bedeuten（言わんとすること）〉が欠けているとフッサールは想定します。ただ、そうなると、「パロール」をどう位置付けたらいいのか、という問題が生じますね。

このことと関連して、林さんの指摘する第三点が出てきます。フッサールは更に、「表現」から、「伝達作用 Kommunikation」と「表明＝告知作用」を〝還元〟するということですね。この二つ、「伝達作用 Kommunikation」と「表明＝告知作用 Kundgebung ＝ manifestation」は、必然的に「他者への関係」を前提としているからです。簡単に言うと、相手の顔色を見ながら、何かを伝達し合う場合、どうしても自分の頭でちゃんと把握していない身振りなどのリアクションをし、それが本来の「言わんとする」内容を侵食して、発言が曖昧になることがありますね。本文の該当する箇所（フッサールからの引用）を見ておきましょう。第三章「独語としての意－味 Le vouloir-dire comme soliloque」の半ばです。〈vouloir-dire〉というのは、「言いたいこと」という意味で、デリダは、フッサールの「意味作用 Bedeutung」をこの言葉で言い換えています。

「(…)日常的言語は、われわれに見知らぬ人々の心的体験の知覚をも与えてくれる。われわれは、彼らの怒りや苦しみなどを「見る」のである。外面的身体的事象〔身ぶり、表情等〕をも知覚されたものだと認めるかぎり、また一般的に、知覚という概念を十全な知覚という概念に、つまり最も厳密な意味での直観に限定しないかぎり、この言葉はまったく正確である。事物や出来事を、それ自身が現前する（gegenwärtigen）かぎりにおいて把握するのだと主張する直観的思念《ヴィゼ》（Vermeinen）――このような思念は可能であり、それどころか大多数の場合、概念的で明確に表現《エクスプレス》するどんな言明《フォルミュラシオン》になることもなく与えられる――に知覚の本質的性格があるとすれば、その場合、表明＝告知の把握（Kundnahme）は、表明＝告知（Kundgabe）の単なる知覚なのである……。聞き手は、話し手がなんらかの心的体験を表出しているということを知覚し、そのかぎりにおいてその体験をも知覚するのである。しかし、聞き手自身がその体験を体験するのではない。聞き手は、それについてどんな

「内的」知覚も持たず、たんに「外的」知覚を持つにすぎない。十全な直観における存在の実際的《エフェクティヴ》な把握と、直観的ではあるが非十全的な表象《ルプレザンタシオン》に基づいた、そのような存在の思念的な（vermeintlichen〔臆測的な〕）把握とのあいだには、大きな相違がある。前者の場合、存在は体験される。後者の場合存在は推測される（supponiertes）のであって、一般に、真理はそれに対応していないのである。まさしく相互理解は、表明＝告知においてまた表明＝告知の把握において両方の側から展開される心的作用の、ある種の相関関係を要求するのであるが、両者の完全な同一性を少しも要求していないのである」〔第七節〕。

真ん中辺の、「事物や出来事を、それ自身が現前する（gegenwärtigen）かぎりにおいて把握するのだと主張する直観的思念（Vermeinen）――このような思念は可能であり、それどころか大多数の場合、概念的で明確に表現するどんな言明になることもなく与えられる――に知覚の本質的性格があるとすれば、その場合、表明＝告知の把握（Kundnahme）は、表明＝告知（Kundgabe）の単なる知覚なのである……」という文が分かりにくいですね。まず、この文の前半部では、「知覚」とは、事物や出来事をありのままに把握することではないか、ということが示唆されています。「現前する」という言い方は分かりますね。現に目の前に現れている、ということです。「知覚」ということを、もっぱらそういう風に理解すると、「表明＝告知の把握」することは、単なる「知覚」だというわけですが、これは、その人が何かを「表明」している時の表情と声しか実際には知覚できない、という意外と単純な話です。二人の人が互いに自分の言いたいことを表明し合う場合は、外面に出ている部分しか知覚できません。伝達や告知では、お互いの「言わんとしていること」を完全に把握することができず、お互いの心の内を推測することしかできませんが、それで良しとされます。裏を返して言えば、存在を十全（adäquat）に把握しておらず、真理に対応する内容がなくても、互いに通じたことにしてしまいます。フッサールに言わせれば、そういう外面的な知覚は、指標作用にすぎず、十全な意味作用ではないわけです。

> 現前性の概念が、この証明の要《かなめ》である。伝達作用あるいは表明＝告知作用（Kundgabe）が本質的に指標的であるのは、他者の体験の現前性が、われわれの根源的直観に対して拒まれているからである。意味《シニフィエ》されるもの〔訳注（47）参照〕の直接的で充実した現前性が覆い隠されるたびに、意味《シニフィ》するもの《アン》は指標的な性格を持つことになるだろう。

身振りや表情は「現前」しているものとして知覚されますが、他者の「意味付与的な心的体験 die sinngebenden psychischen Erlebnisse」の中身は直接的には「現前」しません。先ほど見たように、「推測」することしかできません。表情や身振りは、他者の体験を直接表現することができず、推測の手がかりを与えることしかできないという意味で、「指標」にすぎません。

有名な「意味するもの（シニフィアン）signifiant／意味されるもの（シニフィエ）signifié」の話が出てきましたね。訳注（47）で説明されているように、ソシュール言語学の基本的概念で、記号の両側面を意味します。言語記号の場合、「シニフィアン」が聴覚的イメージ、「シニフィエ」が概念内容という意味です。両者の結び付きが自然なものではなく、恣意的である、というのがソシュール記号学・言語学の出発点です。「犬」という概念、あるいはそれに属する個体のことを〈inu〉という発音で表示する必然性はありません。この文脈では、「シニフィアン」が他者の身振りや表情、「シニフィエ」が意味付与的な心的体験ということになるでしょう。他者に対して伝達・告知する場合は、前者が後者を覆い隠してしまうので、指標的性格が強くなってしまうわけです。逆に言うと、「表現」は、ある主体の思想の完全な現前性を与えるものだということになりそうです。しかし、そうだとすると、純粋な「表現」というのは、孤独な主体の自己内対話のようなことになりそうですね。

それが、林さんの第四点です。実在的世界と他者への関係とを捨象した「孤独な心的生活 das einsame

Seelenleben」において、純粋な「表現」の層が現出するということですね。しかし、それで終わりではなく、この層自体は「非生産的媒体」であって、その更に下層にある「前－表現的な層」を「反映している」にすぎないので、最終的には、この「表現の層」、言い換えれば、「言語全体、記号全体」を還元して、これ以上還元不可能な、最下層の沈黙した「前－表現的な意味の層」を顕にしなければならない、ということです。このようにして完全に記号による媒介（記号作用）を排除することによって、意味が立ち上がってくる最も根源的な層を明らかにしようとしたわけです。そうした層を顕にすることが、「現象学的還元」の目指すところです――そう考えると、記号の作用を段階的に排除していく操作を、デリダが「還元」と呼ぶことには、それなりに理由があるように思えてきます。「孤独な心的生活」について記述されているのが、第三章の後半部です。「前－表現的な意味の層」については、第五章「記号と瞬き Le signe et le clin d'œil」の終わりから、第六章「沈黙を守る声 La voix qui garde la silence」の冒頭部にかけて記述されています。

記号をめぐって

このように、「現象」という玉葱の皮を剝いていくと、何も残らないのではなくて、一番核になる純粋な意味が見出されるのではないか、とフッサールは想定して議論を進めていますが、「絶対的沈黙 silence absolu」を守る「意味の根源的で前－表現的な層 une couche originaire et pré-expressive de sens」とか言い出すと、何か怪しい感じがしますね。実際にフッサール自身が言っていることですが、デリダは、フッサールのテクストを細かく――『論理学研究』の第二巻の第一研究だけでなく、『イデーンI』なども要所要所で参照して――フォローしながら、いかにも怪しく見える方向へと読解していきます。その上で、「記号作用」をめぐる自分の議論を、フッサールのテクストに被せる形で展開します。

フッサールは、「孤独な心的生活」でこそ純粋な「意味作用」があるという想定で議論しますが、これが怪しいですね。すぐに思いつく疑問として、自分の内で対話する場合、他者と会話する時と同じ言葉を思い浮かべたり、状況を想像によって再現＝表象（represent）するのではないか、ということがあります――「表象する」という意味の英語の〈represent〉や、フランス語の〈représenter〉は、ハイフンを入れて、〈re-present〉、〈re-présenter〉とすると、「再現（前化）する」という意味に取ることができます。対話の形を取らないで、何かの概念や思想を思い浮かべても、その内容が漠然としてしまって、フッサールの言う「十全な表象」にはならないのではないか、という気がしますね。言い換えると、私たちの思考は、言語を中心とする「記号」によって構成されていて、記号の働きなしに、十全な表象を行うことはできないのではないか、動物と同じレベルの漠然とした、意味作用を欠いた知覚表象しか持てないのではないか、という疑問です。そこにデリダは突っ込みを入れます。

ところで、すでにわれわれが明らかにしようと試みたように、あらゆる記号一般が根源的に反復的な構造を持っていることを認めるならば、記号というものの虚構的な使用と実際的な使用のあいだの一般的区別は脅かされるだろう。記号は、根源的に虚構によって働きかけられているのだ。したがって、指標的な伝達作用に関してであれ、表現に関してであれ、外的言語と内的言語を区別するための、また仮に内的言語という仮説が認められた場合、実際的な言語と虚構的な言語とを区別するための、どんな確実な判断基準もないのである。しかしながらフッサールにとって、そのような区別は、その統御のもとにあるすべてのものとともに、表現に対する指標作用の外在性を証明するために必要不可欠のものなのである。この区別が不当なものだと宣告するならば、その一連の帰結全体が、現象学にとって恐るべきものになるだろうと予測されるのである。

先ほど言った、記号の「反復可能性」の問題がここで出てきましたね。記号の「根源的に反復的な構造

structure originairement répétitive」というのは、記号は常に〝同じもの〟を「再現＝表象」するものとして機能するということです。言い換えれば、記号によって、〝同じもの〟として「再現＝表象」されたものは、常に〝同じもの〟であって、区別はできないということです。先ず、フッサール自身の議論に即して考えてみましょう。例えば、「いぬ」という語によって表象＝再現されるのは、常に同じ〝犬〟という概念内容のはずです。具体的・視覚的に浮かんでくる〝犬〟のイメージは人や状況によって違っても、〝犬〟という概念のイデア的本質は常に〝同じ〟でないといけません。毎回変動していたら、「記号」として機能しません。フッサールは、個別具体的な〝いぬ〟のイメージは指標的だけど、〝犬〟のイデア的本質の「表現」は普遍的である、と言いたいわけですが、それに対してデリダは、いや、〝個別の犬〟についてのイメージも記号的な反復によって生み出されるのだから、両者の区別は相対的なものではないのか、と言っているわけです。自分の知っている、ある犬を思い浮かべて下さい。その〝いぬ〟の毛並みとか大きさとか色とか、脚の長さとかいろんな要素から成り立っていますが、それらの要素はみなさんの中で記号化されていないですか。絵に描いてみると、自分の〝いぬ〟のイメージが記号化されていることがはっきりしますね。というより、記号によって再現するのでなければ、絵に描くことはできません。そういう風に考えると、フッサールの言っている「表現」と「指標」の区別は、抽象－具体の程度の違い、あるいは、分解された表象と、具体的な個別の対象に近い形で複合的なままの表象の違いではないか、と思えてきます。具体的な相手を目の前にした記号による表象は指標的要素が多すぎて不純だけど、「孤独な心的生活」においてはそれが取り払われ、表現の本質的な部分が現れてくる、という話は怪しくなります。そもそも心の中の独り言でも、対話の時と同じような言葉を使いますね。

「実際的な言語 langage effectif」と「虚構的な言語 langage fictif」というのは、実際に何かを表象している言語と、本当は具体的な何かを表象しているわけではなく、そのように見せかけているだけの言語です。

「孤独な心的生活」における「内的言語」の場合、理論＝論理的な言語が「実際的な言語」で、自分自身を他人に見立てて行う指標的な性格の強い会話は「虚構的な言語」ということになります。語感的には逆のような印象を受けますが、理論＝論理的な「実際的な言語」の方が客観的です。心の中の内的表象の空間では、抽象的な理念は実在するけれど、相手の表情や身振りのイメージのようなものは、虚構であるということのようです。心の外とは、実際／虚構が逆転するわけです。フッサールは、そうした内／外、実際／虚構の区別を前提として、前表現的にアプリオリに実在する意味の層を見出そうとしたわけですが、デリダに言わせれば、そうした区別には明確な根拠もなく、フッサールが記号論的な〝還元〟によって見出そうとしている、〝純粋な意味の層〟も結局のところ、記号の操作によって出来上がった虚構である可能性があるわけです。

フッサールの議論に即して見ていくと、ややこしい話のようですが、私たちは、記号というものは、主体による表象作用を補助するものにすぎないと考えがちです。その際記号は、いろいろと不純な要素、実際には実在しないものがあるかのように見せることがあります。それによって私たちの想像力が助けられ、記憶が曖昧でも、自分の飼っている犬や猫、家族、家の家具などを思い浮かべることができるわけです。ただ、それが実物通りでないことがしばしばある。それは、記号が余計なものを付け足したり、変形したりしているからです。だから逆に、「犬」とか「フランス人」「官僚」とかを、抽象的な概念として捉えて、それについての純粋な理論を組み立てようとしても、自分の馴染んでいる（つもりの）特定の犬、特定のフランス人、特定の役人のイメージに引きずられます。哲学的に考えるのが好きな普通の人間だったら、その辺までは考えるかもしれませんが、そこから先の面倒なことまで考えないですね。私も、個人的にはその辺で終わりにしておきたいところです（笑）。そこが普通の人とフッサールが違うところです。彼は、だったら、その記号による余計な補助作用を取り除いていってみよう、いろいろな不安定で不確実、偶然的な要因はなくなっていき、純粋に実在を表象する表現関係だけが残る、そこでその記号そのものをも取り除けば、私たちが対象を捉える時の最も本質的な要素だけが残るだろう、と考えて、それを思考実験的にやってみたわけです。しかし、そう思考実験をやるに際して、どうしても、様々な言語や記号を持ち込んで、自分にとって納得がいくように状況を再構成しようとします。そもそも、いかなる指標的な補助なしに、純粋に対象の本質だけが表象される状況とか、他者の顔を思い浮かべないで自己自身に対して語りかけている状況とか、実在しません。哲学的言語によって作り出された虚構です。（哲学的）記号の助けを借りて、（日常的）記号を取り除こうとするのだから、記号の連鎖から逃れることはできません。現象学的還元をしようとする主体は、この意味で、記号の反復的構造の中に囚われています。デリダはそのことを、フッサールの議論に即して明らかにしているわけです。

ところで、われわれが先ほど記号に関して言及した根源的な反復構造は、意味作用という作用全体を統御しているはずである。主体は、その表象を自分に与えることなしに語ることはできないのであって、その表象は偶有的《アクシダン》なものではないのだ。だから、実際の言述《ディスクール》のない言述の表象《ルプレザンタシオン》を想像することができないのと同様に、自己の表象のない実際の言述というものを想像することはできない。おそらくこの表象=代理性《ルプレゼンタティヴィテ》は、独特のやり方で自分を変様させ、複雑化し、反映するのであって、いずれその独特のやり方を言語学者、記号学者、心理学者、文学理論家や芸術理論家、そして哲学者でさえも研究することができるようになるだろう。それは、非常に独特のものであるかもしれない。しかしそれはすべて、言述と言述の表象との根源的統一を前提としているのである。言述は自分を表象=代理《ルプレザンテ》するのであり、その表象=代理《ルプレザンタシオン》であるのだ。それどころか、言述は自己の表象=代理そのものであるのだ。

「主体は、その表象を自分に与えることなしに語ることはできない」、というのは、語る主体は何らかの

「ある être」という動詞をめぐる記号論的な脱構築。
英語の be 動詞に当たる。
この種類の動詞は、（be 動詞に相当するものを持っている）西欧諸国の哲学では、「存在」それ自体を示す根源的な動詞と見なされてきた。

デリダ：「ある」という動詞の直説法現在形三人称が、存在に関する言説で特権的な位置を占めてきたことを指摘。
EX：英語〈is〉、ドイツ語〈ist〉、フランス語〈est〉。

1、直説法現在でないと、「ある」ということが不確実になる。
2、一人称や二人称だと、対話の相手を意識した言述、フッサールの言い方だと指標性が強い言述なので、客観性の度合いが低い。
〈is〉は、主体によって客観的に捉えられる、対象のイデア的本質を最も端的に表現する動詞である。

形で自分自身を表象せざるを得ないということです。例えば、「私は犬を散歩させる」と言う時は、犬や道路、首輪と共に、自分も表象しています。自分を主語にせず、彼とか彼女を主語にする場合も、その主語が自分にとってどういう存在であるか、家族か、知り合いか、知らない人か、同国人か外国人かといったことについて表象します。ざっくり言うと、表象された空間の中に、自己自身を位置付けるわけです。これは、カントが言っていることです。ここでのデリダの議論のポイントは、最後の方で示唆されている、あらゆる表象に自己の表象が伴うということではなくて、その自己の表象と、その言述（discours）との循環関係です。私たちは、自己の表象を中心にした表象の体系がまずあって、それが言語化されると考えがちですが、本当にそうなのか？　むしろ、「私」を表す記号が言述の中で使われているからこそ、「私」という表象、及び、その実体が〝ある〟ように思ってしまうのではないか？　そういう風に言うと、いや、それはおかしい、そういう「私」という言葉に特別な反応をし、それを自分のことだと感じる「私」は実在するのではないか、そういう「私」がいて、主体的に考えないと、カント、フッサール、デリダがやっているような自我をめぐる議論をすることができないではないか、と思う人もいるでしょう。しかし、そのナマの「私」とはどういうものか哲学的あるいは言語学的に規定しようとすると、先ほどお話ししたように、いろんな記号に頼ることになります。「記号」によって構成された「私」が、「記号」によって〝私〟自身のことを説明する、という妙な感じになりますね。「私」が〝存在〟するというのは、そういうことかもしれません。言述としての自己が、自己自身を「表象＝代理」する形で自己をあらしめているわけです。「私」をめぐる言述が、自己を再生産し続ける、と言ってもいいでしょう。自己を中心にして世界の様々な事物を表象する言語体系がなかったら、〝わたし〟は消えてしまうかもしれない。

存在と声

一六三～一六五頁あたりで、今度は「ある être」という動詞をめぐる記号論的な脱構築が行われています。英語の be 動詞に当たるものの話です。言うまでもなく、この種類の動詞は、be 動詞に相当するものを持っている西欧諸国の哲学では、「存在」それ自体を示す根源的な動詞と見なされてきました。「ある＝存在」にこだわるのは、フッサールというよりはハイデガーなので、ハイデガー批判も含んだ議論かもしれません。一六五頁でハイデガーのことが少しだけ言及されています。この第六章の前半の議論は、他の箇所以上に説明不足で分かりにくいのですが、私なりに補って説明してみましょう。

デリダは、「ある」という動詞の直説法現在形三人称が、存在に関する言説で特権的な位置を占めてきたことを指摘します。英語だと〈is〉、ドイツ語だと〈ist〉、フランス語だと〈est〉という形です。デリダはフッサールに絡めてかなり込み入った言い方をしていますが、どうしてこの形が中心的な位置を占めるのかは分かりますね。直説法現在でないと、「ある」ということが不確実になります。また、一人称や二人称だと、対話の相手を意識した言述、フッサールの言い方だと指標性が強い言述なので、客観性の度合いが低い感じがしますね。論理学の命題は、通常、「SはPである S is P」という現在形三人称で表現されます。〈is〉は、主体によって客観的に捉えられる、対象のイデア的本質を最も端的に表現する動詞であるように思えます。一六五頁の半ばでかなり意味深なことを言っています。

> その動詞の意味は何も示さず、どんな事物も、どんな存在者《エタン》も存在規定も示さないので、また語の外のどこでもそれに出会うことはないので、その動詞の還元不可能性は、verbum あるいは legein の還元不可能性であり、ロゴスにおける思考と声との統一体の還元不可能性である。

be動詞がそれ自体としては、いかなる具体的な物も、存在の特定の在り方も示さない、ということはいいですね。繋辞の「～である」の場合も、存在を表す「～がある」の場合もそうです。また、この動詞を使う時以外には、「～の存在」ということは問題になりません。その意味で、〈être〉は還元不可能です。ここまでは理解できますね。〈verbum〉は、「動詞」という意味の英語の〈verb〉の語源に当たるラテン語で、本来は単に「言葉」「単語」という意味です。インドゲルマン祖語のレベルまで遡ると、「語る」という意味になるようです。〈verbum〉は、ギリシア語の〈logos〉に対応し、その訳語として使われます。〈legein〉は〈logos〉の動詞形のギリシア語で、元々は「取り集める」という意味で、そこから「数える」「語る」「思考する」といった意味が派生します。ハイデガーがこの「取り集める」という原義に拘ったことは、この連続講義でも何回かお話ししましたね。では、〈verbum〉あるいは〈legein〉の還元不可能性とはどういうことか？　すぐ後で、「ロゴスにおける思考と声の統一体の還元不可能性」と言い換えていますね。つまり、「思考」であると同時に「声」である〈verbum〉あるいは〈legein〉が還元不可能だということです。「声」というのが分かりにくいですが、「思考」と一体不可分になっているわけですから、私自身から発せられる、意味作用を伴った声、対象のイデア的本質を表現する声、ということになるでしょう。では、「声＝思考」が還元不可能だというのは、どういうことか？　恐らく、「SはPである」というデリダ：「存在」と「声 phonè」（ギリシア語）。

・ハイデガー：「存在」は主体の意味付与作用を超えたより根源的な意味を持つ。
・フッサール：主体の前に「対象 Gegenstand」として「現前化 prèsenter = gegenwärtigen」することを指す。
⇒ドイツ語の〈Gegenstand〉は、分解すると、〈gegen（〜に向かって）〉＋〈Stand（立っていること、立っているもの）〉の二つに分けられる。
主体に向かって立つように、現前化されたもの。主体が、自分に向かって現前化することで、その対象が存在する。その現前化が、「声」という形で遂行される。
「〜は〜である」という私自身の「声」を聞くことによって、その対象が現前化する。
この場合の「声」というのは外的な音声だけでなく、私自身の内面で発せられる“声”も含む。「SはXという属性をもって、私の目の前に現にある」と述定する私自身の声を聞きとることによって、Sは私にとって存在する。

「声」が発せられる時、その「ある」を他の何かに還元することは無理である、ということでしょう。この「ある」がないと、各対象に存在というステータスを付与して、相互に関係付けることはできません。つまり、いかなる意味作用もあり得ないわけですが、では、どうしてあなたは、「〜である」という声を発して、SにPという性質を付与するように意味付けしたのか、と聞かれても、答えようがありません。そう言ってしまったから、とでも言うしかありません。聖書にあるように、始めに言葉（ロゴス）ありき、ということにならざるを得ません。

デリダは、こうした考察から、「存在」と「声 phonè」――〈phonè〉というのは、「声」という意味のギリシア語です――を関連付けて論じていきます。ハイデガーの場合、「存在」は主体の意味付与作用を超えたより根源的な意味を持ちますが、フッサールの場合、主体の前に「対象 Gegenstand」として「現前化 prèsenter ＝ gegenwärtigen」するということを指します。ドイツ語の〈Gegenstand〉は、分解すると、〈gegen（〜に向かって）〉＋〈Stand（立っていること、立っているもの）〉の二つに分けられます。つまり、主体に向かって立つように、現前化されたものです。主体が、自分に向かって現前化することによって、その対象が存在するようになるわけです。デリダに言わせればその現前化が、「声」という形で

「語る主体 sujet parlant」が「自分の語りを聞く s'entendre-parler」ことが、自己自身と対象の存在を確立し、対象に意味を付与して現前化させる起点。
⇒自我の自分自身の純粋な内面での対話、自我の（自分自身の声を求める）自己探求が全ての根源。⇒それが、デリダ：「音声ロゴス主義 phonologisme」。

遂行されるわけです。「〜は〜である」という私自身の「声」を聞くことによって、その対象が現前化してくる。「声」という比喩的な言い方をすると、現象学プロパーの人は引っかかるかもしれませんが、この場合の「声」というのは、先ほどから言っているように、外的な音声だけでなく、私自身の内面で発せられる〝声〟も含みます。「SはXという属性をもって、私の目の前に現にある」と述定する私自身の声を聞きとることによって、Sは私にとって存在することになるわけです。そうした意味で、自分自身の「声」を聞くという関係がないと、いかなる事物も私にとって意味ある対象＝存在者として存在するということはあり得ません。この「自分の声を聞く」ということを、デリダは〈s'entendre〉というフランス語で表現します。フランス語の動詞〈entendre〉には「聞く」という意味の他に「理解する」という意味もあります。デリダは、これの代名（再帰）動詞形の〈s'entendre〉を、「自分の声を聞く」という意味にも「自分を理解する」という意味にも取れるように使っています。この辺（一五七〜一七〇頁）の記述はかなり大事なところですが、フッサールの存在概念や、自分自身が「声」という言葉に込めた意味を、デリダが分かりやすく説明していないので、現象学や構造主義を専門的に研究している人でも、かなり混乱させられると思います。わざと混乱させているのかもしれませんが。

　デリダは先ほど述べたような意味合いで、「パロール」は哲学的に特別な意味を与えられてきたと述べています。「語る主体 sujet parlant」が「自分の語りを聞く s'entendre-parler」ことが、自己自身と対象の存在を確立し、対象に意味を付与して現前化させる起点になっている、と見なされるわけです。別の言い方をすると、自我の自分自身の純粋な内面での対話、自我の（自分自身の声を求める）自己探求が全ての根源になっているわけです。それを彼は「音声ロゴス主義 phonologisme」と呼びます。フッサールは、視覚的な記号の働きを排除することには力を入れたけれど、音に関しては、私自身の内面の声という形で、それが残ることを容認したわけです。このように、哲学史におけるパロールの優位というストーリーを描いたうえで、デリダは一七九頁で、『幾何学の起源』に対する「序文」での議論を再び持ち出して、実はそれが「エクリチュール」の反復可能性に支えられていることを示唆します。そうなると、あとの展開は読めてきますね。

「根源の代補」

最終章である第七章「根源の代補」を少し見ておきましょう。「代補」というのは、『グラマトロジーについて』に即してお話しした「代補」と同じです。冒頭に「代補性は、まさしく差延であり、差延する運動であって、その活動は、現前性に亀裂を入れると共に遅らせ、それを同時に根源的な分割と遅延とに従わせるのである」、と述べられていますね。訳では、「差延する運動であって……」となっていますが、原文だと、この部分では〈différer〉という普通のフランス語の動詞が使われています。これには「差異化する」という意味と、「遅らせる」という意味があります。デリダはこれを利用した言葉遊びをしているわけですが、単なる言葉遊びではありません。

フッサールは、（内面の）「声」と共に露になる「生き生きした現在（現前性）lebendige Gegenwart」を起点として、主体、対象、世界が立ち上がってくるという筋で考えようとしています。「生き生きした現在」という言葉は、『論理学研究』には出てきませんが、後期の遺稿に出て来る概念で、フッサール研究の専門家たちからは重視されています。しかし、もしデリダの言うように、「生き生きした現在」が記号の代補によって再現されたものとしてしか主体によって認知されないのだとすれば、それは「現在」と同一の瞬間ではなく、少し遅れて「再現＝表象 re-présenter」されることになります。その遅れのせいで、主体は本当に〝生き生きしたもの〟に追いつくことができませんし、「記号」の「代補」のせいで、変形を受けています。それが純粋に〝生き生き〟していないことに気付いた人が、〝真に生き生きした瞬間〟を求めると、そこに更なる遅延と代補による変形が生じます。それは延々と続きます。フッサール自身も、『論理学研究』の第一研究の第二八節で、何らかの主観的体験を言語記号によって完全に客観（イデア）的なものへと置き換えることは無理であると認めている、ということですね。意味の源泉としての「声」あるいは「生き生きした現在」を求める探究は、「無限の差延」を引き起こすわけです。

二二八頁を見ると、ヘーゲルはこうした「無限の差延としての〈イデア的なもの〉l'Idéal comme différance infinie」の立ち現れを追いかけ続けたことが言及されています。「無限の差延としての〈イデア的なもの〉」というのは、意味の源泉となるべき「イデア的なもの」は、直接的に主体の前に現前化することはなく、無限の差延の運動という形でしか現れてこないということです。ヘーゲルは歴史を「無限の差延の運動」と見ていた、という解釈もあります。ただし、ヘーゲルの言う「絶対知」の成就は不可能です。それは、「無限の差延」の運動が止まるということです。ということは、〝主体〟が代補性から解放されるということでもあります。しかし、記号による再現前化作用なしに、思考し活動する〝主体〟などいるのか？　二二九～二三〇頁にかけて、デリダがこのテクスト全体を通して言いたかったであろう結論めいたことが述べられています。

> 形而上学の歴史は、絶対的な〈自分が語るのを――聞き――たい〉ということである。この無限の絶対が、それ自身の死として立ち現われるとき、この歴史は閉じられる。差延なき声、エクリチュールなき声は、絶対的に生きていると同時に絶対的に死んでいる。

西欧の形而上学は、自我あるいは精神が言葉（ロゴス）として立ち上がってくる生き生きした瞬間を捉えようとして、無限の差延の運動を引き起こしてきたわけですが、その最終目的である「エクリチュール

【復習】

・『精神について』：ヘーゲルとハイデガーを結ぶ形で、起源としての「精神」を求める形而上学の威力と危険を論じた著作。

・『死を与える』：キルケゴール、ハイデガー、パトチュカ、レヴィナスを横断する形で、宗教的な啓示と犠牲死の関係が論じられている。啓示は、「声」と「生き生きした現前」によって成り立つ。「神の声」と共に「生き生きした現前」を体験するには、主体はそれまでの自己を犠牲にし、死を経験しなければならない。

↓

デリダの関心の基は、『声と現象』と『グラマトロジーについて』。

⇒「声」が、西欧形而上学の歴史と、精神＝霊の運動を生み出したことへの関心。

なき声」というのは、記号のない状態ですから、そこには、語る主体も、聞く主体もいません。そこでは、（少なくとも、現在の私たちから見て）完全な沈黙が支配することになるでしょう。前表現的な意味の層があるかもしれないけれど、「声」が響かないので、それが「存在」の光へともたらされることはない。

デリダは、フッサールの『論理学研究』第二部冒頭の言語論を掘り下げることで、こうした西欧形而上学の歴史に関わる重要な問題を引き出してきたわけです。そのためフッサールのテクストの読み方がやや性急で、詰め込みすぎになっていることは否めませんが。この講義で最初に読んだ『精神について』は、ヘーゲルとハイデガーを結ぶ形で、起源としての「精神」を求める形而上学の威力と危険を論じた著作です。『死を与える』では、キルケゴール、ハイデガー、パトチュカ、レヴィナスを横断する形で、宗教的な啓示と犠牲死の関係が論じられていますが、啓示は、「声」と「生き生きした現前」によって成り立ちます。「神の声」と共に「生き生きした現前」を体験するには、主体はそれまでの自己を犠牲にし、死を経験しなければなりません。「声」が、西欧形而上学の歴史と、精神＝霊の運動を生み出したわけです。そうしたデリダの関心の基が、『声と現象』と『グラマトロジーについて』にあるわけです。

■質疑応答

Q　不確実性が当たり前、絶対的な意味で純粋があるのか、偶然性の作用が必ずある、絶対＝神みたいなものは確認できないだろう、デリダはそういうことを言いたいのかと思います。ただ、その一方で、一〇〇％確実でなくても、ある範囲で有効なら、九五％以上の確率で当たれば、それで真理と見なすというような、自然科学的というかテクノロジー的な発想もあるかと思います。実際、世の中はそういう蓋然性の論理で動いている。デリダは、前者の方向で、完璧主義に走りすぎることに警鐘を鳴らしているという理解でいいでしょうか。

A　大筋では、そういう理解でいいと思います。西欧の知識人の中には、知の絶対的根拠がないと安心できない、絶対知が不可能だということになれば、ショックで生きていけないという人もいます。一八世紀末のドイツには、「物それ自体」は認識不可能だとするカント哲学にショックを受けて、生きる方向性を見失って、本気で悩んだ若い知識人が結構いたようです。クライスト（一七七七－一八一一）の「カント危機」は有名です。知の絶対的根拠への拘りがあったからこそ、数学や物理学などが一九世紀の西欧で急速に発展し、哲学のオルターナティヴを文学や芸術に求めた人たちが、ロマン主義などの運動を起こしたのでしょうが、知の究極の根拠として形而上学的な前提を立て、それに固執して、〝絶対的に揺るぎのない思想〟を展開しようとすると、いろいろ厄介なことが起こる。デリダはそういう厄介な問題が起こってくるメカニズムを明らかにすべく、脱構築を続けたわけです。

ただ、「絶対的なもの」をめぐるテクストを脱構築するデリダ自身のテクストは、あっさりと物事を割り切って考えているかというと……。テクストを見る限り、そうは思えませんね（笑）。「絶対的なもの」

を脱構築することに、絶対的に拘っている感じですね。ただ、ネオ・プラグマティズムの立場を取るリチャード・ローティ（一九三一―二〇〇七）の、西欧哲学の基礎付け主義的な傾向を批判し、解釈的な対話実践として知を捉え直そうとする立場と、デリダの脱構築の近さを指摘する議論があります。私もそういう捉え方はありだと思っています。一九九三年にパリで『脱構築とプラグマティズム』というシンポジウムが開かれ、その記録が「闘技民主主義」で有名なシャンタル・ムフ（一九四三―　）の編集で刊行されています。訳は法政大学出版局から出ています。

あと、後期のデリダは、新自由主義批判などの政治的実践をするようになったので、彼の言っていることは、ある意味、あっさりした感じになりました。デリダは、来るべき民主主義のために、〝余計なもの〟を除去すべく脱構築をやっていたんだ、という風に理解しようとする、ポストモダン左派的な人たちは結構います。ただ、私はデリダが最初からそういうことを狙っていたんだという前提に立つと、デリダの議論が陳腐に見えてくるので、あまり賛成できません。

Q　ここ一〇年、脳科学が飛躍的に進歩して言語に関して随分解明された。現在、言語に関しては、音声の差異を確認するところから発生しただろうという話になっていると思います。幼児は音響的変化を捉える能力が秀でていて、いろんな音の差異を区別できるけれど、ある時期を過ぎると、母語の音韻体系以外の音の区別が次第に認識できなくなる。それをカテゴリー知覚と言います。そういうことを考えると、文字で定型化しておかないと概念化できないというデリダが言っていた「代補」の話は面白いです。しかし、順序として見ると、音声の差異の区別の方が先です。そうすると、デリダの議論はどうなるか。デリダが音声中心主義批判をしていた時代は、脳科学があまり発達していないので仕方ないのかもしれませんが。

A　おっしゃりたいことは分かりますが、論点がズレています。デリダはルソーやレヴィ＝ストロースに代わって、真の言語起源論とか、言語能力発達論をやろうとしているわけではありません。私たち、つまり自己意識を持ち、自分の慣れ親しんだ言語で読み書きしている主体である私たちが、言語の歴史的起源にしろ、対象の本質を直観的に捉える瞬間にしろ、一切記号が働いていない〝心の状態〟を、記号抜きで再現することができるのか、という話です。文字記号がなければ、音の差異を認知できないという話ではないです。動物でも、ある程度音韻を区別できるのだから、文字を知らない幼児が音韻の区別ができるのは当然でしょう。その区別ができなければ、そもそも文字による差異の固定化もできないわけですから。ポイントはそこではなくて、そういう幼児の心の状態を再現できるのか、ということです。母語に慣らされる前の幼児は音を区別できても、自分にとって世界がどう見えているか語ることはできないでしょう。少なくとも、私たち大人が満足できるような形では。分析データをコンピュータにかければ、幼児がどういう風に認識しているか、ある程度再現できるかもしれませんが、それは記号化されたデータ、つまりエクリチュールを解釈しているということでしょう。私たち自身が、言葉を満足に知らなかった状態に戻って、その状態での世界の見え方をもう一度体験できるわけではありません。異常な体験をして、一時的に幼児に近い状態になったとしても、その状態を言葉で再現しようとすれば、その状態を、体系化された言語記号の中に取り込み、エクリチュールとして解釈するしかありません。そこでどうしても「遅延」が生じることが問題なわけです。

自然科学的な関心しかない人は、別に生身で経験できなくて、記号を介していてもいいのではないか、と思うかもしれません。それは関心の違いなので、仕方ないことです。デリダの立場からそういう人たちに一言言うとすれば、でも、あなたは特定の科学の文法、方法に基づいて、言語が発生した瞬間を再現し、その瞬間の状態について解釈しているのであって、それ以外の解釈の可能性がないと決めつけないで下さい、ということです。先ほどお話ししたように、どんな数学や物理の天才だって、言語記号による媒介がなかったら、天才なのかどうかさえ分かりません。一定の言語的規約の中で、その人のアイデアが天才的だと認識できるわけです。

デリダのエクリチュールの問題に限らず、一定の自然科学系の教養がある人が、いわゆるポストモダン系の議論を批判する場合、ポストモダン系の思想家たちが、真の認知科学とか、真の科学基礎論を展開しようとしているかのように勘違いして、ズレた批判をしていることが多いです。少なくともフーコー、デリダ、ドゥルーズ（一九二五—九五）がその手の議論をすることはまずないです。絶対的な知の存在を前提にしているかのような言説を解体するために彼らが行っている議論が、又聞きの又聞きによって、ニューー・サイエンス宣言みたいに曲解されていることが多々あります。ソーカル事件なんて、その最たるものでしょう——ソーカル事件については、明月堂のＨＰで連載されている、私のコラムで見解を述べているので、それをご覧下さい。

あと、「エクリチュール」というのは、紙とかＰＣとか携帯上などに書かれた文字のことだけでなく、意味が固定化されている（と見なされる）「記号」によって表現されるもの一般を指します。アイコンとか特定のジェスチャーのようなものでも、その意味が十分に固定化されていて、それが多くの人に共有されていれば、エクリチュールと見なしていいでしょう。その意味で、未文字社会の人たちも、エクリチュールと無縁ではありません。ポイントは、そういう記号の体系なしに、私たちはこの世界を認識できるか、です。西欧の哲学にとっては、それは極めて重要な問題です。西欧哲学なんてどうでもいい、と言われたら、いかんともしがたいですね（笑）。

デリダの難解なエクリチュールにもっと馴れるための読書案内

デリダ
『エクリチュールと差異』
法政大学出版局

初期のデリダの論文集。収録されている各論文が、フーコー、レヴィナス、フッサール、アルトー、フロイト、バタイユ、ヘーゲル、レヴィ＝ストロースに対する批判的・脱構築的論評になっているので、初期のデリダの現代思想の中での立ち位置を知るうえで便利。それぞれの論文で、批判の俎上に載せられている著者の独特の用語と、デリダのそれとが入り混じっているので、各分野の専門的研究者にとってもかなり読みにくいが、何を脱構築しようとしているのか比較的はっきりしているので、原典にきちんと当たりながらじっくり読むつもりがあれば、デリダが読解の対象とどのように距離を取ろうとしているのか、どのような意図で奇妙な概念を作り出しているのか理解するうえでの様々なヒントを見つけることができる。

デリダ『法の力』
法政大学出版局

第一部では、法＝権利（droit）をめぐる言説が、その根底において「決断 décision」の正当性をめぐるアポリアを抱えていることを明らかにしたうえで、脱構築の彼方にある「来るべき正義」を暗示する。第二部では、ジョルジュ・ソレルの『暴力論』とボルシェヴィキ革命を受けて執筆された、ベンヤミンの「暴力批判論」が、第一部で示されたガイドラインに即して詳細に分析されている。「法措定の暴力」と「法維持の暴力」の区別、更にその源泉としての、「神話的暴力／神的暴力」の区別の意味するところについて――デリダらしくない丁寧さで――論じたうえで、権力を志向しない暴力への期待と不安を示している。カール・シュミット論である『友愛のポリティクス』と併せて読むと、法、正義、責任に対するデリダの基本的なスタンスが見えてくる。

デリダ
『マルクスの亡霊たち』
藤原書店

『共産党宣言』の冒頭の「ヨーロッパに妖怪＝亡霊（Gespenst）が出る――共産主義の妖怪＝亡霊が」という有名なフレーズを起点として、マルクスのテクストにおける「亡霊」あるいは「妖怪」に関連するメタファー系を掘り起こし、その哲学的含意を明らかにしながら、西欧の存在論的秩序に絶えず憑き纏い、脅威を与えてきたものの〝正体〟を暗示することが試みられている。デリダはその試みを「憑在論 hantologie」と呼んでいる。経済学の言葉によって哲学の観念性を攻撃するように見えるマルクスの言説が、形而上学の根本的な問題に絡んでいることを示唆する一方で、だからこそ、形而上学に根ざした既存の政治秩序に対する破壊力を有することを示唆するというアクロバティックな――実践家にとっては、あまりにハイブラウなので使いものにならないであろう――論述になっている。全体的にはマルクスのメタファー系をデリダ用語によって分析する複雑な記述になっているが、九〇年代の新世界秩序に対する批判になっている部分もあり、デリダの通常の意味で〝政治的スタンス〟を知ることができる。

高橋哲哉『デリダ』
講談社

政治や倫理に強くコミットするようになった後期のデリダを中心に据えた、極めて明晰なデリダ論。『散種』に所収の論文「プラトンのパルマケイアー」でのエクリチュール論に焦点を当てて、デリダが「エクリチュール」に拘るのは何故か説明されている。エクリチュールは、透明で中立的な記録媒体ではなく、理性的秩序の総体であるポリスを成り立たしめる「内／外」の境界線を画定する働きをする。エクリチュールを注視することは、他者を排除するロゴス（理性）の暴力性を暴露することでもある。この点に注目すれば、理性／狂気の線引きをめぐるフーコーとの論争や、語る主体と記号の反復可能性をめぐるサールとの論争が、法や倫理に明示的にコミットするデリダのスタンスとどう繋がっているか見通しをつけやすくなる。

パトチュカ
『歴史哲学についての異端的論考』
みすず書房

デリダの『死を与える』の前半で集中的に取り上げられているパトチュカの歴史哲学論考。生活世界の中での真理の生起をめぐるフッサール、フィンク、ハイデガーの現象学的考察を手がかりにして、ヨーロッパを中心とする人類の歴史の現実的なプロセスが段階的に分析されている。原初におけるオルギア的な恍惚がプラトンとキリスト教的に二重に体内化されたという前提に立って、歴史の目的論、科学・技術の本質論を展開しているところに特徴がある。キルケゴールの『おそれとおののき』と共に、デリダの宗教への関心を理解するうえで不可欠な文献。

Jacques Derrida,
Psyché,
Inventions de l'autre
II, Galilée

『精神について』の中で言及されている、ハイデガーのテクストにおける〈Geschlecht〉の問題を論じた論考《Geschlecht I: Différence sexuelle, différence ontologique》と《La main de Heidegger: Geschlecht II》が収められている論文集。ハイデガーのテクストにおいて、「現存在 Dasein」や「人間 der Mensch」といった概念が、一見、性別・生殖・民族などとは無関係であるかのように記述されていることにどのような哲学史的・政治的含意があるのか、『存在と時間』『ヒューマニズム書簡』「詩における言葉」などに即して論じられている。後者では、「手元存在性 Zuhandenheit」「手前存在性 Vorhandenheit」をはじめとする、「手 Hand = main」をめぐるメタファー系の意義も検討されている。この論文集には、デリダから井筒俊彦に宛てた書簡や、ネルソン・マンデラ論、ユダヤ性をめぐるヘルマン・コーエンとローゼン・ツヴァイクの言説を分析した〈Interpretations at war〉なども収められている。

Derrida,
Donner le Temps.1.
La fausse monnaie,
Galilée

ボードレールの『パリの憂鬱』に収められている散文詩「贋金」を起点として、エコノミーのサイクルに囚われることのない、絶対的な「贈与 don」は可能なのかを徹底的に論じた著作。一見見返りを要求しない贈与のように見える行為でも、贈与が成されたことが双方で確認された瞬間に、受け手に負い目＝負債の感情が生じ、そのことを送り手も認識したとすれば、そこにエコノミー的な関係（債権／債務）が生じる。そのためには、贈与として現前することのない贈与というものが要請されるが、それは果たして可能なのか。デリダはこの問題を、（贈与と交換の中間形態と見なされることの多い）ポトラッチをめぐるモースやレヴィ＝ストロースの議論と接続して、「時間」が「贈与／交換」にどのように関係しているかという問題系を浮上させ、それを更に、通貨の循環によって成立する交換経済の本質論へと発展させている。「贈与」―「時間」―「経済」の三項関係を、西欧形而上学の中核にある「存在」と「現前性」をめぐる問題と絡めながら論じる手法は強引だが、哲学的興味を掻き立てられる。

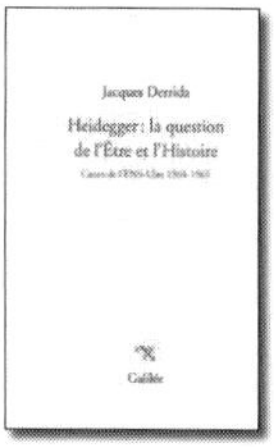

Jacques Derrida, *Heidegger: la question de l'Être et de l'Histoire,* Galilée

デリダが一九六四年から六五年にかけて高等師範学校（ＥＮＳ）で行ったハイデガーに関する講義録。初期の三部作によって独特の用語や文体を確立する以前の、〝デリダ化する前のデリダ〟による講義ということもあって、よく知られているデリダのテクストと比べると、驚くほど読みやすい――ただし、中身がハイデガー論なので、ハイデガーを知らない読者にはやはり難解かもしれない。『存在と時間』を軸に、『アナクシマンドロスの箴言』『形而上学入門』『ヒューマニズム書簡』『カントと形而上学の問題』など、ハイデガーの主要テクストに細かく注釈を加えながら読み解こうとしている様子が窺える。ただ、存在史の解体をめぐるハイデガーの一貫した問題意識を、ヘーゲルの歴史哲学と強く関係付けて読んでいるところにデリダらしさが既に現れており、そこに、『精神について』での「精神」史的なハイデガー読解の原点があるようにも思われる。

Geoffrey Bennington, *Interrupting Derrida,* Routledge

英語圏におけるデリダ研究の第一人者と見られているベニントンによるデリダ関連の論文集。冒頭の「『デリダ』」では、『エクリチュールと差異』『グラマトロジーについて』『声と現象』の三部作に始まるデリダの思索の道筋とその狙いが極めてコンパクトに記述されている。第二論文「デリダと政治」では、初期三部作から『マルクスの亡霊たち』に至るまでのデリダの著作において「政治」がどのように位置付けられてきたか、難解なデリダ用語を使わずに淡々と解説されている。第三論文「脱構築と倫理」では、レヴィナスとの対比で、デリダの倫理に対するスタンスを明らかにすることが試みられている。ベニントンには、デリダとの共著という形を取ったデリダ論《Jacques Derrida》（University of Chicago Press）もある。

Jochen Hörisch:
Die Andere Goethezeit, Wilhelm Fink Verlag

『声と現象』のドイツ語訳者であるヘーリッシュによる古典主義・ロマン主義時代のドイツ文学に関する論文集。訳者序文として執筆された「記号の存在と存在の記号」では、西欧思想・文学史において、「音声中心主義」が意味するところを分かりやすく解説したうえで、ゲーテの『親和力』における記号と死の表象系をめぐる分析に応用することを試みている。この論文でヘーリッシュは、西欧人の思考を規定してきた存在と記号の絡み合いを体系的に解明する存在記号論（Ontosemiologie）を提唱している。他にも、レッシングの悲劇とヘーゲルの近代論をメディア論的に架橋する論考や、ジャン・パウルの作品における「主体」を夢（Traum）とトラウマ（Trauma）という視点から分析する論考など、脱構築・記号論的な視点からドイツ文学を面白くするテクストが収められている。

	デリダ『ならず者たち』『そのたびごとに一つ、世界の終焉』『雄羊』
2004	デリダ、死去
2006	デリダ『動物を追う、ゆえに私は〈動物で〉ある』
2013	デリダ『ハイデガー』

	ドゥルーズ＋ガタリ『アンチィ・オイディプス』
1974	デリダ『弔鐘』
1975	フーコー『監獄の誕生』 パトチュカ『歴史哲学についての異端的論考』
1977	チェコスロヴァキアの知識人グループが「憲章 77」を発表 デリダ－サール論争
1978	デリダ『絵画における真理』
1980	デリダ『絵葉書』 ドゥルーズ＋ガタリ『千のプラトー』
1981	デリダ、チェコスロヴァキアの反体制知識人と秘密セミナーを行った後、 プラハ空港で逮捕される
1984	デリダ『耳伝』『哲学における最近の黙示録的語調について』 デリダ、社会科学高等研究院の教授に就任
1986	デリダ『シボレート』
1987	デリダ『ユリシーズ・グラモフォン』『プシュケー』『火ここになき灰』 ファリアスの『ハイデガーとナチズム』を機に、第三次ハイデガー論争
1989	ベルリンの壁崩壊
1990	湾岸危機 デリダ『有限責任会社』『精神について』『盲者の記憶』『哲学への権利』 『フッサール哲学における発生の問題』
1991	湾岸戦争 デリダ『時間を与える』『他の岬』 デリダ＋ベニントン『ジャック・デリダ』
1992	ソ連崩壊 デリダ『死を与える』『中断符点』
1993	デリダ『パッション』『コーラ』『マルクスの亡霊たち』
1994	デリダ『法の力』『友愛のポリティックス』
1996	デリダ『たった一つの、私のものではない言葉』
1997	デリダ『歓待について』『アデュー＝エマニュエル・レヴィナスへ』 『万国の市民たち、もう一努力だ』
1998	デリダ『触覚』『滞留』
2001	ニューヨークで 9・11 事件 デリダ『条件なき大学』
2002	デリダ＋ハーバマス＋ボッラドリ『テロルの時代と哲学の使命』 デリダ『マルクスと息子たち』『フィシュ』
2003	イラク戦争

デリダ関連年表

1930	デリダ、アルジェリアでユダヤ系フランス人の家庭に生まれる
1933	ドイツ、ナチス政権樹立 ハイデガー、学長就任講演
1935	ハイデガー、「形而上学入門」講義
1936	フッサール『ヨーロッパ諸学の危機と超越論的現象学』
1939	第二次世界大戦勃発
1940	フランスがドイツに敗北して占領され、アルジェリアにもユダヤ人迫害が及ぶ
1943	サルトル『存在と無』
1944	フランス臨時共和国政府が全土を奪還
1945	メルロ＝ポンティ『知覚の現象学』
1946	フランス、第四共和政成立
1949	ハイデガー『ヒューマニズム書簡』
1951	デリダ、高等師範学校に入学
1953	ハイデガー『形而上学入門』「詩における言語」 バルト『エクリチュールの零度』
1954	アルジェリア戦争勃発（～64） デリダ、フッサールに関するアグレガシオン（教授資格）論文執筆
1955	レヴィ＝ストロース『悲しき熱帯』
1958	フランス、ド・ゴールが首相に就任
1959	フランス、第五共和政成立
1960	デリダ、ソルボンヌ大学で哲学講師（～64） サルトル『弁証法的理性批判』
1961	レヴィナス『全体性と無限』 フーコー『狂気の歴史』
1962	デリダ、フッサールの『幾何学の起源』に本文の数倍の分量の序文を付けて翻訳刊行 レヴィ＝ストロース『野生の思考』
1965	アルチュセール『マルクスのために』 アルチュセール他『資本論を読む』
1966	フーコー『言葉と物』
1967	デリダ『グラマトロジーについて』『声と現象』『エクリチュールと差異』
1968	チェコスロヴァキア、プラハの春→チェコ事件 フランス、五月革命 ドゥルーズ『差異と反復』
1972	デリダ『哲学の余白』『ポジシオン』『散種』『衝角』

【著者紹介】

仲正昌樹（なかまさ・まさき）

1963年広島生まれ。東京大学総合文化研究科地域文化研究専攻博士課程修了（学術博士）。現在、金沢大学法学類教授。

専門は、法哲学、政治思想史、ドイツ文学。古典を最も分かりやすく読み解くことで定評がある。また、近年は、ベンヤミンを題材とした『純粋言語を巡る物語―バベルの塔Ⅱ―』（あごうさとし作・演出）などで、ドラマトゥルクを担当。演劇などを通じて精力的に思想を紹介している。

・最近の主な著作に、『いまこそロールズに学べ』（春秋社）、『寛容と正義』（明月堂書店）、『マックス・ウェーバーを読む』（講談社現代新書）

・最近の主な編・共著に、『政治思想の知恵』、『現代社会思想の海図』（ともに法律文化社）

・最近の主な翻訳に、ハンナ・アーレント著 ロナルド・ベイナー編『完訳カント政治哲学講義録』（明月堂書店）

〈ジャック・デリダ〉入門講義

2016年 4 月 30 日第 1 刷発行
2022年 9 月 25 日第 5 刷発行

著　者　仲正昌樹

発行者　福田隆雄
発行所　株式会社作品社
〒102-0072　東京都千代田区飯田橋 2-7-4
Tel 03-3262-9753 Fax 03-3262-9757
https://www.sakuhinsha.com
振替口座 00160-3-27183

装　幀　小川惟久
本文組版　有限会社閏月社
印刷・製本　シナノ印刷（株）

Printed in Japan
落丁・乱丁本はお取替えいたします
定価はカバーに表示してあります
ISBN978-4-86182-578-1 C0010

ポストモダン・ニヒリズム

仲正昌樹

主体の叛乱（68年）から記号の氾濫（ポストモダン）へ。「神」が去ったニヒリズム時代。永劫回帰なシミュラークルの世界で我々は、はたして、いかなる戦略が可能なのか？

仲正昌樹の講義シリーズ

〈知〉の取扱説明書

改訂第二版
〈学問〉の取扱説明書

ヴァルター・ベンヤミン
「危機」の時代の思想家を読む

現代ドイツ思想講義

《日本の思想》講義
ネット時代に、丸山眞男を熟読する

カール・シュミット入門講義

〈法と自由〉講義
憲法の基本を理解するために

ハンナ・アーレント「人間の条件」入門講義

プラグマティズム入門講義

〈日本哲学〉入門講義
西田幾多郎と和辻哲郎

ハンナ・アーレント「革命について」入門講義

〈戦後思想〉入門講義
丸山眞男と吉本隆明

ドゥルーズ+ガタリ
〈アンチ・オイディプス〉入門講義

〈後期〉ハイデガー入門講義

マルクス入門講義

フーコー〈性の歴史〉入門講義

ニーチェ入門講義